全國高等院校古籍整理研究工作委員會第三層次項目
西南大學創新團隊項目『基於出土文獻綜合研究的文化推廣工程』(SWU1509395)
西南大學創新團隊項目『文字學』(SWU1709128)

出土文獻綜合研究集刊

西南大學出土文獻綜合研究中心
西南大學漢語言文獻研究所 主辦

第七輯

巴蜀書社

西南大學出土文獻綜合研究中心
西南大學漢語言文獻研究所
《出土文獻綜合研究集刊》
編輯委員會

主　任　　張顯成
副主任　　喻遂生　毛遠明
成　員（按姓氏音序排列）
　　　　　陳榮傑　鄧　飛　鄧章應　郭麗華　何　山
　　　　　李　發　李明曉　毛遠明　蘇文英　徐海東
　　　　　王化平　喻遂生　張顯成　趙鑫曄
本輯執行主編　　王化平

目　錄

簡帛醫籍研究

肩水金關漢簡中的涉醫資料 ……………………………… 丁　媛(1)

《長沙尚德街東漢簡牘》181號木牘藥方研究 ……… 張顯成　杜　鋒(16)

論簡帛經脈類文獻的命名 ………………………………… 李海峰(42)

漢簡帛醫書字詞考釋四則 ………………………………… 劉春語(53)

老官山178簡考辨 ………………………………………… 沈澍農(63)

《素問·標本病傳論》中的時稱及相關問題討論 ………… 王化平(72)

探究古代新疆醫學的輝煌——基於新疆出土涉醫文書 …… 王興伊(84)

《病方及其他》校讀二則 ………………………………… 楊豔輝(91)

帛書《五十二病方》"以布捉取出其汁"斷句略辨 ……… 姚海燕(97)

武威出土西夏文醫方文書載第三方新探 ………………………

　　　　　　　　　　　　　　　　張如青　于業禮　劉景雲(102)

馬王堆簡書《十問》中的食韭養生法 ……………………… 張葦航(114)

馬王堆帛書《陰陽脈死候》成書問題考論 ………………… 趙　爭(128)

老官山漢墓醫簡中的脈學內容初探 ………………………………
……………………………… 趙懷舟　盧海燕　王小雲　和中浚　周興蘭（138）

出土文獻與古文字研究

出土先秦文獻中的語氣詞"哉" ………………………… 羅祥義（148）
出土戰國文獻中的否定副詞"不" ……………………… 張玉金（167）
"徙"字源流補說 ………………………… 杜　鋒　張顯成（221）
肩水金關漢簡綴合成果一覽 ……………………………… 郭偉濤（266）
肩水金關漢簡 73EJT4:139 與 73EJT4:211 綴合再議 …… 張文建（288）
《清華伍·命訓》字詞考釋 …………………………… 高榮鴻（296）
先秦八卦卦象系統探究 ………………………………… 范育均（307）
楚簡"達"字考 ……………………………………………… 郭靜云（322）
古代碑刻文字缺刻問題研究 ……………………………… 何　山（337）
也說達盨蓋銘文中的"攜"及有關問題 …………………… 付　強（357）
亞獏家族器羣及其相關史事探析 ………………………… 韓文博（361）

簡帛文獻外譯

上博七《武王踐阼》註釋及英譯相關問題 ……………… 滕勝霖（377）
Six area chapters of Suànshùshū 筭數書 The Book of Mathematics from Zhangjiashan Han Dynasty tomb 247: Analysis, English translation with notes ………………………… 周序林　張顯成（413）
《出土文獻綜合研究集刊》徵稿啓事及文稿體例要求 …………（438）

肩水金關漢簡中的涉醫資料

丁媛①

摘　要：1973 年在肩水金關遺址發掘出土了一萬餘枚漢代簡牘。2011 年至 2016 年上海中西書局陸續出版了《肩水金關漢簡》五卷，其中有一些零星的涉醫資料。本文從病症、藥方、醫事制度、其他四個方面對涉及醫療的簡牘進行初步整理研究。

關鍵詞：肩水金關；涉醫；病症；藥方

肩水金關是漢代張掖郡所轄的一處關城，是出入河西走廊的一個要塞。1973 年在肩水金關遺址發掘出土了一萬餘枚漢代簡牘。2011 年至 2016 年上海中西書局陸續出版了《肩水金關漢簡》五卷，其中有一些零星的涉醫資料，本文對此進行初步整理研究。

1 病症

1.1 傷寒、傷汗

馬不任豐病傷寒積五日苦（73EJT23：1010A）

傷寒頭三支不舉即日加心腹支滿不能飲食（73EJF3：339＋609＋601）

出錢十二月廿六日和傷汗（73EJT24：6B）

---

①丁媛，上海中醫藥大學科技人文研究院　助理研究員　上海　201203。

風、寒、暑、濕、燥、火，在正常的情況下稱爲"六氣"，是自然界六種不同的氣候變化，正常的"六氣"不易使人致病。當氣候變化異常，"六氣"發生太過或不及，或非其時而有其氣，或變化過於急驟，同時人體正氣不足的時候，"六氣"會成爲病邪，稱爲"六淫"。在簡帛文獻中雖未提出"六淫"這一概念，但當時已明確自然界的氣候變化是導致疾病的重要原因。張家山漢簡《引書》簡103："人之所以得病者，必於暑濕風寒雨露，奏（腠）理啓闔，食歓（飲）不和，起居不能與寒暑相應（應），故得病焉。"①河西地區冬季氣候嚴寒，邊塞物資貧乏，故"傷寒"這一病名屢見於居延、敦煌、武威等西北漢簡。《難經·五十八難》："傷寒有五：有中風，有傷寒，有濕溫，有熱病，有溫病，其所苦各不同。"②《難經》中的"傷寒"有廣義（外感病）和狹義（感受寒邪的外感病）之分，出土簡帛文獻的"傷寒"當指狹義。

　　"傷汗"在居延漢簡（44·23、46·9A、257·6A、265·43、EPT4·101、EPT59·2、EPT59·49A、EPW88）多次出現③。額濟納漢簡99ES16ST1:15A中也有"傷汗"④。陳直先生認爲是"傷寒之別寫"⑤。雖然"寒"和"汗"在文字音韻上是可以相通，但我們想從醫理的角度作另一種推論。東漢張仲景《傷寒論》中的太陽病有"太陽傷寒"（又稱"太陽表實證"）和"太陽中風"（又稱"太陽表虛證"）兩種不同病證，兩者都有太陽病共同症狀（脈浮、頭項強痛、惡寒），其不同之處是前者無汗，後者有汗。雖然張仲景的六經辯證體系在目前出土簡帛醫學文獻尚未出現，但仍有參考價值。同是外感風寒，卻因個人體質的強弱，表現出不同的症狀。"傷汗"也有可能傷寒出汗的病狀。

---

①張家山二四七號漢墓竹簡整理小組《張家山漢墓竹簡[二四七號墓]》(釋文修訂本)，文物出版社，2006年，頁185。
②凌耀星《難經校注》，人民衛生出版社，1991年，頁103。
③謝桂華、李均明、朱國炤《居延漢簡釋文合校》，文物出版社，1987年。甘肅省文物考古研究所等《居延新簡：甲渠候官與第四隧》，文物出版社，1990年。本文居延漢簡釋文皆參考此二書，下文不再一一標注。
④孫家洲《額濟納漢簡釋文校正》，文物出版社，2007年，頁7。
⑤陳直《居延漢簡研究》，天津古籍出版社，1986年，頁313。

1.2 溫病、病溫

疾狂失鄉癉瘕積癃痳溫病（72ECC:6A）

癃痳溫病（72ECC:19）

甲寅病溫四支不舉未（73EJT29:115A）

"溫病"也有多種定義，在《素問》中也有廣義和狹義之分，既是外感急性熱病的總稱，又特指春季發生的熱性病。在《難經·五十八難》中又屬於"傷寒"病五種疾患之一。肩水金關漢簡中"溫病"只是與其他病症並舉，對於"溫病"本身無太多描述。其他簡帛文獻中涉及溫病的有：馬王堆漢代帛畫《導引圖》36"引溫病"①；周家臺秦簡311"溫病不汗者，以淳（醇）酒漬布，歙（飲）之"②；老官山漢簡《六十病方》"卅九、治溫病發。以水半斗，煮米一升，米毚孰，捉以巾取汁，毀雞卵一漬汁中孰撓，復炊孰，適寒溫，盡歙之，厚衣臥汗出至足"③。我們推測簡帛文獻中的"溫病"應是外感熱病，可能有無汗或汗出不暢的症狀，治以汗法（又稱解表法，用於治療外感表證），通過導引、飲酒、蓋厚衣等令汗出。"病溫"和"疾溫"（居延漢簡7·31）當與"溫病"同。

1.3 傷暑

隧長孫□自言買牛一頭黑特齒四歲病傷暑不能食飲眾□（73EJT24:29）

"傷暑"，指感受"六淫"中的暑邪，即中暑熱所致的病證。《素問·刺志論》："氣虛身熱，得之傷暑。"④"傷暑"不見於其他簡帛文獻，此處是牛中暑熱。

1.4 中風

中風手不□（72EJC:88B）

---

① 裘錫圭《長沙馬王堆漢墓簡帛集成（陸）》，中華書局，2014年，頁16。
② 湖北省荊州市周梁玉橋遺址博物館《關沮秦漢墓簡牘》，中華書局，2001年，頁126。
③ 趙懷舟等《四川成都老官山漢墓出土〈六十病方〉題名簡研究》，"出土醫學文獻研究國際研討會"，上海中醫藥大學，2016年。
④ 《黃帝內經·素問》，人民衛生出版社，2012年，頁191。

中醫學認爲風邪是重要的致病因素，《素問》有"風論"專篇，並指出"風者百病之長"①。風病在老官山漢簡中是一大類疾病，王一童認爲老官山醫簡諸"風"總屬外風，多指由觸冒外風引發，具有風邪善於變動的特徵，且易於化生其他疾病②。長沙東牌樓東漢簡牘 9 正："今月五日初，卒爲耶（邪）風所中，頭身□□☑"③簡文不完整，推測是外感風邪，可能有頭身疼痛之類的症狀。本簡"中風"即外感風邪。

1.5 鼻疾

鼻寒跕足數臥起據犀之炊鼻以四毒各一桯 · 朒鼻溫腹不滿□□跕足數臥起自□抻陛犀之灌淳酒二□薑桂烏

□半升烏喙□毒各一刀刲并並和以灌之……　　　　　（73EJT21:24）

之央毋予鼻疾（73EJT24:976）

73EJT21:24 的第一行上端略殘，"薑"字和"桂"字右下方有短橫綫，第一個"跕"字、"烏"字以及"據"字的左側都加有"△"符號；第二行左側撕裂，無法得知是否有加"△"符號。第一行"桯"字下有"·"，第二行的相同位置，即"灌之"二字下也似有"·"，作"● ●"。"·"可能是兩首藥方的間隔符號。第一首較簡短；第二首文字較多，但第二行文字右半殘損；第三首文字殘缺更甚，無法辨識。從現存文字看，前兩首疑是治療鼻疾的藥方，病證的性質似有寒、溫之別。其他簡帛醫學文獻出現的鼻部疾患有"鼻肌（鼽）"（《陰陽十一脈灸經》甲本 46）④、鼻"息肉"（武威醫簡 69）、"鼻不利"（武威醫簡 70）等⑤，大多未分寒溫之性。

---

① 《黄帝内經·素問》，人民衛生出版社，2012 年，頁 162。
② 王一童《老官山醫簡諸"痕"、諸"瘴"、諸"風"病名考釋研究》，成都中醫藥大學碩士學位論文，2016 年，頁 38。
③ 長沙市文物考古研究所、中國文物研究所《長沙東牌樓東漢簡牘》，文物出版社，2006 年，頁 76。
④ 裘錫圭《長沙馬王堆漢墓簡帛集成（伍）》，中華書局，2014 年，頁 197。
⑤ 甘肅省博物館、武威縣文化館《武威漢代醫簡》，文物出版社，1975 年。本文武威醫簡釋文皆參考此書，下文不再一一標注。

1.6 目疾

□英毋予目疾令視□(73EJT26:119)

"目疾",指眼睛的疾患。

1.7 脛雍、癱種、頸種

即日病脛雍(73EJT9:76)

今大□一疾□癱種□□羊一疾頸種(73EJD:28A)

"雍"讀爲"癱"。武威醫簡 87:"治人卒雍方:冶赤石脂以寒水和塗雍上,以愈爲故,良。"《神農本草經》載:"赤石脂,……主養心氣,下利赤白,小便利及癱、疽、瘡、痔。"①此處"雍"顯然讀作"癱"。《戰國策·趙策四》有所謂"桑雍者",鮑彪注:"雍、癱同。桑中有蠹,則外磈魂,如人之癱。"②"脛雍",即小腿部的癱。"癱種",即癱腫。《說文·肉部》"腫,癱也",段注:"凡膨脹粗大者謂之雍腫。《生民》毛傳:'種,雍腫也。'"③《釋名·釋疾病》:"癱,壅也,氣壅否結裏而潰也。"畢沅曰:"顏師古注《急就章》云:'癱之言壅也,氣壅否結裏腫而潰也。'似本此文。此裏字疑裏字之誤,又脫腫字。"④中醫學認爲癱腫是由氣血受邪毒所困而壅塞不通,引起局部腫脹。類似的記載也見於居延漢簡"病左右脛雍"(居延漢簡 272·35),"病攣右脛雍種"(居延新簡 EPT53·14)。"頸種",即頸部腫大,引發的疾病有瘤、瘻或瘰癧等。

1.8 四節不舉、四支不舉

炅四節不舉(73EJT37:1575)

甲寅病溫四支不舉未(73EJT29:115A)

傷寒頭三支不舉即日加心腹支滿不能飲食(73EJF3:339+609+601)

節,骨節。"四節不舉",與"四支不舉"同,都是指四肢活動受限,

---

① 馬繼興《神農本草經輯注》,人民衛生出版社,1995 年,頁 168。
② 《戰國策·趙策四》"客見趙王曰"章
③ 《說文解字注·肉部》。
④ 《釋名疏證補·釋疾病》。

不能抬舉。"四節不舉"也見於居延漢簡4·4A、5·18＋255·22、EPF22·280。

1.9 支滿、丈滿

兩脅下支滿少氣溫欬水□得□□□(73EJT37:942A)

傷寒頭三支不舉即日加心腹支滿不能飲食(73EJF3:339＋609＋601)

加匈脅丈滿心腹不耐飲食□(73EJT23:711)

劉嬌先生認爲漢簡"支滿"之"支"有"支撐"之義，引申可指淤塞腫脹的病癥，並指出無論是從漢簡帛醫書所反映的用字習慣來看，還是從"支滿"病名的含義來看，漢簡"支滿"之"支"都不當釋爲"丈"①。"心腹支滿""匈脅支滿"是指胸部、脅肋部、腹部有阻塞脹滿的不適感。

1.10 不耐飲食、飲食不耐、不能食飲、不能飲食

加匈脅丈滿心腹不耐飲食□(73EJT23:711)

老人有遺言甚可悲栽髮齒隨洛飲食不耐(73EJD:26A)

病傷暑不能食飲(73EJT24:29)

傷寒頭三支不舉即日加心腹支滿不能飲食(73EJF3:339＋609＋601)

不耐，即不能。《玉篇·而部》："耐，能也。"②"不耐飲食""飲食不耐""不能食飲""不能飲食"，皆指食慾減退，甚則不進飲食。

1.11 寒炅

□疾心腹寒炅未能(73EJT1:168)

裘錫圭先生指出"炅"是"熱"的異體字，簡文"寒炅"即《素問》屢見之"寒熱"③。

---

①劉嬌《漢簡病名"支滿"補證——兼說〈韓詩外傳〉"十二發"》，《醫療社會史研究》(第二輯)，中國社會科學出版社，2016年，頁270-271。

②《玉篇·而部》。

③裘錫圭《居延漢簡中所見的疾病名稱和醫藥情況》，《裘錫圭學術文集·簡牘帛書卷》，復旦大學出版社，2012年，頁38。

1.12 少氣

兩脅下支滿少氣溫欬水□得□□□(73EJT37:942A)

此簡左側撕裂,"少氣"一詞尚能辨識,指呼吸微弱短促,言語無力。"欬"字作"尺",整理者徑釋爲"欬"字似有不妥,也有可能是"飲""歐"等字。

1.13 其他

疾狂失鄉癉瘀積癗麻溫病(72ECC:6A)

癗麻溫病(72ECC:19)

"狂",指精神狂躁不安。敦煌漢簡 2098 有"趨走病狂"①。"鄉",讀爲"響"。失響,即失音。銀雀山漢簡《兵令》"如鄉之應聲"中"鄉"即讀爲"響"②。《急就篇》"疝瘕癲疾狂失響",顏師古注:"響者,失音不能言也。"③"癉",即瘧疾,是我國最古老的傳染病之一,病域廣泛。"瘀",氣上逆,又作"厥"、"欬"。《說文》:"瘀,屰氣也。"④《素問·方盛衰論》:"氣多少逆皆爲厥。"⑤"積",體內結塊,固定不移,痛有定處。《難經·五十五難》:"積者陰氣也,其始發有常處,其痛不離其部,上下有所終始,左右有所窮處。"⑥"癗",即"痛"。居延新簡 EPT4·101、EPT51·233A、EPT51·535 中的"痛"亦作"癗"。"麻"釋作"麻木"或"麻子"皆是晚起義⑦。漢簡中從"广"與從"疒"可互換,例如 73EJT11:23 上一個"疾"作"疾",下一個"疾"作"庆"。又如"病"字,73EJT6:146 作"疳",73EJT28:16 作"疸"。此處"麻"疑讀爲"痳"。《玉篇·疒部》:"痳,小

---

① 甘肅省文物考古研究所《敦煌漢簡》(下冊),中華書局,1991 年,頁 301。
② 銀雀山漢墓竹簡整理小組《銀雀山漢墓竹簡(壹)》,文物出版社,1985 年,頁 149。
③ 史游《急就篇》(叢書集成初編本 1052 冊),中華書局,1985 年,頁 268。
④《說文·疒部》
⑤《黃帝內經·素問》,人民衛生出版社,2012 年,頁 382。
⑥ 凌耀星《難經校注》,人民衛生出版社,1991 年,頁 96。
⑦ 王力《王力古漢語字典》,中華書局,2000 年,頁 1760-1761。

便難也。"①《說文·疒部》:"痳,疝病。"②沈濤《說文古本考》云:"《一切經音義》卷二十引'作小便病也',蓋故本如是。痳之與疝,病不相同。本部訓疝爲腹痛,《釋名·釋疾病》:'疝,詵詵然上入而痛也。''痳,懍也,小便難,懍懍然也。'是淋、疝爲二病,古今皆然,不得訓痳爲疝。今本之誤顯然。"③

2 藥方

治寒氣丸蜀椒四分乾薑二分（73EJT30∶193）

此簡是肩水金關漢簡中唯一存有方名的藥方,可惜僅存兩味藥物,蜀椒和乾薑皆是味辛,性溫,具有溫中之功效,其藥性與方名相符。此方名不見於其他醫學簡帛文獻,出土簡帛醫方中也無蜀椒和乾薑同用的方劑,有與之功效相近者,方名多以"傷寒"命名。例如,居延漢簡89·20有"傷寒四物"方,藥物有烏喙、細辛、朮、桂;武威醫簡6-7"治傷寒遂風方"藥物有附子、蜀椒、澤瀉、烏喙、細辛、朮。秦漢乃至唐宋的醫方也沒有以"寒氣"命名。1972年甘肅武威張義公社下西溝峴發現的西夏醫方中有一首被翻譯成漢文的方劑:"治寒氣方,花椒皮,於翌晨空腹時,（取）新冷水,服二十一粒,面東……"④蜀椒和花椒屬同物異名,蜀椒以產地名,花椒以果形名。武威醫簡17-18"治百病膏藥方"的主要藥物是蜀椒和附子,方末強調"心寒氣脅下恿,吞五丸,日三吞"。武威醫簡19有"寒氣在胃莞"。《諸病源候論》卷十三"七氣候"有:"寒氣則嘔吐、惡心。"⑤我們推測以"傷寒"命名的方劑主要是治療外感風寒病證,而以"寒氣"命名的方劑可能是治療裏寒證（即內在臟腑的寒性病證）。

---

① 《玉篇·疒部》。
② 《說文·疒部》。
③ 《續修四庫全書·經部·小學類》第222冊,上海古籍出版社,2002年,頁348。
④ 陳炳應《西夏文物研究》,寧夏人民出版社,1985年,頁310。
⑤ 丁光迪《諸病源候論校注》,人民衛生出版社,2013年,頁266。

地黃七分　术□分　　乾□四分
黃葵六分　人參六分　石□三分　・凡十物白□一升橐脂一升
……
　　　　　　　　　　　　　　　　　　（73EJF2:47A）

此藥方無方名，木牘左側殘損，僅存兩行，每行各有三味藥物，由"凡十物"可知原方應有十味藥物，故左側當另有一行，列四味藥。僅存的六味藥物中，又有兩味藥的第二個字均無法辨識，故整理者僅釋讀出四味藥物。其中第二行"黃"字下一字圖版作"[圖]"，整理者釋作"葵"字，有誤。"[圖]"字形似漢代的"芩"字。現將漢代簡帛中"芩""葵"兩字，以及肩水金關漢簡中"癸"字的部分圖版羅列如下：

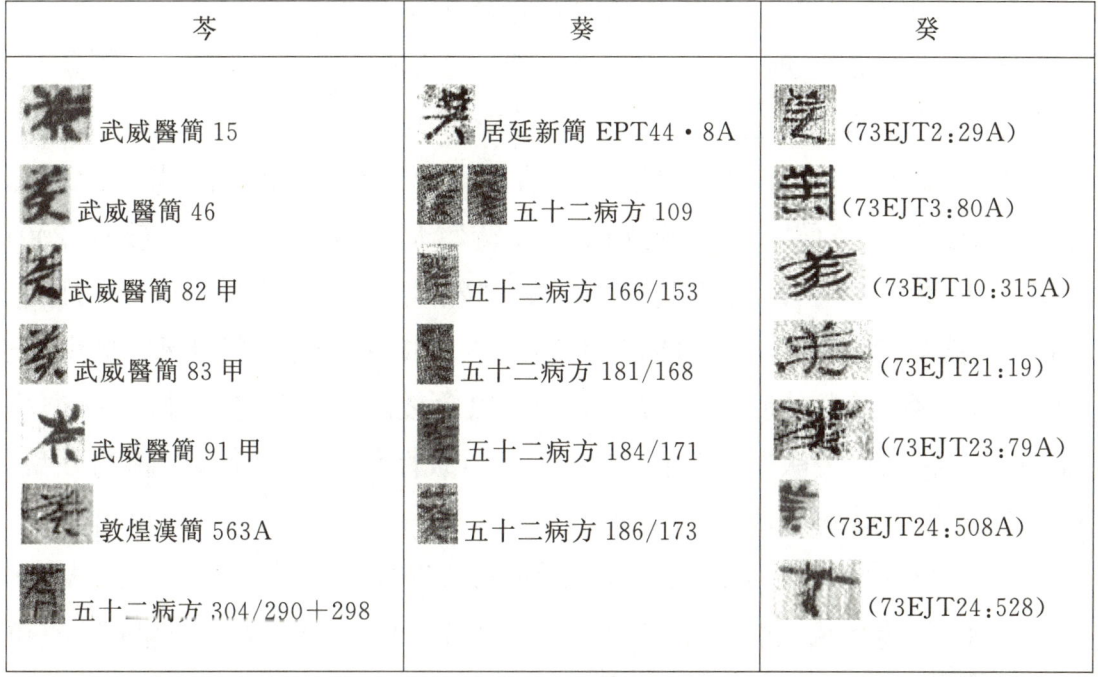

比對圖版之後，我們發現肩水金關漢簡 73EJF2:47A 的"[圖]"顯然更接近漢簡"芩"字。"黃芩"是漢時常用的藥物，武威醫簡和馬王堆帛書《五十二病方》中屢次出現。"黃葵"未見於任何出土醫學簡帛文獻，在傳世古醫籍中出現的時代也較晚，最早記載見於唐代的《食療本草》。此處當是"黃芩"。

此外，第一行"乾"字下一字殘泐過甚，整理者闕釋。"乾□"，西北漢簡中有"乾薑"(肩水金關 73EJT30:193)、"乾桑"(居延 EPT40·191B)等。第二行"石"字下一字漫漶不清,整理者闕釋。"石□",西北漢簡中有"石脂"(武威 82)、"石膏"(武威 52、額濟納 2000ES14SF1:5)①。第二行下半部分載有"凡十物白□一升橐脂一升",當屬方藥製作説明。其中"橐脂",疑爲駱駝脂。《漢書·百官公卿表》:"又牧橐、昆蹏令丞皆屬焉。"應劭曰:"橐,橐佗。"師古曰:"牧橐,言牧養橐佗也。"②《集韻·鐸韻》:"馲駝驝,馲馳,畜名。或作駞、驝,通作橐。"③"白"字下一字整理者闕釋,作"▨"。本方"白□"與"橐脂"應是藥物輔料,"白密(蜜)"是較爲常見的輔料,武威醫簡中就有三處(4、79、83 甲)。居延漢簡 89·23 中"密"字作"▨",與"▨"字形相近,且"白密(蜜)"也較符合藥理。

　　黃一升白蜀一升□□
　　□後飯二三日長□　　　(73EJT23:704)

此牘首尾皆殘,僅餘兩味藥物。前一味藥名僅存"黃"字,考西北漢簡中藥名最後一字爲"黃"的藥物有"大黃"(居延 EPT9·7A、敦煌 2001 等)④、"地黃"(肩水金關 73EJF2:47A)、"熟地黃"(居延 EPT40·191B)、"雄黃"(武威 86 甲)等。"白蜀",不詳。本方指明在"飯後"服藥,葛洪云:"服治病之藥,以食前服之;服養生之藥,以食後服之。"⑤馬王堆帛書《養生方》就多處標明"後飯"。另外,對腸胃有刺激性作用的藥物,如礦物類藥,也宜飯後服以減輕胃腸部的不適。

　　□三分桂四分伏令卑解半夏(72EJC:116B)

此牘上端殘去,無方名,存有四味藥名。伏令,即茯苓。卑解,即萆薢。本方的藥物組成不見於其他出土簡帛方劑。

　　鼻寒跖足數臥起據犀之炊鼻以四毒各一程·朒鼻溫腹不滿□□跖

―――――――――

①孫家洲《額濟納漢簡釋文校正》,文物出版社,2007 年,頁 272。
②《漢書·百官公卿表》。
③《集韻·鐸韻》。
④甘肅省文物考古研究所《敦煌漢簡》(下冊),中華書局,1991 年,頁 297。
⑤丹波康賴著、沈澍農等校注《醫心方校釋》,學苑出版社,2001 年,頁 96。

足數臥起自□抻陛犀之灌淳酒二□薑桂烏

  □半斤烏喙□毒各一刀刲並和以灌之……　　（73EJT21:24）

上文已提及此牘，可能是兩首治療鼻部疾病的藥方。"炊"，讀爲"吹"。《五十二病方》262 行"炊"亦讀爲"吹"①。《荀子·仲尼》"可炊而僨也"楊倞注"炊與吹同"②。第一首藥方的給藥方式是吹鼻法，又稱嗜鼻法，將藥物研成粉末，吹入或自行吸入鼻腔內。第二首藥方文字殘損較多，給藥方式可能是灌鼻法。武威醫簡 70-71 有一首灌鼻方："即鼻不利，藥用利廬一本，亭磨二分，付子一分，早莢一分，皆並父且，合和，以醇酓漬卒時，去宰，以汁灌其鼻中。"兩者皆使用酒劑。"薑"字上一字闕釋，圖版作"▨"，疑爲"參"字。居延漢簡補編 L39B 有"人參二分"，"參"字圖版作"▨"③，兩者字形有些近似。"半"字上一字殘泐太多，整理闕釋。"毒"字上一字，由於第二行撕裂僅存右半作"▨"。西北漢簡中第二字爲"毒"的藥物只有"狼毒"，武威醫簡 87"狼"字作"▨"。兩者右旁字形並不相似，故"□毒"這一藥名存疑。第一首藥方沒有具體藥名，僅提及是"四毒"，可能是四味有毒藥物。本牘第二首藥方和武威醫簡 70-71 中的烏喙、藜蘆、皂莢皆是有毒藥物。

半斗　　　　出十五蜚廉半升

出笥一合　　出十五地膚半升（73EJH1:16B）4·251

此牘應是購買藥材的記錄。"蜚廉"，《神農本草經》作"蜚蠊"，森立之先生指出"蠊"是"廉"之俗字，《醫心方》《太平御覽》作"蜚廉"④。"地膚"，《神農本草經》作"地膚子"，森立之先生指出"《本草和名》無'子'字，《和名鈔》同"⑤。

①裘錫圭《長沙馬王堆漢墓簡帛集成（伍）》，中華書局，2014 年，頁 264。
②《荀子集解·仲尼篇》。
③中研院史語所簡牘整理小組《中研院史語所專刊之九十九：居延漢簡補編》，中研院史語所，1998 年，頁 210。
④森立之《本草經考注》，上海科學技術出版社，2005 年，頁 497。
⑤森立之《本草經考注》，頁 147。

3 醫事制度

□二人病二人積三人凡解　除八人□（73EJT23:132）

十一月辛巳　肩水卒卌七人　　五人病　　定作九十五人
　　　　　　橐他卒六十五人　一人作長　取薪增落廣六尺榑兩行馬善并高四尺五寸麥廿丈率人二尺一寸有奇
　　　　　　凡卒百一十二人　一人木工　六十九人取薪二百七石率人三石薪去□□□往來卌八里
　　　　　　其十人養　　　　　　　　　　　　　　　　　　　　　　　　　　　　　　　　　（73EJT24:297）

省卒九人　其一人養　一人病　定作七人（73EJT25:241）

其一人養　一人病（73EJT29:95）

其八人牧　二人病（73EJF3:264）

卒二人其一人□三月壬辰病一（72EJC:254）

以上簡牘主要是記錄吏卒勞作情況，統計勞作人數，包括"病"（即患病者）、"省卒"（即臨時抽調的士兵）、"養"（即炊事員）、"定作"（即實際勞作者）等人數。居延漢簡中稱此類簡牘爲"日作簿"（EPT51・115）、"日迹簿"（45・24、EPT48・1）、"月迹簿"（EPT51・116）。

肩水候官受候隧長氏池安樂里公乘解定國年廿六　病（73EJT6:146）

　　　　　　　　　　　　　　卒王臨二月壬寅病
執胡隧長田□二月乙丑病　卒□憚炅
　　　　　　　　　　　　　賦藥各五齊　　　（73EJT23:765）

馬不任豊病傷寒積五日苦（73EJT23:1010A）

董乃始　四月病　印　丿（73EJT26:232）

甘露二年三月庚寅朔丙辰東部候長
廣宗敢言之迺甲寅病溫四支不舉未（73EJT29:115A）

戍卒昭武宜衆里上造王武年廿三　病　卩（73EJT37:1153）

書言駮北亭長馬適強病不能視事以病□（73EJD:288）

患病請假除了統計人數之外，還要上報"病卒名籍"（居延 EPT56・210）、"病書"（肩水金關 73EJT33:57），病假結束銷假還需提交

"除及病視事書"(肩水金關 73EJT9:25),可見當時有著較爲規範的病假制度。

  甘露三年四月甲寅朔丙辰平樂隧長明敢言之
  □□病卒爰書一編敢言之　　　　　　　(73EJT28:16)
  九月戊子張掖肩水都尉弘
  □□籍死診爰書會□　　(73EJT34:3A)

"病卒爰書"和"死診爰書"是記載與案件相關的吏卒患病或死亡的一種司法文書。

  □擊刺傷宗右手左脾右掖下各一所亡時廣宗安所居不(73EJT26:95)
  口吟身皆完毋兵刃枚索箠杖處病死(73EJF3:383)

  上兩例簡文當是法醫檢驗屍體的司法文書。簡 73EJT26:95 首尾皆殘,現存文字主要是對死者傷情的描述。簡 73EJF3:383 雖然完整,但缺少上文。裘錫圭先生指出"口吟"即"嘴閉"之意①。死者嘴閉,無肢體損傷,排除了其他非正常死亡原因,最後認定是病死。

  醫診治敢言之(73EJT37:252)
  以食詔醫所乘張掖傳馬一匹現三日食(73EJT10:88)

  西北戍邊軍隊中,候官治下的都尉府是有醫生的。居延漢簡 49·31＋49·13 有"府醫"(即都尉府的醫生),居延漢簡 157·28 記"臨木候長"寫給"官醫張卿"的信。裘錫圭先生認爲官醫當是候官治所的醫生,一般的隧不可能有專職的醫生,候長所治之隧是否有醫,有待研究②。由簡 73EJT10:88 可知,除了都尉府的醫生外,還曾"詔醫"。中央政府就派遣過"大醫令"(居延 18·5)處理醫藥事務。"大"讀爲"太","大醫令"即"太醫令"。漢時"太醫令"爲"太常"和"少府"的署官,是負責宮廷人員、皇親國戚以及百官診治疾病的主管官員。《漢書·百官公卿表》:"奉常……景

---

  ① 裘錫圭《〈居延漢簡甲乙編〉釋文商榷》,《裘錫圭學術文集·簡牘帛書卷》,復旦大學出版社,2012 年,頁 121。
  ② 裘錫圭《居延漢簡中所見的疾病名稱和醫藥情況》,《裘錫圭學術文集·簡牘帛書卷》,復旦大學出版社,2012 年,頁 42。

帝中六年更名太常。屬官有太樂、太祝、太宰、太史、太卜、太醫六令丞"
"少府……署官有尚書、符節、太醫……"①

4 其他

戍卒市藥右平郡（73EJF3：44）

□常樂爲官市藥長（73EJT26：126）

此二簡記有戍卒採購藥材的情況，居延漢簡 286·11 記有一隧長爲買藥去開出入關符："臨之隧長威爲部市藥，詣官封符，八月戊戌平旦入。"

河平五年正月己酉朔壬戌橐他守塞尉勵以私印行事移肩水
金關莫當戍卒閻被自言家父龐護戍肩水候官爲人所傷今遣被持藥視護書到

出內如律令　　　　　　　　　　　　　　　　　　　（73EJD：42）

此簡記戍卒閻被因父受傷，拿藥救父，需出入關，可見軍隊裏藥物可能是集中存儲。

今毋餘藥臼（73EJT4：61）

藥橐三各三枚直五十（73EJT25：93）

藥橐二枚（73EJF3：174B＋197B）

藥橐五（73EJD：47）

"藥臼"，搗藥器具。"藥橐"，裝藥的袋子。

欲發□四□□□□之此藥已□十箴歟良已識
　□□□□久五椎下兩束　　　　　　　　　　　　（73EJT5：70）

此牘部分字跡漫漶，其中"箴""久"疑是鍼灸。居延漢簡也有鍼灸的記載："久脛，刺廿鍼"（159·9A），"久背□□二所"（49·31＋49·13）。"鍼"，武威醫簡也作"箴"。《漢書·藝文志·方技略》"而用度箴石湯火所施"顏注："箴，所以刺病也。"②

---

①《漢書·百官公卿表第七上》。
②《漢書·藝文志·方技略》。

道病病所（73EJT9:225B）

□罷軍迺丙子從省來道疾（73EJT28:113）

其四人行道疾死（73EJT30:67）

"道病""道疾"，即行道時患病。古時交通不便，常需長途跋涉，途中不免罹患疾病或舊疾復發，又旅途困頓，缺醫少藥，嚴重者可致死亡。傳世典籍中也有相關記載，例如《前漢紀·孝元皇帝》："顯徙居故鄉濟南，憂懣不食，道病死。"①《前漢紀·孝宣皇帝》："襃道病死。"②

君思以今年二月中暴病頭□□（73EJF3:456A）

"暴病"，指疾病突然暴發且病情較重。居延漢簡103·14有"暴病死"。

乘故隧昌念毋錢衣寒昆弟不肯來相視恐冬寒凍死等死不所歸死（73EJT23:237A）

中渡河溺亡所持符（73EJC:369A）

戍卒死因除了上文提及的疾病、外傷等，還因物資缺乏在嚴寒的冬季凍死，也有因不習水性而溺亡。

弟幼弱不勝願＝乞胲骨歸養父病（73EJT23:692）

適隧長安世敢言之東部候長陳卿治所僅移疾（73EJT23:771）

古人常以疾病作爲請求辭職的委婉說法。"乞胲骨"，即"乞骸骨"（古文字"骨"旁與"肉"旁可互換），是古代官吏自請退職的委婉說法。《漢書·趙充國傳》："充國乞骸骨，賜安車駟馬，黃金六十斤，罷就第。"③"移疾"，或作"移病"，上書稱病請辭。《漢書·公孫傳》："使匈奴，還報，不合意，上怒，以爲不能，弘乃移病免歸。"顏注："移病，謂移書言病也。"④

---

①《前漢紀》卷23，《四部叢刊初編·史部》第91冊，上海商務印書館，1936年縮印本。
②《前漢紀》卷20，《四部叢刊初編·史部》第90冊。
③《漢書·趙充國辛慶忌傳第三十九》。
④《漢書·公孫弘卜式兒寬傳第二十八》。

《長沙尚德街東漢簡牘》181號木牘藥方研究

張顯成　杜鋒①

摘　要：《長沙尚德街東漢簡牘》中的181號木牘是一方劑，具有重要研究價值。整理者釋文多有不確，其"明"當釋"朙(明)"、"方"後一字當釋"風"、"芡"當釋"芩"、"薑"當釋"薑(薑)"、"八"當釋"一〈二〉"、"治"當釋"冶"。標點和對文意的理解也多有誤，該方的藥物配伍記載是完整的，爲十二味，並非"十八味"；該方名稱當爲"治百病通朙(明)丸方"；"合和"的意義不是"調製"而是"混合"。該方是主治男子虛勞羸乏、腎氣不足，當是後世"腎瀝湯(散)"的原始方。

關鍵詞：尚德街；簡牘；藥方

一、整理報告的有關內容

嶽麓書社於2016年月12月出版了長沙市文物考古研究所編的《長沙尚德街東漢簡牘》，該書刊發了長沙市文物考古研究所2011年在長沙市尚德街古井中考古發掘的300餘枚木質簡牘，全書分爲上下兩編，上編是《長沙尚德街出土簡牘古井發掘報告》，下編是《長沙尚德街出土東漢簡牘及釋文》。下編分爲三部分：一是"彩色圖版"，二是"黑白圖版"，以上均在每一枚簡牘圖旁附上隸定文字；三是"長沙尚德街東漢簡

---

①張顯成，西南大學漢語言文獻研究所　教授　重慶400715。杜鋒，西南大學漢語言文獻研究所博士後　重慶400715。

牘釋文",不光有隸定文字,還有標點注釋。以上每一部分均按 J359(3枚簡)、J436(22 枚簡)、J437(3 枚簡)、J446(16 枚簡)、J453(2 枚簡)、J465(2 枚簡)、J531(32 枚簡)、J482(174 枚簡)、J575(3 枚簡)順序,逐一介紹 9 口古井中出土的簡牘。J482 出土簡牘最爲豐富,整理者將 J482 出土簡牘依次分爲"公文""雜文書""私信""習字""殘簡"幾類,其中"雜文書"下又依次分爲"雜賬""名刺""藥方"三小類。

我們通檢全書簡牘,發現這批簡中可確定的涉醫簡至少有兩枚,其中一枚標本編號(即整理號)爲 181,出土編號爲 2011CSCJ482㊉:20-3 的木牘(單面書寫,長 25.2、寬 4、厚 0.6 釐米),內容相對完整,整理者歸之於"雜文書"下的"藥方",且其所謂"藥方"下僅收此一方①。此方因內容相對完整,在中醫藥史上具有較大研究價值,故本文專門對此方進行研究(以下多簡稱"181 號木牘藥方")。下面先將這枚木牘藥方的整理者釋文予以過錄②:

治百病通,明丸方,用甘草八分,弓窮四分,當歸三分,方□☒

---

①藥方,即醫方。
②同一口井(J482)出土的另一枚標本編號爲 228,出土編號爲 2011CSCJ482㊉:29-3 的木牘,整理者釋文如下:

☒
☒六兩。肉松容六……。
☒

此簡分三行書寫,其彩色圖版、黑白圖版和釋文分別見於該書 P129、P182 和 P233。整理者歸此牘於"雜文書"的"雜賬"中,不當,因爲此簡雖然殘,但從殘存的文字"六兩肉松容六"來看,應當是一方劑,即整理者所說的"藥方",故應當與標本編號爲 181,出土編號爲 2011CSCJ482㊉:20-3 的木牘同歸於"藥方"一類。再者,從整個出土簡帛醫書來看,像這樣的殘存藥方甚多。此牘爲單純賬簿的可能性甚小,已發現的簡帛中單純記錄藥物的賬簿太少,典型的僅有《武威醫簡》中的 91 簡(雙面書寫),簡文如下:

牛膝半斤,直(值)五十;卑□半斤,直(值)廿五;朱(茱)臾(萸)二升半,廿五;方(防)風半斤,百;慈(磁)石一斤半,百卅;席(蓆)虫(蟲)半升,廿五;小椒一升半,五十;山朱(茱)臾(萸)二升半,直(值)五十;黃芩一斤,直(值)七十;黃連半斤,直(值)百;□□二斤,直(值)廿七。子威取。河菽半斤,直(值)七十五;續斷一斤,百。子威取。□□□取藥,凡直(值)九百廿七。

乾地黃三分，黃芪三分，桂二分，前胡三分，五末二分，乾薑四分，玄參三分，伏令二分。凡十八物，皆冶，合和丸以白蜜。

此牘分三行書寫，其彩色圖版、黑白圖版和釋文分別見於該書P133、P186和P236。此牘圖版及圖牘所附隸文見本文後《附圖》。

二、藥方字詞校釋

以上我們簡要介紹了181號木牘藥方的整理者釋文，下面對這枚木牘的整理者隸文可商之處分條進行校釋。

1.第1行第5字，釋文當作"朙（明）"。

該字圖版作 ▨（可摹作 ▨），左從"目"，實是"朙"字，故釋文當作"朙（明）"。《說文·朙部》："朙，照也。從月從囧，凡朙之屬皆從朙。明，古文從日。"《玉篇·木部》："朙，視也。"秦漢簡帛中左從"目"的"朙"俯拾皆是，故《秦漢魏晉篆隸字形表》"朙"下所載篆隸文字大都作"朙"①。"明"實爲"朙"之隸變，牘文此字釋作"朙"合乎漢人的書寫習慣，故釋文當作"朙（明）"。

2.第1行末尾"方"字及其後的殘損之字，當釋爲"風□【分】"。

"方"字後有三字，第一字左半尚存，作 ▨（可摹作 ▨），當爲"風"。似比較《武威醫簡》的"風"：▨（簡6）、▨（簡43）、▨（簡66）。可知牘文的此殘字就是"風"字。即第一行末尾當爲"方風×分"，釋文當爲"方風□【分】"。方風，即"防風"。

3.第2行第七字"芡"，當隸作"芩"。

此字圖版爲 ▨（可摹作 ▨），艸頭下面是"今"，不是"欠"，屬漢

---

① 漢語大字典字形組編《秦漢魏晉篆隸字形表》，四川辭書出版社，1985年，頁463。

代"今"字的通行寫法,如《馬王堆漢墓帛書·五十二病方》290 的"(黃)芩"作 ▨,再如《武威醫簡》82 甲的"(黃)芩"作 ▨、91 甲的"(黃)芩"作 ▨,下面的"今"與本牘完全相同,只是《武威醫簡》上面的艸頭簡寫作了屮而已①。

實際上,我們從《說文》的"今"字和其他出土漢代文獻也可知簡文當釋"芩","今"字《說文·亼部》作 ▨,《馬王堆漢墓帛書·老子甲本》69 作 ▨,《華山廟碑》作 ▨,只不過牘文寫得有些草化罷了②。

4. 第 2 行末尾一字,當釋"董(薑)"爲好。

第 2 行末尾一字整理者釋"薑"字,此字右邊小有殘損,牘文作 ▨(可摹作 ▨),實際上是"董",屬"薑"的俗寫字。漢代醫簡中"薑"多省寫艸下的一橫或二橫,而分別作"董""薑",前者如 ▨(《武威醫簡》79),後者如 ▨(《武威醫簡》52)。故牘文寫作"董"是合乎漢代書寫習慣的,所以,牘文此字釋"董(薑)"爲好。

5. 第 3 行整理者所釋的"八"字,很可能是"一"字。

第 3 行第 13 字,整理者釋爲"八"。此字圖版作 ▨(可摹作 ▨)。仔細查看圖版,可知此字中間漫滅,漫滅處呈上下一條溝

---

① 《武威醫簡》的"芩"也有上面的艸頭沒有簡寫的,如 83 甲的"(黃)芩"寫作 ▨,此"芩"字下面的"今"的寫法已經開始向後來的寫法發展,但右下的一筆仍舊明顯是存古寫法。有必要說明的是,形旁"艸""屮"可義近通用。

② 此點以下將還有述。

狀,而同牘的"八"字(第1行第11字)作 ▨ (可摹作 ▨),雖右筆殘,但左筆爲撇很明顯,其字形與整理者所釋的第3行的"八"字不類。統觀此字,很可能是"一"字,是木牘的抄寫者將"二"字誤抄成了"一"的結果。該方正好是"十二"味藥,這也是抄寫者將"二"字誤抄成了"一"的旁證①。故釋文當作"一〈二〉"爲妥。

6.第3行整理者所釋的"治"當隸爲"冶"。

第3行整理者所釋的"治",圖版作 ▨ (可摹作 ▨),明顯是"冶"字,而不是"治",左从"冫",不是从"氵"。牘文第1行首字爲"治",圖版作 ▨ (可摹作 ▨),左邊的"氵"旁與此字"冶"也大不相同。且簡帛藥方中談到藥物製作時,凡表示"粉碎(藥物)"時,均用"冶",不會用"治",此早已是常識。再者,簡帛藥方中談完藥物的製作粉碎後,接着便大都是說應將所粉碎的藥物混合起來,"冶"後文字多爲"合和",其句式多爲"冶＋合和",如《武威醫簡》的以下方劑:

治久欬上氣,喉中如百蟲(蟲)鳴狀,卅歲以上方:芷(柴)胡、桔梗、蜀椒各二分,桂、烏喙、薑(薑)各一分,凡六物,冶,合和,丸以白密(蜜),大如嬰(櫻)桃,晝夜含三丸,消咽其汁,甚良。(3-5)

治鴈(雁)聲(聲)□□□言方:尤、方(防)風、細辛、薑(薑)、桂、付(附)子、蜀椒、桔梗,凡八物,各二兩,并冶,合和,以方寸匕先餔飯米麻(糜)飲藥耳。(8-9)

治金創止恿(痛)令創中溫方:曾青一分,長石二分,凡二物,皆冶,合和,溫酒飲一刀【圭】,日三,創立不恿(痛)。(13)

治心腹大積上下行如蟲(蟲)狀大恿(痛)方:班(斑)毛(蝥)十枚,地膽一枚,桂一寸,凡三物,皆并冶,合和,使病者宿毋食,旦飲藥一刀圭,

---

① 此點以下將還有述。

以肬美(滿)閉塞十日壹飲藥,如有徵,當出。(44-45)

本牘正是如此,其行文格式與上舉諸例完全相合,故此字及其上下文釋文當爲:"凡十一〈二〉物,皆冶,合和,丸以白蜜。"①

三、藥方意義辨正

1.藥方的藥物配伍記載是完整的,爲十二味。

整理者釋文對該牘的殘損狀況說明道:"右下角殘損。"②這是正確的。

但整理者在上編《長沙尚德街出土簡牘古井發掘報告》的頁 83-84 專門談到此藥方,在列出隸文後又說:

木牘上記載了十二味中藥名,除了"方"殘損不識,"黃芪"沒有找到相應記載外,其他名稱均見於傳世文獻,殊堪注目。根據牘文記載,該藥方本應由十八味中藥,加以白蜜製成丸,由於簡牘殘損,祇剩下十二味,甚爲可惜。

如果我們仔細看看該牘內容就知道整理者的以上兩說是矛盾的。該方已述說完藥物配伍,並還接着講了加工製作,只是脫了接下來的藥物服用方法的文字。既然僅有"右下角殘損",已述說完藥物配伍,並還接着講了加工製作,只是脫了接下來的藥物服用方法的文字,怎麽可能"該藥方本應由十八味中藥,加以白蜜製成丸,由於簡牘殘損,祇剩下十二味"呢?

關於該牘僅"右下角殘損",其餘不殘這一點,我們還可從 482 號井(J482)出土簡牘情況來證明。181 號木牘長 25.2 釐米。482 號井共出土木牘 174 枚,經對《長沙尚德街東漢簡牘》一書的《附表二尚德街東漢簡牘統計表》進行統計和逐一核對木牘圖版可知,長度在 22 釐米以上

---

① 有學者將"皆冶,合和,丸以白蜜"標點爲"皆冶,合,和丸以白蜜",不當。
② 見該書釋文頁 236。

的木牘共 34 枚。其中最長者爲整理號 091 出土編號 2011CSCJ482 ✍：2-6 木牘，長 25.85 釐米（該牘左側殘，但不影響長度）；其餘長度大都在於 23 釐米左右至 24 釐米左右（並且其長度不會因簡牘殘損而受影響）。這說明，這 34 枚木牘的長度屬於秦漢時期常規簡的長度①。也就是說，482 號井沒有比常規簡更長的簡，這自然證明該牘屬常規簡，僅"右下角殘損"，其餘是不殘的。

退一萬步說，如果該牘下端殘斷，則該牘的原長度就應在 38.4 釐米左右。理由是：現該牘第一行 24 字（將"方"後殘的 3 字計在內）、第二行 22 字，平均每行 23 字。若果真是"十八味中藥"，則其餘 6 味藥當有 24 字左右（以藥名 2 字用藥量 2 字爲計），"殘斷"在第一、二行（不可能"殘斷"在第三行），每行當"殘斷"12 字地位的長度。181 號木牘長 25.2 釐米，平均一字佔約 1.1 釐米的地位，每行"殘斷"12 字地位的長度就應是 13.2 釐米，那所謂的原牘長度就應是 38.4 釐米（現有長度 25.2 釐米＋"殘斷"掉的長度 13.2 釐米）。如上所述，縱觀整個 482 號井出土的簡牘，均是常規簡的長度，絕不會有長達 38 釐米的。所以，該牘的原長就是現有的長度 25.2 釐米，該牘僅右下角殘損。

總之，無論是從查驗該牘的圖版照片來看，還是從 482 號井出土的整個簡牘長度來看，均可知整理者的兩說是矛盾的，該牘僅右下角殘損，僅殘了"風□【分】"三字，該藥方不會是"十八味"中藥，整理者隸文的"凡十八物"，應該釋作"凡十一〈二〉物"。

---

① 簡牘的長短尺寸的規律爲：表示內容意義重大者用長簡，表示內容意義較輕者用短簡，表示意義一般者用中等長度簡，中等長度簡爲常規簡。以簡帛時代當時的尺度爲計，戰國楚簡的常規簡爲 2 尺，秦漢時代的常規簡爲 1 尺。戰國、秦、西漢、新莽的 1 尺約合今 23.1 釐米，東漢的 1 尺約合今 23.75 釐米，三國、西晉的 1 尺約合今 24.2 釐米，東晉的 1 尺約合今 24.5 釐米（參張顯成《簡帛文獻學通論》第三章"簡帛制度"之第二節"形制與名稱"之"二、竹木簡的形制"，中華書局，2004 年版）。再者，這 34 枚木牘有的略大於東漢 1 尺，有的略小於東漢 1 尺，這是正常的，並不能說它們不是東漢的常規簡。

2.首句當標點爲"治百病通明（明）丸方"。

整理者釋文首句"治百病通,明丸方"標點不當,如是標點,文意無法理解,表意晦澀不通,當標點爲"治百病通明（明）丸方"。

所謂"治百病",並非指可以治療百種（各種）疾病,而只是渲染此方效果好。這類表達方式（嚴格地說是修辭方式）在漢代是常見的,僅以《武威醫簡》爲例,就有如下方劑名冠以"（治）百病"：

治百病膏藥方：蜀椒一升,付（附）子廿果（顆）,皆父（咬）【且（咀）】。豬肪三斤,煎之,五沸,浚去宰（滓）。有病者取大如羊矢,溫酒飲之,日三、四。與〈其〉宰（滓）搗之,丸大如赤豆,心寒氣脇下悥（痛）,吞五丸,日三吞。（17-18）

右治百病方。（78）

百病膏藥方：蜀椒四升,弓（芎）窮（藭）一升,白茝一升,付（附）子卅果（顆）,凡四物,父（咬）且（咀）,漬以淳醯三升,漬□□□三斤,先□□□□枚煎藥□□□□□□浚去宰（滓）。（89甲-89乙）

後世傳世古醫書中亦常見醫方冠以"（治）百病"爲名者,僅以《千金要方》爲例,如卷三"婦人方中"之"虛損第一"：

治產後虛冷七傷,時寒熱,體痛乏力,補腎,並治百病五石湯：紫石英、鍾乳、白石英、赤石脂、石膏、茯苓、白术、桂心、芎藭、甘草各二兩,薤白六兩,人參、當歸各三兩,生薑八兩,大棗二十枚。右十五味,五石並爲末,諸藥各咬咀,以水一斗二升,煮取三升六合,去滓,分六服。若中風,加葛根、獨活各二兩,下痢加龍骨一兩。

又同書卷七"風毒腳氣"之"膏第五"：

神明白膏治百病,中風惡氣及頭面諸病,青盲風目,爛眦管翳,耳聾鼻塞、齲齒,齒根挺痛,及癰痔瘡癬疥等悉主之方：吳茱萸、蜀椒、芎藭、白术、白芷、前胡各一升（崔氏作白前）,附子三十枚,桂心、當歸、細辛各二兩。右十味,咬咀,淳苦酒於銅器中淹浸諸藥,一宿以成。煎豬膏十斤,炭火上煎三沸,三上三下,白芷色黃爲候。病在腹內,溫酒服如彈丸一枚，日三。目痛取如黍米納兩眥中，以目向風，無風可以扇扇之。諸瘡痔齲齒耳鼻百病主之，皆以膏敷。病在皮膚，灸手摩病上，日三。（《肘後》九味無桂心）

　　後世傳世古醫書中還多見醫方冠以"（治）萬病"爲名者，如《千金翼方》卷二十一即名以"萬病"，收載了諸多冠以"（主治）萬病""（主）一切病"的醫方，如"大排風散""主一切冷等萬病方"，"鹽曲""主一切風冷氣等萬病方"，"天真百畏丸""治一切癘病方"等。此類醫方的主治標榜可與該木牘藥方對比齊觀。

　　以上是藥方名"治百病"的意義，下面說藥方名"通明"的意義。

　　所謂"通明"，就是"使（身體氣血）通暢而強狀"。

　　通，有"通達、通暢、通徹、沒有阻塞"意，也可用作動詞，指"開通、疏通"。《說文·辵部》："通，達也。"《國語·晉語二》："道遠難通，望大難走。"韋昭注："通，至也。"《孫子·地形》："地形有'通'者，有'掛'者，……我可以往，彼可以來，曰通。"以上是形容詞義，以下是動詞義。《禮記·月令》："開通道路，毋有障塞。"就人身體而言，"通"自然是指氣血通徹、通暢。

　　明，有"強盛、旺盛"義。《左傳·哀公十六年》："與不仁人爭明，無不勝。"王引之《經義述聞·左傳下》："明，猶彊（強）也。"《淮南子·說林》："石生而堅，蘭生而芳，少自其質，長而愈明。"高誘注："明，猶盛也。"

　　故所謂"通明"，就是"使（身體氣血）通徹而強狀"。①

　　3."合和"義當爲"混合"。

　　整理者在"合和"下注曰："調製。"不確。"合和"在醫書中多見（例見上"二"之"6"所舉諸例），意爲"摻合、混雜"。這是一個同義複合詞，"合"即合併、混合、混雜；"和"今音huò，其義也是摻合、混合、混雜。有

────────
① 後世以"通明"命名的方劑不少，但所指不同，此下文將有述。

必要強調的是,簡文"合和"後以點斷爲善。整理者釋文"合和丸以白蜜"最好改爲"合和,丸以白蜜"。

4.藥方釋文重校。

綜上,《長沙尚德街東漢簡牘》181號木牘藥方釋文當如下:

治百病通明(明)丸方:用甘草八分,弓(芎)窮(藭)四分,當歸三分,方(防)風□【分】,乾地黃三分,黃芩三分,桂二分,前胡三分,五末(味)二分,乾薑(薑)四分,玄參三分,伏(茯)令(苓)二分。凡十一〈二〉物,皆冶,合和,丸以白蜜。

縱觀此方的藥物配伍,當是主治男子虛勞羸乏、腎氣不足之方。①

四、藥方當是後世"腎瀝湯(散)"的原始方

181號木牘藥方"治百病通明(明)丸"當與後世所謂"腎瀝湯(散)"有關,且應是後世"腎瀝湯(散)"的原始方,後者應是在前者的基礎上加減而來的。以下是後世《千金要方》和《千金翼方》的"腎瀝湯(散)"例:

《千金要方》卷十九"補腎"所載"腎瀝湯":

治虛勞損羸乏、咳逆短氣、四肢煩疼、腰背相引痛、耳鳴、面䵟黯、骨間熱、小便赤黃、心悸、目眩、諸虛乏腎瀝湯方:羊腎一具;桂心一兩;人參、澤瀉、甘草、五味子、防風、芎藭、黃耆、地骨皮、當歸,各二兩;茯苓、玄參、芍藥、生薑,各四兩;磁石五兩。

《千金翼方》卷十五"補五臟"所載"腎瀝散":

主五勞男子百病方②:防風;黃芩;山茱萸;白蘞;厚朴,炙;芍藥;薯蕷;麥門冬,去心;天雄,炮,去皮;甘草,炙,各五分。獨活;菊花;秦艽;細辛;白朮;枳實,炙;柏子仁,各一兩。當歸;芎藭;菟絲子;蓯蓉;桂心,

---

①此下文有申說,請詳見。
②此"腎瀝散"方劑又言"主五勞男子百病方",所謂"主五勞男子百病方"是言其功效。古醫方中多有此類方名爲"××湯(散、丸)"而正文中又言"××××方"的表述。

各七分。石斛;乾薑;人参;各二兩。鐘乳,研;蜀椒,汗,去目閉口者;附子,炮,去皮;白石英,各一兩。烏頭三分,炮,去皮。羊腎一具。黃耆二兩半。

以上兩方中的下畫綫者,是181號木牘藥方"治百病通明(明)丸方"中有的藥物。將以上兩方與"治百病通明(明)丸方"對比可知,上述的方藥組成中,已包括了"治百病通明(明)丸方"中除"前胡"一藥以外的所有藥物。且二者所述的主治(前者爲"治百病通明(明)",後者分別爲"治虛勞損羸乏、咳逆短氣、四肢煩疼、腰背相引痛、耳鳴、面䵟黯、骨間熱、小便赤黃、心悸、目眩、諸虛乏"與"主五勞男子百病"),皆相類似,字面上均表示其主治廣而有效。細審藥方功效,均是主虛勞羸乏,腎氣不足,且醫治對象爲成年男性。後世古方中以"腎瀝"命名的方劑頗多,各方的配伍雖小有不同,但主治是基本相同的,方旨都是主虛勞羸乏,腎氣不足,醫治對象爲男性患者,此可從本文後《附表〈千金要方〉〈千金翼方〉〈外臺秘要〉所見唐以前(包括初唐)"腎瀝湯(散)"相關醫方》中諸醫方得到證明。無論是上引"腎瀝湯(散)"還是文後《附表》所列諸"腎瀝湯(散)"中的方藥組成,均是"治百病通明(明)丸方"的加減方。換言之,可推定後世的"腎瀝湯(散)"實是早期的"治百病通明(明)丸方"爲底方增損而成的。

夏德安曾論及上古巫術技藝多爲後世小傳統所承緒,而且損益無多①。考慮到文化"大傳統""小傳統"的整體性和傳承性,作爲實用技術的數術和方技,例如治療所涉之經驗方的傳承和散佈,正如李建民所言,是具有嚴格的授受方式和傳佈系統的②。當然,此類經驗方在流傳過程中亦不可避免地存在着增損變化,簡文的"治百病通明(明)丸方"與其後增損而成的"腎瀝湯(散)"正體現了這一點。

---

① 夏德安《同自然哲學和神秘技術有關的戰國秦漢寫本》,夏含夷主編《中國古文字學導論》,中西書局,2013年,頁216-243。

② 李建民《生命史學——從醫療史看中國史》,復旦大學出版社,2008年,頁119-165。

上文曾說，後世"腎瀝湯（散）"未包括"治百病通明（明）丸"的"前胡"一藥。不過，此藥的主治功用與"治百病通明（明）丸"和諸"腎瀝湯（散）"方的方旨是相合的。"前胡"不見於《神農本草經》，而陶弘景輯漢魏名醫藥論而成的《名醫別錄》，並載"前胡"入"中品"，明其功效爲"推陳致新，明目，益精"。又《千金要方》卷十九"補腎"之"腎瀝散"同篇載有"前胡建中湯"，此方即以"前胡"爲主藥，主治"大勞虛劣，寒熱嘔逆，下焦虛熱，小便赤痛，客熱上熏，頭痛目疼，骨肉痛，口乾"，可知181號木牘藥方"治百病通明（明）丸方"中的"前胡"自然是取其"補腎益精"之效。"治百病通明（明）丸方"和後世諸"腎瀝湯（散）"方皆治男子腎虛的相關疾病，可推測木牘主人當爲好方技甚至就是好房中之成年男子①。

《千金要方》卷十九"補腎"中的"心悸目眩，諸虛乏，腎瀝湯方"後，並載有《胡洽方》《廣濟方》《經心錄》《近效方》諸古方書中對於此方的加減運用。同卷的"增損腎瀝湯"方後亦載有《小品方》《崔氏方》所論相關方劑的運用。"腎瀝湯"見於《外臺秘要》卷十六引《删繁方》、卷十七引《廣濟方》、卷三十一引《近效方》等，可知，以"腎瀝"命名的"湯""散"之劑淵源有自，其在早期方書中已多見載錄。其後《太平聖惠方》《聖濟總錄》《普濟方》《遵生八箋》及《醫略六書》等晚近方書中也多見收錄，自然是對前代方書的承續。

後世"腎瀝湯（散）"之"腎瀝"，與181號木牘藥方"治百病通明（明）丸"之"通明"的取義是相似的，理由如下：

---

① 另，上述同一口井所出標本編號爲228出土編號爲2011CSCJ482 ⚏:29-3 的藥方似也可說明該木牘主人當爲好方技甚至就是好房中之成年男子。該簡尚有殘文"▨六兩。肉松容六▨"，其中，"肉松容"即今之"肉蓯蓉"，此藥屬補腎要藥。《神農本草經》載"肉蓯蓉"之主治爲："五勞七傷，補中，除莖中寒熱痛，養五臟，強陰，益精氣，多子，婦人癥瘕。久服輕身。"故很早人們就意識到此藥爲補腎臟、益精氣之要藥。由此可推測，此方亦屬補腎益精之劑。再，《千金要方》卷十九"補腎"載"蓯蓉丸"，其主治爲"補虛益氣，治五臟虛勞損傷陰痹，陰下濕癢或生瘡，莖中痛，小便餘瀝，四肢噓吸，陽氣絕，陽脈傷"。本文後《附表》所列"補腎"方劑"腎瀝湯（散）"中亦用"肉蓯蓉"一藥。均說明"肉蓯蓉"爲補腎要藥。這些都可說明木牘主人當爲好方技甚至就是好房中之成年男子。

瀝,《說文·水部》:"漉也,从水、歷聲。一曰,水下滴瀝也。"可知,"瀝"有"滴瀝"之義。滴瀝,本指水流不暢,斷斷續續流滴,亦即漏瀝,喻指人體氣血,自然是指身體氣血不通暢。"腎瀝",自然是指腎氣不通暢,即腎氣不足虛勞羸乏。"腎瀝湯(散)"方,自然是治療腎氣不通暢、腎氣不足、虛勞羸乏之方,即該方所主爲使腎氣通暢,腎氣通暢則腎功能正常而身體健康。

《千金要方》卷十九"腎臟"之"腎臟脈論第一"云:"羽音人者,主腎聲也。腎聲呻,其音瑟,其志恐,其經足少陰。厥逆太陽則榮衛不通,陰陽翻祚,陽氣內伏,陰氣外升,升則寒,寒則虛,虛則厲風所傷,語音蹇吃不轉,偏枯,腳偏跛蹇,若在左則左腎傷,右則右腎傷。其偏枯風體,從鼻而分半邊至腳,緩弱不遂,口亦㰸,語聲混濁,便利仰人,耳偏聾塞,腰背相引,甚則不可治,腎瀝湯主之。"清代張璐《千金方衍義》卷十九"腎臟方"之"補腎第八"在"腎瀝湯""增損腎瀝湯"下釋"腎瀝"云:

腎瀝者,腎中氣痹,不化水道,漏瀝不通,多由醉飽房勞,酒濕流著髓藏。或精泄後風氣入犯胞中,遂成肥痹之患,甚則結塊阻塞廷孔之端,溺時艱苦萬狀。或坐熱湯中借暖氣以通氣化,或蹲踞而溺,松其約束以通其竅,始得澀化而出。

腎主水,故稱水臟。因不化氣,導致水道不利而滴瀝澀痛,則須溫腎、化氣、行水。由張璐所釋"腎瀝"可知,"腎瀝者,腎中氣痹,不化水道,漏瀝不通",亦即腎氣不通暢、腎氣不足。治療腎瀝,就是使腎氣通暢,腎氣通暢則腎功能正常而身體健康。如上所述,181號木牘藥方命名爲"治百病通明(明)丸","通明"之名即是取義於"使(身體氣血)通徹而強狀"。所以,後世"腎瀝湯(散)"之"腎瀝",與181號木牘藥方"治百病通明(明)丸"之"通明"的取義實際上是相似的。

關於"通明"後來改稱"腎瀝"的推測。早期方藥名的"通明"後來改稱"腎瀝",應該是"通明"的意義"使(身體氣血)通徹而強狀"太廣泛,此方是治療腎氣不暢(腎瀝),爲使此方的主治表述更清楚,主治的範圍指向更明確,故後來就改稱"通明"爲"腎瀝"。後來的加減方多爲湯劑或散劑,故早期的"治百病通明丸"遂改名爲"腎瀝湯(散)"。這樣的推測應該是合乎藥方名稱演變規律的。

總的來說,"治百病通明(明)丸方"很可能是後世"腎瀝湯(散)"的原始方,後者應是基於前者增損加減而成的,二者有着緊密的聯繫。

最後有必要指出的是,《千金要方》卷十九"補腎"亦載有"通明丸",然其方藥組成與尚德街木牘藥方"治百病通明(明)丸"不類,其功效爲明目消瞖,即爲眼科方劑①。也就是說,這裏的"明"指眼睛、視力,"通明"指使眼力好、視力好。此後,以"通明"爲名的各型眼科方劑亦見於《聖濟總錄》卷一〇五、一〇九、一一三,《普濟方》卷二九六、《太平聖惠方》卷三十三、《古今醫鑒》卷十四,以及《證治準繩》"類方"卷七等,這些眼科方劑,均與早期181號木牘藥方"治百病通明(明)丸"之"通明"的取義迥異,即二者的得名之由是完全不同的②。

後記:本文初稿曾在"第二屆出土醫學文獻研討會"(西南大學,2017年5月5-7日)上宣讀。初稿於3月上旬寫成,旋即得知復旦大學古文字與出土文獻研究網2017年2月23日刊發有甫曰《尚德街簡牘"治百病通明丸方"校正》一文(網址http://www.gwz.fudan.edu.cn/web/show/2986。後刊發於2017年9月的《出土文獻研究》第十六輯,發表的程少軒《長沙尚德街東漢簡牘研究二題》一文的"二、治百病通明丸方",內容與甫文基本相同),方上網拜讀。甫文論述較略,篇幅僅近千字,共談了以下六個問題:

一、"'通明丸'應該連讀。"
二、"'方'下一字尚存殘筆,仍可辨出是'風'字。"

---

① 中醫認爲,眼科疾病有不少與腎臟有關,故此眼科方劑《千金要方》置於卷十九"補腎"之列。
② 還有必要順便指出的是,《秘傳眼科龍木論》卷一亦載眼科方劑"通明散",此書署印度"龍木"著,亦即"龍樹菩薩"著。醫籍中治療眼科疾病的以"通明"爲名的諸"通明丸(散)",皆出自中土,與印度眼醫無涉,故所謂"龍木"著實爲託名。

三、"'黃芪'之名罕見於醫書,頗疑當改釋為'黃芩'。"

四、"末句'治'顯為'冶'之誤釋";"'合'訓為'合併（藥物）',當與後文斷開"。

五、"原釋文第 2 行末'乾薑'與第 3 行首'四分'連讀。該藥方用藥為'十八物',現存十二味,殘去六味,估算可得前兩行每行殘去十四字左右,因此'乾薑'與'四分'必不能連讀。""原釋文文末'白蜜'後句斷。按古藥方慣例,當仍有介紹服用方式的文字,因此藥方並未終結。"

六、"藥方釋文當校讀如下：

治百病通明丸方：用甘草八分、弓（芎）窮（藭）四分、當歸三分、方（防）風☐

乾地黃三分、黃芩三分、桂二分、前胡三分、五未（味）二分、乾薑☐

四分、玄參三分、伏（茯）令（苓）二分。凡十八物,皆冶,合,和丸以白蜜☐

該藥方所配伍之藥物,有補氣、補血、解毒、祛寒等多重藥性,功能較全面,所以說能'治百病'。若能有幸補齊剩餘藥物,或許仍有實用價值。"

甫文以上一、二、三所論及四之"末句'治'顯為'冶'之誤釋"是正確的。四之"'合'訓為'合併（藥物）',當與後文斷開"之說不當；五、六之說也不當。

2017 年 10 月 2 日

再,本文投稿於《出土文獻綜合研究》（第七輯）後,時過半年,看見《中醫文獻雜誌》2018 年 2 期（2018 年 4 月 25 日出版）上刊有周祖亮、方懿林《尚德街簡牘醫方及其方藥演變探析》一文（此文的初稿在"第二屆出土醫學文獻研討會"［西南大學,2017 年 5 月 5-7 日］上宣讀過）,發現該文有關原整理者釋文"十八"當釋"十二〈一〉"這一至關重要的觀點源自拙文,然未交待,甚憾。

2018 年 7 月 3 日本文校稿時隨記

附圖：《長沙尚德街東漢簡牘》181 號木牘相關圖版及原整理者釋文

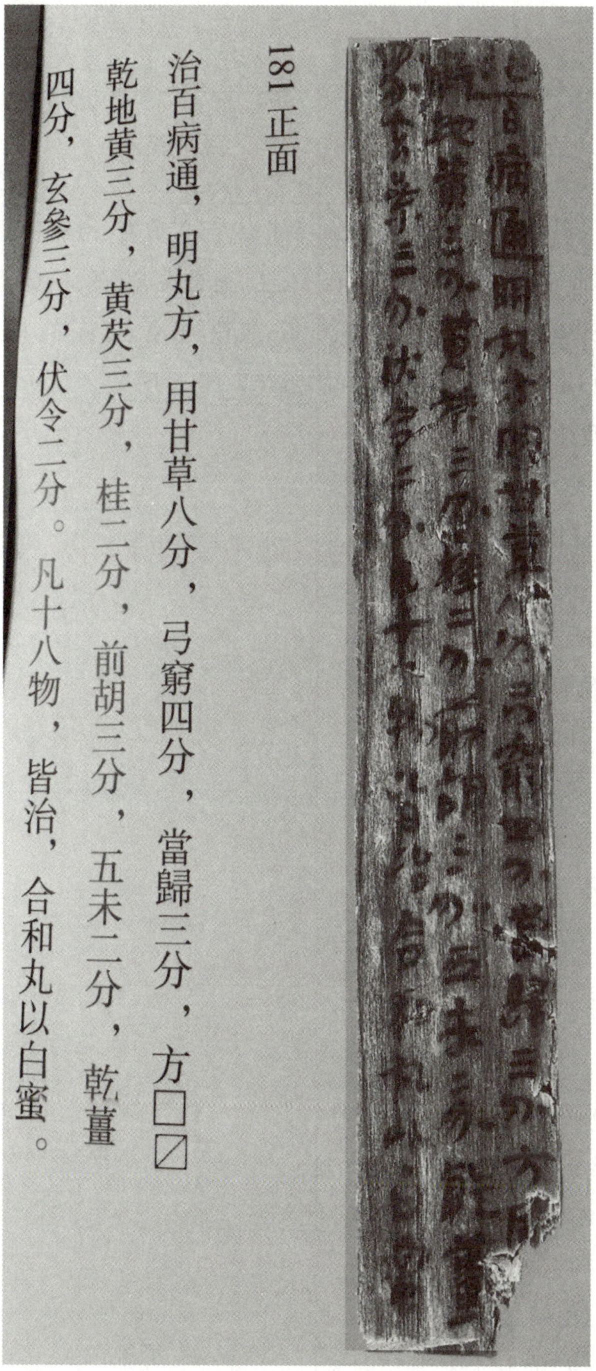

181 正面

治百病通，明丸方，用甘草八分，弓窮四分，當歸三分，方□□乾薑四分，前胡三分，桂二分，黃芩三分，乾地黃三分，五未二分，玄參三分，伏令二分。凡十八物，皆治，合和丸以白蜜。

彩色圖版及整理者釋文

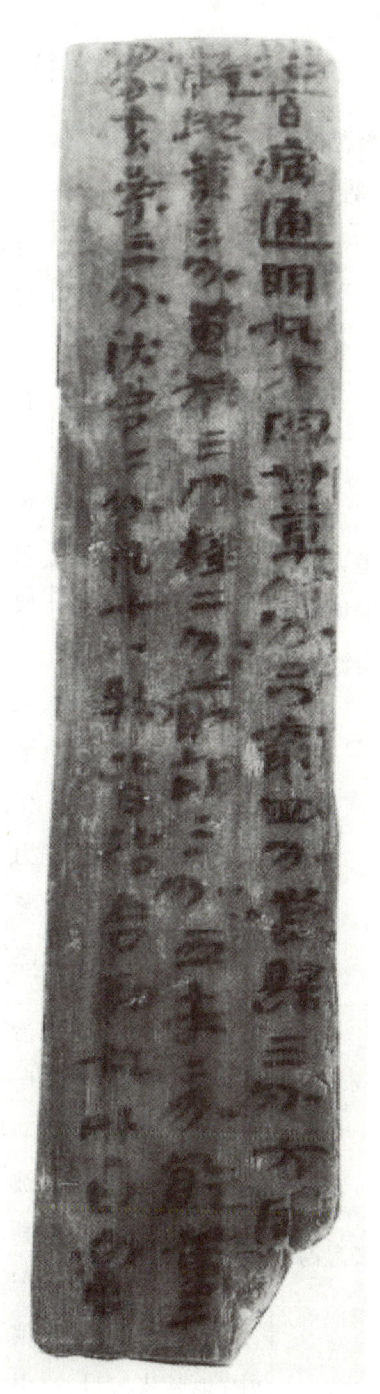

黑白圖版

附表：《千金要方》《千金翼方》《外臺秘要》中所見唐以前（包括初唐）"腎瀝湯（散）"相關醫方

腎瀝湯相關方劑	藥物組成	主治功效	醫方出處	備註
道人深師增損腎瀝湯	黃耆、甘草、芍藥、麥門冬、人參、肉蓯蓉、乾地黃、赤石脂、地骨白皮、茯神、當歸、遠志、磁石、枳實、防風、龍骨，各一兩；桂心、芎藭，各二兩；生薑四兩；五味子三合；半夏一升；白羊腎一具；大棗三十枚。	治風虛勞損挾毒，腳弱疼痹或不隨，下焦虛冷，胸中微有客熱，心虛驚悸不得眠，食少失氣味，日夜數過心煩，迫不得臥，小便不利，又時復下。湘東王至江州，王在嶺南病悉如此，極困篤，余作此湯令服，即得力，病似此者，服無不瘥，隨宜增損之方。	《千金要方》卷七"風毒腳氣"之"湯液第二"	《胡洽方》無黃耆、肉蓯蓉、赤石脂、地骨皮、磁石、枳實、防風、龍骨、半夏，有黃芩，爲十五味。
腎瀝湯	羊腎一具；磁石五兩；玄參、茯苓、芍藥，各四兩；芎藭、桂心、當歸、人參、防風、甘草、五味子、黃耆，各三兩；地骨皮二升，切；生薑八兩。	治腎寒虛爲厲風所傷，語音謇吃，不轉偏枯，胕腳偏跛蹇，緩弱不能動，口喎，言音混濁，便利仰人，耳偏聾塞，腰背相引，腎瀝湯，依源增損隨病用藥方。	《千金要方》卷八"諸風"之"賊風第三"	

續表

腎瀝湯相關方劑	藥物組成	主治功效	醫方出處	備註
腎瀝湯	羊腎一具；桂心一兩；人參、澤瀉、甘草、五味子、防風、芎藭、黃耆、地骨皮、當歸，各二兩；茯苓、玄參、芍藥、生薑，各四兩；磁石五兩。	治虛勞損羸乏，咳逆短氣，四肢煩疼，腰背相引痛，耳鳴，面黧黯，骨間熱，小便赤黃，心悸，目眩，諸虛乏，腎瀝湯方。	《千金要方》卷十九"腎臟"之"補腎第八"	《廣濟方》"治虛勞百病"者，無人參、甘草、芎藭、當歸、芍藥、生薑、玄參，有蓯蓉三兩，牛膝、五加皮各二兩。 《胡洽》"治大虛傷損，夢寤驚悸，上氣肩息，腎中風濕，小腹裹急引腰脊，四肢常苦寒冷，大小便澀利無常，或赤或白，足微腫，或昏僻善忘"者，無澤瀉、防風、黃耆、玄參、磁石、地骨皮，有黃芩一兩，麥門冬、乾地黃、遠志各三兩，大棗二十枚。 《崔氏》"治腎臟虛勞所傷，補益"者，無芎藭、玄參、磁石、地骨皮，有黃芩、遠志各二兩，乾地黃三兩，麥門冬四兩，大棗二十枚。"治五勞六極，八風十二痹，補諸不足"者，無澤瀉、甘草、五味子、防風、芍藥、生薑、玄參、地骨皮，有附子、牡丹皮各一兩，乾地黃一兩半，牡荊子、菖蒲、果螵蛸各二兩。 《經心錄》"治腎氣不足，耳無所聞"者，無澤瀉、甘草、五味子、防風、黃耆、芍藥、生薑、玄參、地骨皮，有附子、牡丹皮、牡荊子各一兩，乾地黃二兩，大棗十五枚，名羊腎湯。 《近效方》"除風下氣，強腰腳，明耳目，除痰飲，理榮衛，永不染時疾諸風著"者，無當歸、芍藥、磁石，有獨活、牛膝各一兩半，麥門冬二兩，丹參五兩，爲煮散，都分二十四貼，每貼入生薑一分，杏仁十四枚，水三升煮取一升。

續表

腎瀝湯相關方劑	藥物組成	主治功效	醫方出處	備註
腎瀝湯	殺羊腎一具，切，去脂，以水一斗六升煮取一斗三升；大棗二十枚；桑白皮六兩；黃耆、五味子、蓯蓉、防風、秦艽、澤瀉、巴戟天、人參、桂心、署預、丹參、遠志、茯苓、細辛、牛膝各三兩；石斛、生薑各五兩；杜仲、磁石各八兩。	同上	《千金要方》卷十九"腎臟"之"補腎第八"	此方原書緊接上一方後，原書稱"又方"。
增損腎瀝湯	羊腎一具；人參、石斛、麥門冬、澤瀉、乾地黃、栝蔞根、地骨皮，各四兩；遠志、生薑、甘草、當歸、桂心、五味子；桑白皮，一作桑寄生；茯苓，各二兩；大棗三十枚。	治大虛不足，小便數，噓吸，焦燋引飲，膀胱滿急。每年三伏中常服此三劑，於方中商量用之。	《千金要方》卷十九"腎臟"之"補腎第八"	《小品方》無石斛、栝蔞、地骨、桑皮、茯苓，有芎藭、黃連、龍骨各二兩，螵蛸二十枚。又"治腎氣不足，消渴引飲，小便過多，腰背疼痛"者，無石斛、栝蔞、地骨、桑白皮、甘草，有芎藭二兩，黃芩、芍藥各一兩，桑螵蛸二十枚，雞䏶胵裏黃皮一兩。《崔氏》"治臟損虛勞，李子豫增損"者，無石斛、栝蔞、地骨、桑白皮，有黃耆、黃芩、芍藥、防風各二兩。

續表

腎瀝湯相關方劑	藥物組成	主治功效	醫方出處	備註
腎瀝散	羖羊腎一具，陰乾；茯苓一兩半；五味子、甘草、巴戟天、桂心、石龍芮、牛膝、山茱萸、防風、乾薑、細辛各一兩；人參、石斛、丹參、蓯蓉、鍾乳粉、附子、菟絲子各五分；乾地黃二兩。	治虛勞百病方。	《千金要方》卷十九"腎臟"之"補腎第八"	
腎瀝散	羊腎一具，陰乾；厚朴、五味子、女萎、細辛、芍藥、石斛、白薇、茯苓、乾漆、礬石、龍膽、桂心、芎藭、蓯蓉、蜀椒、白术、牡荊子、菊花、續斷、遠志、人參、黃耆、巴戟天、澤瀉、萆薢、石龍芮、黃芩、山茱萸各一兩；乾薑、附子、防風、昌蒲、牛膝各一兩半；桔梗二兩半；署預、秦艽各二兩。	治男子五勞七傷，八風十二痹，無有冬夏，悲憂憔悴，凡是病皆須服之方。	《千金要方》卷十九"腎臟"之"補腎第八"	

續表

腎瀝湯相關方劑	藥物組成	主治功效	醫方出處	備註
腎瀝散	石龍芮、續斷、桔梗、乾薑、山茱萸、昌蒲、茯苓各二兩；蜀椒、芍藥、人參、龍膽、女萎、厚朴、細辛、巴戟天、萆薢、附子、石斛、黃耆、芎藭、白斂、烏頭、天雄、桂心、肉蓯蓉各一兩半；秦艽、五味子、白術、礜石、牡荊子、菊花、牛膝各一兩；遠志二兩半；羊腎一具，陰乾；署預一兩半；乾漆三兩。	同上		此方原書緊接上一方後，原書稱"又方"。此方較上一方無澤瀉、黃芩、防風，有烏頭、天雄各一兩半，餘並同。
增損腎瀝湯	羊腎一具；遠志、人參、澤瀉、乾地黃、桂心、當歸、茯苓、龍骨、黃芩、甘草、芎藭各二兩；五味子五合；生薑六兩；大棗二十枚；麥門冬一升。	治腎氣不足，消渴，小便多，腰痛方。	《千金要方》卷二十一之"消渴第一"	

續表

腎瀝湯相關方劑	藥物組成	主治功效	醫方出處	備註
腎瀝散	防風;黃芩;山茱萸;白薇;厚朴,炙;芍藥;薯蕷;麥門冬,去心;天雄,炮,去皮;甘草,炙,各五分。獨活;菊花;秦艽;細辛;白术;枳實,炙;柏子仁,各一兩。當歸;芎藭;菟絲子;蓯蓉;桂心,各七分。石斛;乾薑;人參,各二兩。鍾乳,研;蜀椒,汗,去目閉口者;附子,炮,去皮;白石英,各一兩。烏頭,三分,炮,去皮。羊腎一具。黃耆二兩半。	主五勞男子百病方。	《千金翼方》卷十五"補益"之"補五臟第四"	
腎瀝湯	羊腎一具,去脂膜,切;遠志二兩,去心;人參二兩;澤瀉二兩;乾地黃二兩;桂心二兩;當歸二兩;龍骨二兩;甘草二兩,炙;麥門冬一升,去心;五味子五合;茯苓一兩;芎藭二兩;黃芩一兩;生薑六兩;大棗二十枚,去核。	療腎氣不足,虛損消渴,小便數,腰痛,宜服腎瀝湯方。	《外臺秘要》卷十一"消中消渴腎消方八首"	《集驗方》同

續表

腎瀝湯相關方劑	藥物組成	主治功效	醫方出處	備註
腎瀝湯	羊腎一具,豬腎亦得。芍藥;麥門冬,去心;乾地黄;當歸,各三兩。乾薑四兩;五味子二合;人參;茯苓;甘草,炙;芎藭;遠志,去心,各二兩。黄芩一兩。桂心六兩。大棗二十枚,擘。	《删繁》:骨極虚寒,主腎病則面腫垢黑,腰脊痛不能久立,屈伸不利,夢寤驚悸,上氣,少腹裏急,痛引腰,腰脊四肢常苦寒冷,大小便或白,腎瀝湯。	《外臺秘要》卷十六"腎極虚方七首"	引《删繁方》
崔氏腎瀝湯	豬腎一具,去脂膜;附子四分,炮;芎藭四分;牡丹四分;桂心四分;茯苓八分;乾地黄六分;人參四分;桑螵蛸八分,炙;磁石八分,研如粉;牡荊子八分;當歸四分;黄耆八分;昌蒲八分。	療五勞、六極、八風、十二痺,補諸不足方。	《外臺秘要》第十七"五勞六極七傷方一十首"	引《崔氏方》,同《古今録驗》方。

続表

腎瀝湯相關方劑	藥物組成	主治功效	醫方出處	備註
崔氏腎瀝湯	羊腎一具,切;黃耆二兩;乾薑四分;當歸二兩;甘草二兩,炙;黃芩二兩;遠志二兩,去心;五味子二合;芍藥三兩;澤瀉二兩;人參二兩;茯苓二兩;大棗二十枚,擘;桂心二兩;防風二兩;麥門冬四兩,去心;乾地黃三兩。	療腎臟虛勞所傷補益方。	《外臺秘要》卷十七"虛勞補益方九首"	引《崔氏方》,李子豫增損。
《小品》增損腎瀝湯	腎一具,豬羊並得;遠志二兩;麥門冬一升,去心;人參二兩;五味子二合;澤瀉二兩;乾地黃二兩;茯苓一兩;桂心二兩;當歸二兩;芎藭二兩;黃芩一兩;芍藥一兩;生薑三兩;棗二十枚;螵蛸二十枚,炙;雞膍胵裏黃皮一兩。	療腎氣不足,消渴引飲,小便過多,腰背疼痛方。	《外臺秘要》卷十七"腎氣不足方"六首	引《小品方》

續表

腎瀝湯相關方劑	藥物組成	主治功效	醫方出處	備註
加減腎瀝湯	腎一具,豬羊並得;遠志二兩;麥門冬一升,去心;人參二兩;大棗四十枚;芎藭二兩;五味子二兩;當歸二兩;澤瀉二兩;桂心四兩;乾薑三兩;乾地黃三兩;黃連二兩;桑螵蛸二十枚;龍骨二兩;甘草三兩,炙。	療大虛內不足,小便數,嘘噏焦熇引水漿,膀胱引急方。	《外臺秘要》卷十七"腎氣不足方"六首	
腎瀝湯	羊腎一具,去脂,切八片;茯苓三兩;五味子二兩;肉蓯蓉三兩;牛膝二兩;防風二兩;黃耆二兩;澤瀉二兩;五加皮二兩;地骨皮二兩;磁石六兩;桂心二兩。	《廣濟》療虛勞百病。	《外臺秘要》卷十七"虛勞百病方五首"	引《廣濟方》

續表

腎瀝湯相關方劑	藥物組成	主治功效	醫方出處	備註
《近效》腎瀝湯	黃耆、芎藭、茯苓、五味子、防風、澤瀉、獨活、玄參、人參、牛膝，各六兩。麥門冬，去心；地骨皮，各八兩。桂心二兩。甘草三兩，炙。丹參，五兩。	《近效》腎瀝湯，煮散，主除風下氣，強腰腳，明耳目，除痰飲，理營衛，永不染時氣，諸風疾方。	《外臺秘要》卷三十一"古今諸家散方六首"	引《近效方》
腎瀝湯	羊腎一具，去脂膜，切。五味子三兩；當歸；甘草，炙；芎藭；遠志，去心；芍藥；麥門冬，去心；茯苓，各二兩。乾地黃；生薑，各四兩，切；黃芩；桂心，各一兩。大棗二十枚，擘。	療散發後，虛熱羸乏，或腳疼腰痛，本是虛勞人並挾風氣，宜腎瀝湯方。	《外臺秘要》卷三十八"石發痰結大小腹留癰老小虛羸方六首"	

論簡帛經脈類文獻的命名

李海峰

摘　要:迄今出土的幾批經脈類文獻的命名相對比較混亂,也存在一些爭議。筆者根據這些經脈文獻的主體內容相近、體例相似,都敘述了經脈的脈名、循行路綫、所主病症,都含有判斷生死的診斷學內容,張家山漢簡《脈書》有明確的題名簡,且史書記載存在著《脈書》的流傳體系,認爲它們應該統一命名爲《脈書》,然後根據其出土地址和書寫載體的不同加上附註以示區別。

關鍵詞:簡帛;經脈類文獻;命名

迄今爲止出土的簡帛經脈類文獻主要有三批:馬王堆漢墓簡帛(包括《足臂十一脈灸經》《陰陽十一脈灸經》甲本、乙本《脈法》《陰陽脈死候》)、張家山漢簡(《脈書》)、老官山醫簡(包括《十二脈(附相脈之過)》《別脈》《刺數》)。

1974 年,馬王堆帛書《足臂十一脈灸經》(以下簡稱《足臂》)《陰陽十

李海峰,上海中醫藥大學基礎醫學院 副教授 上海 201203。

本文的寫作得到國家社科重大項目資助,項目編號:12&ZD115;上海中醫藥大學預算內項目資助,項目編號:2015YSN63;教育部人文社會科學基金項目"簡帛醫書與早期傳世醫書對比研究"(17YJAZH039)。

一脈灸經》(甲本、乙本,以下簡稱《陰陽》甲、乙)出土後,學者們當時一致認為它們是已經發現的最早的經脈學說文獻,帛書整理小組根據兩者均記載了十一條脈的循行、主病和灸法,參照《七錄》《隋書·經籍志》舊例,命名為《足臂十一脈灸經》《陰陽十一脈灸經》(甲、乙)①。但當時已有不同意見。如唐蘭主張《足臂》《陰陽》為一篇,名為《經溫經脈》②。之後,李鼎名之為帛書《經脈書篇》第一種、第二種③;或有學者命之為《足臂十一溫》(甲種)與《足臂十一脈》(乙種)④、《足臂脈》與《陰陽脈》⑤、《十一脈甲》與《十一脈乙》⑦;或將二者統稱為帛書《經脈》⑥、《足臂陰陽脈》的兩種文本⑦、《脈灸經》的二個底本⑧等。彭堅根據兩書敘述的主要是十一脈循行的徑路和主病,不是灸法,二者的內容量不大,不足以稱"經",認為"灸經"之說不妥,當命名為《足臂十一脈》與《陰陽十一脈》⑨。然而,馬王堆簡帛出土這 40 多年來,大多數學者在論文和著作中依然選擇使用《足臂十一脈灸經》《陰陽十一脈灸經》的名稱。如周一謀等(1988)、馬繼興(1992)、魏啟鵬等(1992)、韓健平(1999)、裘錫圭(2014)等的著作中均使用此名稱。

2013 年老官山醫簡出土後,其中經脈類文獻的命名也經過了一番

---

① 馬王堆帛書整理小組《馬王堆漢墓帛書一五十二病方》,文物出版社,1979 年,頁 141-178。
② 唐蘭《馬王堆帛書〈却谷食氣篇〉考》,《文物》1975 年第 6 期。
③ 李鼎《從馬王堆漢墓帛書看早期的經絡學說》,《浙江中醫學院學報》1978 年第 5 期。
④ 郭兵權《從馬王堆漢墓醫帛談經絡及"是動"、"所生"病候》,《山東中醫學院學報》1980 年第 4 期。
⑤ 何宗禹《馬王堆醫書中有關經絡問題的研究》,《中國針灸》1982 年第 5 期。
⑥ 王雪苔《中國針灸源流考》,《中醫雜誌》1979 年第 8 期。
⑦ 彭堅《馬王堆醫書學術研究一瞥——上篇·帛書經脈四種》,《湖南中醫學院學報》1990 年第 3 期。
⑧ 劉澄中《大陸經脈史學研究的新檢討》,《新史學》2000 年第 11 卷第 2 期
⑨ 梁繁榮,王毅《揭秘敝昔遺書與漆人-老官山漢墓醫學文物文獻初識》,四川科學技術出版社,2016 年,頁 232。

變化。2013年公佈時命名為《經脈書》《脈死候》《脈數》①。2014年整理者將《脈數》改名為《歸脈數》②。梁繁榮(2016)將這幾種文獻命名為《十二脈(附相脈之過)》《別脈》《刺數》③。李海峰(2016)認為《經脈書》《脈死候》當合稱為《脈書》④。柳長華(2017)又將之命名為《脈書·下經》《刺數》,把原命名為《敝昔醫論》的部分命名為《脈書·上經》⑤。

從上面的論述可知,簡帛經脈類文獻的命名實際處於比較混亂的情況。通過對這三批經脈類文獻,尤其是對經脈循行路線和病症、脈死候等內容的比較,可以發現它們在體例上存在一定的內在一致性,在內容上存在很大的相似性,可以認為它們屬於同一種文獻的不同傳本,因此它們的命名應該相對統一。

一、各書體例和內容的相似性

首先,從各書的結構和體例看,存在一定的內在一致性。各書內容的主體都是經脈循行路線和相應病症。這一部分內容,基本都按照脈名、循行路線、病症的次序敘述。其中《足臂》每條經脈文末多了治療的內容,《陰陽》⑥則多出是動病和病症數。另外,在《足臂》《陰陽》某些經脈條文的後面附有關於預後診斷的內容,《十二經脈》中似也存在這樣的片段⑦。

---

① 成都考古研究所《成都"老官山"漢墓》,《中國文物報》2013年12月20日第4版。
② 成都文物考古研究所,荊州文物保護中心《成都市天回鎮老官山漢墓》,《考古》2014年第7期。
③ 梁繁榮,王毅《揭秘敝昔遺書與漆人－老官山漢墓醫學文物文獻初識》,四川科學技術出版社,2016年,頁57。
④ 李海峰,張如青《老官山漢簡〈經脈書〉初探》,《中醫文獻雜誌》2016年第6期。
⑤ 柳長華,顧漫,周琦等《四川成都天回漢墓醫簡的命名與學術源流考》,《文物》2017年第12期。
⑥《陰陽十一脈灸經》甲本、乙本及《脈書》相應內容僅存在文字上的差異,沒有寫作體例上的差異。
⑦ 梁繁榮、王毅《揭秘敝昔遺書與漆人——老官山漢墓醫學文物文獻初識》,四川科學技術出版社,2016年,頁232。

其次,張家山漢簡《脈書》的內容,相當於馬王堆漢墓帛書《陰陽》《脈法》和《陰陽脈死候》三種,因此可以認為二者實際是一種書①。老官山醫簡中既有經脈循行和主病的內容,也有相脈之法和三陰三陽脈死候,故梁繁榮等將其合為《十二脈(附相脈之過)》一部,稱為《十二脈(附相脈之過)》②。從其已發表的內容看,與《脈書》應是同一種書。由此,可以認為馬王堆、張家山、老官山實際出土了《脈書》的三種傳本。

最後,《足臂》可能也是《脈書》的一種版本。一方面因為《足臂》與《陰陽》在經脈循行路線、所主病症上存在一定的相似性和相關性。《足臂》《陰陽》中敘述的三陰三陽經脈分布基本一致,各經脈循行路線在主體上是一致的,僅在具體循行部位和支脈等方面存在一定差異。將《足臂》"其病"與《陰陽》"所產病"記載的病症數目用 spearman 相關系數進行比較,可以發現它們之間存在高度相關性($r_s=0.951, P<0.05$)。比較《足臂》"其病"與《陰陽》"所產病"中重疊的病症,發現其數目佔《足臂》中病症總數 33%,佔《陰陽》中病症總數 35%。

另一方面因為《足臂》中包含了一定的《陰陽脈死候》和"相脈"的內容。足厥陰脈"其病"之後云:扁(偏)有此五病者,有(又)煩心,死。三陰之病亂,【不】過十日死。揗溫(脈)如三人參春,不過三日死。溫〈溫(脈)〉絕如食頃,不過三日死。煩心,有(又)腹張(脹),死。不得臥,有(又)煩心,死。唐(溏)叚(瘕)恆出,死。三陰病雜以陽病,可治。陽病北(背)如流湯,死。陽病折骨絕筋(筋)而無陰病,不死。這段文字上方沒有"●",貌似屬於足厥陰脈的內容。如周一謀等③就認為這段是說明如果厥陰病候皆具,又加上這些病症,就可判別死生,說明了古人已經認識到足厥陰脈在疾病診斷上佔有重要的地位。但是在書寫時它另起

---

① 張家山漢墓整理小組《江陵張家山漢簡概述》,《文物》1985 年第 1 期。
② 梁繁榮、王毅《揭秘敝昔遺書與漆人——老官山漢墓醫學文物文獻初識》,四川科學技術出版社,2016 年,頁 65。
③ 周一謀、蕭佐桃《馬王堆醫書考注》,天津科學技術出版社,1988 年,頁 16。

一行,其内容多數與足厥陰脈無關,又疑似錯簡。如山田慶兒①認爲:《陰陽脈死候》的前半部分,特別是"凡三陽"句的"其病"以下部分與"凡三陰"句的"陰病"以下的部分,恐怕曾經是《陰陽》的一部分,前者和後者分別附記在足陽脈與足陰脈中的某一條。《足臂》的編者,將原來混雜在若干脈的記述中的、"決死生"的段落整合在一塊,附記在足厥陰脈的後面。《陰陽》的編者選擇了不同的道路,他們抽出了記述一般性原則的兩條,與原本就是屬於兩部《灸經》獨立的文獻中的五死的記述相結合,整合成了《陰陽脈死候》。趙争等②則認爲:《足臂》中足厥陰脈後文字是將原分屬各脈的内容抽出集中而來,這不僅是出於整齊文本的需要,更反映了對待經脈死候的一般化趨勢。《陰陽》足厥陰脈病候僅列四病卻述有五病的矛盾,及足太陰脈的死症病候均受了這種經脈一般化趨勢的影響。《足臂》的脈死候被統一抽出後仍附於足厥陰脈之後,而獨立成篇的老官山醫簡《脈死候》中,脈死候内容並未關聯於任何經脈内容,其已脱離經脈内容而獨立成篇了,這無疑與脈死候内容的一般化趨勢相吻合。山田氏和趙争氏的觀點都提示了"扁(偏)有此五病者"段與前面的足厥陰脈内容没有關聯。

　　兹將之與《陰陽》(甲)厥陰脈後的内容相比較:"【……爲五＝病＝(五病。五病)】有而心煩,死,勿治殹(也)。有陽眽(脈)與之俱病,可治殹(也)。"③可以發現後者的内容基本包括於前者中。其中,《陰陽》"【(五病)】有而心煩,死,勿治殹(也)"句與《足臂》"扁(偏)有此五病者,有(又)煩心,死"句文字相近,應該意思相同。兩句中都見有"五病",所指應該相同。《陰陽》中的這個"五病",首見於張家山漢簡《脈書》,馬繼

---

①山田慶兒《中國古代醫學的形成》,東大圖書公司,2003年,頁148。
②李雯、趙争《從成都老官山漢墓醫簡看早期經脈理論》,《中國針灸》2016年第12期。
③本段《陰陽》(乙)作"……【爲五】＝病＝(五病。五病)有〖而〗煩心,死,勿治也;有陽胍(脈)牙(與)〖之〗俱病,可治也。"《脈書》作"五病有而心煩死,勿治殹;有陽【脈】與之俱病,可治也。"與《陰陽》(甲)文字基本相同。以下凡三書文字基本相同者,僅舉《陰陽》(甲)例。

興、裘錫圭等據此補入《陰陽》(甲)中。諸校釋中都未解釋其含義。《足臂》中的"五病"校釋者多數認爲指足厥陰脈"其病"所列的脞瘦、多溺、嗜飲、足跗腫、疾畀等五種病①②③。一般認爲《陰陽》"所產病"的內容與《足臂》"其病"相近，二者之間可能存在較多的關聯④。這個認識在足厥陰脈遇見了例外。《足臂》中足厥陰脈"其病"的五種病並未見於《陰陽》厥陰脈的"所產病"。這樣，《陰陽》中的"五病"就不能用《足臂》中的"五病"來解釋。這與前述二者意思應該相同的認識是矛盾的。結合前述山田氏與趙爭氏認爲"扁(偏)有此五病者"段與前面的足厥陰脈內容沒有關聯的觀點，可以認爲諸校釋對《足臂》中"五病"的解釋有誤。慮及《足臂》中"扁(偏)有此五病者"段另起一行的寫法，可以推斷這個"五病"並非指厥陰脈的病候，而當另有所指，這一段內容或是錯簡至此。

　　至於《陰陽》厥陰脈"所產病"中出現的第一個"五病"，整理小組補作"□□"，周一謀、魏啟鵬等俱補爲"四者"⑤⑥。馬繼興⑦"據《素問·脈解》足厥陰病候：'厥陰……所謂癩、癃、疝、膚脹……'，則所缺之病似爲'膚脹'二字，今錄以待續攷。"高大倫⑧"據後文之統計共七十七病，本處若爲四病，則少一病，故當作'五病'，而《甲本》與本書均奪一病。"裘錫圭等⑨據帛書乙本及張家山簡本《脈書》補作"五病"，並指出"此處稱'所產病'數爲五病，但所列舉僅四病，或有脫漏。"從高氏、裘氏之說可知，這第一個"五病"是統計上文厥陰脈"所產病"數目的結果，與其後的第二個"五病"並無必然的聯繫。

---

① 周一謀、蕭佐桃《馬王堆醫書考注》，天津科學技術出版社，1988年，頁15。
② 魏啟鵬、胡翔驊《馬王堆漢墓醫書校釋》，成都出版社，1992年，頁12。
③ 馬繼興《馬王堆古醫書考釋》，湖南科學技術出版社，1992年，頁203。
④ 陳惠玲《〈馬王堆漢墓簡帛〉古醫書"脈"字考》，《先秦兩漢學術》2008年第10期。
⑤ 周一謀、蕭佐桃《馬王堆醫書考注》，天津科學技術出版社，1988年，頁36。
⑥ 魏啟鵬、胡翔驊《馬王堆漢墓醫書校釋》，成都出版社，1992年，頁30。
⑦ 馬繼興《馬王堆古醫書考釋》，湖南科學技術出版社，1992年，頁258。
⑧ 高大倫《張家山漢簡〈脈書〉校釋》，成都出版社，1992年，頁73。
⑨ 裘錫圭《長沙馬王堆漢墓簡帛集成(伍)》，中華書局，2014年，頁201。

那麽《足臂》足厥陰脈後的這一段內容可能是從何處而來呢？緊接著"扁(偏)有此五病者"句後的"三陰之病亂,【不】過十日死"句給出了提示。在《陰陽脈死候》中有類似的敘述："凡三陰,地氣殹,死脈殹。陰病而亂,則【不】過十日而死,三陰,胃(腐)臧(臟)煉(爛)腸而主殺。"《脈書》中的敘述亦是相似："凡三陰,坨(地)氣殹,死脈殹,腐臧(臟)闌(爛)腸而主穀(殺),陰病而亂,則不過十日而死。"《陰陽脈死候》與《脈書》中的內容基本一致,僅在敘述順序上有所變動,都較《足臂》多出三陰屬地氣,腐臟爛腸而主殺的內容。

與之相似,《足臂》"陽病折骨絕筋(筋)而無陰病,不死"。也見於《陰陽脈死候》,作"凡三陽,天氣殹,其病唯折骨列(裂)膚,不死"。《脈書》中此句之簡缺損嚴重,但整理者①和高大倫②都補爲："凡三陽,天氣殹,其病唯折骨裂□一死。"裘錫圭等③已經指出《陰陽脈死候》和《脈書》原釋文的錯誤,認爲二書中這一部分的論述與《足臂》中的論述相合。由此提示了《足臂》足厥陰脈後的陰陽病死候與《陰陽脈死候》有關。

《陰陽脈死候》在三陽三陰死之後敘述了五死,其文末寫道："五者扁(偏)有,則不沽〈活〉矣。"這與《足臂》"扁(偏)有此五病者,有(又)煩心,死"句式相近。可以推測《足臂》中的"五病"及《陰陽》中的第二個"五病"可能是指"五死"之病。在"扁(偏)有此五病者,有(又)煩心,死"句前可能有奪文。

老官山醫簡《十二經脈》中論述相脈之過："相脉之過,左手直(置)【果】(踝)五寸而案之,右手直(置)果(踝)而單(彈)之。應手如叁舂,死;不至如食間,死。它脉盈,此獨【虛,則主病】。"其中"應手如叁舂,死;不至如食間,死"句和原標題爲《脈死候》的簡文中"脈絕如食[頃],不過二日則死"句,與《足臂》足厥陰脈後文字"掐溫(脈)如三人參舂,不

---

① 張家山二四七號漢墓竹簡整理小組《張家山漢墓竹簡》,文物出版社,2006年,頁124。
② 高大倫《張家山漢簡〈脈書〉校釋》,成都出版社,1992年,頁89。
③ 裘錫圭《長沙馬王堆漢墓簡帛集成(伍)》,中華書局,2014年,頁209。

過三日死。溫〈溫(脈)〉絕如食頃，不過三日死"相似。因爲"應手如叁春"句不見於《陰陽》《脈書》論"相脈之道"的文字中，這句話是否老官山漢簡整理者在整理時誤置於此了呢？如果簡文順序不誤，就可以說，《足臂》中同樣還包含了"相脈之過"的部分內容。

《足臂》足厥陰脈後文字"煩心，有(又)腹張(脹)，死。不得臥，有(又)煩心，死。唐(溏)叚(瘕)恆出，死"，與《陰陽十一脈灸經》(甲)鉅陰脈所產病內容相似："獨心煩，死；心甬(痛)與復(腹)張(脹)，死；不能食，不○臥①，强吹(欠)，三者同則死；唐(溏)泄，死；【水與】閉同則死，爲十病。"《足臂》僅論及三種死候，《陰陽》變作五種死候。其中"煩心，有(又)腹張(脹)，死"化爲"獨心煩，死；心甬(痛)與復(腹)張(脹)，死"兩種死候。"不得臥，有(又)煩心，死"變化成爲"不能食，不○臥，强吹(欠)，三者同則死"。"唐(溏)叚(瘕)恆出，死"也略有變化，成爲"唐(溏)泄，死"。新增加了"【水與】閉同則死"。至於《足臂》中"三陰病雜以陽病，可治"一句仍然保留在《陰陽》足厥陰脈文末。關於這兩段文字，山田慶兒發現《陰陽》的論述都比《足臂》嚴密和詳細，由此認爲《足臂》比《陰陽》在將記述的內容推向一般化上走得更遠。"陽病北(背)如流湯，死"句在《陰陽》中未見相應內容。

總之，《足臂》足厥陰脈"其病"後的文字與《陰陽脈死候》、"相脈"都有著密切聯繫。從這個角度說，《足臂》也可以看作是《脈書》的一種傳本。

二、關於命名

《史記·扁鵲倉公列傳》記載扁鵲："以此視病，盡見五藏癥結，特以診脈爲名耳。"司馬遷評曰："至今天下言脈者，由扁鵲也。"可見在扁鵲之時，診脈已經成爲經脈理論重要的用途之一。《史記·扁鵲倉公列

---

① 不○臥，《陰陽》(乙)作"不臥"，《脈書》作"者〈耆〉臥"。

傳》記載了淳于意從公乘陽慶處得授的醫書有:"《脈書上下經》《五色診》《奇咳術》《揆度陰陽外變》《藥論》《石神》《接陰陽禁書》。"這裏明確出現了《脈書》的名稱。在敘述公乘陽慶的學術淵源時云:"慶有古先道遺傳黃帝扁鵲《脈書》《五色診病》,知人生死,決嫌疑,定可治。"這一方面提示了《脈書》的主要用途是診脈知病,決人死生,定可治。另一方面說明當時流行的《脈書》至少有黃帝、扁鵲兩派,《脈書上下經》可能已經把二者的內容都包括在內了。《史記·扁鵲倉公列傳》中淳于意在述及其傳授學生的醫書時,卻並未談到《脈書》,而是改爲《上下經脈》①。《上下經脈》應該就是《脈書上下經》,被淳於意更改了書名。或許正是因爲經過了淳于意的整理,《經脈》之名漸顯,而《脈書》之名漸隱,由此在《內經》成書時將相關內容收入書中而以《經脈》冠篇名。

《後漢書·郭玉傳》記載:"郭玉者,廣漢雒人也。初,有老父不知何出,常漁釣於涪水,因號涪翁。乞食人間,見有疾者,時下針石,輒應時而效,乃著《針經》《診脈法》傳於世。弟子程高,尋求積年,翁乃授之。高亦隱跡不仕。玉少師事高,學方診六微之技,陰陽隱側之術。"雖然從涪翁自著《針經》《診脈法》看,很難發現其學術與《脈書》的關係,但從其學術淵源看,《診脈法》可能也屬於《脈書》類的作品,不過具有更鮮明的診斷學的特色。

《隋書·經籍志》中明顯與經脈有關的書籍主要有三類:一類爲《脈經》類,包括題爲《脈經》的書籍7種,及名稱中含有"脈經"字樣的書籍5種(包括《黃帝流注脈經》一卷、《華佗觀形察色並三部脈經》一卷、《脈經決》二卷徐氏新撰、《脈經鈔》二卷許建吳撰、《脈經略》一卷)。一類在書名中不含"脈經"二字(包括《脈生死要訣》二卷、《三部四時五藏辨診色決事脈》一卷)。另外,經脈的內容還被包括於某些《明堂》類書籍中,如

---

①《史記·扁鵲倉公列傳》:"高永侯家丞杜信,喜脈,來學,臣意教以《上下經脈》《五診》,二歲餘。臨菑召里唐安來學,臣意教以《五診》《上下經脈》《奇咳》《四時應陰陽重》,未成,除爲齊王侍醫。"

《明堂流注》六卷、《黃帝十二經脈明堂五藏人圖》一卷。由多種書籍都命名為《脈經》，其作者卷數卻不相同，提示了當時對診脈類著作存在著同名異書的命名傳統，也提示了這些書籍可能存在共同的學術源頭，可能是同一學術傳統中不同流派的著作。由於隋時《黃帝內經》已經成書，《脈書》的大部分內容已經被整理並入《內經》之中①，從目錄傳世的《脈經》內容看，其雖然也收錄了經脈相關的內容，但更偏向於脈診的內容。這與之前《診脈書》的學術偏向是一致的，體現出了這門學問專門化和精細化的趨勢。

《隋書·經籍志》中對《脈經》類著作的記載說明當時對主題相近的著作存在同名異書的命名傳統。其實這一傳統在《漢書·藝文志》中已見端倪。《漢志》醫經類中載有七書，分別為《黃帝內經》《扁鵲內經》《白氏內經》三種《內經》，《黃帝外經》《扁鵲外經》《白氏外經》三種《外經》，以及《旁篇》。從《漢志》的記載已可見到當時對醫經類著作的命名即已存在同名異書的情況，相近主題的著作命以相同書名，並前加著者以為區分。在《史記·扁鵲倉公列傳》中說"慶有古先道遺傳黃帝扁鵲《脈書》"，提示了黃帝與扁鵲的經脈類著作都稱為《脈書》，亦是前加著者以為區分。這樣的命名傳統可以啓發我們，對出土經脈類文獻的命名當循其舊例，對主題相近者，用同一書名來命名。

張家山漢簡《脈書》包括三部分內容，第一部分以身體部位爲綱敘述疾病名；第二部分敘述經脈循行路線和所主病症，是其主體，相當於《陰陽》；第三部分敘述診脈預後，相當於《脈法》《陰陽脈死候》。其主要旨趣與公乘陽慶所傳《脈書》相仿。張家山漢簡《脈書》有題名簡，其書名非後人所加，其書名與《史記》中相重，應該不是偶然現象。它應是未經淳于意更改書名前的《脈書》傳本之一，可以稱爲《脈書》（張家山漢簡

---

① 這一點可以參看山田慶兒《黃帝內經的形成》，《〈內經〉研究論叢》，湖北人民出版社，1982年，頁105-118。

本)。《陰陽》《脈法》《陰陽脈死候》相當於《脈書》的部分內容,其內容雖然未及《脈書》全備,但也應當視爲《脈書》的一種,可以將其合爲一書。且馬王堆帛書出土時,《陰陽》(甲)《脈法》《陰陽脈死候》抄寫於一張單頁上,說明當時的抄寫者可能也是將其作爲一種書籍來處理的,故可將其稱爲《脈書》(馬王堆帛書本甲)。在馬王堆出土帛書中,《足臂》單獨書於一頁,從前述可知《足臂》與《脈書》有著密切聯繫,其可以作爲《脈書》的另一種傳本,稱爲《脈書》(馬王堆帛書本乙)。老官山醫簡《十二經脈(附相脈之道)》尚未完整公佈,但從其內容看,應可稱爲《脈書》(老官山漢簡本)。至於馬王堆帛書《陰陽》(乙本),由於其與《却穀食氣》《導引圖》同書於一頁,故吳志超等[1]認爲三者實際是一卷前文後圖的帛書,可以合稱爲《導引食氣》。沈壽[2]進一步提出"古人把《陰陽十一脈灸經》書寫在《導引圖》前段,其目的就是爲了指導導引、行氣、按摩等自我療法"。並認爲經絡學說不只是針灸科獨用的學說,它對導引同樣具有重要的指導意義。從這個角度說,《陰陽》(乙本)實際上是《導引食氣》的一部分,與《脈書》無關。

  同一書因爲傳本不同而分爲幾岐,類似的情況也出現在《老子》等著作中,對彼今以一名以概之,此則因世無單行本流傳,而一書冠以多名,就顯得有些混亂了。"脈書"是有史可察,且有明確物證的漢代經脈類著作的名稱,《脈書》的傳承體系在史書中也有記載,用《脈書》統一命名相關的經脈類出土文獻,並附以出土地址和書寫載體以示區別,可能是對這類文獻較爲合適的命名方法。

---

[1] 吳志超、沈壽《〈却穀食氣篇〉初探》,《北京體育學院學報》1981年第3期。
[2] 沈壽《西漢帛畫〈導引圖〉結合〈陰陽十一脈灸經〉綜探》,《成都體育學院學報》1983年第4期。

漢簡帛醫書字詞考釋四則

劉春語①

摘　要：本文在整理研讀前人時賢研究漢簡帛醫書成果的基礎上，主要考察、討論了《張家山漢簡·脈書》簡53"㴒"，《馬王堆帛書·十問》簡83"卵"，《馬王堆帛書·十問》簡82"賦"、"寫"，《馬王堆帛書·十問》簡8"𤺊"等學界說法不一、無有定論的幾個字詞。得出如下結論："㴒"字，應隸定爲"㴒"，讀爲"滔"，釋爲"（血液像水流一樣）流動不止"；"卵"字應釋爲"雄雞卵"，今稱之"公雞睾丸"；"賦"字應讀爲"飫"，釋爲"飲食"；"寫"字應讀如本字，釋爲"放置、傳食"；"𤺊"字，應隸定爲"𤺊"，讀爲"㡒（㡒、㡒）"，釋爲"皮膚皺裂"。

關鍵詞：《張家山漢簡·脈書》；《馬王堆帛書·十問》；考辨

漢簡帛醫書內容繁雜，種類繁多，不少篇章深奧難懂，加之載體殘損嚴重，圖版無法復原，雖學界研究考釋工作一直在進行，但至今仍存在大量的疑難字詞、語句尚未得到徹底解讀。筆者在做漢簡帛醫書整理工作及研讀前人時賢研究成果時，發現前賢時彥對1983年12月湖北江陵張家山二四七號漢墓出土的竹簡古醫書《脈書》簡53"㴒"字及1973

---

①劉春語，成都中醫藥大學國學院　講師　成都　610031。

年底湖南省長沙市馬王堆三號漢墓中出土的古醫書《馬王堆帛書·十問》簡83的"卵"字,簡82的"肰"字、"寫"字,簡8的"貍"字字形隸定及釋義等問題說法不一,無有定論,故筆者不揣淺陋,謹對這幾處有爭議字詞進行再考察、討論,提出商榷意見,以就正於方家。

1.《張家山漢簡·脈書》53:夫乘車食肉者,春秋必泌,不泌則脈闌(爛)而肉死。脈盈而㳄之,虛而實之,㣧(靜)則侍(待)之₅₃。

"泌"字,張家山漢墓整理小組疑爲"瀉"字之譌①,周祖亮等先生持相同觀點②;高大倫先生疑爲"泗"字之別構,"泗"讀爲"瀉",一聲之轉③;孟蓬生先生疑爲"渴"字異構……是將"渴"字左上部省去,另加"介"爲聲符④;何有祖先生認爲此字右下部从"臼",與《遣策》10號簡"稻"所從形同,右上部的"爪"形則略異……郭店《性自命出》44號簡"醫"字作☒,其下部从"臽",其"爪"形與我們討論的字上部"爪"形正同。據此將此字釋作"滔"。並言"春秋必滔,不滔則脈闌(爛)而肉死",當指乘車食肉者,(若有足夠的運動就)活得比較長。否則,就會因爲缺乏運動而出現"脈闌(爛)而肉死"的慘況⑤。

謹按:我們認爲,上述諸家對此字隸定與釋義皆不確。此字兩處皆應隸定爲"㳄"字,讀爲"滔",釋爲"(血液像水流一樣)流動不止"。理由如下:首先,核查原圖版,此字兩處圖版分別作☒、☒,第二處圖版字形已經漫漶不清,第一處相對比較清晰,細審之,此字爲一左右結構字,左

---

①張家山二四七號漢墓竹簡整理小組《張家山漢墓竹簡〈二四七號墓〉》(釋文修訂本),文物出版社,2006年。
②周祖亮、方懿林《簡帛醫藥文獻校釋》,學苑出版社,2014年。
③高大倫《張家山漢簡〈脈書〉校釋》,成都出版社,1992年。
④孟蓬生《張家山漢簡字義劄記》,《古籍整理研究學刊》2004年第5期。
⑤何有祖《張家山漢簡釋文與注釋商補》,簡帛研究網 http://www.jianbo.org/.2004。2007年,何有祖又發文《張家山漢簡〈脈書〉、〈算數書〉劄記》,此文中也有對此字詞的考釋,其觀點與《張家山漢簡釋文與注釋商補》所闡釋的觀點大致相同,此文不再重復轉錄,詳見何有祖《張家山漢簡〈脈書〉、〈算數書〉劄記》,《江漢考古》2007年第1期。

部从"氵",毫無疑義,右部爲上下結構,對比《張家山漢簡·遣策》簡10"稻"字圖版,其右下部如何有祖所言,字形相同。右上部非"宀",而是"六"字,《張家山漢簡·脈書》簡55"六"字圖版作 ,與此寫法相同,故此字應該隸定爲"滔"。"滔"疑爲"滔"之異構字。滔,《說文·水部》:"水漫漫大皃。从水,舀聲。"此處引申指(身體裏面的血液像流水一樣)流動不止。"夫乘車食肉者,春秋必滔(滔),不滔(滔)則脈閺(爛)而肉死"是說那些出門就乘車,飲食則大魚大肉的上層貴族們,一年四季都要保持身體裏面的血液像流水一樣流動不止,如果血液不流動了,就會出現筋脈腐爛,肌肉壞死的情況。此句之前《脈書》簡52-53有"夫留(流)水不腐,户貓(樞)不橐(蠹),以其勤(動)。勤(動)者實四支(肢)而虚五$_{52}$臟(臟),五臟(臟)虚則玉體利矣"。内容講述的是水只有流動才不會變成腐壞的臭水,門軸只有經常轉動才不會被蟲蛀蝕,這都是因爲"動"的緣故,動起來四肢才會結實,五臟才會空靈,五臟空靈,身體才能健康。此段用流水和户貓的譬喻說明"動"的重要性,"夫乘車食肉者,春秋必滔(滔),不滔(滔)則脈閺(爛)而肉死。"正是承襲這段譬喻而來,釋"滔"爲"(血液像流水一樣)流動不止",正契合了此段文意。

2.《馬王堆帛書·十問》82-84:威王曰:"善。燃(然)有不如子言者,夫春朕(沃)寫(瀉)人〈入〉$_{82}${人〈入〉}以韭者,何其不與酒而恆與卵邪?"文執(摯)合(答)曰:"亦可。夫雞者,陽獸也$_{83}$,發明(明)聲蔥(聰),信(伸)頭羽張者也。復陰膏(三月),與韭俱勶(徹),故道者食之」。"

"卵"字的釋讀,學界主要有以下觀點:馬王堆漢墓帛書整理小組認爲《鹽鐵論·散不足》有韭卵,是當時在市場上出售的食物①;周一謀、蕭佐桃兩先生認爲當指韭卵,並據《鹽鐵論·散不足》推斷韭卵可能是用韭汁浸泡或醃製過的禽蛋之類②;馬繼興先生認爲"卵"字指雞卵,但也

---

① 馬王堆漢墓帛書整理小組《馬王堆漢墓帛書(肆)》,文物出版,1985年。
② 周一謀、蕭佐桃《馬王堆醫書考注》,天津科學技術出版社,1988年。

可能是指"韭卵",所謂韭卵,是在漢代前後的一種商品食物,並據桓寬氏的《鹽鐵論·散不足》一書在追溯食品業發展時的記述推測此處"卵"可能是現仍保留下來民間菜肴之一的雞蛋炒韭菜①;周祖亮、方懿林兩先生則認爲此處"卵"當指雞蛋②。

謹按:核查原圖版,此字隸定爲"卵"沒有問題。"卵"字,學界基本上都認爲指"韭卵",至於"韭卵"的具體所指,上述諸家觀點可歸爲三類:一是用韭汁浸泡或醃製過的禽蛋之類;二是雞蛋炒韭菜;三是雞蛋。我們認爲以上諸家所言皆非。此處的"卵"應是"雄雞卵",今稱之"公雞睾丸"。理由如下:要弄清此處"卵"字具體所指,首先必須解決此字所在上下文文意。此字所在段落屬於《馬王堆帛書·十問》當中第九問。爲考釋需要,茲錄有關原文如下:

• 文執(摯)見齊威=王=(威王,威王)問道焉,曰:"募(寡)人聞子夫(大夫)之博於道也,募(寡)人巳(已)$_{74}$宗廟之祠,不叚(暇)其聽,欲聞道之要者」,二、三言而止」。"文執(摯)合(答)曰:"臣$_{75}$爲道三百編,而臥最爲首。"威王曰:"子澤(繹)之,臥時食何氏(是)有?"文執(摯)合(答)曰:$_{76}$"淳酒毒韭。"威王曰:"子之長韭何邪?"文執(摯)合(答)曰:"后稷(稷)半(播)鞣(穮),草千歲$_{77}$者唯韭,故因而命之。亓(其)受天氣也蚤(早),亓(其)受地氣也葆」,故辟(躄)聶(懾)憨肽(怯)者$_{78}$,食之恆張;目不蔡(察)者,食之恆眀(明)」;耳不聞者,食之恆蔥(聰);春胄(三月)食$_{79}$之,苛(疴)疾不昌」,筋骨益強,此胃(謂)百草之王。"威王曰:"善」。子之長酒何邪?"$_{80}$文執(摯)合(答)曰:"酒者,五穀之精氣也,亓(其)人〈入〉中散溜(流)」,亓(其)人〈入〉理也劈(徹)而周,不胥$_{81}$臥而九(究)理,故以爲百藥繇(由)。"威王曰:"善。燅(然)有不如子言者,夫春狀(沃)寫(瀉)人〈入〉$_{82}${人〈入〉}以韭者,何其不與酒而恆與卵邪?"文執(摯)合(答)

---

① 馬繼興《馬王堆古醫書考釋》,湖南科學技術出版社,1992年。
② 周祖亮、方懿林《簡帛醫藥文獻校釋》,學苑出版社,2014年。

曰:"亦可。夫雞者,陽獸也₈₃,發明(明)聲蔥(聰),信(伸)頭羽張者也。復陰青(三月),與韭俱夢(徹),故道者食之」。"

這一問主要通過文摯與齊威王的對話,闡述了美酒、韭菜與養生之間的關係。文摯告訴齊威王睡覺前應該服用美酒搭配韭菜,因爲美酒是五穀之精氣,韭菜是一種永生的百草之王,服用這兩種東西,強身健體,益壽延年。這時齊威王就產生了一個疑問,"威王曰:'善。熒(然)有不如子言者,夫春眽(沃)寫(瀉)人〈入〉{人〈入〉}以韭者,何其不與酒而恆與卵邪?'"這句話意思是:"齊威王說:'你所說的(睡覺前服用美酒和韭菜強身健體,益壽延年)很有道理,但是,也有一種和你所說的不一樣的情況,就是在春季宴飲中將韭菜放置於食器中傳送供人食用時,爲什麼搭配的不是美酒而經常是卵呢?'""文執(摯)合(答)曰:亦可。夫雞者,陽獸也,發明(明)聲蔥(聰),信(伸)頭羽張者也。復陰青(三月),與韭俱夢(徹),故道者食之。"這句話意思是:"文摯回答說:這(韭菜搭配'卵')也是可以的,因爲公雞屬於陽性動物,鳴啼司晨,催人早醒,開啟視聽,伸頭展翅高聲打鳴,極其雄壯。陰氣旺盛的冬季三個月,和韭菜一樣具有通徹陽氣的作用,所以懂得養生之道的人服食它們。"現在我們分析文摯回答的"亦可"的含義,指的應該是"韭菜不搭配美酒而搭配'卵'一起服食"也可以(強身健體)。然後接下來論述的就是理由:因爲公雞也是陽性的,和韭菜一樣(韭菜別名"起陽草"、"壯陽草")具有通徹陽氣的作用。那麼問題來了,如果此處如上述諸家所言將"卵"解釋爲"雞蛋",文意上顯然不通:"雞蛋"是母雞產的,爲什麼解釋韭菜搭配"卵"也可以的原因時不說"母雞"如何如何而要講"公雞"是壯陽的動物?顯然這裏的"卵"字不該釋爲"雞蛋"。從文意上分析,此處"卵"字字義和公雞有關而又不是公雞本身。公雞身上和韭菜具有同樣壯陽功效又稱之爲"卵"的應該是公雞的睪丸。查閱古醫籍,"卵"字有指雄性動物睪丸的記載。如《神農本草經》下品有豚卵一藥,《本草綱目》卷五十釋爲"牡豬外腎","牡豬外腎"也就是公豬的睪丸。民間補腎壯陽也有一方爲韭菜雞睪湯:"韭菜 45 克(洗淨切段),雄雞睪丸 65 克,生薑絲 30 克,酒、食用植物油適量,鹽少許。炒熟當菜佐餐。每晚 1 次。可根據身體狀況,連用 7～15 天。如無雞睪丸可用羊睪丸代替,分量略減。"《馬王堆帛書·十問》第二問黃帝問於大成的對話當中,大成也曾言"……鳴雄有精,誠能服此,玉筴(策)復生","鳴雄"指的是"公雞","鳴雄有精"指的是"公雞的睪丸",大成這句話的意思是"……服用公雞的睪丸可以讓性機能恢復"。根據《十問》的內容性質屬於房中養生文獻,再結合文意,配合傳世醫書的相關記載,我們認爲此處的"卵"絕非"韭卵",而是"公雞的睪丸"。《鹽鐵論》中是有"韭卵"的記載,但此處原文"韭"與"卵"只是恰好出現在同一句話當中,意義與"韭卵"並無關聯,諸家將二者連綴在一起並認爲此處"卵"和《鹽鐵論》中的"韭卵"爲一物,謬矣。

3.《馬王堆帛書·十問》8-9:民何失而㬰(顔)色鹿〈麗〉貍(貍—黎)」,黑而蒼?民何得而奏(腠)理靡曼₈,鮮白有光?

"黑"前一字,其字形隸定,學界主要有以下觀點:馬王堆漢墓帛書整理小組隸定爲"貍"①,周一謀、蕭佐桃②、馬繼興③、魯兆麟、黃作陣④、魏啓鵬、胡翔驊⑤、周祖亮、方懿林⑥等先生從之;《發掘報告》隸定爲"貍"⑦;集成本隸定爲"貍"⑧。

"貍"字的釋讀,學界主要有以下觀點:馬王堆漢墓帛書整理小組讀

---

① 馬王堆漢墓帛書整理小組《馬王堆漢墓帛書(肆)》,文物出版,1985 年。
② 周一謀、蕭佐桃《馬王堆醫書考注》,天津科學技術出版社,1988 年。
③ 馬繼興《馬王堆古醫書考釋》,湖南科學技術出版社,1992 年。
④ 魯兆麟主校、黃作陣點校《馬王堆醫書》,遼寧科學技術出版社,1995 年。
⑤ 魏啓鵬、胡翔驊《馬王堆漢墓醫書校釋(貳)》,成都出版社,1992 年。
⑥ 周祖亮、方懿林《簡帛醫藥文獻校釋》,學苑出版社,2014 年。
⑦ 指湖南省博物館、湖南省文物考古研究所編著《長沙馬王堆二、三號漢墓·第一卷田野考古發掘報告》,文物出版社,2004 年。爲行文方便,此處簡稱《發掘報告》。
⑧ 指湖南省博物館、復旦大學出土文獻與古文字研究中心編纂,裘錫圭主編《馬王堆漢墓簡帛集成》,中華書局,2014 年。爲行文方便,此處簡稱"集成本"。

爲黎，並言《論語·雍也》皇疏："犁音貍。"可爲旁證。黎，黑，字或作黧①。周一謀、蕭佐桃②、馬繼興③、魯兆麟、黄作陣④、周祖亮、方懿林⑤等先生從之；魏啓鵬、胡翔驊兩先生⑥讀爲㿗、㿗、棃。認爲麁貍與麁槢、麤皺義同。

　　謹按：核查原圖版，此字作▆，我們摹寫後爲貍，細審之，此字爲一左右結構字，左部上方爲"夕"，下方爲"壬"，右部爲"里"，整字應隸定爲"貍"，集成本隸定正確，餘家皆失。此字諸家皆釋作"貍"，可信。"貍"，僅從音理上分析，上述諸家讀爲"黎（黧）"或"㿗（㿗、棃）"都有道理，然將兩種觀點放回原文，發現讀"貍"爲"黎（黧）"，不妥。原文言"聶（顏）色鹿〈麁〉貍（貍—黎），黑而蒼"，"鹿"諸家皆認爲是"麁"的訛字，可從。"麁"即"粗"的異體字。將"貍（貍—黎）"釋爲"黑，黑而黄"，放回原文此處，即爲"顏色又粗糙又黑，又黑又滄桑"，後面有一個專門表示"黑色"的顏色詞"黑"，前面何必又多餘用一個書寫繁瑣的"貍"字表示"黑色"？如此釋義，文意上重復，故此說不可取。我們同意第二種觀點，認爲此處"貍"應讀爲"㿗（㿗、棃）"，釋爲"皮膚皺裂"。"麁貍"即"麁槢"、"麤皺"。此釋音理可通，放回原文文意通透。

　　4.《馬王堆帛書·十問》82-83：威王曰："善。燮（然）有不如子言者，夫春㳂（沃）寫（瀉）人〈入〉82{人〈入〉}以韭者，何其不與酒而恆與卵邪？"

　　"㳂"字的釋讀，學界觀點如下：周一謀、蕭佐桃兩先生認爲當作飫

---

①馬王堆漢墓帛書整理小組《馬王堆漢墓帛書（肆）》，文物出版，1985年。
②周一謀、蕭佐桃《馬王堆醫書考注》，天津科學技術出版社，1988年。
③馬繼興《馬王堆古醫書考釋》，湖南科學技術出版社，1992年。
④魯兆麟主校、黄作陣點校《馬王堆醫書》，遼寧科學技術出版社，1995年。
⑤周祖亮、方懿林《簡帛醫藥文獻校釋》，學苑出版社，2014年。
⑥魏啓鵬、胡翔驊《馬王堆漢墓醫書校釋（貳）》，成都出版社，1992年。

（yù 俞），指飲食①。馬繼興先生認爲是"沃"的形近訛字。沃字義爲沫②。魏啓鵬、胡翔驊兩先生認爲沃讀爲飫，本作餕，春飫指春季中的祭祀和宴饗，韭爲常用之物③，周祖亮、方懿林兩先生亦持此觀點④。集成本讀爲沃，釋爲澆灌⑤。

"寫"字的釋讀，學界觀點如下：周一謀、蕭佐桃等先生認爲同瀉，意即春天因飲食不適而引起腹瀉者，當加食辛溫之韭以安臟腑，⑥馬繼興先生亦持此觀點⑦；魏啓鵬、胡翔驊⑧、周祖亮、方懿林等先生讀爲本字，釋爲放置、傳食⑨；集成本讀爲瀉，釋爲傾倒⑩。

謹按："春"後二字，諸家皆隸定爲"飫寫"，核查原圖版，此二字隸定沒有問題。

單純從音理上來看，上述諸家將"飫"字讀爲"沃"或"飫"，"寫"讀爲"瀉"或讀如本字都講得通。但結合《馬王堆帛書·十問》的房中類養生文獻的内容性質來看，我們認爲此處的"飫"字應讀爲"飫"，釋爲"飲食"；"寫"字應讀如本字，釋爲"放置、傳食"。理由如下：首先此二字所在段落屬於《馬王堆帛書·十問》當中第九問。這一問主要通過文摯與齊威王的對話，闡述了美酒、韭菜與養生之間的關係。文摯告訴齊威王睡覺前應該服用美酒搭配韭菜，因爲美酒是五穀之精氣，韭

---

① 周一謀、蕭佐桃《馬王堆醫書考注》，天津科學技術出版社，1988年。
② 馬繼興《馬王堆古醫書考釋》，湖南科學技術出版社，1992年。
③ 魏啓鵬、胡翔驊《馬王堆漢墓醫書校釋（貳）》，成都出版社，1992年。
④ 周祖亮、方懿林《簡帛醫藥文獻校釋》，學苑出版社，2014年。
⑤ 指湖南省博物館、復旦大學出土文獻與古文字研究中心編纂，裘錫圭主編《馬王堆漢墓簡帛集成》，中華書局，2014年。爲行文方便，此處簡稱集成本。
⑥ 周一謀、蕭佐桃《馬王堆醫書考注》，天津科學技術出版社，1988年。
⑦ 馬繼興《馬王堆古醫書考釋》，湖南科學技術出版社，1992年。
⑧ 魏啓鵬、胡翔驊《馬王堆漢墓醫書校釋（貳）》，成都出版社，1992年。
⑨ 周祖亮、方懿林《簡帛醫藥文獻校釋》，學苑出版社，2014年。
⑩ 指湖南省博物館、復旦大學出土文獻與古文字研究中心編纂，裘錫圭主編《馬王堆漢墓簡帛集成》，中華書局，2014年。爲行文方便，此處簡稱集成本。

菜是一種永生的百草之王,服用這兩種東西,強身健體,益壽延年。這時齊威王就產生了一個疑問,"威王曰:'善。㬎(然)有不如子言者,夫春䀸(沃)寫(瀉)人〈入〉{人〈入〉}以韭者,何其不與酒而恆與卵邪?'"若此處誠如上諸家將"沃瀉"釋為"飲食不適引起腹瀉",將"夫春沃瀉人入以韭"釋為"春天因飲食不適引起腹瀉,加韭以安臟腑",那麼問題就來了:雖傳世醫書確有記載韭菜有止腹瀉的功效,但韭菜主要功效還是補腎壯陽而不是止瀉,況更重要的原因是止瀉絕不會用到公雞的睾丸。韭菜壯陽之功效從其別名也能夠看出來,侯寧極《藥譜》稱"韭菜"為"起陽草",王禎《農書》稱"韭菜"為"長生韭",《本草述》稱"韭菜"為"壯陽草",所以第九問當中文摯一直強調要睡前服用韭菜和美酒來強身健體,補益陽氣,此問齊威王的疑問是為什麼有一種情況不是韭菜配合美酒而是韭菜配合公雞的睾丸?文摯的回答是這樣的:"文執(摯)合(答)曰:亦可。夫雞者,陽獸也,發明(明)聲蔥(聰),信(伸)頭羽張者也。復陰膏(三月),與韭俱勶(徹),故道者食之。"文摯和齊威王的對話始終圍繞的都是強身健體,補益陽氣,突然說"春天因飲食不適引起腹瀉,加韭以安臟腑",與文章主旨相差甚遠。我們認為"䀸"讀為"飫",釋為"飲食",《玉篇·食部》:"飫,食也。""寫"讀如本字,釋為"放置、傳食",《禮記·曲禮上》:"器之溉者不寫,其餘皆寫。"鄭玄注:"寫者,傳己器乃食之也。"那麼實際上齊威王說的這種情況應該是"在春季宴飲中將韭菜放置於食器中傳送供人食用時,為什麼韭菜搭配的不是美酒而經常是公雞的睾丸呢?"查閱古書可知,在古代春季的祭祀和宴饗中,韭是常用之物。《毛詩·豳風·七月》就有記載:"四之日其蚤,獻羔祭韭。"《禮記·王制》亦云:"庶人春薦韭,韭以卵。"《馬王堆帛書·十問》(簡77-80)也言"草千歲者唯韭……春膏(三月)食之,苛(疴)疾不昌,筋骨益強。"此外《備急千金要方》卷二十六轉引《神農黃帝食禁》亦云:"二月、三月宜食韭,大益人心。"唐代大詩人杜甫也有詩句言"夜雨剪春韭,新炊間黃粱"。可見春季服食韭菜在古代是非常常見的現象。至於原因,《證類本草》有闡述:"韭,春食則香,夏食則臭,多食則昏神。"如此釋讀,才契合簡文養生的主旨和文意。綜上,我們認爲"飻"字讀爲"飫",釋爲"飲食";"寫"字讀如本字,釋爲"放置、傳食"。此處簡文釋文應作"飻(飫)寫"。

以上爲筆者的研究、考辨,以供方家批評指正。

老官山 178 簡考辨

沈澍農

摘　要：老官山 178 簡爲《六十病方》之第四十二方，成都中醫藥大學整理組（以下簡稱"整理組"）提供的條文錄寫和相應的題名簡 324 簡錄寫，並發表了對 178 簡部分病名的研究，筆者在他們論文的基礎上再作進一步探討。

關鍵詞：老官山漢墓；《六十病方》；病名；178 簡

《六十病方》是成都老官山出土醫藥簡中的重要部分。其中的 178 簡爲《六十病方》之第四十二方，2017 年 5 月，在重慶西南大學舉辦的第二屆出土涉醫文獻研討會上，成都中醫藥大學整理組（以下簡稱"整理組"）發表了《老官山漢墓醫簡〈六十病方〉幾種疑難病名試釋》一文，文中提供的該條錄文爲："卌二　治心腹爲病也，如大伏蠟敎（筆者按：原字左上爲"口"作" "）蚘動，如蚖、蜇、蜴（筆者按：原件作'蝎'）者，此皆在腸中，及承瘕、諸它（蟲）瘕之動，如鼠蜂竄成蟲者。"在相應的題名簡（相當於目錄）324 簡中，本簡之題爲"治大伏蠟蜴蚘卌二"。178 簡文字

---

① 本文的寫作得到國家社科基金重大項目的資助，項目編號：12&ZD115。
② 沈澍農，南京中醫藥大學基礎醫學院　教授　南京　210023。

相對清楚,但存在多處難解之點。整理組上述文中討論了 178 簡的部分病名,筆者在他們論文的基礎上再作進一步探討。

爲方便辨考,先列整理組文中公佈的相關字形如下:

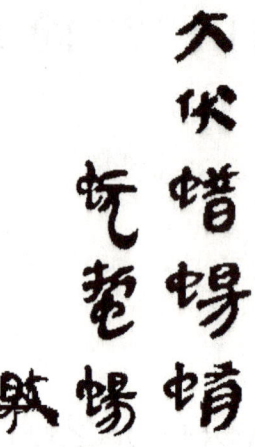

178 簡局部//324 簡局部

一、大伏蜡

"大伏蜡",題名簡和正文簡相同。此處"蜡",整理組提出:古讀音如"去",同"蛆(胆)"。《說文解字》引《周禮》"蜡氏掌除骴"爲例證,段玉裁引鄭玄注"鄭曰:蜡,骨肉臭腐,蠅蟲所蜡也。蜡讀如狙司之狙。"言明其音義。段玉裁進一步闡釋各字形的關係:"蠅生子爲蛆。蛆者俗字,胆者正字,蜡者古字。已成爲蛆,乳生之曰胆、曰蜡。……此當依《廣韻》七慮切。"

今考,原文說的是心腹之病,且後文並列之蟲形體都較大而有明顯特點,而蛆體形較小且形體無明顯特點,中醫言及寄生蟲或癥瘕類疾病時,也沒有見到將"蛆"計入其中的。順便還要指出的是,雖然上述考注引據《說文》與段注,但理解上卻有偏差。當代多種字典釋"蜡"的本義爲"蠅的幼蟲",即指"蠅所生之子",並誤。仔細體味《說文》原釋"蜡,蠅蛆也"與段注之"乳生之曰胆、曰蠟",以及所引鄭玄注之"蠅蟲所蠟"(所字結構,"所"連接的應是動詞),其所說的"蠟(蛆)"都是指"蠅生子"這樣的動作,並非指"蠅所生之子"這樣的名詞。又如《齊民要術》卷八《臘脯第七十五》:"作淹魚法……夏須甕盛泥封,勿令蠅蛆。"(所見多種《齊民要術》作"蛆",段注引作"胆"),此句"蛆(胆)"亦顯然是動詞產子之義,因而"蠟"(蛆、胆)的初義並不指"蠅的幼蟲",不能簡單地用《說文》與段注釋義作為"蛆"的後起義的理據。

從所在條文看,應是並列幾種蟲名,用以比擬心腹或腸中癥瘕病之病形,尤其應和此後的蟲類相近。

古人喜歡用蟲形比擬癥瘕之形。《本草綱目》卷四十二"蚘(蛔)蟲"條言:"凡一切癥瘕,久皆成蟲。紫庭真人云:九蟲之中,六蟲傳變為勞瘵,而胃、蚘、寸白三蟲不傳。其蟲傳變,或如嬰兒,如鬼形,如蛤蟆,如守宮,如蜈蚣,如螻蟻,如蛇如鱉,如蝟如鼠,如蝠如蝦,如豬肝,如血汁,如亂髮亂絲等狀。"《諸病源候論》卷十八亦有《九蟲候》(其說可能源自《集驗方》)所言九蟲則分別為:伏蟲、蚘蟲、白蟲、肉蟲、肺蟲、胃蟲、弱蟲、赤蟲、蟯蟲。其部分條文曰:"九蟲者:一曰伏蟲,長四分;二曰蚘蟲,長一尺;三曰白蟲,長一寸……伏蟲,群蟲之主也;蚘蟲,貫心則殺人;白蟲相生,子孫轉大,長至四五尺,亦能殺人……"(《千金要方》卷十八《九蟲第七》、《外臺秘要》卷第二十六《九蟲方》等亦轉引本條。)

在這兩個條文中,出現了兩個與"伏"有關的蟲名。一是"蝠",蝙蝠,亦名伏翼。但"翼"與"蠟"形、義無關,音亦不太近,因而是"伏翼"的可能性似乎不大;另一是"伏蟲","伏蟲"真實所指雖然已經失傳,但被號為"群蟲之祖",則當有古老的淵源。故古老的六十病方中出現其別稱的可能性較大。如果是這樣,則"蠟"在此應是"蛆蟲"的引申義,泛指蟲類,因而"伏蠟"就是指伏蟲。因為詞義的應用並不一定是完全基於定義來用的,所以,不嚴格使用時,就可能用於更寬的範圍。

《雲笈七籤》八十二卷有下三屍方："貫眾五分（主伏蟲），白藜蘆十二分（主長蟲，欲得雄者），蜀漆三分（主白蟲），蕪荑五分（主肉蟲），石鹽五分（主蜣蟲），厚樸三分（主肺蟲），狼牙子四分（主胃蟲），雷丸六分（主赤蟲），僵蠶四分（主鬲蟲）。右九味物，熬令黃，合搗篩之，煉蜜丸如梧桐子大。以粉漿服五丸，日三服之。漸加至十丸。十二日癥聚下，六十日百病癒。"其中排在第一的亦是"伏蟲"。

此外，《素問·氣厥論》："小腸移熱於大腸，為虙瘕，為沈。""虙"同"伏"，"虙瘕"似乎也可能和"大伏蜡"有些關聯。

不過，"大伏蜡"這個短語或許存在著其他解讀的可能性，如果將來其他古代醫簡中出現新的線索，我們或有可能得到更明晰的認識。

二、𧈅（蜴）蛕

𧈅，見於178簡，題名簡（324簡）中則作蜴。

整理組謂："兩者是否為同一字的異體？此字在《漢語大字典》未見，與其形近者為'皦'和'蜴'，前者謂色白，後者為'蜥蜴'……"又說："蜴疑為'蜴'字。或為類'蜥蜴'的一種蟲，並與後文"如蚖、蚳、蜴者"相呼應。……"昂"和"易"形體非常近似，若加上偏旁"蟲"則分別成了"蜴""和"蜴"，所以懷疑此處的"蜴"或者就是由"蜴"的書寫形體衍繹而來。

整理組考慮324簡的蜴與"蜴"相近，因而以此立說；但對178簡的𧈅則放下不言，這是不妥當的，二字形應連帶考慮。且後文又出現"蜴"，則此字不當再為"蜴"。今考：兩簡中字雖不同，但按常理來說應是同一字的不同寫法。由這兩個字形綜合考慮，筆者推想正字當為"蟲"旁"皦"聲，即"蠍"字，只是抄寫者在抄寫題名簡和正文時分別省寫了右偏旁和左偏旁，又把其中的構字部件"白"寫成了"日"。"皦"聲之字中的"白"寫作"日"，雖不屬常見，但卻是有的。著名東漢石碑《郙閣頌》中的"激"即寫如是：

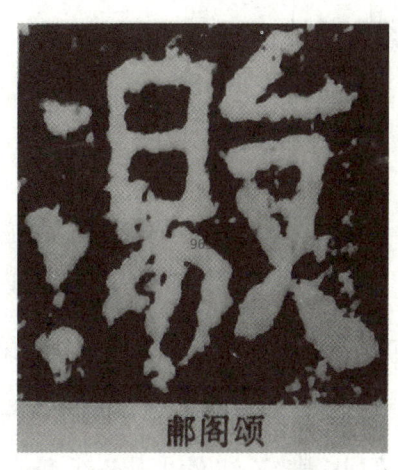

東漢《郙閣頌》(清拓)中的"激"(居中一字)和另一拓片單字

又如"窔"字,因爲上下部分的筆畫相疊,古人的隸書和楷書則常見字中的"白"寫作"日"。馬王堆漢墓帛書"窔"字即如此。

"敫"同"交"音,故"蟜"就是"蛟"。與原簡後一字"蚘(同蛕)"相連,就是"蛟蚘"。《靈樞·厥病第二十四》:"腸中有蟲瘕及蛟蚘,皆不可取以小鍼。心腸痛,憹作痛腫聚,往來上下行,痛有休止,腹熱,喜渴,涎出者,是蛟蚘也。"正以"蛟蚘"連文。蛟蚘者,一般認爲即是蚘蟲。楊上善《太素》注云:"心痛甚取輸無益者,乃是腸中有蟲瘕蛟蚘。腸中長蟲也,音交。可以手按,用大針刺之,不可用小針。……蟲食而聚,猶若腫聚也。食已而散,故休止也。又聚擾於胃,故熱渴涎出也。若蛟相交,所以蚘稱蛟也。"(抄本中"蛟""交"都似"蚾""亥",但據文義,當是"蛟""交"二字。)張介賓注:"蛟即蚘,屬蚘蚘也。"《諸病源候論》卷十九《癥瘕門》有《蛟龍病候》:"蛟龍病者,云三月八月蛟龍子生在芹菜上,人食芹菜,不幸隨食入人腹,變成蛟龍,其病之狀,發則如癲。"此"蛟龍"者,當即指蛔蟲。雖然古字書中無"蛟"訓"蛔"之說,但中醫古籍中此義卻是確實存在的。

三、蜇蝪

整理組認爲:178 簡截圖末尾的"蝪"(蝪)當是"蝪"字,此字中的"易"筆變爲"昜"。若去掉"昜"曰字下的長橫,實際就成了 324 簡截圖第四字的模樣"蝪",唯一不同的是 178 簡"蝪"字第六筆寫得很誇張,不僅長,而且還拐大彎(筆者按:當指此字右下方突出的橫折鉤,所說第六筆,似指構字部件"昜"部分的第六筆),與其相當的 324 簡"蝪"字的此筆則簡約而質樸,或因異體字的筆畫簡省。

今按:整理組將"蝪"辨作"蝪",是正確的。古人書寫"易"聲與"昜"聲之字每易相混。如以下兩字都是"錫":

以下是馬王堆漢墓帛書中的"賜":

同理,則"蝪"可以寫如"蝪"。

但是,前文已析,324 簡的"蝪"字其實是"蜴",爲"蛟"的異變。整理組將其與"蝪"字相牽連,是錯誤的。

又,文中"蜇"字無義。"蜇"作名詞爲海蜇,作動詞爲蜇刺,都與寄生蟲無關。古人手寫字木旁手旁常不細分,從上下文看,此中"蜇"就是

"蜇",亦即"蜥"字,蓋古人手書時木旁手旁易生互混,幾無分別;原文中其下為"蜴",二字相連而為"蜥蜴"。前引《本草綱目》"蛔蟲"中言九蟲有"如守宮"一語,守宮,亦為蜥蜴之類。

而178簡中"蜥蜴"前的"蚖",經傳中又作"螈",亦與蜥蜴同類。《方言·釋魚》:"蠑螈、晰易,守宮也。"《説文·蟲部》:"榮蚖,它醫,以注鳴者。"段玉裁注:"《釋魚》:'蠑螈,蜥易也。'《小雅·節南山》傳曰:'蜴,螈也。'蜴當作易。螈當作蚖。榮蚖或單評蚖。《史記》'龍漦化為玄蚖,以入王后宮'是也。"(按:所引毛詩傳出《小雅·正月》"哀今之人,胡為虺蜴"句下,段注有誤)原件以"蚖"與"蜥蜴"連言,"蚖"字之義理清楚,就更可確定簡文"蜇蜴"當為"蜥蜴"。

四、承瘕

"承瘕"之"承",整理組先前曾在所發表的相關文章中寫為"拯",非是;此次文章中寫作"承",正確。"承"原簡字形(見梁繁榮等《揭秘敝昔遺書與漆人》一書第293頁)與漢《曹全碑》中的寫法相似,可證。

"承瘕"在老官山《六十病方》中還見於266簡題名簡:"治心腹承瘕四"和117簡病方簡:"治心腹承瘕、字餘,病少腹痛,此皆有積,案之應手,方(妨)食,及暴血在心腹,及氣暴上,腹盈放(妨)息者。"(筆者按:"病"字宜屬上)老官山《諸病》中亦有數見。王一童碩士論文《老官山醫簡諸瘕諸癉諸風病名考釋研究》中稱承瘕似與"賁豚"病相似,但未分析病名含義。整理組則提出兩個看法:第一,"承"通"丞",《廣雅》:"丞,沒也。"故承瘕為"病情沉重之瘕";第二,"承"通"贈",與"癥"疊韻通假,故將"承瘕"作為"癥瘕"認識。

筆者認爲,整理組第一個意見轉訓扞格,不大可取;第二個意見有合理性,但還需要作一些補充。

承、徵(癥的聲符)同屬蒸韻,例得通假,不必由"贈"轉證;在後世中醫古籍中與"瘕"連詞且與"承"音近者也只有"癥"。但僅據此就說"承"通"癥"還是不能完整地認識原文。

考"癥"字,在傳世古籍中首先見於《史記·扁鵲傳》:"扁鵲以其言飲藥,三十日,視見垣一方人。以此視病,盡見五藏癥結。"馬王堆醫書、武威漢代醫簡等多種簡帛醫書中沒有出現"癥"字,《素問》《靈樞》《難經》中也沒有出現"癥"字。其後,東漢末至晉則有了不少用例。特別是《神農本草經》有多味藥物有治"癥(癥瘕)"的記載,如曾青、太一禹餘糧、卷柏、肉蓯蓉、蒺藜子、龍骨、殷蘖、麻黃、丹參、苦參、桑根白皮、紫薇、海藻、龜甲、鱉甲等。再如《金匱要略·瘧病脈證》:"師曰:此結爲癥瘕,名曰瘧母。急治之,宜鱉甲煎丸。"王叔和《脈經》:"左手脈橫,癥在左;右手脈橫,癥在右。"又《抱朴子·用刑》:"夫癥瘕不除,而不修越人之術者,難圖老彭之壽也。"主要爲隋唐時期文獻的敦煌卷子醫書中,"癥"字出現也較多。但奇怪的是,傳世字書中,"癥"字到宋代才出現。《廣韻》:"癥,腹病。"《玉篇》:"癥,腹結病也。"雖然字書收字會有滯後性,但相差應不會太多。因此,至少《扁鵲傳》中的"癥"字是頗爲可疑的,可能出於後人的改動。甚至,東漢與晉醫書中的"癥"字的運用也是可疑的。若"癥"與"承"並不共時,自然也就無法通假。

雖然《諸病源候論·癥候》以釋名方式釋云:"癥者……言其形狀可徵驗也。"但這很可能出於後人的演繹,"癥"字原始之義爲何,是否從"徵"得聲得義,恐怕都不能如此肯定。老官山《六十病方》記作"承",或許是癥病的舊名,但"癥"病未必得義於"徵",原義或已失傳而無考。從老官山用例的詞語關係看,"承瘕"爲"瘕"的一種,而非如後世"癥瘕"對立的關係。

五、它瘕

它瘕，整理組記作“它（蟲）瘕”。

按，《說文》：“它，虫也。从虫而長，象冤曲垂尾形。上古艸居患它，故相問無它乎。凡它之屬皆从它。蛇，它或從虫。”整理組記作“它（蟲）瘕”或即源於此。但是，《說文》之“虫”並非“蟲”的簡化字，而是“虺”的古字，因而不能據《說文》之釋義將“它瘕”理解爲“蟲瘕”。

其實，《說文》說得明白，“它”“或从虫”，是“蛇”的古字。故“它瘕”即是“蛇瘕”。《諸病源候論》卷十九《蛇瘕候》有云：“人有食蛇不消，因腹內生蛇瘕也；亦有蛇之精液誤入飲食之內，亦令病之。其狀常若飢而食則不下，喉噎塞，食至胸內即吐出。其病在腹，摸揣亦有蛇狀，謂蛇瘕也。”《證類本草》卷二十二引《神農本草經》：“白頸蚯蚓，味咸寒，生平土，治蛇瘕，去三蟲，伏屍鬼注蠱毒，殺長蟲，仍自化作水。”據此描述，所謂它瘕，較似食道蛔蟲之疾。《三國志·華佗傳》載，有人“嗜食而不得下”，華佗囑服三升“蒜齏大酢”（加了蒜泥的陳醋），後“立吐虵（蛇）一枚”，正是此疾。

綜合筆者以上考證，題名簡 324 簡當校讀爲：“治大伏蜡（伏蟲？）（正文簡作“”，合為“螁”，同“蛟”）蛕（蛔）卌二”；正文簡 178 簡當校讀爲：“卌二　治心腹爲病也，如大伏蜡（翼）、（即敫，題名簡作“”，合爲“螁”，同“蛟”）蛕（蛔）動，如蚖、蜇（蜥）蝪者，此皆在腸中；及承（癥）瘕、諸它（蛇）瘕之動，如鼠蜂竄成蟲者……（其下可能是“此皆在 x 中”）”當然，以上看法都是基於整理組提供的條文與局部圖片立論的。若見簡文原圖，或可有所修正。

《素問·標本病傳論》中的時稱及相關問題討論

王化平①

摘　要：《標本病傳論》中有一段論述到心、肺、肝諸臟病傳及其他部位和病情變化的文字，王冰、馬蒔、張志聰在解釋時都用到五行思想。經梳理之後，發現馬蒔對王注理解有誤，且《標本病傳論》是用十六時制，它在闡述病人死亡時間雖然用到了五行思想，但並不成熟，故而無法全部用五行思想解釋。之所以出現這種情況，應與十六時制與十二地支、五行很難匹配相關。從睡虎地秦簡、放馬灘秦簡《日書》看，時稱與地支、五行的匹配是不穩定的，往往因占卜方法不同而發生變化。《標本病傳論》所用五行思想與這種情況非常接近，這說明它的成篇年代當在秦漢之前。

關鍵詞：素問；時稱；標本病傳論；時制

在《素問·標本病傳論》中，有如下一段文字：

夫病傳者，心病先心痛，一日而欬，三日脅支痛，五日閉塞不通，身痛體重。三日不已，死，冬夜半，夏日中。肺病喘欬，三日而脅支滿痛，一日身重體痛，五日而脹。十日不已，死。冬日入，夏日出。肝病頭目眩，脅支滿，三日體重身痛，五日而脹，三日腰脊少腹痛，脛痠。三日不已，死。冬日入，夏早食。脾病身痛體重，一日而脹，二日少腹腰脊痛，脛痠，三日背䯭筋痛，小便閉。十日不已，死。冬人定，夏晏食。腎病少

---

①王化平，西南大學漢語言文獻研究所　出土文獻綜合研究中心　教授　重慶 400715。

腹腰脊痛，䯒痠，三日背䏞筋痛，小便閉，三日腹脹，三日兩脇支痛。三日不已，死。冬大晨，夏晏晡。胃病脹滿，五日少腹腰脊痛，䯒痠，三日背䏞筋痛，小便閉，五日身體重。六日不已，死。冬夜半後，夏日昳。膀胱病小便閉，五日少腹脹腰脊痛，䯒痠，一日腹脹，一日身體痛。二日不已，死。冬雞鳴，夏下晡。諸病以次是相傳如是者，皆有死期，不可刺。間一藏止，及至三四藏者，乃可刺也。①

這段文字的大部分重見於《靈樞·病傳篇》②，文中關於病情在四季不同時間內的變化當與五行生克相關，馬蒔認為：

蓋夜半為水，而冬之夜半，其水尤甚，以水來剋火，故死。日中為火，而夏之日中其火尤甚，以心火已絕，火不能持，故亦死。

蓋冬之日入在申，申雖屬金，金衰不能扶也。夏之日中在寅，木旺火將生，肺氣已絕，不能待火之生也。

蓋冬之日入在申，以金旺木衰也。夏之早食在卯，以木旺氣反絕也。

蓋冬之人定在亥，以土不勝水也。夏之晏食在寅，以木來剋土也。

蓋冬之大明在寅末，木旺水衰也。夏之晏晡以向昏，土能剋水也。

蓋冬之夜半在子，土不勝水也。夏之日昳在未，土正衰也。

蓋冬之雞鳴在丑，土剋水也。夏之下晡在申，金衰不能生水也。

馬蒔是用五行生剋來解釋的，看似很有道理。但就《標本病傳論》的這部分內容看，它在形式上雖然比較整齊，但在內部邏輯上卻是變移不定的（至少目前還很難理清），前後并不一致。因此，馬蒔不得不

---

①《黃帝素問·標本病傳論》（第一冊），《古今圖書集成醫部全錄》（點校本）卷三十，人民衛生出版社，1988年，頁578-580。以下所引王冰、馬蒔的注釋均出自此本，為簡省計，不再出注。引王冰的文字同時參考了《重廣補注黃帝內經素問》，《黃帝內經》（其中《素問》是據顧從德影宋刻二十四卷本影印），人民衛生出版社，2013年，頁131。引馬蒔的文字同時參考了《黃帝內經素問注證發微》，人民衛生出版社，1998年，頁408-411。

②不過，《病傳篇》闡述各病相傳之次時，不述部位，而述器官，如"病先發於心，一日而之肺，三日而之肝，五日而之脾"，這些都是以五行相克為次的。火克金，故一日而至肺。金克木，故繼而至肝。木克土，故繼而至脾。當然，心、肺、肝、脾、腎、胃、膀胱的五行是有重複的，故凡五行重複者，病亦相繼而傳，如"病先發於脾，一日而之胃，二日而腎，三日而之膂膀胱"就是。參見《黃帝靈樞經·病傳篇》（第二冊），《古今圖書集成醫部全錄》（點校本）卷六十，頁279-282。

左支右絀，一會兒是五行相尅，一會兒是其他說辭，牽強之跡再明顯不過。

一、《標本病傳論》所依據的時制

馬蒔的解釋大體源自王冰，并從五行生尅的角度做了更加明確的闡述。不過，在個別地方，兩人又存在不同。比如"冬人定，夏晏食"下，王冰曰："人定謂申後二十五刻，晏食謂寅後二十五刻。"馬蒔則云："蓋冬之人定在亥……夏之晏食在寅……"唐代一刻六十份，一個時辰是八刻二十分，因此，王冰說人定是申後二十五刻，確實如馬蒔所理解的，人定就是亥時。但晏食謂寅後二十五刻，則當指巳時，而非寅時。不過，王冰的解釋又有自相矛盾的地方，比如在"冬夜半後，夏日昳"下注云："夜半後，謂子後八刻丑正時也。日昳，謂午後八刻未正時也。"按此，他是以一個時辰為八刻的方法，將百刻與十二時辰匹配起來。事實上，這種方案并不能將百刻與十二辰完全匹配。自漢以降，人們一直試圖將箭刻與十二時辰對應，并屢次更改刻制，但每次都是實行不久後又回到百刻制。隋代時，張胄玄將一刻劃為六十份，設一個時辰是八刻二十分，大體將百刻與十二時辰對應起來。這種方法比較合理，因此被廣泛採用①。王冰是唐代人，而且他說"人定謂申後二十五刻"，必然是以"申後二十五刻"為亥時，所以他是採取一時辰對應八刻二十分的做法。不過，從上文的分析看，他未必貫徹始終。當然，也有可能是王注在傳刻過程中出現了訛誤。

不管怎樣，王、馬兩人都是從五行思想的角度解釋，在大方向上雖然可信，但若仔細推敲的話，卻又有與五行思想不合的地方。

上引《標本病傳論》文中出現的時稱有：夜半、夜半後、雞鳴、大晨、日出、早食、晏食、日中、日昳、下晡、日入、晏晡、人定，共 13 個。將這些時稱與王冰、馬蒔註釋時利用的對應關係列成表的話，應該如下：

---

① 華同旭《中國漏刻》，安徽科學技術出版社，1991 年，頁 79-80。

夜半	夜半後	雞鳴	大晨	日出	早食	晏食	日中	日昳	下晡	日入	晏晡	人定
子	子	丑	寅	寅	卯	巳	午	未	申	申	戌	亥

這個表說明王冰、馬蒔都意識到《標本病傳論》用的不是十二時制，且時稱應超過 12 個，所出才出現兩個時稱對應同一個地支的情況。此外，上表中未見辰、酉兩個時辰。為解決這個問題，我們可以先看看學界從秦漢簡牘中整理出來的十六時制。李天虹將學界整理的十六時制分為四種，可以列表如下①：

陳夢家、曾憲能、張德芳	尚民杰	宋會群、李振宏	黃琳
平旦	平旦（雞後鳴）	平旦	平旦
日出	日出	日出	日出
蚤食	蚤食	蚤食	蚤食
食時	食時	食時	食時
東中	東中	日中（東中、日中、西中）	日中（東中、西中）
日中	日中	餔時	餔時
西中	西中	下餔	下餔
餔時	餔時	日入	日入
下餔	下餔	昏時	昏時
日入	日入	夜食	夜食
昏時	昏時	人定	人定
夜食	夜食	夜少半	夜少半
人定	人定（夜少半）	夜半	夜半
夜半（夜少半、夜半、夜大半）	夜半	夜大半	夜大半（雞前鳴）
雞鳴（雞前鳴、雞中鳴、雞後鳴）	夜過半（雞前鳴）	雞鳴（雞前鳴、雞中鳴、雞後鳴）	雞鳴（雞中鳴）
晨時	雞鳴（雞中鳴）	晨時	晨時（雞後鳴）

雖然各家意見有分歧，但仍有許多共同點，這些共同點對認識《標

---

① 李天虹《秦漢時分紀時制綜論》，《考古學報》2012 年第 3 期。本文中的表是據李天虹先生的總結製作的。

本病傳論》中的時稱和時制是有幫助的。這些共同點是：

1.在雞鳴、日出之間是有時稱的，尚氏的方案中是平旦，另三種方案則是晨時、平旦。在《標本病傳論》的時稱名詞中，有"大晨"，可能就相當於晨時。因此，將它排在雞鳴、日出之間應該不錯。

2.四種方案中都有平旦。平旦這個時稱不僅在十六時制中有，在十二時制中同樣有。因此，可以推測《標本病傳論》所依據的時制中也應有平旦，只不過沒有寫出來而已。

3.在四種方案中，都有蚤食、食時；餔時、下餔。這兩組其實是成對的，食時是相對於蚤食而言，下餔是相對於餔時而言。在《標本病傳論》中，出現了早食、晏食、下晡、晏晡。前兩者肯定應該連排在一起，後兩者之間則應有其他時稱。有下晡，自然有晡時，只不過《標本病傳論》沒有提及。晏晡則可能相當於各家方案中的夜食。在《論衡》及《左傳》宣公十二年、昭公五年杜預注提到的十二時制中，都有"晡時"，排在日昳之後，與排在日中之前的"食時"是兩個不同的時稱。

4.在四種方案中，夜食之後緊接著就是人定。如果《標本病傳論》確實是用十六時制的話，在晏晡之後也當緊接人定，兩者之間不會再有時稱。如果是用十二時制的話，則晏晡似乎不當在日入之後。因為在十二時制中，餔時之後是日入、黃昏、人定。以此看，《標本病傳論》是用十六時制，"晏"有遲、晚的意思，"晏晡"或指入夜之後飲食。

5.在以上四種方案中，日入和夜食之間都有昏時。

從以上分析看，《標本病傳論》中的 13 個時稱并無重疊，而且在 13 個時稱之外，還可能有平旦、晡時、昏時、夜少半。李零先生說《素問》十六時制是：夜半、夜半後、雞鳴、大晨、平旦、日出、早食、晏食、日中、日昳、下餔、日入（日夕）、黃昏、晏餔、人定、合夜[①]。其中"合夜"出自《金匱真言論》，所用時制未必與《標本病傳論》相同。在十六時制中，夜有三分的情況，《標本病傳論》中既然有夜半、夜半後，則所用時制或許含有夜少半。

---

① 李零《中國方術考》（修訂本），東方出版社，2001 年第 2 版，頁 144。

不過,按以上分析的話,時稱就有了 17 個,而從文獻資料看,古代并無"十七時制"①。因此,人定當與夜少半相合併,如此就是十六時制。

十六時制與五行很不好對應,馬蒔、王冰等所說的對應方案顯然是以十二地支為橋樑。上文重新整理出來的《標本病傳論》所用十六時制,應該可與十二時制形成一定的對應關係,進而與十二地支、五行產生對應。

《標本病傳論》十六時	夜半夜半後	雞鳴	平旦大晨	日出	早食	晏食	日中	日昳	晡時下晡	日入	昏時晏晡	人定（夜少半）
《論衡》十二時	夜半子	雞鳴丑	平旦寅	日出卯	食時辰	暮時巳	日中午	日昳未	鋪時申	日入酉	黃昏戌	人定亥

按上表的排列,十六時制與十二地支的對應就與王冰、馬蒔的解釋有不同了。不過,將此對應關係用於解釋上引《標本病傳論》文字的話,仍有一些不好解釋的地方。肺為金,"肺病喘欬"一條下為什麼會有"夏日出"？脾為土,"脾病身痛體重"下為什麼會有"夏晏食"呢？對於肺病,張志聰說:"肺病喘欬者,先發於肺也。夫冬氣收藏,夏氣浮長。日出氣始生,日入氣收引。肺主氣,故終於氣之出入。"《繫辭》曰'日月運行,一寒一暑',止言冬夏者,重陰陽寒暑之氣也。"②如此解釋看似可通,但無法說清《標本病傳論》這段文字在各條下都說冬、夏。以陰陽之氣來分析固然是一種思路,但無法做到貫通。所以,張志聰在解釋"心病先心痛"等就不是用五行思想,而是陰陽思想。

二、秦簡《日書》中的相關材料

既然《標本病傳論》是用五行思想闡述疾病變化,那為什麼又不能

---

① 另一種可能,即《標本病傳論》是用十八時制。十八時制首先由陳夢家提出,目前看來,存在許多問題,似不可信。參見李天虹《秦漢時分紀時制綜論》。
② 張志聰《黃帝內經素問集注》卷七,《張志聰醫學全書》,中國中醫藥出版社,1999 年,頁243。

完全用五行思想來解釋呢？這應與十六時制與十二地支、五行之對應關係的發展相關。在目前發現的《日書》資料中，有一些資料可以反映出時稱與地支對應時的情況，比如睡虎地秦簡《日書》乙種有《十二時篇》，明確記載了十二時與地支的對應關係：

[雞鳴丑，平旦]寅，日出卯，食時辰，暮食巳，日中午，日失未，下市申，舂日酉，牛羊入戌，黃昏夜，人定[子]①。

以此看，十二時與十二地支的對應就是非常整齊的。但事實并非如此簡單，因為到目前為止，仍不能證明十二時制是戰國時代日常生活中最普通使用的一種時制。事實上，在占卜時，古人時常使用其他時制。

睡虎地秦簡《日書·禹須臾篇》也涉及到時稱與五行的對應關係。《禹須臾篇》與納音學說有關，饒宗頤先生將篇中諸要素的關係列表如下②：

五行	晨	時刻	喜數	五音	忌
金	辛亥—庚辰	暮市(夕)	九	商	丁卯不可能以船行
水	癸亥—壬辰	日中	五	羽	六壬不可以船行
木	己亥—戊辰	市日(餔)	七	角	六庚不可以行
火	丙寅—己未	暮食	三	徵	
土	戊申—辛未	早(旦)	二	宮	

《禹須臾篇》認為："戊己丙丁庚辛旦行，有二喜。甲乙壬癸丙丁日中行，有五喜。庚辛戊己壬癸餔時行，有七喜。壬癸庚辛甲乙夕行，有九喜。己酉從遠行人，有三嘉。"其中所列天干都是可與五行對應的，因此，旦、日中、餔、夕四個時稱也各與五行相匹配，否則無法說"喜數"。既然與"喜數"有關，則各時稱的五行不當與"戊己丙丁庚辛"等所對應

---

① "未"字前本是一個訛字，劉樂賢以為是"日失"之誤，可從。參見劉樂賢《睡虎地秦簡日書研究》，(臺北)文津出版社，1994年，頁365。又，"黃昏夜"應當作"黃昏亥"。

② 饒宗頤《秦簡中的五行說與納音說》，《饒宗頤二十世紀學術文集·簡帛學》，人民大學出版社，頁70-87。

之五行相剋,而應是相生,或相同。但通過梳理《禹須臾篇》中的時稱,可以推測"暮市"就是"夕",也即"牛羊入",與戌,也就是土相對應。"市日"則是日昳,與未,也是與土對應。土生金,木又剋土,顯然九喜與七喜所使用的邏輯是不同的。日中為午,為火。旦為寅,為木。因此,二喜、五喜下的五行是相剋的關係。三喜條中,暮食對應巳,也是火,此則與"晨"所對應的五行相同。五行思想在《日書》中的應用非常廣泛,《禹須臾篇》很顯然用到了五行,但它在闡述"喜數"時,卻并非全然符合五行思想。當然,還有另一種可能性,即《禹須臾篇》所用五行思想是今人未知的部分,并不是生剋、三合、扶抑等內容。

由於存在多種時制,而且不同的占卜體系所要處理的核心要素又有不同。因此,圍繞著核心要素會產生出不同的對應關係。比如天水放馬灘秦簡《日書》乙種有下面兩章:

平旦九,徵,□;日出八,□,□;蚤(早)食七,枛(羽),火;莫(暮)食六,角,火;東中五,土;日中五,宮,土;西中九,徵,土;夙市八,商,金;莫(暮)中七,枛(羽),金;夕市六,角,水;日入□;昏時九,徵,□。

安(晏)食、大辰八,蚤(早)食、□□七,人鄭(定)、中鳴六,夜半、後鳴五,日出、日失(昳)八,食時、市日七,過中、夕時六,日中、[日]入五,□□、□□□,莫食、[前]鳴七。①

這兩章文字雖然都未提到地支,但都提到了數字。而數字與地支、五行的對應關係在放馬灘秦簡《日書》中也有:

子九,水;丑八,金;寅七,火;卯六,木;辰五,水;巳四,金;午九,火;[未八,木];申七,水;酉六,金;戌五,火;亥四,木。②

數字有十個,地支有十二個,為了使兩者對應,不得不作一些調整。這樣的調整在時制與數字的對應關係上同樣存在。

依孫占宇的整理,上引第一章簡文中存在訛誤,更正後應是:平旦九徵火,日出八商金,蚤食七枛水,莫食六角木,東中五宮土,日中五宮

---

① 孫占宇《天水放馬灘秦簡集釋》,頁 194-195。
② 孫占宇《天水放馬灘秦簡集釋》,頁 191,簡文中本有衍文,已經刪除。

土,西中九徵火,□市八商金,□□七栩水,夕市六角木,日入五宮土,昏時九徵火①。用到的數字有九、八、七、六、五,共五個,其中五出現三次,九出現三次,其他八、七、六各出現兩次,加起來共十二次。事實上,數字不止有九、八、七、六、五,還有一、二、三、四。因此,為了使時制與數字對應,也不能不作一些改變。在這樣的安排中,十二時與五行的對應就大不同於睡虎地秦簡《日書·十二時篇》了。

第二章簡文是以兩個時稱對應一個數字,用到的數字有八、七、六、五,這段文字中,每個數字都應出現三次,也就是說,一個數字要對應六個時稱,依此類推,採用的就應該是二十四時制。這種方案與第一種方案不同,它不僅只選取四個數字,而且增加時稱,以使時稱和數字、地支形成倍數關係。

以上情況說明時稱與數字、五行都不好對應,但時間又是占卜預測中非常重要的要素,因此,為了取得對應關係,必須巧妙安排,從不同的角度去嘗試。由於角度不同,嘗試出來的方案自然會發生矛盾。若按上引放馬灘《日書》第一章,平旦與九、火對應,這就與"子九水"一章的安排明顯不同。而按第二章的安排,則時制就無法與五行完全對應,因為它們只與四個數字對應,每個數字只能對應五行中的一個。這些矛盾似乎說明戰國晚期時,五行、數字、地支、時制之間還沒有成熟穩固的對應關係,為了占卜方便,人們常常設計出不同的對應方案。這些方案因出發點不同,相互間存在許多矛盾、不一致的地方。

放馬灘秦簡《日書·生男女》記載了一種十六時制,與上述十二、二十四時制均不同。在同一批簡冊中多種時制同時出現,說明在時稱與數字等要素的對應上,確實存在困難。在這種情況下,對時制作調整就

---

① 孫占宇《放馬灘日書整理與研究》,西北師範大學博士論文,2008年,頁70。孫占宇又疑昏時當對應五、宮、土。十二地支配五行時,丑、辰、未、戌四支對應土,其它八支則以兩支為一組對應五行之一。依照這個邏輯,確實當為昏時五宮土。

成了備選方案之一①。《標本病傳論》中的時稱與地支、五行沒有整齊對應，正說明在它成篇之時，在日常生活中廣泛使用的十六時制與十二地支、五行的對應關係仍未成熟。從這個角度來看，《標本病傳論》的成書年代或許與放馬灘秦簡《日書》的年代比較接近，不至於晚到西漢末期。

本文開頭所引《標本病傳論》的文字與秦漢簡牘《日書》中的一些疾病占卜可以對比閱讀，例如睡虎地秦簡《日書》乙種有《十二支占卜》篇，它詳細說明了在不同的時間內患病後，病情的變化情況：

子以東吉，北得，西聞言兇，朝啟夕閉，朝兆不得，晝夕得。以入，見疾。以有疾，辰少（小）瘳（瘳），午大瘳（瘳），死生在申，黑肉從北方來，把者黑色，外鬼父葉（世）為姓（眚），高王父譴適（謫），豕……

這樣的文字共十二節，劉樂賢先生將篇中關於疾病變化的內容列為如下表格：

得病日	小瘳	大瘳	死生在
子	辰	午	申
丑	卯	巳	
寅	午	申	子
卯	未	申	亥
辰	酉	戌	子
巳	申	亥	寅
午	丑	辰	寅
未	子	卯	寅
申	子		辰
酉	戌	子	未

---

① 學界利用秦漢簡牘材料整理時制和時稱，雖然提出多種方案，但總存在一些很難疏通的地方。其中原因恐怕與研究材料中很多是數術、占卜性質相關。在占卜中，為了使時稱與數字、五行、地支等對應，就對時稱做一些調整，把某些時稱細分，或合併，這就造成所用時稱、時制與日常生活所用不相符。而研究者在利用這些材料時，雖然感覺到性質有不同，但無條件加以細緻切分，故而只能將各種不同性質的材料混合使用，最終造成諸多矛盾。

續表

得病日	小瘳	大瘳	死生在
亥	巳	酉	子

從這樣的排列中,既看不出它與五行的關係,也看不出存在某種順序,與敦煌遺書《發病書》的排列有序完全不同①。而在睡虎地秦簡《日書》甲種的《病篇》中,情形則相反。此篇不按地支記時,而是用天干記時,內容與《十二支占卜篇》非常相似:

甲乙有疾,父母為祟,得之於肉,從東方來,裹以桼(漆)器。戊己病,庚有[間],辛酢。若不[酢],煩居東方,歲在東方,青色死。

像這樣的文字共五節,顯然是以五行思想為組織原則的。因為按天干與五行的對應關係,十天干正可分為五組。至於不同時間患疾後,疾病的變化趨勢,則與五行生剋相關②。

事實上,從睡虎地秦簡《日書》看,地支與五行的匹配對應在戰國時代已經存在③。但是,為什麼《十二支占卜篇》沒有利用五行思想,《標本病傳論》所用五行思想又相當混亂呢?這恐怕應與它們的成篇時間相關。在它們成篇時,地支與五行、時制與五行都未有穩固的對應匹配,故此在占卜時較為隨意,令今人很難看出清晰的邏輯依據。

其實,在《素問·藏氣法時論》中,時制與五行的對應似乎要簡潔得多。此篇說到五臟之病時,認為:

病在肝,愈於夏。夏不愈,甚於秋。秋不死,持於冬,起於春。禁當風。肝病者,愈在丙丁。丙丁不愈,加於庚辛。庚辛不死,持於壬癸,起於甲乙。肝病者,平旦慧,下晡甚,夜半靜。

---

① 劉樂賢《睡虎地秦簡日書研究》,頁373。
② 劉樂賢《睡虎地秦簡日書研究》,頁121。
③ 睡虎地秦簡《日書》并未明確闡述五行與地支的對應關係,不過,從《日書》乙種的《五行篇》看,地支與五行的匹配在戰國晚期已經非常成熟,并有了後世所說的"三合局"。而從《艮日敦日篇》看,這種關係也應該是存在的,參看饒宗頤《秦簡中的五行說與納音說》,《饒宗頤二十世紀學術文集·簡帛學》,頁70-87。劉樂賢《睡虎地秦簡日書研究》,頁346-349。劉道超《秦簡日書五行觀念研究》,《周易研究》2007年第4期。

病在心,愈在長夏。長夏不愈,甚於冬。冬不死,持於春,起於夏。禁溫食熱衣。心病者,愈在戊己。戊己不愈,加於壬癸。壬癸不死,持於甲乙,起於丙丁。心病者,日中慧,夜半甚,平旦靜。

病在脾,愈在秋。秋不愈,甚於春。春不死,持於夏,起於長夏。禁溫食飽食濕地濡衣。脾病者,愈在庚辛。庚辛不愈,加於甲乙。甲乙不死,持於丙丁,起於戊己。脾病者,日昳慧,日出甚,下晡靜。

病在肺,愈在冬。冬不愈,甚於夏。夏不死,持於長夏,起於秋。禁寒飲食寒衣。肺病者,愈在壬癸。壬癸不愈,加於丙丁。丙丁不死,持於戊己,起於庚辛。肺病者,下晡慧,日中甚,夜半靜。

病在腎,愈在春。春不愈,甚於長夏。長夏不死,持於秋,起於冬。禁犯焠㶼熱食溫灸衣。腎病者,愈在甲乙。甲乙不愈,甚於戊己。戊己不死,持於庚辛,起於壬癸。腎病者,夜半慧,四季甚,下晡靜。

這幾段敘述五臟之病的文字,完全依據五行生剋關係展開,其中關於五臟之病在不同時稱的情況,同樣是依據五行生剋關係,且絕無例外。《藏氣法時論》雖然描述了五臟之病在不同時間的"慧"、"甚"、"靜",但其邏輯卻要比只描述死之時的《標本病傳論》要直接明瞭。前者用到了平旦、日出、日中、日昳、下晡、夜半,共6個時稱,後者則用到了13個時稱。出現這種反差首先是因為《標本病傳論》將時稱與四季組合在一起,所以它每描述一種病的"死"就要用兩個時稱。其次是因為《藏氣法時論》描述五臟之病時所用時稱多有重複,比如夜半、下晡、平旦、日中等,都不止出現一次。

在《藏氣法時論》的開篇是黃帝問曰:"合人形以法四時五行而治,何如而從?何如而逆?得失之意,願聞其事。"繼而是歧伯對曰:"五行者,金木水火土也,更貴更賤,以知死生,以決成敗,而定五藏之氣,間甚之時,死生之期也。"因此,此篇對五臟之病的描述全然吻合五行學說,應該是在五行學說的影響之下,經過刻意整飾的結果。而《標本病傳論》則不是如此,它雖然受到了五行學說的影響,但并沒有經過刻意的整飾,它對五臟之病的描寫當與撰述之時的醫學經驗有著更為密切的聯繫。

探究古代新疆醫學的輝煌
——基於新疆出土涉醫文書

王興伊①

摘　要：探究古代新疆醫學的輝煌，從《隋書·經籍志》載醫學典籍256部，唯有3部冠以西域地名，另外從新疆出土醫藥文書，尤其胡語醫學文書更能證明，特舉3部胡語文書，梵語《鮑威爾寫本》、回鶻語《雜病醫療百方》、于闐語梵語雙語《耆婆書》，以說明。

關鍵詞：古代新疆醫學；鮑威爾寫本；雜病醫療百方；耆婆書

新疆自西漢至清朝光緒十年（1884）一直稱西域②，屬於中華大家庭的一員，同時它又是陸路絲綢之路的重要門戶和段落，季羨林指出："新疆在全世界上是唯一的一個世界四大文化體系匯流的地方，全世界再沒一個這樣的地方。"③這裏的四大文化體系指中國、印度、希臘、伊斯蘭，因此其文化的多元性，是其他省份所不具有的。其中帶有西域特色

---

① 王興伊，上海中醫藥大學科技人文研究院　教授　上海 201203。
② 榮新江《絲綢之路與東西文化交流》，北京大學出版社，2015年，頁3。解釋"西域"："'西域'一詞，有狹義和廣義兩種。狹義的西域，一般即指天山以南，昆侖山以北，葱嶺（帕米爾高原）以東，玉門以西的地域；廣義的西域，則指當時中原王朝西部邊界以西的所有地域，除包含狹義的西域外，還包括南亞、西亞，甚至北非和歐洲地區。可見，狹義的西域是'新疆'的核心部分，而廣義的西域所指，大多數也在新疆的地理範圍內。所以，在中國學術界，往往就把'西域'和'新疆'等同起來，我們這裏所說的新疆，更多是指狹義的西域。"
③ 季羨林《佛教與中印文化交流》，江西人民出版社，1990年，頁212。

的音樂、舞蹈、美玉、飲食、瓜果、調味品、馬匹等都給中原帶來過前所未有的影響,甚至生活方式、科學技術等,尤其不應忽視的是醫學的影響。《隋書·經籍志》載醫學典籍256部,唯有3部冠以地名,即:《西域諸仙所說藥方》二十三卷、《西域波羅仙人方》三卷、《西域名醫所集要方》四卷。可知西域的醫學文化至少在南北朝至隋代這段時期是繁盛的,否則不可能輸入中原這麼多精選醫方典籍。對此,范行準在1936年就注意到,在《中國醫學雜誌》上發表了《胡方考》一文。他指出:"今胡方考所探究之範疇,固在章氏所指出之胡的範圍內①,而獨偏於西域者,以我國文化,受西來之影響甚深。今以醫學一端而論,所受影響,實超過其他藝術之上。"並進一步闡述:"胡方在西漢時代,已有傳入,惟當時所傳者,僅係法術方面之咒術,且此咒術屬於匈奴者。蓋西漢時代,雖已與西域交通,但在交通史上無匈奴之早,此可稱為胡方傳入中國之醞釀期。自魏晉迄隋唐為胡方傳入中國之全盛期;唐後迄宋,為胡方傳入中國之消化期。"②

早在二十世紀初,英國的斯坦因、法國的伯希和、德國勒柯克、瑞典的斯文赫定、日本的橘瑞超等歐洲及日本探險家進入我國西北地方,在新疆、甘肅等地掘得大量古代佛教及社會歷史文書,掀起全世界專家學者研究的高潮,其中以敦煌藏經洞出土文書較多且價值較高,尤為注目,對敦煌文書的研究也迅速形成一門國際顯學——敦煌學。但在一百餘年後的今天,敦煌學的研究工作已日臻詳盡,"絕大多數流散海外的敦煌文書資料已正式刊佈,不論在國際交流與合作方面,還是在調查內容、方法及研究者主體方面,敦煌學研究都面臨著新的轉型與發展機遇。"③對於敦煌學如何轉型,眾多專家學者都提出了不同的觀點與看法,如王素指出應進一步加強對敦煌學文書的調查與公佈,並對敦煌學的學術史作系統清理。程喜霖、趙和平等也都認為應進一步加強敦煌

---

① 章太炎《太炎文錄初編別錄·中華民國解》:"胡,本東胡。久之而稱為匈奴者,亦謂之胡;久之而稱西域者,亦謂之胡。"《章太炎全集》,上海人民出版社,1985年,頁254。
② 范行準《胡方考》,《中華醫學雜誌》1936年第12期。
③ 明成滿《轉型期的敦煌學——繼承與發展》,《國際學術動態》2007年第2期。

學的基礎研究與方法學等方面的研究。而有的學者如關尾史郎則提出要從吐魯番文書與敦煌文書的關係出發,重新探討敦煌文書,或吐魯番文書的史料價值①。或從更廣闊的視角出發,我們也都可以看出,對於將吐魯番文書與敦煌文書作比較與整合研究,已成為近年來敦煌學縱深研究的方向之一。這主要也是因為以往敦煌研究的專家學者對吐魯番等其他地區出土的文書重視不夠所引起的。幸運的是目前專家學者們正慢慢轉變觀點,開始重視以吐魯番為代表的新疆出土文書②,許多大家如唐長孺、榮新江、陳國燦等,近年也都在基於吐魯番出土文書的基礎上取得了令人矚目的成就。

對於出土涉醫文書的研究,也如對其他出土文書一樣,研究視野正慢慢從敦煌出土涉醫文書擴展到吐魯番等新疆出土涉醫文書,如近年來北京大學陳明在新疆出土涉醫文書的研究上就有了很大的收穫。但儘管如此,與敦煌出土醫藥文書相比,對新疆出土涉醫文書的研究還遠遠不夠的,存在諸如研究過於零散,難成系統;鮮有醫學專家參與,未能與醫學臨床結合起來等不足之處,亟待更多專家學者的進一步研究③。我們依據馬繼興、陳明、榮新江研究成果的線索,以及檢索近年新疆出土文書相關研究成果,主要從《俄藏敦煌文獻》《英藏敦煌文獻》《法藏敦煌西域文獻》《斯坦因所獲吐魯番文書研究》《大谷文書集成》《日本甯樂

---

① 王素《敦煌學當前工作漫議》,《百年敦煌學術史研究:歷史、現狀與未來(筆談)》2008年。程喜霖《試論敦煌學理論與研究方法》、趙和平《對未來我國敦煌研究的一些看法》、關尾史郎《從吐魯番文書看敦煌文物及其地域情況》,《敦煌學百年:歷史現狀與發展趨勢》,2009年。

② 新疆出土文書雖然包括了吐魯番、尼雅、樓蘭、和田、庫車等古絲綢之路交通樞紐地的出土文書,然而因吐魯番的特殊氣候地理環境,是中國最乾燥、最酷熱的地方,成為墓葬文物和文書的天然儲存庫;同時其出土文書早在清末光緒年間(1875-1908)新疆布政使王樹枏《新疆訪古錄》載:清末,吐魯番縣同知曾炳璜搜集古文書,雇人發掘古墓,"得寫經殘卷甚眾"。另外程喜霖在《吐魯番唐代軍事文書研究》一書統計,出土的吐魯番文書有:流落俄國181件(號)、英國176件(號),德國約22544件(號)、日本12269件(號)。中國收藏不菲,僅旅順博物館15000號、《吐魯番出土文書》1萬號(碎片)(經整理綴合為1766件)、《新出吐魯番文書》82件(程喜霖《吐魯番唐代軍事文書研究》,新疆人民出版社,2013年,頁11)。吐魯番文書最早、最多,故而國際上是以吐魯番文書為新疆出土文書的代表,與敦煌文書並列,稱之為"敦煌吐魯番文書"。

③ 于業禮《新疆出土醫藥文書研究概述》,《中醫文獻雜誌》2014年第3期。

美術館藏吐魯番出土文書》《樓蘭尼雅出土文書》《吐魯番出土文書》等典籍中輯錄出新疆出土涉醫文書，完成一部《新疆出土涉醫文書輯校》專著。從中發現古代新疆醫學的輝煌無處不在。與敦煌文書相比，新疆地區出土胡語醫藥文書不僅在數量上、語言種類上都更為豐富。數量約 100 餘件，語言種類計有梵語、于闐語、龜茲語、粟特語、犍陀羅語、敘利亞語、回鶻語、藏語等八種①。下面特舉隅 3 種胡語文書以說明之。

1. 梵語《鮑威爾寫本》

《鮑威爾寫本》是書寫於樺皮上的一件梵語文書，也是新疆地區發掘最早、影響最大的文書之一。1890 年英軍中尉鮑威爾在庫車附近購得，故名。現收藏於牛津大學的包德利圖書館。這個寫本現存有 7 個殘卷，其中前 3 卷是醫藥文書。發現之初，即有著名的梵文學者霍恩雷翻譯、轉寫，並公諸於世②。20 世紀 80 年代，桑德爾（Lore Sander）根據文字書寫風格等考證出該文書寫於 6 世紀初或者中期，為當今學界所公認③。但很遺憾的是該寫本一直未能為國內學者所重視，直到近年來，才有陳明翻譯的漢文本及研究成果行世④。本人考證了它與中國傳統醫學的關係，並發現其中的"達子香葉散"即為藏醫的"杜鵑大臣散"⑤。

《鮑威爾寫本》卷一，5 葉，132 頌，包括 38 個藥方。首先講大蒜，大蒜的起源故事、大蒜性質、大蒜節日儀式、大蒜與其他藥物的配方及其功效等，共計 43 頌。44-51 頌講消化能力。52-54 頌講獲取良好記憶的

---

① 陳明《殊方異藥——出土文書與西域醫學》，北京大學出版社，2005 年，頁 1-2。

② Hoernle A·F·R, *The Bower Manuscript* [M]. Calcutta. 1893-1912. reprinted New Delhi. Delhi, Aditya Prakashan, 1987。

③ Lore Sander, "Origin and Date of the Bower Manuscript, a New Approach" Investigating Indian Art: Proceedings of a Symposium on the Development of Early Buddhism and Hindu Iconography, held at the Museum of Indian Art in May 1986(=Veroffentlichungen des Museums fur Indische Kunst, edited M. Yaldiz and W. Lobo, viii), 1988, pp.313-323. incl. 6. figs.

④ 陳明漢譯本《鮑威爾寫本》，附於《殊方異藥——出土文書與西域醫學》後，北京大學出版社，2005 年。

⑤ 王興伊《新疆出土梵文醫方集〈鮑威爾寫本〉與中國傳統醫學的關係》，《中華醫史雜誌》2015 年第 3 期。

方法。55-59頌講有關制藥學。60-67頌講各種藥方。68-86頌講各種眼病的療法。87-105頌講膏藥貼敷法。106-120頌講眼藥水及頭髮病變的療法。121-132頌講咳嗽及其他病症的療法。

《鮑威爾寫本》卷二,32葉,1119頌,包括392個藥方,名《精髓集》。其內容相對完整,分十六大章。一開始就說它是古代諸位大仙創造出的最好的藥方,以《精髓集》為名的手冊,對患病男女有益,也受醫生喜愛,更受大家歡迎。第一章講"達子香葉散"、"苦藥散"、"石墨根散"等散劑藥方。第二章講"甘露食酥"、"大苦酥"、"'牛五浄'酥"等各種藥用酥。第三章講"心葉黄花稔油"、"甘露油"、"蘿蔔油"等藥用油劑。第四章講治療各種雜病的雜藥方,有治療麻瘋病、惡臭腹瀉、大出血、痢疾、打嗝、熱病、心臟病、頭痛、牙痛、耳病、各種皮膚病、白色皮膚病、淋症、鼻衄、炎症、嘔吐、丹毒、黄疸等病症的藥方。第五章講雙馬童的阿輸幹陀灌腸劑、萬帶蘭灌腸劑、木棉灌腸劑等灌腸劑。第六章講"'長胡椒漸增'長年方"、龍葵方等長年方。第七章講毗盧粥、善妙粥等藥粥方。第八章講各種春藥方。第九章講各種洗眼劑。第十章講各種烏髮方。第十一章講訶黎勒的藥理。第十二章講五靈脂的藥理。第十三章講白花丹的藥理。第十四章講各種童子方。至此卷二整個篇章結束,但前10頌還講到第十五章涉及懷孕婦女。第十六章關於"生孩子"而高興的婦女。因此該卷殘缺了十五、十六這兩章。

《鮑威爾寫本》卷三,4葉,72頌,14個藥方。內容較為混亂,講了油劑、散劑、糖漿劑、酥劑、塗抹劑、丸劑等劑型藥。

故《鮑威爾寫本》醫學部分共計1323頌,444個藥方。內容分別涉及内、外、婦兒、骨傷、五官、男性等科的病症,包括了散劑、油劑、酥藥、丸劑、糖漿劑、酒劑、膏藥、含漱劑、湯劑、栓劑、灌腸劑、洗眼劑、烏髮劑、藥粥等劑型,並且深入探討了大蒜、訶子、五靈脂、白花丹的藥理及應用等,可知《鮑威爾寫本》醫學部分當為一部醫方選集。

2.回鶻語《雜病醫療百方》

德國西域探險考察隊第一次在新疆考察,始於1902年10月,由考古學家葛蘭威德爾帶領,在吐魯番高昌故城遺址發現了十餘件隋唐後期的回鶻文醫學文書殘卷。其中有一本較完整的寫卷,內容是醫治各種疾病的藥方,通稱為《雜病醫療百方》,現存於德國柏林,編號為TID120。存21葉,每葉書回鶻語9-11行不等,高14cm、寬18cm,共201行。1930年土耳其學者熱合買提最早研究並刊佈全文[①]。1981年,中國社會科學院民族研究所陳宗振又摘譯成漢文並取名為《回鶻文醫書》,後發表於《中華醫史雜誌》[②]上;1984年洪武娌對此寫卷進行了研究,取名為《古回鶻醫雜病治療手冊的醫史價值》並發表了相應文章[③];1996年鄧浩、楊富學在前人研究基礎上將此寫卷定名為《雜病醫療百方》,並全文譯成漢文[④],下簡稱《醫方》;2003年楊富學又進一步將其轉寫、疏證、翻譯為漢文[⑤],以此為漢文版的《醫方》。

此《醫方》首尾兩葉比較殘破,其餘各葉基本完好,但中間有些詞意義不清。《醫方》中涉及的病症有60余種,諸如胸悶、氣喘、高燒、墮胎、難產、夜盲、白癜風、口眼歪斜、瘧疾等病症,分別屬於內科、外科、婦科、兒科、傷科、五官科、牙科、神經科、皮膚科等9個臨床科別。《醫方》中涉及的動物藥、植物藥、礦物藥及加工藥等共計100餘味。動物藥,如公山羊肉、狗奶、人膽、豬膽、兔腦髓等50多味;植物藥,如狼毒、長辣椒、杏皮、大蒜、茴香等40餘味。礦物藥,如岩鹽、硇砂、紅鹽等9味。加工類藥,如葡萄酒、葡萄醋、麥酒、糖、醋等5味。《醫方》中涉及的藥方82個,可以歸為內治法、外治法、滴入法、塞入法、吹入法、熏法、吸入法、含嗽法8種治法。《醫方》的回鶻民族特色十分明顯,如用動物藥乳酪、酸牛奶、羊肝、麝香、蜂蜜等;植物藥石榴籽、阿魏、長胡椒、胡椒、大茴香、胡桐淚、葡萄藤等;礦物藥岩鹽、硇砂等;加工類藥,如葡萄酒、醋、葡

[①] G.R.Rachmati, Zur Heikunde der Uiguren, Sitzungsberichte der Preussischen Akademie der Wissenschaften Phil,—hist.Klasse, Berlin, 1930, pp.451-473;1932, pp.401-498。

[②] 陳宗振《回鶻文醫書摘譯》,《中華醫史雜誌》1984年第4期。

[③] 洪武娌《古回鶻醫雜病治療手冊的醫史價值》,《中華醫史雜誌》1984年第4期。

[④] 鄧浩、楊富學《吐魯番本回鶻文雜病醫療百方譯釋》,《段文傑敦煌研究五十年紀念文集》,世界圖書出版公司,1996年,頁356-372。

[⑤] 楊富學《回鶻文獻與回鶻文化》,民族出版社,2003年,頁524-552。

葡醋等,在當代顧永壽編輯的《維吾爾醫常用複方製劑手冊》中都可找到蹤跡,因此可謂與現代維吾爾醫的用藥特色基本一致。

3.于闐語梵語雙語《耆婆書》寫本

《耆婆書》于闐文梵文雙語寫本出自敦煌藏經洞,為斯坦因所獲,藏於英國倫敦的印度事務部圖書館。為于闐文與梵文的雙語寫本,梵文作為其原語,而于闐文是其譯本。雖然出自敦煌藏經洞,亦當為于闐人抄於于闐或者在敦煌的于闐人聚居處,代表于闐文化。貝利教授因其開篇提到印度名醫耆婆,故命名為《耆婆書》。為貝葉本,73葉,每葉11.75×31cm,正背面書,每面5行。開始完整,尾部殘缺。其抄寫年代不清楚,恩默瑞克教授研究認為當早於西元1000年,而其成書當晚於《醫理精華》。性質也同《醫理精華》一樣,是一部醫方選集,一些醫方來自其他的印度醫典。其圖版由貝利1938年刊於《于闐文獻選刊》①,並於1945年在其《于闐語文獻集》第一集②中將《耆婆書》于闐文梵文雙語寫本的雙語均轉寫為拉丁文。另外柯若夫(Sten Konow)也在其《一部于闐文醫藥文獻:印度事務部圖書館Ch.ii003號寫卷》③書中,也將《耆婆書》轉寫為拉丁文,同時將于闐文本翻譯成英文,將全文分為92條,陳明據此英文譯本,並參考貝利教授1980年的轉寫(校訂)本,全文翻譯成漢文,附錄在《殊方異藥——出土文書與西域醫學》的後面④,是為《耆婆書》漢文譯本。對《耆婆書》的研究,國外主要有霍恩雷、貝利、恩默瑞克;國內主要有季羨林、榮新江、陳明等專家學者。具體内容可參考陳明於2001年發表在《中國科技史料》第1期(77-90頁)"敦煌出土的梵文于闐文雙語醫典《耆婆書》"一文。

---

①Bailey H. W.Codices Khotanenses:Indian Of fice Library Ch.ii 002,Ch.ii003,Ch.00274[M].Copenhagen,1938。

②Bailey H. W.Khotanense Texts 1[M].Cambridge,1945.136-195。

③Sten Konow. A Medical Text in Khotanense,Ch.ii003 of India Office Library[M].With Translation and Vocabulary,(A vhandlinger Utgitt av Det Norske Videnskaps A kademii Oslo,II Hist.—Filos Klasse,1940,No.4),Oslo 1 Kommisjon Hos Jacob Dybwad,1941。

④陳明《殊方異藥——出土文書與西域醫學》,北京大學出版社,2005年,頁311-334。

《病方及其他》校讀三則[①]

楊豔輝[②]

摘 要：周家臺秦簡《病方及其他》反映了古代醫巫同行的歷史現象，材料非常珍貴。通過對其圖版與整理小組釋文的仔細校核，本文補正其釋文三則。一則是338-339簡的"房槳"當讀"房糜"，為芬芳的碎米粒。第二則是321-322簡的"酉□"當補釋為"醶"，為酢酒。第三則是377簡的"棡"當通"鍋"，為一種甕器。

關鍵詞：《病方及其他》；釋文；校勘

1993年，湖北沙市區關沮鄉清河村周家臺30號秦墓出土了簡牘共計383枚，簡牘內容分為《曆譜》、《日書》、《病方及其他》三類，湖北省荊州市周梁玉橋遺址博物館整理的《關沮秦漢墓簡牘》[③]一書公佈了包括周家臺30號秦墓簡牘在內的全部照片，並附有釋文和注釋。其中《病方及其他》部分主要包括病方及祝由方，既有治病之醫方，又多含有古代巫術成分，反映了古代醫巫同行的歷史現象，材料非常珍貴。在利用

[①] 本文的寫作得到教育部人文社會科學基金項目（項目編號：15YJCZH203）和重慶市教育委員會人文社會科學項目（項目編號：15SKG062）的資助。
[②] 楊豔輝，重慶郵電大學國際學院 副教授 重慶 400065。
[③] 湖北省荊州市周梁玉橋遺址博物館《關沮秦漢墓簡牘》，中華書局，2001年。

《病方及其他》材料的過程中,我們參考一些相關研究,對其釋文的隸定、訓釋、句讀等盡可能地一一查核推敲,總的說來,整理小組對周家臺秦簡《病方及其他》的隸定和釋讀力求保持簡之原貌,但難免也會有忽疏或失誤之處。下面我們對《病方及其他》整理小組釋文存在的一些尚可商榷之處略陳拙見,以供參考。(每則先出示整理小組釋文,然後以按語形式予以補正,需補正的文字在所引整理小組釋文中以底線標示。)

一

338-339 簡釋文:操杯米之池,東鄉(向),禹【步三】步,投米,祝曰:"皋!敢告曲池,某癭某波(破)。禹步攢<u>房</u><u>棽</u>,令某癭鬻(數)①去。"

按:據簡文內容可知,上引方為去癭禁咒方,即以禹步投米祝由的方式去除癭症。房棽,整理小組未加注釋,意義未明。如不加細解,"房棽"對簡文文意理解無大礙,然細細讀來,終難落實於字詞。

王貴元先生曾撰文補正上引簡文的釋讀,認為"房"通"芳","棽"為"麓"字異體,又假借為"祿","房棽"即"芳祿",與《九店楚簡》中的"芳糧"義同②。我們認為"房"通"芳"有一定道理,但"棽"輾轉假借為"祿",理據不足,仍可商榷。

從簡文文意來看,"攢房棽"應是上引簡文前半部分所提到的"投米"的具體化,"攢"與"投"動作一致,為"揚撒、投擲"之意③。同理,"房棽"

---

① 整理小組注:"鬻"即"數",《史記·屈原賈生列傳》:"淹數之度兮語予其期",裴駰《集解》引徐廣曰:"數,速也。"張守節《正義》:"數音朔,速也。"《漢書》作"淹速"。

② 王貴元《周家臺秦墓簡牘釋讀補正》,《考古》2009年第2期,頁 70-74。該文認為,《龍龕手鏡·木部》有"棽",為"麓"字異體,"麓"與"祿"古音同,故"漉"字又作"淥"、"籠"字又作"篆"。"麓"在此假借為"祿"。《周禮·春官·天府》載:"若祭天之司民祿",鄭玄注:"祿之言穀也。"《禮記·王制》載:"王者之制祿爵",鄭玄注:"所受食",孔穎達疏:"祿者,穀也。"《呂氏春秋·懷寵》載:"求其孤寡而振恤之,見其長老而敬之,皆益其祿。"高誘注:"祿,食。"《九店楚簡》祝禱辭中有"芳糧",如:"君昔受某之嚞幣、芳糧。""房"通"芳","房棽"即"芳祿",與"芳糧"義同。

③ 同上。《集韻·文韻》:"攢,拭也。"此義與上引簡文句義不符。王貴元先生考證,"攢"義同"濆",義為揚撒。

亦當與"米"意義相同或相近。《龍龕手鏡·木部》確有"㮰"字，或作"㮊"，為"麓"之俗寫①。然從其意義上來考察，則相差甚遠。《說文·林部》："麓，守山林吏也。一曰林屬於山為麓。"《玉篇·林部》："麓，山足也。"《集韻·沁韻》："㮰，承樽桉。"顯然，"㮰"輾轉假借為"祿"太過牽強。

原簡圖版作"▆"，當隸定為"㮰"。我們認為，"㮰"就是"糜"的省寫異體字，意為米、麥的碎粒。文字在書寫過程中常依簡化原則將正字的某些構字部件省略或去掉而成其俗寫異體字，形體上與正字有差異，但其意義和用法與正字無異。如"痛"字，在張家山漢簡《引書》中多次以"甬"形出現，省掉了"疒"旁，凡6見②。從字形上看，上引簡文中的"㮰"是在書寫"糜"時為圖方便省寫了"广"而成，為"糜"的省寫異體字。《廣雅·釋器》："糜，糳也。"王念孫疏證："糳，通作屑。糳之言屑屑也。《玉篇》：'糳，碎米也'。《廣韻》云：'麥破也。'"又，"糜之言靡細也。米麥屑謂之糜，猶玉屑謂之䃺。"糜，即為米、麥的碎粒。借鑒王先生訓"房"為"芳"一說，"房㮰"即"芳糜"，為芬芳的碎米粒。

如此訓釋，"擣房㮰"既與簡文前半部的"投米"十分吻合，也文從字順了。依整理小組體例，釋文當作"房（芳）㮰（糜）"。

二

321-322簡釋文：人所恒炊（吹）者，上橐莫以丸礜，大如扁（蝙）蝠矢而乾之。即發，以酉□四分升一歆（飲）之。男子歆（飲）二七，女子欲〈飲〉七。

按：據簡文內容可知，上引方為治療哮喘病方，是將"橐莫"和"礜"兩藥冶如蝙蝠屎大小陰乾，然後用液體"酉□"化開入飲。酉□，此字原簡圖版作"▆"，右半殘缺，左半為"酉"，整理小組依原簡字形釋，其所指未詳。

---

① [遼]釋·行均編《龍龕手鏡》（影印本），中華書局，1985年，頁386。
② 張家山二四七號漢墓竹簡整理小組，《張家山漢墓竹簡[二四七號墓]（釋文修訂本）》，文物出版社，2006年。分別見第26簡、50簡、51簡、52簡（2次）、72簡，字形皆作"甬"。

《病方及其他》中多以醇酒引藥服用，據辭例，皆明確"以淳（醇）酒漬布"、"置醇酒中"、"卒（淬）之醇酒"①，卻未見獨稱其為"醇"之用例，故"酉□"不當為"醇"。

我們認為，"酉□"字从"酉"，從簡文內容來看，也應該是一種酒或與酒相關的液體。結合上引此簡的用藥"橐莫"和"礜石"考察，我們發現馬王堆帛書中亦有兩藥同用之方。馬王堆帛書《五十二病方》60行："（狂犬嚙人方）一，狂犬傷人，冶礜與橐莫（吾），【醯】②半音（杯），飲之。女子同藥。如☐"上引《病方及其他》簡和《五十二病方》簡所治病不同，但其藥方用藥卻一致，一個內服方，一個外用方。因礜石是大毒之藥，《病方及其他》321～322簡為內服方，故其用藥標準和劑量有更確切的描述。

上引《五十二病方》60行原簡中"醯"字亦殘，僅存"酉"旁。馬繼興先生補釋"醯"字時，認為"醯"雖有酢酒和醋兩種解釋，此醫方中"醯"當為酢酒，係古代一種酸味的酒，《齊民要術》又稱苦酒者③。而魏啟鵬先生則認為"醯"是醋④。我們認為馬先生觀點可信。從出土的醫藥材料看，礜石用藥時皆以酢酒入引，如《五十二病方》347行："一，取慶（蜣）良（蜋）一斗，去其甲足，以烏豙（喙）五果（顆），礜大如李，並以截□斗煮之，汔，以傅之。"截，即酢酒。《漢書·食貨志下》："除米曲本賈，計其利而什分之，以其七入官，其三及醋截灰炭給工器薪樵之費。"顏師古注："截，酢漿也。"

另外，《病方及其他》中各方多以酒服藥⑤，未見以醋服藥例，據此，上引此簡中的"酉□"應補釋為"醯"，即酢酒，釋文亦隨作"［醯］"⑥。

---

① 分別參見《病方及其他》第311、313、323簡釋文。
② 醯，原簡皆僅殘存"酉"旁，係補出之字。
③ 馬繼興《馬王堆古醫書考釋》，湖南科學技術出版社，1992年，頁382-383。
④ 魏啟鵬、胡翔驊《馬王堆漢墓醫書校釋（壹）》，成都出版社，1992年，頁61。
⑤ 如《病方及其他》第311簡"以醇酒漬布"、第312簡"入酒若鸞"、第313簡"置醇酒中"、第320簡"以酒噴"、第323簡"卒之醇酒中"等。
⑥ 因《病方及其他》與《五十二病方》的釋文體例不同，補出的釋文所用符號未能統一，《病方及其他》加［ ］標示，《五十二病方》加【 】標示。

三

377 簡釋文:"並命和之。即取守室〈宮〉二七,置槱中,而食以丹,各盡其複(腹),□"

按:據簡文內容可知,上引簡文為制守宮砂方,是將守宮(蜥蜴)放在"槱"裏養起來,每天餵食丹(朱砂),(待養到一定時候)再將守宮(蜥蜴)腹部碾碎。槱,整理小組注:"槱,字右側不清,當為容器名。"細核原簡圖版,此字為"▉"形,甚為清晰。我們認為,依字形隸定此字為"槱",確也,但結合歷代字書及文獻用例來看,"槱"並非容器名。《說文·木部》:"槱,木也。"《山海經·中山經》:"又東三十里,曰虎首之山,多苴槱椐。"《廣韻·尤韻》:"槱,木名,不凋。"《集韻·尤韻》:"槱,木名,寒而不凋。"然從簡文文意來看,上引此簡中的"槱"確實應該是一種容器。

我們認為,上引《病方及其他》337簡中的"槱"通為"䍃",是一種甕器,理由如下:

首先,從音理上來說,"槱"為定母幽部,"䍃"為章母幽部,定、章同為舌音,屬同韻通假。

第二,從意義上來看,"䍃"是容器名。《玉篇·缶部》:"䍃,器成也。"《龍龕手鏡·缶部》:"䍃,器也。"《篇海類編·器用編·缶部》:"䍃,器成。"而且傳世文獻中有關"守宮砂"的記載不少,養蜥蜴的容器亦多為"甕"。如晉代張華《博物志》卷四:"蜥蜴或名蝘蜓。以器養之,食以朱砂,體盡赤,所食滿七斤[1],冶擣萬杵,點女人支體,終年不滅。唯房室事則滅,故號守宮。"[2]《太平御覽》引漢代劉安《淮南萬畢術》載:"守宮飾女臂,有文章。取守宮新舍陰陽者各一,藏之甕中,陰乾百日,以飾女臂,則生文章,與男子合陰陽,輒滅去。"南朝梁名醫陶宏景《名醫別錄》云:"守宮喜緣籬壁間,以朱飼之,滿三斤,殺乾末以塗女人身,有交接

---

[1] 按今度量衡換算,西漢時的1斤合為今天的258.24克(秦時期也一樣)。那麼"七斤"合今為1807.68克,約為今天的3.615斤。

[2] [晉]張華著、范寧校證《博物志校證》,中華書局,1980年,頁51。

事,便脱;不爾,如赤志,故名守宮。"出土簡帛中亦有與此簡描述一致的簡文,見於馬王堆漢墓帛書《養生方》61行:"取守宮置新廰(甕)中,而置丹廰(甕)中,令守宮食之。須死,即冶,□畫女子臂若身。節(即)與【男子】戲,即不明。"此簡描述的也是"將守宮(蜥蜴)置於甕中餵養,於甕中放置供守宮(蜥蜴)吃的丹砂"的"守宮砂"的製作方法及功用。

準此,上引《病方及其他》337簡中的"椆"通"䂎",為一種甕器,釋文亦應隨釋"椆(䂎)。"

帛書《五十二病方》"以布捉取出其汁"斷句略辨

姚海燕①

摘　要：對帛書《五十二病方》中"以布捉取出其汁"一句的斷句進行辨析，認爲《長沙馬王堆漢墓簡帛集成》斷作"以布捉,取出其汁"誤,原《馬王堆漢墓帛書》斷作"以布捉取,出其汁"是；書中他處"捉取"連文者,亦當以"取"字屬上句爲當。

關鍵詞：帛書；《五十二病方》；捉取

　　帛書《五十二病方》作爲我國現知最早最完整的古代醫方書,由於其在中國醫學史及文化史方面均具有重要的研究價值,故自1973年長沙馬王堆漢墓出土以來,即受到學界的高度關注並引發持續的研究熱潮,成果頻出。2014年6月以裘錫圭先生領銜主持編寫的《長沙馬王堆漢墓簡帛集成》(後簡稱《集成》)出版,這無疑是繼二十世紀七八十年代陸續出版的一系列馬王堆漢墓帛書整理小組整理研究的成果之後,提供給學界的又一份全新的學術大餐。其中經過重新釋讀的《五十二病方》自然也是後出轉精,爲研究者提供了一種更佳的研究版本,然細細讀來,也發現其中有個別以不誤爲誤,即錯誤糾正前人結論之處。今試舉一例,以就正方家。

---

①姚海燕,上海中醫藥大學科技人文研究院　副教授　上海　201203。
　本文的寫作得到上海中醫藥大學預算內項目資助,項目編號:2016YSN74。

《集成·五十二病方》"諸傷"條第 12 則有"以布捉取出其汁"(18/18 行)①句,《集成》以"取"字屬下句,斷作"以布捉,取出其汁"。據其所引原注(按:指馬王堆漢墓帛書整理小組整理的《馬王堆漢墓帛書·五十二病方》)文"以布捉取,用布包盛藥物,加壓濾汁"②可知,原注此句以"取"字屬上句,斷作"以布捉取,出其汁"。二者究竟孰是?竊以爲原注是。理由如下:

一、"捉取"連用,即動詞"取"置於動詞"捉"後以共同構成一聯合動詞詞組("取"似有補充說明前一動詞動作結果的意味)的用法在古籍中極爲普遍,如:

《貞觀政要·慎言語》:"隋煬帝初幸甘泉宮,泉石稱意,而怪無螢火。敕云:捉取多少,於宮中照夜。"③

宋·朱勝非《紺珠集》卷三《詩賦常有生氣》:"宋袁嘏少有文才,常謂人曰:我詩賦常有生氣,須急捉取,不爾便飛去。"④

葛洪《神仙傳》卷四《孫博》:"博語奴主曰:吾爲卿燒其營舍,奴必走出,卿但諦伺捉取之。"⑤

呂岩《七言》詩:"星辰聚會入離鄉,日月盈虧助藥王。……入室用機擒捉取,一丸丹點體純陽。"⑥

宋·楊萬里《誠齋集·舟過城門村清曉雨止日出》詩:"五日銀絲織一籠,金烏捉取送籠中。知誰放在扶桑樹,只怪滿溪煙浪紅。"⑦

《抱朴子·仙藥》:"行山中,見小人乘車馬長七八寸者,肉芝也,捉取服之即仙矣。"⑧

---

① 《長沙馬王堆漢墓簡帛集成(伍)》,中華書局,2014 年,頁 218。
② 《長沙馬王堆漢墓簡帛集成(伍)》,中華書局,2014 年,頁 218。
③ 《四庫全書》(第 407 冊),上海古籍出版社,1987 年,頁 481。
④ 《四庫全書》(第 872 冊),上海古籍出版社,1987 年,頁 332。
⑤ 《四庫全書》(第 1059 冊),上海古籍出版社,1987 年,頁 274。
⑥ 《全唐詩》,上海古籍出版社,1986 年,頁 2099。
⑦ 《四庫全書》(第 1160 冊),上海古籍出版社,1987 年,頁 374。
⑧ 梅全喜等《〈抱朴子內編〉〈肘後備急方〉今譯》,中國中醫藥出版社,1997 年,頁 101。

《肘後備急方·治寒熱諸症方第十六》:"捉取瘧鬼,送與河官,急急如律令。"①

《普濟方·治產難數日不出極困欲絕者秘方》:"取雌烏雞,令走二時許,捉取,刺左翅下取血,又刺血門取血,以醇酒一小盞和血,内真丹末方寸匕,攪勿令凝,服之,投杯即活,不下亦佳。"②

《古今醫統大全》卷之九十七《取蟾酥法》:"長夏時捉取癩大蝦蟆,用蛤蜊殼未離帶者,合蟆眉上用力一撚,則酥出於殼內,收在油明紙上,乾收貯用。"③

《急救廣生集·奇症·發症飲油》:"一方,病發症者,欲得飲油,用油一升,入香澤煎之,盛置病人頭邊,令氣入口鼻,勿與飲之。疲極眠睡,蟲當從口出,急以石灰粉手捉取,抽盡即是發也,初出如不流水中濃菜形。"④

本《集成·五十二病方》317/307 行亦有:"足(捉)取汁而煎,令類膠,即冶厚柎,和,傅。"⑤

此外,"取"也可以置於"捕"、"拾"、"撈"、"擒"、"擒捉"等動詞或聯合動詞詞組後組成"捕取"、"拾取"、"撈取"、"擒取"、"擒捉取"等聯合動詞詞組,古籍中文例甚多,此不贅舉。即《集成·五十二病方》中此類詞就有"浚取"、"靡(磨)取"、"抉取"、"剡取"等,如:

傷而頸(痙)者,以水財煮李實,疾沸而抒,浚取其汁,寒和,以歓(飲)病者,歓(飲)以【□爲】」34/34 故。

参(三)濆(沸),止,浚取【汁】。175/162

以水一斗煮葵穜(種)一斗,浚取其汁,以其汁煮膠一廷(挺)半,爲汁一参,而☐ 181/168

浚取其汁,以竈(蜜)和,令甍(纔)甘,寒溫適,【□】」187/174 歓

---

①梅全喜等《〈抱朴子内編〉〈肘後備急方〉今譯》,中國中醫藥出版社,1997年,頁249。
②朱橚等《普濟方》,人民衛生出版社,1959年,頁1054。
③《古今醫統大全》,人民衛生出版社,1991年,頁1297。
④程鵬程《急救廣生集》,中國中醫藥出版社,2008年,頁79。
⑤《長沙馬王堆漢墓簡帛集成(伍)》,中華書局,2014年,頁271。

（飲）之。

取景天長尺、大圍束一，分以爲三，以湻酒半斗，三冱煮之，孰（熟），浚取其汁，【歙】189/176 之。

熬鹽種（種）令黄，靡（磨）取鹽種（種），冶，亦靡（磨）白魚、長 228/215 足。

以柞槍柱若，以虎蚤（爪）抉取若，刀而割若，葦而刖若。今【□】若不去，苦湩（唾）□若。……380/370

【□】枏根，乾之，剡取皮□□采根☑471/461【□】十斗……

而"捉""取"二詞連用而不連讀者似未見其例。

二、"出 XX"句式，即動詞"出"後加名詞構成動賓結構，以表示經由一個由内而外的動作使得某物（具體的或抽象的）得以呈現出來的用法在古籍中至爲常見，如：

《史記·伍子胥列傳》卷六十六："及吳兵入郢，伍子胥求昭王。既不得，乃掘楚平王墓，出其屍，鞭之三百，然後已。"[1]

《史記·扁鵲列傳》："（長桑君）乃出其懷中藥予扁鵲：'飲是以上池之水，三十日，當知物矣。'"[2]

《後漢書·趙壹傳》："所好則鑽皮出其毛羽，所惡則洗垢求其瘢痕。"[3]

《三國志·魏書·鄧哀王沖傳》："時孫權曾致巨象，太祖欲知其斤重，訪之群下，咸莫能出其理。"[4]

《三國志·華佗傳》："佗臨死，出一卷書與獄吏，曰：此可以活人。"[5]

《晉書·楚隱王瑋傳》："瑋臨死，出其懷中青紙詔，流涕以示監刑尚書劉頌曰……"[6]

---

[1] 司馬遷《史記》，中華書局，1959 年，頁 2176。
[2] 司馬遷《史記》，中華書局，1959 年，頁 2785。
[3] 范曄《後漢書》，漢語大詞典出版社，2004 年，頁 1597。
[4] 盧弼《三國志集解》，上海古籍出版社，2009 年，頁 1611。
[5] 盧弼《三國志集解》，上海古籍出版社，2009 年，頁 2122。
[6] 《二十五史》，上海古籍出版社，1986 年，頁 1429。

《舊唐書·馬燧傳》:"燧誓軍中:'戰勝,請以家財行賞。'既勝,盡出其私財以頒將士。"①

《中藏經·論治中風偏枯之法第三十九》:"吐謂出其涎也,瀉謂通其塞也,補謂益其不足也,發謂發其汗也。"②

三、《集成》以"本篇 44 行:'以布足(捉)之,取其汁'"[1]223句爲據,欲證此句"以布捉取,出其汁"中"取"字亦當屬下,不當。

此句"以布捉取,出其汁"與本篇 44 行"以布足(捉)之,取其汁"句,兩句義雖無別,而句式實不相同。本篇 44 行句"足(捉)"後因帶有賓語"之","取"自當屬下,並作爲謂語統領其賓語"其汁"。而在"以布捉取,出其汁"句中,動詞"捉"後無賓語,且"其汁"前已有動詞謂語"出"以領之,故此處仍當以"捉取"連用,即以"取"字屬上句爲宜。

另,依上述辭例,《五十二病方》"諸傷"條第 13 則"即以布捉,【取□□□□□□□】19/19 涊之"③句中之"取"字,似亦應以之屬上句爲當。

---

①《二十五史》,上海古籍出版社,1986 年,頁 3921。
②李聰甫《中藏經語譯》,人民衛生出版社,2013 年,頁 79。
③《長沙馬王堆漢墓簡帛集成(伍)》,中華書局,2014 年,頁 218。

武威出土西夏文醫方文書載第三方新探

張如青　于業禮　劉景雲①

摘　要：出土於甘肅武威的西夏文醫方文書 G21.004[20487]已經過較多學者的研究，但在翻譯上仍有一些值得探討的地方，如該文書第三方主治"寒氣"而非"傷寒"，藥用"開口花椒"，而非"花椒皮"等。另外，前輩學者多認爲該方反映了西夏社會濃重的巫醫色彩，但經過考證可知，該方當是從中原地區醫學文獻中直接翻譯而來。其來源可能與《類編》中的"脾疼單方"和《聖濟總錄》中的"椒面粥"有密切的關係。

關鍵詞：出土文獻；西夏文；醫方；面東

一、引言

1972 年，甘肅武威下西溝峴出土的一批西夏文文書中，有一件醫方文書。最早於《考古》雜誌（1974 年第 3 期）公布圖版②，後《中國藏西夏文獻》收錄，編號 G21.004[20487]③。從已公布的材料可知，該文書高

---

①張如青、于業禮，上海中醫藥大學　上海　201203。劉景雲，香港志蓮禪院　香港 999077。
②甘肅省博物館《甘肅武威發現一批西夏遺物》，《考古》1974 年第 3 期，頁 200-205。
③國家圖書館、寧夏大學西夏學研究中心、甘肅省古籍文獻整理編譯中心編《中國藏西夏文獻》（第 16 冊），甘肅人民出版社、敦煌文藝出版社，2005 年，頁 258。

20 釐米,寬 11.7 釐米,前後缺,下部殘損。存文字 8 行,行 22 字,楷書。

先後對該件文書進行研究的有王靜如(1974)、史金波(1974)、黄振華(1974)、陳炳應(1985)、吕科(1995)、肖屏(2010)、梁松濤(2015)①等先生,研究的重點集中於文書内容的翻譯、醫方性質的判定及西夏醫學與巫術的密切關係等方面。如王靜如先生認爲這件文書所載的醫方偏驗方性質,而史金波、黄振華兩位先生作了否定。陳炳應先生判定出這件文書共載有三首醫方,内容均是治療"傷寒"或"寒氣",並指出這三首醫方"遵循祖國醫學傳統,但又不見於古今醫書,似是偏方,同時它又保存了黨項人較爲原始的巫醫色彩,是研究西夏醫藥學的重要資料"。肖屏先生與陳先生觀點基本一致。梁松濤先生則認爲這三首醫方和服法與中原醫學醫理、用藥一致,反映的是漢族較爲先進的科學技術對少數民族地區的深刻影響。其中陳炳應、肖屏、梁松濤等先生都提到這三首醫方體現了西夏社會中濃重的巫醫色彩。

從前人的研究可知,G21.004[20487]文書殘存的内容共包括三首醫方,每方以"○"符號隔開,第一方爲"厚羅新麻湯",主治"寒病",劑型爲湯劑;第二方無方名,主治"百種寒病",劑型爲丸劑;第三方亦無方名,主治"寒氣"。前人所論雖已甚詳,但仍有些值得商榷的地方,如醫方主治、藥物名稱翻譯、醫方所反映的巫醫現象等仍需進一步討論。今就該文書三首醫方中的第三方,於前人所論未備或不妥之處作進一步的研究和探討,以求教於大方。

---

① 王靜如《甘肅武威發現的西夏文考釋》,《考古》1974 年第 3 期,頁 205-207。史金波《〈甘肅武威發現的西夏文考釋〉質疑》,《考古》1974 年第 6 期,頁 395-396。黄振華《〈甘肅武威發現的西夏文考釋〉的若干意見》,《考古》1974 年第 6 期,頁 397-398。陳炳應《西夏文物研究》,寧夏人民出版社,1985 年,頁 309-314。吕科《從西夏辭書和出土醫方看西夏醫藥文化》,《寧夏大學學報》(自然科學版)1995 年第 2 期,頁 59-63。肖屏《西夏醫藥學與傳統中醫學的關係》,《中醫文獻雜誌》2010 年第 2 期,頁 27-28。梁松濤《黑水城出土西夏文醫藥文獻整理與研究》,社會科學文獻出版社,2015 年,頁 463-469。下引諸位先生文不一一出注。

二、G21.004［20487］文書第三方譯文討論

G21.004［20487］文書第三方位於該文書的第 7 行後半部分和第 8 行，内容殘缺不全，殘存内容包括該方的主治、用藥及服用方法等。西夏文原文轉録如下：

（上略）

7 ▨▨▨▨……

8 ▨▨▨▨，▨▨▨▨▨，▨，▨▨▨▨，▨▨▨▨▨。▨▨〔▨〕……

（下缺）

上文提及對 G21.004［20487］文書進行研究的學者除史金波和吕科兩位先生外，都對該方進行了漢文翻譯，爲便於説明，今將諸先生譯文列表如下：

	王靜如（1974）	黄振華（1974）	陳炳應（1985）	肖屏（2010）	梁松濤（2015）
第7行	○制寒熱，制……	○療冷氣治□	○治寒氣方，	○治寒氣方	○治寒氣□
第8行	辣頭唇（藥名）……來年空肚時，以新冷水中，服二十一滴，面（向）東……	椒，忌（?）口，於次晨空服時每服二十一粒，新汲水送下，面□□。	花椒皮，於翌晨空腹時，（取）新冷水，服二十一粒，面東……	花椒皮，於翌晨空腹時，（取）新冷水，服二十一粒，面東……	花椒皮，於翌日清晨空腹時，新汲水中，服二十一粒。面東□。

史先生雖未對該文書進行全文翻譯，但也就翻譯問題提出了一些看法，如史金波指出第 8 行 1、2 兩字應譯爲"椒"，王靜如先生將第 8 行前三字連在一起，譯爲"辣頭唇"不妥；又指出第 8 行第 5-9 五個字，應意譯爲"翌晨空腹時"。

結合諸位先生的譯文以及文章中的相關論述，今從以下兩個方面作一些探討。

第一，主治"寒氣"還是"傷寒"？

從上表中可以看出，對 G21.004［20487］文書第三方表示主治的"𗤭𗤮"兩字，除王靜如先生譯爲"寒熱"，黃振華先生譯爲"冷氣"外，餘均譯爲"寒氣"。

據"西夏造字法"，𗤭仿漢字"冷"，偏旁𘢌謂"冫（仌）"，𘢍𘢎爲"令"，合而爲"冷"。《説文》："冷，寒也。从仌，令聲。"𗤮仿漢字"氣"。偏旁𘢎謂"氣"；𘢏謂"米"，其中𘢐謂"十"，𘢑謂上下"八"。擬音"達"（同 19A3），與"氣"古音通，清錢大昕《十駕齋養新録》卷五："古無舌頭舌上之分，知徹澄三母，以今音讀之，與照穿床無別也；求之古音，則與端透定無異。"

又，此處𗤭、𗤮二字互爲異體，西夏符號𘢌、𘢎同。《説文》："寒，凍也。从人在宀下，以茻薦覆之，下有仌。"𗤭擬音"達"、𗤮擬音"吐"（同 17B2），均與寒凍之"凍"音相通。西夏聯用，是爲寒冷、寒凍之"寒病"。

諸家譯文一致，本無需再行探討，但在文章論述中，前人却將此"寒氣"與"傷寒"混同，值得一辨。

"𗤭𗤮"兩字作爲主治病名，在 G21.004［20487］文書中出現了三次，分别位於第 4 行 9、10 兩字，第 5 行 10、11 兩字，第 7 行 17、18 兩字，在討論前兩處時，史金波先生謂："此藥方第 4 行 9、10 兩字同第 5 行 10、11 兩字相同，第 1 字'寒、冷'意，第 2 字'病、患'意，《考釋》譯爲'冷病'實則譯爲'傷寒'最爲合適。我國中醫所謂'傷寒'，非專指由傷寒菌引起之傷寒，而是多種外感病的統稱。"陳炳應先生也認爲："考慮到我國古代醫藥書上習慣用'傷寒'一名代表與熱病温病相對的一切外感風寒症，其病理皆依據張仲景的《傷寒論》；又同一個西夏遺址中發現的漢文文書中有'傷寒'一詞，所以，從譯名上説，在此譯爲治'傷寒'方較爲好些。"相似的論述也見於肖屏、吕科、梁松濤等先生的文章中。

諸位先生都提到説"傷寒"是一切外感病的統稱，這是"傷寒"一詞廣義上的概念。但説成是"一切外感病的統稱"仍不盡準確，如《素問·熱論篇》:"今夫熱病者,皆傷寒之類也。"①所以一般認爲廣義上的"傷寒"是一切"外感熱病"的統稱。《難經·五十八難》載:"傷寒有五:有中風,有傷寒,有濕溫,有熱病,有溫病。"是"傷寒"又有狹義上的概念。狹義上的"傷寒"自然不是指現代醫學認爲的由傷寒桿菌引起的傷寒病,而是專指太陽表證之一,感受風寒之邪,表現出發熱、惡寒、身痛等症狀的一類疾病。但不管是廣義還是狹義上的概念,"傷寒"作爲病名,所表現出的症狀中都有"熱",即有"發熱"的症狀。

而"寒"爲中醫致病因素中的"六淫"之一,《素問·至真要大論》謂:"諸病水液,澄澈清冷,皆屬於寒。"宋代陳無擇《三因極一病證方論·外所因論》:"夫六淫者,寒暑燥濕風熱是也。"②感受六淫之一的"寒"邪所引起的"寒病",與"傷寒"却不能等同。首先,《孟子·公孫丑下》:"有寒疾,不可以風。"《論衡·寒溫》:"人中於寒,飲藥行解。"是"寒"之作爲病名早已有記載。其次,如《三因極一病證方論·敘中寒論》:"夫寒者,乃天地殺厲之氣,在天爲寒,在地爲水,在人髒爲腎,故寒喜中腎。腎中之,多使攣急疼痛,昏不知人,挾風則眩暈,兼濕則腫疼。治之唯宜溫劑,不可吐下,皆逆也。"③陳無擇又在其下一節《五臟中寒證》中詳細羅列了五臟中寒的具體表現,除"肝中寒"會出現"翕翕發熱"的症狀外,餘四髒中寒均無發熱症狀,是與"傷寒"一般都會出現發熱的症狀有很大的區別。所以 G21.004[20487]所載三首醫方的主治均是"寒氣"或"冷病",不能解釋爲"傷寒",更不能直接譯爲"傷寒"。

第二,該方藥物名稱的翻譯仍非確論。

G21.004[20487]第三方用藥只有一味"𦬼𦬼",王靜如先生翻譯爲"辣頭唇",史金波、黄振華兩位先生翻譯爲"椒",陳炳應先生、肖屏、梁

---

① 王冰注《黄帝内經素問》,人民衛生出版社,1963年,頁183。
② 陳無擇著,王象禮主編《陳無擇醫學全書》,中國中醫藥出版社,2005年,頁37。
③ 陳無擇著,王象禮主編《陳無擇醫學全書》,頁43。

松濤意譯爲"花椒皮"。按𗍊𗍬"椒",直音"捴吳"。𗍬(頭首),實際同西夏𘝞(花),右偏旁𘟣同𗊀,西夏草體亦同,左右𗊀𘟣同左右𗊀𗊀,即謂仿漢字"化";𦫼謂"艸",合而爲"花"。古音"吳"、"花"同。西夏𗭪,釋作"果"、"子"(珠 141-144),直音"麻",實在仿漢字"化"。《書‧堯典》:"鳥獸孳尾。"孔傳:"乳化曰孳。"孔穎達疏:"胚孕爲化。"《呂氏春秋‧過理》:"紂剖孕婦而觀其化,殺比干而視其心。"高誘注:"化,育也。"此即西夏𗭪(化)訓作"果"、"子"的由來。直音"麻",與"化"只是輕重唇音之別。依據西夏詞法修飾詞居主詞後,𗍊𗍬就是"吳捴",音同"花椒",西夏略作"椒"。《急就篇》第二十三章:"烏喙附子椒芫華。"顏師古注:"椒,謂秦椒及蜀椒也。"即所謂"花椒"。

又,《爾雅‧釋木》:"檓,大椒。"郭璞注:"今椒樹叢生實大者,名爲檓。""吳"、"檓"一聲之轉。且"椒"之聲符"叔"與齇鼻之"齇"聲符"戚"相當。

"𗍊𗍬"後的兩字"𘟂𘟉",據"西夏造字法",𘟂仿漢字"口",《說文》:"口,人所以言食也。形象。"偏旁𗫡謂"口",𗊀謂"人",會意"人口"。古代凡人口統計,均以"口"稱"人",《孟子‧梁惠王上》:"百畝之田,勿奪其時,數口之家,可以無饑矣。"《漢書‧昭帝紀》:"毋收四年、五年口賦。"顏師古注引如淳曰:"《漢儀注》:'民年七歲至十四,出口賦錢,人二十三。'"故西夏直音"烈"(珠 183),與"人"陰陽對轉。又𘟉仿漢字"開",《說文》:"開,張也,從門,從开。"偏旁𗊀一謂左右"戶",即"門"字';𦫼謂"开",《說文》:"开,平也。"𘟉之擬音"迎"(同 23B4),與"開"一聲之轉,漢字從石、开之"研",讀音近同"迎"。

"𗍊𗍬𘟂𘟉"四字合在一起,其準確的翻譯應是"開口花椒"。花椒成熟,一般都呈開口,故稱。作爲藥物名稱,花椒未以獨立條目見載於歷代本草著作,但從本草的記載來看,至少在宋代,"花椒"之名已經開始使用了。如《證類本草》卷十二"杜仲"條下引《聖惠方》"治卒患腰腳疼痛方"中就已有"花椒"一藥。又《本草綱目》卷三十二"蜀椒"條下附方中引《普濟方》治"頭上白禿"方，即用"花椒末"入藥，是李時珍認爲"花椒"即蜀椒。蜀椒，味辛、溫，"主邪氣咳逆，溫中，逐骨節，皮膚死肌，寒濕痺痛，下氣。久服之，頭不白，輕身增年"。（《神農本草經》）這也與上文引陳無擇稱治寒"唯宜溫劑"相符合。

"開口花椒"之名多見於清末民國的醫生用藥中，這也與在用藥時，需要"去閉口者"有關。如《證類本草》卷十四"蜀椒"條下載："多食令人乏氣，口閉者殺人。"所以一般在炮炙時，蜀椒（花椒）都要"去閉口者"。如《雷公炮炙論》卷下："凡使，須去目及閉口者不用。"《本草發揮》卷三引張元素云："凡須用炒去汗及合口者。"《本草品彙精要》卷十八："去莖、目及閉口者，焙出汗用。"等等。

從上文的列表中，可知西夏文"矲㹅"翻譯成"花椒皮"始自陳炳應先生，如陳先生稱："據中醫說，花椒入藥用皮不用籽，西夏文用'椒口沿'三字，可能就是這個意思，故我意譯爲'花椒皮'。"考歷代本草著作，無"花椒皮"之名，其他醫學著作中，亦只見清代黃庭鏡《目經大成》卷三"昭容膏"下有"或加川花椒皮、雲連末、樟腦、薄荷葉各一錢，仍妙"的記載①。但在《眼科易簡補編》的引文中又只作"花椒"，無"皮"字②。至於"花椒用皮不用籽"的說法，不知陳先生所據爲何，但《雷公炮炙論》在論述蜀椒（花椒）的炮炙時稱："其椒子先須酒拌，令濕，蒸從巳至午，放冷密蓋，除向下火，四畔無氣後取出。"是椒子不僅不去除，反而可炮炙入藥。又《全生指迷方》有"椒仁丸"，入藥用"椒仁"。《瘍科選粹》更有"椒子散"，以一味川椒子入藥。故"矲㹅"譯文作"花椒皮"不妥，當翻譯成"開口花椒"。

至於杜建錄及梁松濤先生認爲該方用花椒皮"是既容易找到，又省

---

① 黃庭鏡著，盧丙辰、張鄧民點校《目經大成》，中醫古籍出版社，1987年，頁320。
② 殷伯倫、殷納新點校《眼科易簡補編》，人民衛生出版社，1995年，頁114。

錢方便的大眾化醫方"①,更甚至有學者進一步認爲當時西夏人用"花椒皮"是節省藥材,降低成本,使廢棄之物發揮醫療作用等説,實在是失之考證、妄爲臆測的推衍之説了。

綜上,G21.004[20487]文書第三方的主治是由六淫之一的"寒"邪引起的"寒"病,用藥"開口花椒"一味。準確翻譯爲:"治寒氣方:開口花椒,翌晨空腹時,上,新汲水中,服二十一粒,面東……"

三、"面東"與中原地區醫方中的巫術色彩

陳炳應先生指出:"在一般的人民群衆中,則仍多是巫、醫不分。西夏文醫方最後二字很清晰,義爲'面東',即服藥時要面向東方。這顯然是將漢族醫藥學與黨項的巫師治病糅合在一起了。"肖屛先生在論述G21.004[20487]文書第三方時也稱:"這無疑浸透着一種迷信思想,説明西夏人在有醫治寒氣偏方的情況下,還没有擺脱'巫醫'色彩的影響。"梁松濤先生亦在"𦁐𦁗"的注釋中稱:"西夏醫學較唐宋來説較爲落後,黨項醫學有較原始的巫醫色彩。此處𦁐𦁗(面東),即服藥時面向東方,西夏人常用巫術占卜來祛病消災,'病者不用醫藥,召巫者送鬼,西夏語以巫爲廝也;或遷他室,謂之閃病'。"

上述三位先生憑藉第三方末殘存的"𦁐𦁗(面東)"兩字得出如此結論,其他西夏研究的學者也都在此基礎上將該方視爲西夏社會中濃重巫醫色彩的證據,其實是犯了一個錯誤。因爲這種記述在服藥時面向某個方位的内容,最早是見於中原地區醫學的醫方中,該方應該是直接從中原地區的醫方翻譯而來,不能作爲反映西夏社會中存在濃重巫醫色彩的證據。

①杜建録《中國藏西夏文獻綜述》,見杜建録主編《西夏學》(第二輯),寧夏人民出版社,2007年,頁52-53。

早在《五十二病方》中就有較多"東鄉（向）"的記載，如"以日出時，令穨（癩）者屋霤下東鄉（向），令人操築西鄉（向），祝曰：'今日庚，某穨（癩）亢；今日已。某穨（癩）巳（已）。'"①等等。王化平先生認爲這樣做的目的是爲了借助東方的陽氣，如稱："日出時太陽在東方，太陽爲陽。因此，面向東方無非是想借助太陽之陽氣，而日出正是陽氣上升之時，自然也益於補益陽氣。"②這在《黃帝内經》中也能找到證明，如《素問·陰陽應象大論》："歧伯曰：東方，陽也。陽者，其精並於上，並於上則上明而下虛，故使耳目聰明而手足不便也。"③王氏之説或者還值得考證，但對於 G21.004[20487]第三方治療"寒氣"一類的疾病時，借東方之陽以補益陽氣，應正是其"面東"的目的所在。

相似的醫方在中原地區還有許多，如《外臺秘要》卷一引范汪方"療傷寒白膏"，其用藥方法中需"作東向露灶"；又"療傷寒雪煎方"，其用藥方法中需"漬麻黃於東向灶釜中三宿"等等。其他還有，如《聖濟總錄》卷一百一十·眼目門中"清涼包子方"條下："黃連一分，爲末。上一味，用新水一碗，面東撲取倒流水，將黃連末勻摻在碗内。"《楊氏家藏方》卷三"常山剉散"條下："上件咬咀。每服一錢半，用好酒二盞，煎至一盞，露一宿，至發日五更初，面東服。"《蘇沈良方》"服威靈仙法"中的"五更初，面東細嚼一帖，候津液滿口咽下"。如此等等，不勝枚舉。通過梳理文獻，我們也不難發現在中原地區的醫方中，其所含的巫術成分，一般與"面東"同時出現的還有"清晨""水"兩個因素，或兼具"清晨""水"中的一個因素。上舉《聖濟總錄》中的例子即是如此，其他還有，如《備急千

---

① 裘錫圭主編《長沙馬王堆漢墓簡帛集成（伍）》，中華書局，2014 年，頁 254。
② 王化平《鬼神信仰與術數：〈五十二病方〉中所見祝由術的原理》，《中醫藥文化》2016 年第 5 期，頁 4-10。
③《素問》，頁 31。

金要方》卷二十七"道林養性第二":"夜夢惡不須説,旦以水面東方噀之。"①《古今醫統大全》卷九十三"通神丸"下:"患者發日,天初明時,面東,念藥王藥上菩薩,新汲水吞下一丸,立效。"②

G21.004[20487]第三方中兼具"清晨""新汲水""面東"三個因素,完全符合中原地區醫方中巫術色彩所呈現的規律,很明顯是由漢文直接翻譯而來,不能作爲反映西夏社會中濃重巫醫色彩的證據。

四、"二十一粒"與G21.004[20487]文書第三方的來源

上文已判斷知G21.004[20487]文書第三方的來源是中原地區醫學,相似的内容不可能不在中原地區醫學文獻中留下痕跡,且該方用花椒二十一粒,使用劑量爲"七"的倍數,也與中原地區醫方中所藴含的巫術成分有關。

在出土簡帛醫藥文獻中,就大量存在藥物用量爲"七"或"七"的倍數的内容。如周家臺秦簡中治療瘻病的醫方:"治瘻(瘻)病:以羊矢(屎)三斗,烏頭二七,牛脂大如手,而三温煮之,洗其□(324),已瘻(瘻)病亟甚(325)。"③其中烏頭的用量即爲"二七"。再如馬王堆《五十二病方》中治療"瘙"疾的醫方中,用"蠃牛二七";治療"䐃"疾的醫方中,用"衣白魚一七""長足二七";治療"牡痔"的醫方中,用"鮒(鯽)魚如手者七"等等。傳世文獻記載的醫方中,藥物使用劑量爲"七"或"七"的倍數的記載更是不勝枚舉。爲何會出現這種情況?廖育群先生認爲是受印度醫學影響的結果④。但除了醫學外,數字"七"在中國傳統文化的其他方方面面也都有着獨特的意義,有學者認爲是與中國古代學者對宇宙天體運動

---

① 孫思邈《備急千金要方》,山西科學技術出版社,2010年,頁789。
② 徐春甫《古今醫統大全》(下),安徽科學技術出版社,1995年,頁704。
③ 湖北省荆州市周梁玉橋遺址博物館編《關沮秦漢墓簡牘》,中華書局,2001年,頁129。
④ 廖育群《醫者意也:認識中醫》,廣西師範大學出版社,2006年,頁89。

節律和人體生命節律有關，應該是更爲準確的①。

從 G21.004[20487]文書第三方的使用劑量入手，也可以得知在中原地區醫學文獻中，至少有兩首醫方與此方有着密切的關係。

一是《類編朱氏集驗方》中的"脾疼單方"。如："張忠順盛夏調官都城，苦熱，食冰雪過多，又飲木瓜漿，積冷於中，遂感脾疼之疾。藥不釋口，殊無退證，累歲日齋道人。適一道人曰：我受官人供，固非所惜，但取漢椒二十一粒，浸於漿水盆中一宿，漉出還以漿水吞之，若是而已。張如所戒，明日椒才下腹，即脱然，更不復作。"②蜀又稱"蜀漢"，故"蜀椒"又名"漢椒"，是相對於"秦椒"而言。該方與 G21.004[20487]文書第三方相比，兩者除用藥相同外，主治亦基本相同，很可能有著共同的源流關係。另外，該段文字被後世如宋代張杲《醫說》、日本鎌倉時代梶原性全《覆載萬安方》、明代江瓘《名醫類案》等多種醫學著作引用，可見其流傳甚廣，傳播到西夏地區被翻譯成西夏文的可能也是十分大的。

另外，載於《聖濟總錄》卷一百八十九的"椒麵粥"與上引《類編朱氏集驗方》"脾疼單方"亦十分相似。如稱："治久患冷氣，心腹結痛，嘔吐不能下食。蜀椒（去目及閉口者）一分（炒出汗水，浸一宿，焙乾末之），白麵三兩。上二味，將椒末於麵内拌匀，於豉汁中煮令熟，空腹食。"蜀椒性烈有毒，《類編朱氏集驗方》方中取浸漿水中一宿，是爲了緩和蜀椒的毒性，《聖濟總錄》中用麵包裹，一者是劑型需要，還有就是爲了緩和藥性。並於豉汁中煮，也是取豉汁解毒的功效。雖然《聖濟總錄》該方與《類編朱氏集驗方》"脾疼單方"、G21.004[20487]文書第三方不盡相同，但主治、用藥均一致，仍可考慮三者之間存在一定的源流關係。

---

① 此觀點源於劉道超《神秘數字"七"再發微》，《中南民族大學學報》2003 年第 5 期，頁 57-60），得到如呂亞虎（《戰國秦漢簡帛文獻所見巫術研究》，科學出版社，2010 年，頁 383-386）等學者的支持。

② 朱佐編集《類編朱氏集驗醫方》，人民衛生出版社，1983 年，頁 54。

二是明代高濂《遵生八箋·十二月事宜》引《七籤》:"除夜取椒二十一粒,勿與人言,投於井中,以絶瘟疫。"①該方又見於清代《救荒良方·預辟疫法》和《文堂集驗方·預辟疫法》,用藥雖和 G21.004[20487]文書第三方相似,但主治及用法已相差較大。這可能是與醫方在流傳過程中發生了較多演變有關,從内容上來看,《遵生八箋》該方也於其中融入了道教文化,演變成爲了道教方。

除此以外,其他用"蜀椒二十一粒"或"椒二十一粒"爲主要藥物的醫方還有不少,但主治功用大多已發生了較大變化,如用於灸法中、用於作藥物麻醉等,與 G21.004[20487]文書第三方差别較大,不一一舉例。

五、小結

通過以上探討可以得知,出土於甘肅武威下西溝峴的西夏文醫方文書(G21.004[20487])中第三方的準確翻譯爲:"治寒氣方:開口花椒,翌晨空腹時,上,新汲水中,服二十一粒,面東……"並可由此明確該方主治爲"寒氣"(或"冷疾"),而非傷寒;用藥爲"開口花椒",而非花椒皮。

該方用藥劑量爲"二十一粒",與服用方法上的"面東"等體現了該方所包含的巫術成分,但該方當是從中原地區醫方直接翻譯過來,與《類編朱氏集驗方》所載"脾疼單方"和《聖濟總録》中的"椒麪粥"有着共同的源流關係。其所包含的巫術成分也與中原地區醫方中所含有的巫術成分一脈相承,不能作反映西夏地區"巫醫不分"社會風氣的證據。

---

①高濂《遵生八箋》,甘肅文化出版社,2004年,頁173。

馬王堆簡書《十問》中的食韭養生法

張葦航①

摘　要：馬王堆出土的簡書《十問》為房中術的重要典籍，其中"齊威王問文摯"一篇所提出的食韭養生法可作為食養法的濫觴。本文以最新整理的《長沙馬王堆漢墓簡帛集成》為藍本，對該篇的相關內容進行整理和闡釋，詳細地分析了韭的功效、用途、配食等內容，並進一步探討韭用於食療養生的歷史背景和社會心理，同時從文理和醫理等角度對"夫春賊寫入以韭者"等有疑義之處進行了辨析。

關鍵詞：馬王堆出土的醫書；《十問》；韭；養生

《十問》是馬王堆出土的十五部簡帛醫書之一②。它書寫在竹簡上，出土時與《合陰陽》合為一卷，《十問》在內，《合陰陽》在外。竹簡長約 23 釐米，約漢尺 1 尺。簡書《十問》《合陰陽》《天下至道談》（竹簡）《雜禁方》（木簡）與帛書《養生方》屬於古醫書"房中"類。此類醫書在後世基本散佚，因此，出土文獻為我們今日瞭解和研究當時的醫學狀況提供了

---

①張葦航，上海中醫藥大學科技人文研究院　副教授　上海　201203。
②據裘錫圭主編《長沙馬王堆漢墓簡帛集成》（中華書局，2014 年）的整理，馬王堆出土醫書包括帛書《足臂十一脈灸經》《陰陽十一脈灸經（甲本、乙本）》《脈法》《陰陽脈死候》《五十二病方》《去穀食氣》《導引圖》《養生方》《房內記》《療射工毒方》《胎產書》，以及簡書《十問》《合陰陽》《雜禁方》《天下至道談》。其中將原整理者所名《雜療方》根據內容分為兩篇，即《房內記》與《療射工毒方》。

寶貴的資料。

《十問》分別為黃帝問天師、黃帝問大成、黃帝問曹熬、黃帝問容成、堯問舜、王子喬父問彭祖、帝盤庚問耈老、禹問師癸、齊威王問文摯、秦昭王問王期，主要採用問答的形式，對房事養生的原則和方法等進行了論述，可以看出其與《漢書・藝文志》所記錄的"房中八家"[1]有重要的淵源關係。

《十問》所敘述的房事養生內容，主要包括三大類：一是具體的房中術方法，如"九至毋星"；二是吐納導引之法，如"食神氣""治氣"；三是配合飲食與睡眠，如"助以柏實""歙走獸泉英""歙渾""淳酒毒韭""食松柏""臥"等等。其中，第九問"文執（摯）見齊威王"一篇集中闡釋了睡眠和飲食對於調補人體的重要意義，且其所用的物品和方法與其它篇章相比，更為切合實際、簡單易行，方術和房中術的色彩較少，可以看作後世食養之方的濫觴。該條對韭的這種菜蔬的推崇，既是來自日常生活的經驗，又是取象比類的典型例證。

一、原文釋讀

與《十問》中出現的天師、容成、彭祖等人物相比，文摯在歷史上是直接以名醫的角色出現的。其事跡首見述於《呂氏春秋・至忠》[2]，言其以情志療法治癒齊王之痡，並已有神化傾向。該篇簡書中，齊威王如同一個沒有耐心的現代人，直截了當地向文摯要求以"二、三言"說明養生

---

[1]《漢書・藝文志》所列"房中八家"有：《容成陰道》二十六卷、《務成子陰道》三十六卷、《堯舜陰道》二十三卷、《湯盤庚陰道》二十卷、《天老雜子陰道》二十五卷、《天一陰道》二十四卷、《黃帝三王養陽方》二十卷、《三家內房有子方》十七卷。

[2]《呂氏春秋・至忠》言齊王由宋延文摯為己治痡，文摯以激怒齊王之法治癒王疾，但終被齊王生烹。《列子・仲尼篇》亦記文摯與龍叔交往事。其釋文云："文摯，六國時人，嘗醫齊威王。或云：春秋時宋國良醫也，曾治齊文王，使文王怒而病癒。"按齊文公呂赤公元前815至前804年在位，齊威王田因齊公元前356年至前320年在位。以簡書《十問》為證，文摯當為戰國時名醫，與齊威王同時。《呂氏春秋》載以鼎烹文摯時，三日三夜顏色不變，文摯曰："誠欲殺我，則胡不覆之，以絕陰陽之氣。"王使覆之，文摯乃死。《論衡・道虛篇》已駁斥此事之虛妄，認為"世見文摯為道人也，則為虛生不死之語矣"。

之道。文摯說他著有"三百編"養生修道之作,並強調睡眠為最重要的因素。而齊威王進一步追問的是"臥時食何氏(是)有",即他感興趣的是如何飲食調補,從而引出文摯對韭及所配食之物的論述。

相關原文如下(無争議之字全用通行字體,阿位伯數字為行號):

文執(摯)見齊威=王=(威王,威王)問道焉,曰:"寡人聞子夫=(大夫)之博於道也,寡人巳(已)$_{74}$宗廟之祠,不叚(暇)其聽,欲聞道之要者,二、三言而止。"文執(摯)合(答)曰:"臣$_{75}$為道三百編,而臥最為首。"威王曰:"子澤(繹)之,臥時食何氏(是)有?"文執(摯)合(答)曰$_{76}$:"淳酒毒韭。"威王曰:"子之長韭何邪?"文執(摯)合(答)曰:"后櫻(稷)半(播)鞣(穮),草千歲$_{77}$者唯韭,故因而命之。亓(其)受天氣也蚤(早),亓(其)受地氣也葆,故辟矗(懾)憨胠(怯)者$_{78}$,食之恒張;目不蔡(察)者,食之恒明(明);耳不聞者,食之恒蒽(聰);春三月食$_{79}$之,苛(屙)疾不昌,筋骨益强,此胃(謂)百草之王。"威王曰:"善。子之長酒何邪$_{80}$?"文執(摯)合(答)曰:"酒者,五穀之精氣也,亓(其)人〈入〉中散溜(流),亓(其)人〈入〉理也勶(徹)而周,不胥$_{81}$臥而九(究)理,故以為百藥縣(由)。"威王曰:"善。然有不如子言者,夫春賊(沃)寫(瀉)人〈入〉$_{82}${人〈入〉}以韭者,何其不與酒而恒與卯邪?"文執(摯)合(答)曰:"亦可。夫雞者,陽獸也$_{83}$,發明(明)聲蒽(聰),信(伸)頭羽張者也。復陰三月,與韭俱勶(徹),故道者食之。"威王$_{84}$曰:"善。……"……①

二、"韭"之功效

文摯最為推崇的補養之品為"淳酒毒韭"。"淳酒"即質地濃厚、未添加水的酒;"毒韭"為味道濃厚辛烈的韭菜。關於"毒"的意義,有不同的看法,如周一謀等引《說文》"毒,厚也"之義,釋"毒"為草生蕃茂而厚,認為因韭菜叢生,故曰"毒韭"②;魯兆麟等從之③。魏啟鵬等釋"毒韭"

---

① 裘錫圭主編《長沙馬王堆漢墓簡帛集成(陸)》,中華書局,2014年,頁148-149。
② 周一謀、蕭佐桃《馬王堆醫書考注》,天津科學技術出版社,1988年,頁391。
③ 魯兆麟主校,黃作陣點校《馬王堆醫書》,遼寧科學技術出版社,1995年,頁44。

為厚腴的韭菜①,此"厚腴"既可指韭生繁盛貌,又可指滋味厚腴,意義兩可。馬繼興改"毒"為"宿",釋為"久""留",認為可與後文"草千歲者唯韭"呼應,且韭為無毒之物②。該說法似乎不確。筆者以為,此處"毒"釋"厚"義,指滋味濃烈而言,"毒韭"正與"淳酒"對應。無論食物、藥物,氣味辛烈者皆可稱"毒",如鄭玄注《周禮·天官·醫師》,"毒藥,藥之辛苦者"。"淳酒""毒韭"皆為厚味之品,從養生之理上看,有填補滋養之效。

文摯對韭的推崇主要從其生長現象和功效兩方面而言。首先,韭的栽種歷史非常悠久,是中原大地原產並較早進入園藝培植的蔬菜之一。從《詩經》可見,先秦時瓜、薑、瓠、蔥、韭、葵、菲、菲等都已被人工栽培或保護③。從本篇來看,韭的培植史可追溯至后稷時代,即農耕之始。當時后稷教民播種時,已發現可存活"千歲"的草唯有韭菜,因而命名為"韭",有長久之義。字本象形,如葉出地上之形。《說文·韭部》釋為"一種而久者"。韭菜初春時即生,最早承受天之陽氣;韭菜一種永生,根長留地下,可保持吸收地之陰氣。因此,下文所述的韭菜的功效,亦主要是由它的生長現象推導而來。如氣虛所致的驚悸膽怯之人,食用後可補益精神、舒張心志;視力和聽覺減退之人,食用後可明目、聰耳。尤其在春三月食之,可以預防疾病、強健筋骨,故將韭菜稱為"百草之王"。

雖然韭菜四季皆可成活,一年數次收割,但從其生長規律看,被認為是對應於初春的時令蔬菜。因此,韭被納入五行學說的範疇,通過其性味與搭配,構建出禮儀中的完美秩序。在《禮記·曲禮下》中,韭被稱為"豐本",讓人產生一種豐饒的想象。《王制》《內則》等篇所定的祭祀規則中,可以看出韭是春祭時必不可少的物品,如"春薦韭","膾春用蔥,秋用芥、豚,春用韭,秋用蓼"等等。春季用韭祭祀和食用取其新鮮,其它季節韭可被製成"韭菹",即醯醬醃漬之韭菜,同樣也供祭祀和食

---

① 魏啟鵬、胡翔驊《馬王堆漢墓醫書校釋(貳)》,成都出版社,1992年,頁123。
② 馬繼興《馬王堆古醫書考釋》,湖南科學技術出版社,1992年,頁952-953。
③ 趙榮光主編,俞為潔著《中國食料史》,上海古籍出版社,2011年,頁63。

用。《周禮·天官·醢人》有"朝事之豆,其實韭菹";"韭菹"在《儀禮》各篇中更是多次出現(如《聘禮》《公食大夫禮》《少牢饋食禮》《有司徹》等),可見其是從君王公侯直至百姓庶人所可共同享用的日常食物。

漢代初年,董仲舒的《春秋繁露》通過陰陽五行學說進一步加強了天地人及萬物之間的聯繫。據卷十五《四祭》所稱:"古者歲四祭……春曰祠,夏曰礿,秋曰嘗,冬曰蒸……祠者,以正月始食韭也;礿者,以四月食麥也;嘗者,以七月嘗黍稷也;蒸者,以十月進初稻也。此天之經也,地之義也。"卷十六《祭義》又言:"宗廟之祭物之厚無上也,春上豆實……豆實,韭也,春之所始生也……故君子未嘗不食新,新天賜至,必先薦之,乃敢食之,尊天敬宗廟之心也。"差不多同一時代,《靈樞·五味》在五行的指導下,歸納出五穀、五果、五畜、五菜的性味,如"五菜:葵甘,韭酸,藿鹹,薤苦,蔥辛"。但又因五行的強行配合產生了不一致之處,如"肝病者,宜食麻犬肉李韭",而"禁辛";又"肝色青,宜食甘,糠米飯、牛肉、棗、葵皆甘;心色赤,宜食酸,犬肉、麻、李、韭皆酸"等。從實際情況看,新鮮的韭菜味多辛烈,可稱"毒韭",而製成韭菹後味多偏酸,因此絕不能一概而論。

由於韭的的廣泛培植和普遍食用,因此在漢以前它並不被認為是一種藥物。《史記》與《漢書》的《貨殖列傳》皆言:"若千畝卮茜,千畦薑韭,此其人皆與千戶侯等。"不僅強調了韭的經濟價值,而且顯示出韭是日常飲食不可缺少的部分。《四月民令》中有"上辛掃除韭畦中枯葉"之語。《爾雅·釋草》僅釋"藿,山韭",即野生韭菜為藿。專門的醫藥書《神農本草經》未見載錄,但又將"烏韭"作為"垣衣"的異名①;《黃帝內經》中又多次將"韭葉"的寬度作為判別距離的量詞用來確定針灸部位(如《靈樞·熱病》《靈樞·繆刺論》);《五十二病方·牡痔》亦有相似用法,用"厚如韭葉"形容在病位敷藥的厚度。可見韭在當時的確是非常日常的食品,不用作更多的解釋,甚至於可作為衡量它物的比擬標準。

直至《名醫名錄》,藥物收錄品種增多,韭也被納入"中品",與梅實、

---

① 孫星衍、孫馮翼輯《神農本草經》,人民衛生出版社,1963年,頁112。

柿、甘蔗、薤等各種果蔬並列。其記載："韭,味辛,酸,溫,無毒。歸心,安五藏,除胃中熱,利病人,可久食。子,主治夢泄精,溺白。根,主養髮。"①將韭葉、韭子、韭根分別入藥。其"歸心,安五藏"的功效,可與文摯以之治"辟蠹(懾)憖胅(怯)"對應;"可久食"表示韭為食養之品。同時明確韭菜子可壯陽固精,當與其性更甘溫有關;其根主養髮,當因其割後易生,有取象比類之義。唐以後,韭的功效又得到了拓展,尤其是加入了溫補壯陽的內容,如《本草拾遺》稱其為"草鐘乳",侯寧極《藥譜》稱其為"起陽草"等②。李時珍總結,韭"生則辛而散血,熟則甘而補中。入足厥陰經,乃肝之菜也"(《本草綱目·菜部》第二十六卷《韭》),並認為與《素問》"心病宜食韭"、《食鑒本草》"歸腎"等說法並不矛盾,因三臟存在母子關係,心乃肝之子,腎乃肝之母,實則瀉其子,虛則補其母③。與足厥陰經的關係,也強調了韭對人體的生殖功能的促進。

但是韭的養生功效在後世也受到質疑。孫思邈《備急千金要方·食治》記載了多食辛味之品的副作用,即"多食辛,令人慍心",其原因為"辛入胃也,其氣走於上焦,上焦者,受使諸氣而營諸陽者也,薑韭之氣熏至榮衛,榮衛不時受之,卻溜於心下,故慍慍痛也"④。又引黃帝云:"霜韭凍不可生食,動宿飲,飲盛必吐水。五月勿食韭,損人滋味,令人乏氣力。二月三月宜食韭,大益人心"⑤。李時珍《本草綱目》引陶弘景曰:"此菜殊辛臭,雖煮食之,便出猶熏灼,不如蔥、薤熟即無氣,最是養生所忌。"與《別錄》之言似有牴牾。再引寇宗奭曰:"春食則香,夏食則臭,多食則能昏神暗目,酒後尤忌。"又言:"道家目為五葷之一,謂其能昏人神而動虛陽也。"⑥與《十問》中韭能安神、聰耳、明目有所矛盾。又引孟詵說明食韭之忌,"熱病後十日食之,即發困。五月多食,乏氣力。

---

① [梁]陶弘景集,尚志鈞輯校《名醫別錄》,人民衛生出版社,1986年,頁201。
② 江蘇新醫學院編《中藥大辭典》(下),上海科學技術出版社,1986年,頁1646。
③ [明]李時珍著《本草綱目》(下冊),人民衛生出版社,1982年,頁1576-1577。
④ [唐]孫思邈著,李景榮等校釋《備急千金要方校釋》,人民衛生出版社,1998年,頁555。
⑤ [唐]孫思邈著,李景榮等校釋《備急千金要方校釋》,人民衛生出版社,1998年,頁561。
⑥ [明]李時珍著《本草綱目》(下冊),人民衛生出版社,1982年,頁1576-1577。

冬月多食，動宿飲，吐水。不可與蜜及牛肉同食。"①總之，韭味辛烈，一方面因人之喜惡而會產生較大差異，另一方面五味不可偏嗜，過食必產生不適。最重要的是，食韭與季節關係密切，春季二、三月最宜，因韭春季復生，飽受地氣之養，滋味鮮美，其氣味辛、酸，正得春氣而發，可助人體生發之氣。而夏季食韭，氣動過度易散失，造成乏力；冬季本宜封藏，食韭容易引動體內宿邪。寇宗奭以孔子"不時不食"來說明之，又有"過清明勿吃"的說法。

韭從先秦兩漢時期的日常蔬菜，一方面展現出藥用價值，另一方面從禮儀發展為民俗習慣。晉代開始有食春盤的習俗，稱為"五辛盤"，多在立春日食用，言有避疾健身的作用。"五辛"為五種辛味的應季蔬菜，如晉周處《風土記》"五辛盤"注為大蒜、小蒜、韭菜、蕓薹、胡荽，《傷寒論》中"五辛"後世認為指韭、薤、蒜、蕓薹、胡荽；蘇頌所謂五辛為韭、薤、蔥、蒜、薑（見《《本草綱目·菜部》第二十六卷《韭》》），《本草綱目》中又稱"五辛菜，乃元日、立春，以蔥、蒜、韭、蓼、蒿、芥辛嫩之菜，雜和食之，取迎新之意，謂之五辛盤"《菜部》第二十六卷《五辛菜》）②。韭是春盤中必不可少的部分。唐代時以五辛菜配以春餅同食，該食用法逐漸演化成後世的春卷。從《十問》中的"春三月食之（韭）"，至今日韭仍作為迎春的節令食品，並疊加了更多的醫藥功效與民俗含義，可見傳統文化的延續與豐富。

三、"韭"之配食

1.以酒配韭

《十問》中，文摯強調養生以"淳酒"配"毒韭"食用。"酒"是人類最早發明的飲品，在所有文化的早期，皆被賦予重要的藥用價值。《周禮·天官·酒正》有"五齊三酒"之分，為祭祀時必須之品。中國傳統的酒是以

---

① [明]李時珍著《本草綱目》（下冊），人民衛生出版社，1982年，頁1575。
② [明]李時珍著《本草綱目》（下冊），人民衛生出版社，1982年，頁1602。

糧食釀造，因此文摯稱其為"五穀之精氣"。《漢書·食貨志》明確說："酒，百藥之長，嘉會之好。"《黃帝內經素問》有《湯液醪醴論》，言："為五穀湯液及醪醴……必以稻米，炊之稻薪，稻米者完，稻薪者堅……此得天地之和，高下之宜，故能至完；伐取得時，故能至堅也。"又闡述了酒的特性，"酒者，熟穀之液也，其氣悍以清，故後穀而入，先穀而液出焉"（《靈樞·營衛生會》）。酒性剽悍滑利，飲用後能通肌膚腠理、入血脈而行週身，與《十問》中"人〈入〉中散溜（流），亓（其）人〈入〉理也勶（徹）而周"相合，因此不一定待到睡眠時就可推動藥效達到全身，所以酒為"百藥繇（由）"，"繇，隨從也"（《說文·系部》），言各種藥物可隨酒遍及全身。傳統藥學認為，酒性溫熱，味苦甘辛具備，主行藥勢①（《名醫別錄·中品·酒》）。醫書中以酒作為湯液溶媒者不勝枚舉。如《五十二病方》中用酒有40餘處，《養生方》中有9處，《房內記》中有1處。《黃帝內經》13方中，除"湯液醪醴"外，又有"左角髮酒""馬膏膏法"以酒配藥。《傷寒論》中炙甘草湯、當歸四逆加吳茱萸生薑湯皆用酒入湯劑煎藥，取通行血脈之助。此處，以酒配韭，取辛溫相使之義。

2. 以卵/雞配韭

《十問》中，齊威王以春祭中用物實例，向文摯詢問"何其不與酒而恒與卵"以配韭。文摯的回答是皆可，卻未直接回答"卵"的功效，而是直接敘述了雞的特性，即"雞者，陽獸也，發明（明）聲蔥（聰），信（伸）頭羽張者也"，有明顯的相似律及同類感應的思維方式。雞鳴響亮，預告天明，又有昂頭展翅的形態特點，故與陽、與上、與發散等相關。在陰消陽復的春三月，與韭一樣可以通行陽氣，因此修煉養生之道者亦可服之。雞與韭在生命力頑強的意象上是如此相似，以至於漢末流民運動時傳唱出"小民髮如韭，剪復生；頭如雞，割復鳴。吏不必可畏，後來不必可輕"的歌謠（《太平御覽》卷九百七十六《菜茹部一》引《正論》），從而將雞與韭聯繫得更為緊密。

---

① ［梁］陶弘景集，尚志鈞輯校《名醫別錄》，人民衛生出版社，1986年，頁208。

我們倒推而言,卵為雞胎,混沌初化,生發之性更強。馬王堆帛書《養生方》中,有"【麥】卵"一條,"有恆以旦毀雞卵入酒中,前歓(飲)。明歓(飲)二,明歓(飲)三;有(又)更歓(飲)一,明歓(飲)二,明歓(飲)三,如此【盡】卅二卵,令人強益色美。"①除雞卵外,雀卵也是房事養生的常用之品。《十問》中第二問"黃帝問於大成"即有"春爵(爵—雀)員(圓)駘,興坡(彼)鳴=雄=(鳴雄,鳴雄)有精,誠能服此,玉筴(策)復生",稱為"起死食鳥精之道"②,即是服用雀卵和雄雞可促進陰莖勃起。《養生方》中又有以春季牡鳥卵汁拌和菟絲子末為丸,以及用春日鳥卵打破投入糵米粉中拌和為丸,稱"食之多善"等等③。可見野生雀卵與雞卵相比,有更為明確的強壯作用,如《名醫別錄·中品》載"雀卵,味酸,溫,無毒。主下氣,男子陰痿不起,強之令熱,多精有子"④。

春季正是獲卵之時,故在祭祀時以韭卵相配極為常見。如《禮記·王制》記載庶人之祀,"春薦韭,夏薦麥,秋薦黍,冬薦稻。韭以卵,麥以魚,黍以豚,稻以鴈。"《毛詩正義·小雅·魚麗》疏有"春薦韭卵"之說。"無牲而祭曰薦,薦而加牲曰祭"(《春秋公羊傳·桓公八年》注),春季的韭卵為時令之品,不需過多成本,無田地的大夫和庶人都可以用以祭祀成禮,正所謂"薦其時也,薦其敬也,薦其美也"(《春秋穀梁傳·成公十七年》)。《國語·楚語下》"四時之生"原注"生,嘉穀韭卵之屬"亦是指時令的祭品。

漢代祭祀亦承前制。《四月民令》言:"二月祠大社之日,薦韭卵於祖禰"(輯自《初學記》三,《御覽》十九)。劉向《說苑》卷十九言:"春祭曰祠,夏祭曰禴,秋祭曰嘗,冬祭曰烝;春薦韭卵,夏薦麥魚,秋薦黍豚,冬薦稻鴈。"漢代承平日久,商品經濟逐漸發達,韭卵也逐漸從自備的祭品成為市集上可隨時購得的食品。桓寬在《鹽鐵論·散不足》中指責世風奢靡:"古者不粥飪,不市食。及其後,則有屠沽,沽酒市脯魚鹽而已。

---

① 裘錫圭主編《長沙馬王堆漢墓簡帛集成(陸)》,中華書局,2014年,頁41。
② 裘錫圭主編《長沙馬王堆漢墓簡帛集成(陸)》,中華書局,2014年,頁141。
③ 裘錫圭主編《長沙馬王堆漢墓簡帛集成(陸)》,中華書局,2014年,頁42。
④ [梁]陶弘景集,尚志鈞輯校《名醫別錄》,人民衛生出版社,1986年,頁184。

今熟食遍列,殽旎成市,作業墮怠,食必趣時,楊豚韭卵,狗膶馬朘,煎魚切肝,羊淹雞寒,桐馬酪酒,蹇捕胃脯,腜羔豆賜,轂膹鴈羹,臭鮑甘瓠,熟粱貊炙。"人們追求時鮮之品,因此韭卵雖可購得,但仍應屬春季的節令食物。且與其它食物對照來看,韭、卵當非並列關係,而是二物合製成的一種食品,以卵為主,以韭為輔。

關於雞與卵的性味,本草書中有不同之處。《神農本草經·上品》載:"丹雄雞,味甘,微溫。主治女子崩中漏下,赤白沃,補虛,溫中,止血,通神,殺毒,辟不祥……""雞子,除熱火瘡,癇痓,可作虎魄神物"①,可見其性味甘平甚至微涼。《名醫別錄·上品》有丹雄雞、白雄雞、烏雄雞、黑雌雞、黃雌雞、卵白、卵中白皮等分類,但丹雄雞的性味記為"微寒",白、烏雄雞"微溫",黃雌雞"味酸甘,平"②。《備急千金要方·食治》又說"丹雄雞肉,味甘微溫","黃雌雞肉,味酸咸平"③等等。可見這類常用的食養藥物性味隨各時代各醫家的不同經驗而有別,並無定論。《十問》中以卵或雞配韭,也並非有嚴格的性味相使,而僅與季節及禮儀習俗等因素相關而已。

有意思的是,清末醫家張錫純在《醫學衷中參西錄·醫論》中,以新入中國的西醫理論對雞子黃的功效進行了解釋,稱"化學家謂其含有副腎髓質,即善滋真陰"④,可謂二千年之後對《十問》用雞卵進行房中養生的一註腳。

四、"夫春貼(沃)寫(瀉)人(入){人(入)}以韭者"辨

《十問》第九問中,在文摯向齊王闡述以酒配卵後,齊王曾表示異議,說:"然有不如子言者,夫春貼(沃)寫(瀉)人(入){人(入)}以韭者,何其不與酒而恆與卵邪?"關於"夫春貼(沃)寫(瀉)人(入){人(入)}以

---

① 孫星衍、孫馮翼輯《神農本草經》,人民衛生出版社,1963年,頁47。
② [梁]陶弘景集,尚志鈞輯校《名醫別錄》,人民衛生出版社,1986年,頁79-80。
③ [唐]孫思邈著,李景榮等校釋《備急千金要方校釋》,人民衛生出版社,1998年,頁569。
④ [清]張錫純《醫學衷中參西錄》(下冊),河北人民出版社,1974年,頁444。

韭者",注釋者至今仍有不同看法。原帛書整理小組認為,此句疑讀為"夫春沃瀉人入以韭者"。在此基礎上,以往的研究者主要有三種意見:

①周一謀等釋寫前一字為"飫",指飲食,將此句理解為:春天因飲食不適而引起腹瀉者,當加食辛溫之韭以安臟腑①。魯兆麟等從之②。

②馬繼興認為,寫前一字為"沃"的訛字,字義為"沫",引《素問·五常政大論》"其動漂泄沃湧"及《至真要大論》"腹滿痛溏泄,傳為赤沃","少腹痛,下沃赤白"等語句,說明該處的"沃瀉"是水瀉的一種,以大便伴有泡沫狀水液為特徵。因此,此句係指凡是在春天患有沃瀉的人讓他服用韭菜治療③。

③魏啟鵬等亦釋寫前一字為"飫",本作"餟",春飫指春季中的祭祀和宴饗,韭為常用之物。引《毛詩·豳風·七月》"四之日其蚤,獻羔祭韭"以及《禮記·王制》"庶人春薦韭……韭以卵"為證。寫,指放置、傳食。引《禮記·曲禮上》"器之溉者不寫,其餘皆寫"為證,《注》曰:"寫者,傳己器中乃食之也。"指出此句意為,在春季宴饗中將韭菜放置食器中,傳送予人享用④。

新出版的《長沙馬王堆漢墓簡帛集成》對該句文字進行了進一步釋讀,認為此處當作"夫春沃瀉入以韭者"。兩"人〈入〉"字分別為簡82末字和簡83首字,後一人〈入〉字當係重抄。"飫寫",仍從原注讀為"沃瀉"。並釋:沃,澆灌;瀉,傾倒;入,投入⑤。

新釋文的釋讀可從,但對於"夫春飫寫入以韭者"仍沒有作明晰的解釋。可能從醫理來看,春季本為腹瀉和痢疾多發季節,韭性辛溫,有理中行氣的功效。雖然在歷代本草所記載的韭的功用主治中,治療泄瀉並不是其主要功效,但仍有唐陳藏器《本草拾遺》記載的韭可"止泄血

---

① 周一謀、蕭佐桃《馬王堆醫書考注》,天津科學技術出版社,1988年,頁392。
② 魯兆麟主校,黃作陣點校《馬王堆醫書》,遼寧科學技術出版社,1995年,頁44。
③ 馬繼興《馬王堆古醫書考釋》,湖南科學技術出版社,1992年,頁958-959。
④ 魏啟鵬、胡翔驊《馬王堆漢墓醫書校釋(貳)》,成都出版社,1992年,頁124。
⑤ 裘錫圭主編《長沙馬王堆漢墓簡帛集成(陸)》,中華書局,2014年,頁149-150。

(白)膿、腹冷痛"①,《醫心方》卷十一引《龍門方》治赤白痢方"煮韭,空腹頓服一碗,不過再,驗"②等醫書為證。因此很難斷然否認韭菜和雞蛋不能治療春季發作的腹瀉證。

但筆者認為,結合上下文和字詞本身的用法看,將"厭寫"或"寫"釋為腹瀉的依據不足,而魏啟鵬等釋為宴饗傳食則較為符合該處語境。理由如下:

①提出"夫春厭寫入以韭者"的人是齊威王而並非醫者文摯。第九問開篇即言,"寡人已宗廟之祠,不暇其聽",說明威王剛登王位,事務繁忙,匆匆問道。此時很可能正是春季進行宗廟祭祀之後,因此文摯提出應季又不是那麼珍貴難得的韭菜作為養生的輔佐食物告知威王。從當時的語境和思維的發展來看,威王自然而然會想到有關祭祀宴饗的禮儀問題上。祭祀為家國之大事,有著嚴格的儀式順序和物品搭配,韭卵相配便是春季祭祀的固定形式,威王因而提出"不與酒而恒與卵"的問題順理成章,"恒"字也強調韭卵作為固定配搭的儀式性。威王的思維旁涉到飲食不當引發腹瀉該如何治療的可能性非常小。而且《十問》明確為房中術的書籍,所論述內容多為保養身體、提高性交技巧等,與具體疾病的治療關係不大。且春季腹瀉從醫理來看,首先當辨清大便性質及病因,比如屬於一般腹瀉還是赤白痢疾等,不能一概以固定的韭卵治療。因此,將"厭寫"釋為腹瀉明顯不妥。

②此條的"厭"可讀為"飫"。《說文·食部》寫作"饇",釋為"燕食也"。《毛詩·小雅·常棣》有"儐爾籩豆,飲酒之飫,兄弟既具,和樂且孺"句。《國語·周語中》"王公立飫",《周語下》"夫禮之立成者為飫,昭明大節而已";《魯語下》"繹不盡飫則退",韋昭注:"立曰飫,坐曰宴。"段玉裁認為,"飫"有已飽足而無事之食和站立之禮等不同含義。此處"飫"可指進行祭祀等大事中站著舉行的飫禮。君將餘食下傳,即《禮記·曲禮上》記載的"禦食於君,君賜餘,器之溉者不寫,其餘皆寫",注

---

① [明]李時珍著《本草綱目》(下冊),人民衛生出版社,1982年,頁1576。
② [日]丹波康賴撰,高文柱等校注《醫心方》,華夏出版社,1996年,頁247。

曰：" 溉謂陶梓之器，不溉謂萑竹之器也。寫者，傳已器中乃食之也。"《正義》曰：" '器之溉者不寫'者，溉，滌也。寫謂倒傳之也。若所賜食之器可滌溉者，不畏汙則不須倒寫，仍於器中食之。食訖，乃澡絜以還君也。'其餘皆寫'者，'其餘'謂不可滌溉之器也。若不倒寫，久則浸汙其器，又不可澡絜，則壞尊者物也，故皆倒寫之。""寫"為下傳食物時，將食物傾倒在自己食器中的動作，從禮節常識判斷，此時下傳的食物為固體而並非液體。由此可初步推測，春祭時所用的韭卵可能為新鮮韭菜伴以煮熟的雞卵，而非混合熬成的菹醬湯羹一類。並非沒有賜酒，但酒與韭不會一起下傳。

③先秦兩漢醫書中，極少用"寫"或"瀉"字表示腹瀉這一病症。"瀉"字的出現比較晚，《說文》中還未有"瀉"字，其本字為"寫"，本義為置物，段玉裁"謂去此注彼也"。又有傾倒之義，如漢代劉熙《釋名·釋疾病》中，釋"吐"為"瀉也"，而腹瀉為"泄利，言其出漏泄而利也"①，二者有上下的明顯不同。《史記·扁鵲倉公列傳》有"瀉氣"一詞，瀉為去、除的意思，非指腹瀉；同時，用"泄""泄注"表示腹瀉。《黃帝內經》中，"瀉"字單出時，皆指治法，即去除邪氣之義，與"補"相對，如《素問·五常政大論》所言"消之削之，吐之下之，補之瀉之"等。而在表示症狀時，皆用"泄"字，如注泄（泄注）、濡泄、溏泄、洞泄、飧泄等；《靈樞·癰疽》有"泄瀉"一詞，但其義指膿血排出，與腹瀉無關；《素問·至真要大論》雖有"便瀉"一詞，但為孤證，且作為"七篇大論"之一，有後世成書之疑。此外，還有鶩溏、腸澼、赤沃等詞，後二者皆指痢疾而言。《難經》中有"五泄""大瘕泄"等，亦皆用"泄"字。出土文獻中，亦多遵循"泄"指病症、"寫"為動作及治法的規律。如《十問》第六問"王子巧父問於彭祖"："陰精扇（漏）泄"；《陰陽十一脈灸經》甲本：大（太）陰脈"唐（溏）泄，死"；乙本：巨陰脈"唐（溏）泄，死"等。《十問》第四問"黃帝問於容成"："精盈必寫（瀉），精出必補。補寫（瀉）之時，於臥為之"等等。總之，漢唐時指腹瀉時多用"下利"或"泄"的寫法，直至宋代以後才統稱為"泄瀉"；而"寫"

---

①［東漢］劉熙撰，［清］畢沅疏證、王先謙補《釋名疏證補》，中華書局，2008年，頁275-276。

或"瀉"多指排除邪氣而言,如《傷寒雜病論》中的瀉心湯、瀉肺湯等。

由此可見,"夫春賊寫入以韭者"的"賊寫"或"寫"指腹瀉的理由難以成立,當作祭祀飫饗時傾倒傳食的行為。以韭或韭卵治療春季腹瀉的例證並不能成立。

綜上所述,《十問》"齊威王問文摯"篇在房中術的背景下,對食韭養生的原理與方法進行了論述。其對韭、酒、雞、卵等功效與配合的描述既來自生活實踐,同時又摻雜著取象比類和物質感應的思維方式。追溯這一過程,亦可看出傳統醫藥學在發展中的層累效應,以及曾經的歷史背景產生的重要影響。只有充分認識到這一歷程的複雜性和多樣性,並利用多方面材料對文獻進行解讀,才能在正確認知文本的基礎上,重新構建傳統醫學乃至傳統社會生活的全貌。

馬王堆帛書《陰陽脈死候》成書問題考論①

趙　爭②

摘　要：文獻證據不支持帛書《陰陽脈死候》成書參考了帛書《陰陽十一脈灸經》的意見，帛書《陰陽脈死候》當參考了類似帛書《足臂十一脈灸經》的內容。帛書《陰陽脈死候》將原本分屬特定經脈的內容纂集成書，這是其主要的成書方式，這種情形也反映了對待經脈死候的一般化趨勢。

關鍵詞：帛書《陰陽脈死候》；成書；經脈死候；一般化趨勢

學界有關帛書《陰陽脈死候》的成書問題討論不多，除了關注其與《靈樞·經脈篇》的關係外③，似僅有日本學者山田慶兒對《陰陽脈死候》的成書問題進行了較為細緻深入的分析和討論④。山田氏有關帛書《陰陽脈死候》成書問題的討論是與其有關帛書《足臂十一脈灸經》與《陰陽

---

① 本文獲上海市哲學社會科學規劃課題"基於出土文獻的古書成書及古書體例研究"（2016ELS002）、上海市教委高原學科建設計劃（上海大學中國史）資助。

② 趙爭，上海大學歷史系　講師　上海　200444。

③ 金仕榮、姚純發《馬王堆帛書〈脈法〉〈陰陽脈死候〉考疑》，《中醫藥學刊》2005年第2期。劉嬌《從相關出土文獻看〈黃帝內經·靈樞·經脈篇〉的成篇情況》，《古籍研究》卷上，2008年，頁95-101。又見劉嬌《言公與剿說——從出土簡帛古籍看西漢以前古籍中相同或類似內容重複出現現象》，線裝書局，2012年，頁417-419。

④ 山田慶兒著，廖育群、李建民編譯《中國古代醫學的形成》，東大圖書股份有限公司，2003年，頁140-148。

十一脈灸經》成書的意見密切相關的①。為便於討論,現將帛書相關內容抄錄如下②:

帛書《足臂十一脈灸經》足厥陰脈相關內容:
1 其病,病胻瘦,多溺,嗜飲,足跗腫,疾痹。
2 諸病此物者,灸厥陰脈。
3 皆有此五病者,又煩心,死。
4 三陰之病亂,不過十日死。
5 揗脈如三人參舂,不過三日死。脈絕如食頃,不過三日死。
6 煩心,又腹脹,死。不得臥,又煩心,死。溏泄恒出,死。
7 三陰病雜以陽病,可治。
8 陽病背如流湯,死。
9 陽病折骨絕筋而無陰病,不死。

帛書《陰陽十一脈灸經》足太陰脈所產病內容:
Ⅰ 其所【產病】:□□,心煩,死;
Ⅱ 心痛與復(腹)張(脹),死;不能食,不能臥,強吹(欠),三者同則死;唐(溏)泄,死;
Ⅲ 【水與】閉同則死,為十病。

帛書《陰陽十一脈灸經》足厥陰脈所產病內容:
Ⅳ 其所產病:熱中,癃,癩,偏疝,□□有而心煩,死,勿治殹。
Ⅴ 有陽脈與之俱病,可治殹。

帛書《陰陽脈死候》內容:

---

① 帛書《陰陽十一脈灸經》有甲乙兩種文本。此外,張家山漢簡《脈書》中也有《陰陽十一脈灸經》,姑稱為《陰陽十一脈灸經》乙本。
② 以下抄錄內容及編號方案一依山田慶兒,參山田慶兒《中國古代醫學的形成》頁140-141、143、146-147。

A 凡三陽,天氣也。其病唯折骨裂膚,一死。

B 凡三陰,地氣也,死脈也。陰病而亂,則不過十日死。

C 三陰腐髒爛腸而主殺。□□五死。脣反人盈,則肉先死。齦齊齒長,則骨先死。面黑,目襄勢衰,則氣先死。汗出如絲,傅而不流,則血先死。舌陷卵卷,則筋先死。

D 五者偏有,則不活矣。

一、山田慶兒有關帛書《陰陽脈死候》成書的意見

有關帛書《陰陽脈死候》的成書,山田氏認為 A、B 兩條分別對應第 9 和第 4 條文①;A 的"其病"以下部分與 B 的"陰病"以下部分,當原屬《足臂十一脈灸經》,兩者最初當分別附記在足陽脈與足陰脈中的某一條;《足臂十一脈灸經》的編者將原本混雜在若干脈的記述中的、"決死生"的段落整合在一起,附記在足厥陰脈②之後,而《陰陽十一脈灸經》的編者與此不同,其抽出了記述一般性原則的 A、B 兩條內容,與原本獨立的"五死"內容結合而成《陰陽脈死候》③。也就是說,山田氏認為 A、B 兩條內容原本屬於《陰陽十一脈灸經》,後被抽出與"五死"內容整合成《陰陽脈死候》。

山田氏有關《陰陽脈死候》成書的這一意見與其對《足臂十一脈灸經》與《陰陽十一脈灸經》成書問題的判斷有關。通過分析以上所列《足臂十一脈灸經》足厥陰脈的記述,山田氏認為第 3、6、8 條內容性質接近,均為針對某條具體經脈的論述,且原本均附記於相應的經脈;第 4、5、7、9 條內容性質近似,均為較為一般性的敘述。《足臂十一脈灸經》的編者在足脈最後添寫一般性記述之時,將原本針對各具體經脈的內容

---

①山田氏對 A、B 與第 9 和第 4 條的對應情形進行了說明,尤其是對第 9 條"不死"與 A"一死"之間的矛盾情形進行了較詳細的討論,然據最新的釋文,A 的"一死"為誤釋,當作"不死",參湖南省博物館、復旦大學出土文獻與古文字研究中心編纂,裘錫圭主編:《長沙馬王堆漢墓簡帛集成(伍)》,中華書局,2014 年,頁 209。

②山田氏書作"足泰陰脈",當誤。

③山田慶兒有關討論參山田慶兒《中國古代醫學的形成》頁 147-148。

也整合進來,從而形成《足臂十一脈灸經》足厥陰脈之後部分如今的文本面貌①。

再通過對比以上所列《足臂十一脈灸經》與《陰陽十一脈灸經》的相關內容,山田氏認為《陰陽十一脈灸經》第Ⅰ和第Ⅱ被整合形成了《足臂十一脈灸經》第6條,《陰陽十一脈灸經》第Ⅴ附於特定經脈的記述被一般化為《足臂十一脈灸經》第7條,這些在《陰陽十一脈灸經》中分屬特定經脈的內容在《足臂十一脈灸經》中被分離出來而形成了獨立的段落,這反映了在將記述內容一般化上,《足臂十一脈灸經》比《陰陽十一脈灸經》走得更遠②。基於以上分析,山田氏的意見可以總結為,《陰陽十一脈灸經》原本也擁有與上列《足臂十一脈灸經》足厥陰脈後大體相似的內容,只是二書編者的處理方法不同:《足臂十一脈灸經》被集中整合為一段內容附於足厥陰脈之後,而《陰陽十一脈灸經》將一般性敘述的A、B兩條內容抽出,與"五死"內容整合為《陰陽脈死候》。

二、《陰陽脈死候》與《足臂十一脈灸經》及《陰陽十一脈灸經》關係問題辨正

山田氏有關《陰陽脈死候》成書問題的分析無疑極具啟發性,令人印象深刻。其認為《足臂十一脈灸經》足厥陰脈後所附內容本各有來源而後被整合為一段的意見大致不誤,然其中有可進一步申論之處。

《足臂十一脈灸經》足厥陰脈後多出部分中,第3條內容中的"此五病者",無疑是針對足厥陰脈的病候而言,此條內容當是針對足厥陰脈所補充的死症病候。第4和第5條內容均涉及死症及其表徵以及對死亡時間的預測,其中前者是有關死症與發病情形的關係,後者為脈診脈象與死症的關係;此處描述死症與發病情形的關係時,明確指出病發範圍為"三陰"之病,這裏的"三陰"無疑當指足部三條陰脈而言,因為《足

---

① 山田慶兒《中國古代醫學的形成》頁141-143。
② 山田慶兒《中國古代醫學的形成》頁144。

臂十一脈灸經》的臂部陰脈僅有二條；脈診脈象與死症關係的論述未言明死症脈象所屬為陰脈還是陽脈，不過從多出部分所處位置在足部各脈之後的情況來看，此處所指很可能為足脈，再考慮到多出部分整體上所反映出來的陰脈為重的傾向，則此處的死症脈象很可能也是針對足部三陰脈而言的。第6條內容是有關三種死症的描述，其所述的三種死症病候中，前二種均有心煩之疾，然而從其描述方式來看，心煩之疾在這二種死候中的地位似有不同："煩心，又腹脹，死"當以煩心為主，若同時出現腹脹，則不活，"不得臥，又煩心，死"當以不得臥為主，若再出現煩心之症則不活；若這二條死症病候同屬一條脈則殊為重複，故以上二種不同死症的情況當是針對不同脈的病候所做的補充①，其各自的性質與第3條對足厥陰脈的補充類似，若此推論不誤，則第6條內容中的"溏泄恆出，死"也當是對另外一條脈的病候所作的補充。以上第7、8、9條內容為陰病、陽病的發病情形與死症的關係，此條內容明顯反映了陰脈及陰病更為緊要以及對陰脈及陰病的重視，然而其中也出現了陽病的死症，並且第8、9條內容無疑是以陽病為主要描述對象，故而這三條內容與第4、5條的側重點有所差異。

　　從整體上看，以上所列《足臂十一脈灸經》足厥陰脈內容處於足部六脈之後、臂部五脈之前，也就是說，多出部分在足脈之後而非《足臂十一脈灸經》篇末，這當可說明這些內容原來均附屬足脈。具體而言，第3條內容作為足厥陰脈的補充，目前位於足厥陰脈之後的情形當與其原初位置相同；同理，第6條中的三句當分別附屬於相應的脈；第4、5兩條內容最有可能原本即附於足厥陰脈之後，與目前的位置當相差不大；第7、8、9條內容的位置原本很可能附於足部三陽脈之後。這種推論更為合理的理由還在於：對以上內容原初位置的判斷，符合從前至後的整編順序。若據山田氏的意見，將附於各脈之後的第3、6、8條與一般性記述的第4、5、7、9條整合為目前的面貌，則需在《足臂十一脈灸經》篇前

――――――――――
①若據目前《足臂十一脈灸經》的內容來看，足少陰脈病候中有"煩心"之症，多出部分中的"煩心，又腹脹，死"或為足少陰脈的補充。

後跳躍選取,這無疑不合常理。

有關《足臂十一脈灸經》與《陰陽十一脈灸經》的關係,實際情形可能恰與山田氏的分析相反:並非《足臂十一脈灸經》整合了《陰陽十一脈灸經》的內容,而是《陰陽十一脈灸經》受了《足臂十一脈灸經》(或某種類似文本)①的影響。

首先,《陰陽十一脈灸經》足厥陰脈"所生病"記述了"熱中、癃、癩、偏疝"四種病候,而其後的病候統計卻為五病②。若將《陰陽十一脈灸經》足厥陰脈"所產病"與《足臂十一脈灸經》相關內容對照或可發現這種矛盾情形出現的原因:《陰陽十一脈灸經》足厥陰脈"所產病"明為四病而統計為五病,並且此後的"五病有而心煩死"的內容與《足臂十一脈灸經》足厥陰脈後多出內容中的"有此五病者,又煩心,死"句又如此近似,兩廂比較,這種情況很明顯是因為《陰陽十一脈灸經》足厥陰脈"所產病"內容受到了《足臂十一脈灸經》(或某種類似文本)的影響。

其次,《陰陽十一脈灸經》內容Ⅱ與《足臂十一脈灸經》第6條非常近似。由上文分析可知,《足臂十一脈灸經》第6條內容中的三種死症,原本當分屬不同的經脈,並非針對同一條脈的死症病候。然而在《陰陽十一脈灸經》中,這些死症病候均被當做足太陰脈的病候,這說明《陰陽十一脈灸經》的編者已經不清楚這些死症原本分屬不同經脈的情形。在《陰陽十一脈灸經》三條陰脈中,只有足太陰脈"是動病"中有"走心"、"腹脹"的症狀,這應當是《陰陽十一脈灸經》編者將內容Ⅱ編入足太陰脈的主要原因吧。

再次,《陰陽十一脈灸經》本身的成書過程也有助於說明其與《足臂十一脈灸經》的關係。《陰陽十一脈灸經》至少呈現出三個文本層次:一

---

①此處不能確定影響《陰陽十一脈灸經》的即為《足臂十一脈灸經》的原因在於,《陰陽十一脈灸經》與《足臂十一脈灸經》的相應內容並不全然吻合,其間還存在一些差別,古書流傳的複雜性要求我們在討論文本內容時,要充分考慮到其中的可能性,為可能的文本情形留出空間,相關討論參李銳:《從出土文獻談古書形成過程中的"族本"》,收入謝維揚、趙爭編《出土文獻與古書成書問題研究——"古史史料學研究的新視野研討會"論文集》,中西書局,2015年,頁107-120。

②《陰陽十一脈灸經》甲、乙本均有殘缺,《陰陽十一脈灸經》丙本作"五病"。

是脈名及脈的循行路線内容，二是各脈"是動病"内容，三是各脈"所產病"内容。相應地，這些内容至少經歷了二次編輯從而形成了《陰陽十一脈灸經》文本的主體部分。我們姑且將僅有各脈循行加"是動病"内容的《陰陽十一脈灸經》文本稱為《陰陽十一脈灸經》原始文本，將原始文本再加上"所產病"内容的《陰陽十一脈灸經》文本稱為《陰陽十一脈灸經》主體文本①。通過上文分析可知，足太陰脈與足厥陰脈的"所產病"内容無疑受到了《足臂十一脈灸經》（或某種類似文本）的影響而被改編為目前的形式，這種改編當發生在《陰陽十一脈灸經》主體文本形成之後，因為只有如此，改編内容才會涉及"所產病"，若對沒有"所產病"内容的《陰陽十一脈灸經》原始文本進行改編，則改編部分當涉及"是動病"。此外，《陰陽十一脈灸經》足少陰脈後多出的"少陰之脈，久則強食產肉"一段内容涉及灸法及治法，縱觀《陰陽十一脈灸經》全篇，僅有此處言及治法，並且此段内容位於所產病數目統計之後，因此當為後來補入。若以上推論不誤，則《陰陽十一脈灸經》主體文本形成之後，原足太陰脈與足厥陰脈的"所產病"内容被進行了改編，足少陰脈後附入了有關治法的内容，從而形成了我們看到的《陰陽十一脈灸經》今本面貌。統觀《陰陽十一脈灸經》可以發現，其全篇大致遵循統一的敘述格式：脈名之後先敘述脈的循行路線，然後以"是動則病"開頭敘述"是動病"，以"是某某脈主治"結尾，然後以"其所產病"開頭敘述"所產病"，末尾有所產病數目統計，其中僅足部三陰脈在内容形式上與此不諧，而《足臂十一脈灸經》足部三陰脈各脈之後原本當分別附記了死症病候從而顯得較為獨特，因此《陰陽十一脈灸經》足部三陰脈的獨特形式受到《足臂十一脈灸經》（或某種類似文本）影響的可能性較大。

通過以上分析可知，上文所列《陰陽十一脈灸經》與《足臂十一脈灸經》的内容並非如山田氏所分析的那樣是後者整合了前者，恰恰相反，

---

① 有關《陰陽十一脈灸經》成書過程的分析請參趙爭：《古書成書與古書年代學問題探研——以出土古脈書〈足臂十一脈灸經〉和〈陰陽十一脈灸經〉為中心》，《中國典籍與文化》2016年第1期，頁9-10。

實際上當為《陰陽十一脈灸經》參考了《足臂十一脈灸經》(或某種類似文本)的內容,並且《陰陽十一脈灸經》的成書過程也決定了除足太陰脈與足厥陰脈的相關內容外,《陰陽十一脈灸經》並無與《足臂十一脈灸經》足厥陰脈後近似的其他內容,故而《陰陽脈死候》也不會是源自《陰陽十一脈灸經》的內容與"五死"部分整合而成的。

三、"決死生"內容的一般化與《陰陽脈死候》成書

通過上文分析可知,《陰陽脈死候》A、B兩條並非源於《陰陽十一脈灸經》,且從內容上看,《陰陽脈死候》A、B與《足臂十一脈灸經》的相關內容非常接近,這可能有兩種情形:或《陰陽脈死候》受到《足臂十一脈灸經》(或類似文本)的影響,或相反,《足臂十一脈灸經》吸收了《陰陽脈死候》(或類似文本)的內容。實際情況很可能為第一種,原因如下:

首先,來看《陰陽脈死候》A、B條內容中的"三陰三陽"。對於《陰陽脈死候》的"三陰三陽",一般意見均以人體三陰脈和三陽脈作解①,概認為《陰陽脈死候》"三陰三陽"對應於後世經典十二脈學說的手足三陰脈和三陽脈。然而這種解釋與《陰陽脈死候》"三陰三陽"的實際情形並不一致,最顯著的矛盾之處在於:與《陰陽脈死候》合抄的《足臂十一脈灸經》與《陰陽十一脈灸經》均僅有十一脈,其中足脈六臂脈五,六陽脈五陰脈,與手足三陰三陽的十二脈說並不一致。這種情形當有以下二種可能:一是《陰陽脈死候》的"三陰三陽"確屬於某種十二脈系統,二是《陰陽脈死候》的"三陰三陽"並不對應十二脈說,也不能以十二脈說來解釋。從《陰陽脈死候》所在帛書篇目安排以及各篇內容上看,帛書兩部《十一脈灸經》後接著抄寫《脈法》與《陰陽脈死候》的情形無疑反映了兩部《十一脈灸經》是較為流行的經脈學說,另一幅帛書上《卻穀食氣》

---

① 略如周一謀、蕭佐桃《馬王堆醫書考注》,天津科學技術出版社,1988年,頁47。馬繼興《馬王堆古醫書考釋》,湖南科學技術出版社,1992年,頁304、306。魏啟鵬、胡翔驊《馬王堆漢墓醫書校釋(壹)》,成都出版社,1992年,頁41。裘錫圭主編《長沙馬王堆漢墓簡帛集成(伍)》,頁209。

與《陰陽十一脈灸經》乙本合抄也印證了"十一脈"說較為流行的情形，湖北張家山漢簡《脈書》的內容安排更說明了這種"十一脈"說的流行程度，因此，將《陰陽脈死候》與《足臂十一脈灸經》和《陰陽十一脈灸經》合抄也正反映了帛書編者的編纂意圖和原則。因此，目前看來，《陰陽脈死候》的"三陰三陽"不太可能屬於某種十二脈系統，其當與《陰陽十一脈灸經》所代表的"十一脈"說密切相關。

《陰陽脈死候》"三陰三陽"關聯"十一脈"說而並非"十二脈"系統，那麼其"三陰三陽"無疑當對應足部經脈。實際上，《陰陽脈死候》"三陰三陽"原本即是針對足脈而言。《陰陽脈死候》內容 A 和 B 與《足臂十一脈灸經》第 9 和 4 條關係密切，由上文相關分析可知，《足臂十一脈灸經》足厥陰脈後附記內容原本均是針對足脈而言的，《足臂十一脈灸經》第 9 和 4 條同樣如此，因此，《陰陽脈死候》內容 A 和 B 中的"三陽"、"三陰"也當指足三陽脈和足三陰脈，只是其未加足部標稱。這種足脈不加足部標稱的做法較為常見，如《足臂十一脈灸經》、《陰陽十一脈灸經》、《五十二病方》及《史記·扁鵲倉公列傳》①，這反映了較為早期的經脈命名情形，這種情形當與足脈首先採用三陰三陽的命名原則有關②。

其次，再來看成都老官山漢墓的《脈死候》內容。目前公佈的兩條老官山漢墓《脈死候》的釋文如下：

脈絕如食［頃］，不過二日則死，煩心與腹倀（脹）具則死，其脈、輸、郄，皆不盛曰死。

［一曰］刑（型）死，二曰氣死，三曰心死，四曰志死，五曰神死③。

很明顯，"脈絕如食［頃］，不過二日則死，煩心與腹倀（脹）具則死"

---

①《足臂十一脈灸經》足太陽脈論治法句"諸病此物者，皆灸太陽脈"，即無足部標稱，同樣的情形還出現在《足臂十一脈灸經》足少陽脈、足陽明脈和足厥陰脈中。《陰陽》足部經脈皆不加足部標稱。此外，《五十二病方》中治療癲病時有灸太陰、太陽之說（《長沙馬王堆漢墓簡帛集成·第五冊》頁 257），也無足部標稱。《史記·扁鵲倉公傳》中這種情形多見，如《史記·第九冊》，中華書局，1982 年第 2 版，頁 2797、2800、2801、2802、2803 等。

②黃龍祥《中國針灸學術史大綱》，華夏出版社，2001 年，頁 289-291。

③成都文物考古研究所、荊州文物保護中心《成都市天回鎮老官山漢墓》，《考古》2014 年第 7 期，頁 62。

與上文所列《足臂十一脈灸經》第5和6條內容相近,根據上文對《足臂十一脈灸經》相關內容的分析,則老官山《脈死候》的這條內容原本當屬於某條具體的經脈。老官山《脈死候》同樣將原本分屬特定經脈的內容抽出集中抄寫並單獨成篇,從而使其脫離了具體的經脈內容而具有了更為一般化的意義。這與帛書《陰陽脈死候》的做法如出一轍,這無疑是一種具有代表性的做法,反映了對待經脈死候的一般化趨勢①,這種情形無疑使"決死生"成為了一種專門的技術領域,並且使其具有了某種普遍性的意義。馬王堆帛書《陰陽脈死候》對"三陰三陽"的論述,分別以天地之氣與之對應,並以此作為其"決死生"的依據和原理,這無疑也是強化這一論述普遍性的做法,各家多以後世經典十二脈說解釋《陰陽脈死候》"三陰三陽"的原因也當在於此吧。

綜上所述,《陰陽脈死候》的A、B兩條與《足臂十一脈灸經》相關部分不僅在內容上較為接近,且《陰陽脈死候》當參考了《足臂十一脈灸經》(或某種類似文本)的內容。

四、小　結

有關帛書《陰陽脈死候》成書參考了帛書《陰陽十一脈灸經》的意見當不符合實際情形,帛書《陰陽脈死候》與帛書《足臂十一脈灸經》(或類似文本)關係密切,前者當參考了後者的內容。

帛書《陰陽脈死候》(及老官山漢簡《經脈書》)將原本分屬特定經脈的內容纂集成書,這是其主要的成書方式。通過這種方法,原本分屬特定經脈的內容脫離具體的經脈語境從而具有了較為一般化的意義,這種做法反映了對待經脈死候的一般化趨勢,這也使"決死生"成為專門的技術領域並具有了普遍性意義。

---

① 帛書《足臂十一脈灸經》將"決死生"內容集中抄於足厥陰脈之後,除了整齊文本外,也不能排除有將"決死生"內容專門化的考慮,這也是"決死生"內容一般化過程的前期環節。

老官山漢墓醫簡中的脈學內容初探①

趙懷舟　盧海燕　王小芸　和中浚　周興蘭②

摘　要：老官山漢墓 M3：121 出土竹簡 736 支，相關學者將其分作 8 部醫書和 1 部律令。初步考察，上述 8 部老官山漢墓醫簡中，至少 5 部與中醫"脈學"有所關聯。本文參考業已公開的相關文獻，試對《敝昔醫論》、《脈死候》、《經脈書》、《歸脈數》及《五色脈臟論》等 5 部醫書中的"脈學"內容略作描述，期望為相關"脈學"理論的進一步研究做一些文獻學方面的鋪墊。老官山漢墓 M3：137 尚出土有《醫馬書》竹簡 184 支，其中 10 簡與脈相涉，本文暫不對此進行討論。

關鍵詞：老官山；漢墓醫簡；脈學

傳統中醫脈學有狹義和廣義之別，狹義的脈學僅指"脈診之學"，廣義的脈學則是"經脈醫學"。《淮南子·泰族訓》第二十卷曰："所以貴扁鵲者，非貴其隨病而調藥，貴其擪息脈血，知病之所從生也。"③所謂"擪息脈血，知病之所從生"似乎是狹義的"診脈之學"，但近年來的考古新發現提示扁鵲所開創的脈學，當指廣義的"經脈醫學"。"經脈醫學"除強調診脈之法、相脈之道而外，更重視經脈循行主病和刺灸石砭之術。

---

①本文的寫作得到國家社科基金項目（項目編號：14BZS005）、四川省科技廳科技支撐計劃項目（項目編號：2014SZ0175）之資助。

②趙懷舟，山西省中醫藥研究院圖書館　醫師　太原　030012；盧海燕、王小芸單位同第一作者。和中浚、周興蘭，成都中醫藥大學。

③［西漢］劉安等編著，高誘注《淮南子·泰族訓》，上海古籍出版社，1989 年，頁 224。

2012年7月至2013年8月發掘的老官山漢墓,出土醫書多部,其中脈學內容較為突出。謝濤等人撰文指出:"竹簡M3:121,共計736支(含殘簡)。依據擺放位置、竹簡長度、疊壓次序、簡文內容和書法風格等,大致可分為八部醫書和一部律令(《尺簡》)。其中除《五色脈臟論》(簡稱)之外,其餘都沒有書名。根據簡文內容擬將七部無題名醫書初步定名為《敝昔醫論》《脈死候》《六十病方》《病源論》《諸病症候》《經脈書》《歸脈數》等,另一部法律文書根據長度暫名為《尺簡》。"①從相關文獻命名的外在特徵考察,上述醫書中與"脈學"相關的著作最多,分別是《五色脈臟論》《脈死候》《經脈書》《歸脈數》4種。司馬遷在《史記・扁鵲倉公列傳》中說:"至今天下言脈者,由扁鵲也。"②武家璧先生2014年7月6日在簡帛網中撰文指出:"老官山漢簡'敝昔'是鷩䳫的省寫,通於䴋鵲,就是傳世文獻記載中的扁鵲。"③是故《敝昔醫論》亦當與脈學相涉。換言之,僅從出土書籍的種類上來說,老官山漢墓醫書的半數以上均與傳統中醫之脈學直接相關。下面結合相關文獻,對老官山漢墓醫簡中的脈學內容略作歸納。

1.《敝昔醫論》中的脈學內容:

《敝昔醫論》共57簡(簡號1～55),李繼明等更名《敝昔診法》,定為55簡。筆者案,本文所稱諸書之簡數、簡號者,皆指成都文物考古研究所、荊州文物保護中心發表於《考古》2014年第7期"成都市天回鎮老官山漢墓"一文表1所示之簡數與簡號;本文所稱李繼明(或簡稱"李氏""李書")者,皆指李繼明任執行主編的《揭秘敝昔遺書與漆人》④一書所載之相關文字信息。李氏指出:"《敝昔診法》……以診斷為主,主要包

---

① 謝濤、武家璧、索德浩、劉祥宇《成都市天回鎮老官山漢墓》,《考古》2014年第7期。
② 〔日〕宮川浩也、小曽戶洋、真柳誠《〈扁鵲倉公傳〉幻雲注之翻字與研究》,北里研究所東洋醫學綜合研究所醫史學研究部,1996年,頁186。
③ 武家璧《成都老官山漢墓醫簡"敝昔"為扁鵲考》,簡帛網 http://www.bsm.org.cn/show_article.php?id=2045,2014-07-06。
④ 梁繁榮、王毅、李繼明《揭秘敝昔遺書與漆人:老官山漢墓醫學文物文獻初識》,四川科學技術出版社,2016年。

括望診、脈診及五臟病狀。"

此篇内容,業已公開且與脈學相關的條文主要有:

第 2 簡:"黑色之甬(通)天為☐"

第 6 簡:"白色之甬(通)天為☐"

第 16 簡:"倉乘倉可治而久。"

第 21 簡:"脾至如鳥之豆,如水之深,病出於脾,內閉五藏,骨月(肉)不相☐。"

第 22 簡:"金之甬(通)天氣,為天府。·客色爲☐。"

第 29 簡:"敝昔(鵲)曰:白乘白病自已,所胃(謂)白乘白者☐"

第 30 簡:"腎臂(辟)臂(辟)如單(彈)石者,病出於腎。其骨侵侵流。……"

第 31 簡:"敝昔(鵲)曰:心病之正,亟微亟精,以觀死生可☐☐"

第 32 簡:"敝昔(鵲)曰:人有九徼(竅)、五藏、十二節,皆冐(朝)於氣☐"

第 33 簡:"腎甬(通)天為冬。"

第 34 簡:"☐再員(損)離亶,參員(損)曰爭,爭者奪血☐"

第 35 簡:"肝甬(通)天為春。"

第 40 簡:"……故曰:脈再至曰平,叄至曰離經,四☐"

第 42 簡:"肺甬(通)天為秋。"

第 48 簡:"敝昔(鵲)曰:所胃(謂)五色者,脈之青白相乘者,脈☐……"

第 49 簡:"·赤乘黑,不治以冬死。·唇反人盈月(肉)已死,甲及"

第 50 簡:"五色甬(通)天,脈之出入與五色相應也。猶豔(響)之應聲也,猶京(影)[之]寫刑(形)也。"

第 51 簡:"凡脈與五色變,內乘外者死,外乘內者可以毒……"

第 52 簡:"赤乘倉曰消渴也,可治。面黑紫☐"

第 53 簡:"知死生之期,謹精莞脈之與眾☐其人之☐"

李氏指出:"《敝昔醫論》……中有論述人與自然相通的基本理論問題……這正好說明原書作者運用人與自然相通的原理來說明色脈的變化與外界相應。""老官山《敝昔診法》……尤其強調脈診的重要性,認為脈診對判斷死生有巨大作用。"值得留意的是,所謂"唇反人盈"等語,亦見於《靈樞·經脈篇》,其文曰:"肌肉軟,則舌萎人中滿;人中滿則唇反;唇反者,肉先死。"①是故,《敝昔醫論》一篇確與傳統中醫脈學內容相涉。

在《敝昔醫論》中並未見到《難經》"獨取寸口"之說,從武家璧老師文章中我們可以看到第 32 簡的摹本,這顯然是一枚殘簡。筆者懷疑"氣"下所殘之字是"口"字。有學者②考證"氣口"一詞在《靈樞》中出現 10 次,在《素問》中出現 4 次。《素問·五藏別論篇第十一》曰:"氣口何以獨為五藏主? ……氣口亦太陰也。是以五藏六府之氣味,皆出於胃,變見於氣口"③;《素問·經脈別論篇第二十一》曰:"脈氣流經,經氣歸於肺,肺朝百脈……權衡以平,氣口成寸,以決死生"④似乎都在講述同一個道理。如果《敝昔醫論》中"朝(朝)於氣[口]"說可以成立,則可視為《難經》第一難"獨取寸口"說的源頭。

2.《脈死候》中的脈學內容:

《脈死候》共 51 簡(簡號 56~105),李繼明等更名《診治論》,定為 46 簡⑤(若將《病源論》中 4 支內容、體例及行文方式與之接近的竹簡納入,則為 50 簡)。武家璧先生言:"《脈死候》與馬王堆帛書《陰陽脈死候》相似。"考之於所謂原始簡號,老官山 623-596-587-577-530 諸簡確與馬王堆帛書《脈法》、《陰陽脈死候》之行文相似。然上述諸簡係《考古》2014

---

① 《靈樞·經脈第十》卷五,日本內經醫學會影印明刊無名氏本(內藤湖南舊藏),2009 年,頁 26。
② 馬寧、楊傳華《〈內經〉氣口、脈口、寸口與人迎考證》,《山東中醫藥大學學報》2011 年第 4 期。
③ 《素問·五藏別論篇第十一》卷三,日本內經醫學會影印明顧氏翻宋本,2009 年,頁 30。
④ 《素問·經脈別論篇第二十一》卷七,日本內經醫學會影印明顧氏翻宋本,2009 年,頁 51。
⑤ 《診治論》46 簡:此說見《揭秘敝昔遺書與漆人》第 62 頁,同書第 90 頁說:"老官山《診治論》含 56~105,331,337 號簡,加上原《病源論》中的 4 支,共 57 枚。"

年第 7 期所定《經脈書》的内容,並非《脈死候》的内容,這種差異產生的原因尚待研究。

此篇内容,業已公開且與脈學相關的條文主要有:

第 72 簡:"□□□脈絶如食[頃],不過二日則死,煩心與腹倀(脹)具則死①□□"

第 76 簡:"☒[一日]刑(形)死,二日氣死,三日心死,四日志死,五日神死。"

第 83 簡:"□□夏犮夾□、石(砭)大(太)陰,則秋不肩北(背)痛;秋犮其輸、石(砭)大(太)陽,則……"

第 87 簡:"陰陽之脈,擇盛者而石(砭)之。其輸,擇急者而犮之。"

第 89 簡:"臥風者其脈赤白,其遇風寒不樂,□臥則汗出。如此者,陰陽之脈,擇"

第 90 簡:"盛者而石(砭)之。其脈不盛,美食而浴(?)之。先其汗出出汗。"

第 101 簡:"死嬰脈不盛□□□□□不□而□□以之。"

第 103 簡:"不盛,犮其夾營而毋暴也。"

誠如李氏書中所言:"總體而言,雖然本書内容相對繁雜,殘簡較多而難以很好連綴,但不外是論述了疾病診斷與石犮療法兩方面的内容,故宜定名爲《診治論》。"李書明確指出,《診治論》中有脈診的内容,其書第 72 簡和第 101 簡均是根據脈象推測疾病發展、判斷預後的内容。此外,從已經公開的少數條文觀察,不但出現了"太陰"、"太陽"、"陰陽之脈"等經脈名稱,而且在決定石、犮二法的使用時是"憑脈施治"的。筆者認爲,所謂"不盛者"、"盛者"、"急者"均是刻畫脈輸運行狀態的專有詞彙。所謂"憑脈施治"即便在《六十病方》中也罕有涉及,所以《脈死候》(或稱《診治論》)中的脈學内容亦不容忽視。

---

① 具則死:此下《考古》2014 年第 7 期誤接第 68 簡的後半段"其脈、輸、郄,皆不盛曰死"9 字。

3.《經脈書》中的脈學內容：

由於《經脈書》與《諸病症候》最初是堆放在一起的，所以《考古》2014 年第 7 期將二書統一計數，共約 268 支簡（簡號 361～628），李繼明等更名《十二脈（附相脈之過）》與《別脈》，定為 52 簡。李氏指出："內容有十二經脈循行及所主病，間別脈，相脈法等三個方面。原命名為《經脈書》，雖包含了這部分簡書的主要內容，但過於籠統，不能突出老官山醫簡的學術特色。應根據書寫風格、內容及體例將原《經脈書》析為兩部，明確命名為《十二脈（附相脈之過）》和《別脈》。"李書在重新命名這部分醫簡之後，進行了細緻的內容闡釋。其文約略如下：

《十二脈（附相脈之過）》包含十二脈循行及其所主病和一篇《相脈之過》。其中，經脈循行及所主病與同時代的《足臂十一脈灸經》《陰陽十一脈灸經》《脈書》大體一致。在十二脈之後，還有 5 支簡論述經脈診斷，可連綴成篇，為具體描述判斷"有過之脈"的方法和三陰、三陽脈死候。另有 9 支簡在書寫風格、論述體例與所載內容上均不同於十二正經，其行文方式為：經脈的名稱、循行、病症和灸法。上述 9 簡，每支簡均以"間別"2 字開頭，其循行、病症又不同於十二經，末尾以灸其脈結束。這部分內容可定名為《別脈》。關於別脈，李書特別指出："別脈循行簡短，部位具體，但別脈循行的起止點部位因醫簡字跡漫漶，無法全部辨識，據能識讀的文字來看，起止點均不在四肢趾端，或起於頸部止於面部，或起於尻止於上齒。循行用語多用'出''上''奏'等字，較《十二脈》古樸，甚至較《足臂》更古。"①

此篇內容，業已公開且與脈學相關的條文主要有：

第 382 簡："間別辟（臂）陰脈，出陜鼻心，陜痛，心痛，久（灸）辟（臂）陰。"

第 412 簡："間別大（太）陰脈出□繚婢（髀），出深貪，齊（臍）上痛，奏於心，痛、山（疝）、□瘖（癃）、遺弱（溺），久（灸）大（太）陰。"

---

① 梁繁榮、王毅、李繼明《揭秘敝昔遺書與漆人：老官山漢墓醫學文物文獻初識》，四川科學技術出版社，2016 年，頁 241。

第 587 簡:"所以論有過之脈也。其餘必謹察視當脈出。"

第 596 簡:"脈滑,此獨菱則主病。它脈靜,此獨動則主病。脈固有動者,骬少陰,辟(臂)大(太)陰、少陰,氏主動,動疾則病。此"

第 623 簡:"相脈之過,左手直(置)[果](踝)五寸而案之,右手直(置)果(踝)而單(彈)之,應手如三春,死;不至如食間,死。它脈盈此獨[虛,則主病。它]"

武家璧先生指出:"老官山醫簡中的《經脈書》與馬王堆帛書《足臂十一脈灸經》《陰陽十一脈灸經》和張家山漢簡《脈書》的內容相似或相同,主要記載經脈循行路線及所主病,應該同屬扁鵲學派的脈療法,大概與淳于意所授的上、下《經脈》相類似。"①上述評論是平正公允的。

應當說,老官山漢墓醫簡中《經脈書》(或者稱《十二脈(附相脈之過)》和《別脈》)中,所記載的脈學內容理論價值最大。所謂十二脈循行及其所主病是傳統脈學理論的核心;與《黃帝內經·三部九候論》中"以左手足上,上去踝五寸按之,庶右手足當踝而彈之……"之診法佚文,能夠相互呼應、完美契合條文的再次出現,進一步證實了在踝部上方探脈診斷法的淵源甚古;間別脈 9 簡:363 間別贊脈、364 間別月(肉)理脈、367 間別□□、382 間別辟(臂)陰脈、383 間別辟(臂)陽脈、412 間別大(太)陰脈、419 間別少陰脈、428 間別齒脈、539 間別大(太)陽脈,傳世醫書未見,學術意義重大。

4.《歸脈數》中的脈學內容:

《歸脈數》共 41 簡(簡號 629~670),李繼明等更名《刺數》,定為 45 簡。武家璧先生指出:"老官山醫簡中的《敝昔醫論》《五色脈診》《脈死候》《歸脈數》等則是早期脈診法文獻的一次集中發現,除《脈死候》與馬王堆帛書《陰陽脈死候》相似外,其他均為首次發現。其中《敝昔醫論》《五色脈診》大抵與淳于意所授《五診》相類似。而《歸脈數》記載各種疾病歸屬於何種脈絡的經穴數,體現了'疾病歸脈'的原則,開啟了後世中

---

① 武家璧《成都老官山漢墓醫簡"敝昔"為扁鵲考》,簡帛網 http://www.bsm.org.cn/show_article.php?id=2045,2014-07-06。

醫'六經辨證'的先河。"①這段文字,闡釋了這部醫簡著作的最初命名原則。從武家璧先生的表述可以判斷,這部分內容與所謂"脈學"似是有一定內在聯繫的。然而《揭秘敝昔遺書與漆人》一書指出:"這部分簡的字體、文字排列、行文體例等均十分規範一致……都是首列病名或症狀,次述治療部位,最後言針刺量,故屬針刺方法專書,即後世所謂的針刺方。"從《刺數》的新命名來審度,其與"脈學"的聯繫要相對弱一些。

此篇內容,業已公開且與脈學相關的條文主要有:

第 646 簡:"單(癉),兩辟(臂)大(太)陰、兩胻陽明各五。"

第 657 簡:"聾,兩辟(臂)少陽各五。"

第 670 簡:"刺數必見病者狀,并視病所,乃可□□,病多相類,而非其名眾害,察初病而葴之,病可俞也,不害。"

5.《五色脈臟論》中的脈學內容:

《五色脈臟論》共 66 簡(簡號 671～736),李繼明等用其全稱《逆順五色脈藏驗精神》,亦定為 66 簡。李氏明確指出:"這部書的內容較龐雜,與《診治論》書寫風格不同,但內容互有交叉,這部分簡的書體隸化程度似更低,提示書寫年代更早。"

此篇內容,業已公開且與脈學相關的條文主要有:

第 681 簡:"逆順五色脈藏驗精神"

第 683 簡:"人一息脈二動曰平。人一息脈三動曰參擅,參擅者奪精。"

第 684 簡:"人一息脈四動四(曰)澶,澶者奪血。·人一息脈一動曰少氣。"

第 686 簡:"人一息脈六動曰重,重者死。·人三息脈一動曰靜,靜者奪血。"

第 687 簡:"人再息脈一動曰離澶,離澶奪□;□□脈一動曰絕不至死。"

---

① 武家璧《成都老官山漢墓醫簡"敝昔"為扁鵲考》,簡帛網 http://www.bsm.org.cn/show_article.php?id=2045,2014-07-06。

第 708 簡:"人四息脈一動曰儵(憯),儵(憯)者死。・人一息脈五動曰暴,暴者奪精死。"

第 713 簡:"……故曰:青乘青曰氣在筋(筋),若亡其外曰傷肝;黑[乘黑曰氣在骨,若亡其外曰傷]"

第 714 簡:"腎;白乘白曰在皮,亡外曰傷肺;黃乘黃自(曰)在月(肉),亡外曰傷肶(脾);赤乘赤曰在脈[亡外曰傷心]。"

應當承認,《逆順五色脈藏驗精神》是老官山漢墓醫簡中包含"脈學"内容最為豐富的一部書了。即便通過簡單的羅列,也可以發現上述内容與今本《難經》有一定程度的雷同之處。舉例而言,《難經・十四難》曰:"脈有損至,何謂也? 然:至之脈,一呼再至曰平。三至曰離經。四至曰奪精。五至曰死。六至曰命絕,此死之脈。何謂損? 一呼一至曰離經。二呼一至曰奪精。三呼一至曰死。四呼一至曰命絕。此謂損之脈也。……一呼一至,一吸一至。名曰損。人雖能行,猶當著床。所以然者,血氣皆不足故也。再呼一至,呼吸再至,名曰無魂。無魂者,當死也。人雖能行,名曰行尸。"云云。雖然《五色脈臟論》與今本《難經》的具體行文並不完全一致,但用呼息定動(至)數,用平、澶、重、暴、離澶、離經、奪精、奪血、命絕、無魂以定病勢的論理方法却如出一轍。

據報道,老官山漢墓 M3:137 尚有竹簡 184 支,整簡長約 30.5、寬 0.6、厚 0.1 厘米。没有書名,内容主要為治療馬病的獸醫書(包括少量相馬術),擬定名為《醫馬書》。據李書考證:"《醫馬書》中約有 8(10)支竹簡亦載述經脈内容,但其殘缺較多,從可識别的内容來看,其體例與上述《十二脈》《别脈》不一致,待深入考證。"① 上述 10 簡分别是:008、050、051、052、063、066、112、113、114、128 等。

本文僅就已公開的文獻,約略歸納老官山漢墓醫簡中關於"脈學"部分的文字分佈。至於老官山漢墓醫簡經脈脈診理論的詳細探討,如相關脈學諸簡的價值、特點及其與《内經》《難經》學術淵源關係的討論,

---

① 梁繁榮、王毅、李繼明《揭秘敝昔遺書與漆人:老官山漢墓醫學文物文獻初識》,四川科學技術出版社,2016 年,頁 233。

則需參考邱科的碩士學位論文《老官山漢墓經穴髹漆人像六陰經循行特點研究》①,及梁繁榮、曾芳、周興蘭等《成都老官山出土經穴髹漆人像初探》②;李海峰、張如青《老官山漢簡〈經脈書〉初探》③;任玉蘭、梁繁榮、李繼明等《成都老官山漢墓出土醫簡〈刺數〉內容與價值初探》④;劉小梅、李繼明《老官山漢墓醫簡中的色診內容初探》⑤;劉小梅、李繼明《老官山漢墓醫簡中脈診理論學術思想初探》⑥等文章。

  本文在撰寫過程中得到成都中醫藥大學博士研究生王一童的指點修正,特此致謝!

---

 ①邱科《老官山漢墓經穴髹漆人像六陰經循行特點研究》,成都中醫藥大學,2016 年 5 月。
 ②梁繁榮、曾芳、周興蘭等《成都老官山出土經穴髹漆人像初探》,《中國針灸》2015 年第 1 期。
 ③李海峰、張如青《老官山漢簡〈經脈書〉初探》,《中醫文獻雜志》2016 年第 6 期。
 ④任玉蘭、梁繁榮、李繼明等《成都老官山漢墓出土醫簡〈刺數〉內容與價值初探》,《中華醫史雜志》2016 年第 6 期。
 ⑤劉小梅、李繼明《老官山漢墓醫簡中的色診內容初探》,《中醫藥文化》2016 年第 6 期。
 ⑥劉小梅、李繼明《老官山漢墓醫簡中脈診理論學術思想初探》,《中醫藥文化》2017 年第 1 期。

出土先秦文獻中的語氣詞"哉"

羅祥義①

摘　要：文章討論了出土先秦文獻中語氣詞"哉"的書寫形式、句法特點及功能。語氣詞"哉"的書寫形式共有六種,是兩組繁簡程度不同的異體字。"哉"主要附加於 VP、AP 性質的謂語上。"哉"字無主語句和主謂倒置句用例豐富。"哉"可用於感嘆句、祈使句、反問句和詢問句等句類中。"哉"表達的是感嘆語氣,所表語氣是單一的,加重或減緩語勢屬於"哉"的語用功能。"哉"可以與一個以上不同語氣類型的語氣詞連用,連用時它總是出現在語言語序的最末端,仍然表達其本來的語氣。

關鍵詞：書寫形式；句法特點；功能

出土先秦文獻中,語氣詞"哉"共有 102 例,較少見於西周、春秋文獻,多分佈於戰國文獻。在戰國文獻中,"哉"只見於楚文獻,未見於秦文獻。關於出土先秦文獻語氣詞"哉"的研究,前人已取得豐碩的成果,如:李達良、張振林、陳永正、管燮初、張玉金等諸位先生②。他們在對出土先秦文獻虛詞(或語氣詞)進行研究時,都對語氣詞"哉"進行了深入地探討,有各自獨到的見解。本文從書寫形式、句法特點及功能三個方

---

① 羅祥義,貴州財經大學商務學院人文系　貴州　550600。
② 出土先秦文獻語氣詞"哉"的研究現狀,見羅祥義《出土先秦文獻語氣詞研究述評》,《晉城職業技術學院學報》2016 年第 5 期,頁 76-79、89。

面進行考察,在充分汲取前人研究成果的基礎上,探討出土先秦文獻語氣詞"哉"的相關問題。

一、書寫形式

出土先秦文獻中,語氣詞{哉}的書寫形式共有六種:

表1　語氣詞{哉}各書寫形式的隸定與原片對照表

𢦏①	哉	截	𢦖	才	孳(孳)②
《清華簡(五)·厚父》3	《禹鼎》	《陳侯因咨錞》	《信陽》1-074	《上博簡(二)·民之父母》8	《清華簡(三)·說命中》3

根據字形,可將上列書寫形式分成兩組:一、"𢦏""哉""截""𢦖",此組除"𢦏"以外,字形結構為"从X、𢦏聲";二、"才""孳(孳)",此組除"才"以外,字形結構為"从X、才聲"③。這兩組字之間的聯繫是語音:"哉""截""𢦖"从"𢦏"得聲,"𢦏"又從"才"得聲,它們有一個相同的聲符"才"。

(一)"𢦏""哉""截""𢦖"

"𢦏""哉""截""𢦖"為一組繁簡程度不同的異體字。

關於"哉"字,《說文·口部》:"哉,言之閒也。从口、𢦏聲。祖才切。"段玉裁認為,"言之閒"是句中文字之間、前後兩句話之間,哉用於其中為停頓,用在句首訓為始④。《玉篇·口部》:"哉,祖才切,語助。""哉"最早見於西周金文中,戰國金文、簡帛文獻中也略有所見,大量出現於傳世古籍中。從意義上看,"哉"以"𢦏"為聲,加"口"表示與人說話

---

① 有的學者隸定為"𢦏",从戈、才聲,這是嚴格的隸定方式。

② 《清華簡》中整理者隸定為"孳"和"孳"的字,其實都作一個字形 ,从兹,才聲。

③ 李學勤先生認為,"孳"字所从之"兹"、"才"二字語音非常接近,"兹"古音精母之部,"才"古音從母之部,可以認為"兹"、"才"共同起着標音(聲符)的作用(見李學勤《說"兹"與"才"》,《古文字研究》第24輯,中華書局,2002年,頁170-171)。

④ 段玉裁《說文解字注》,浙江古籍出版社,2006年,頁57。

有關，當是一個專門表示語氣詞的字。語音上，"哉"上古屬精母、之部，擬音[tsə]，到中古仍為"祖才切"(《廣韻》)，屬精紐、咍韻、開口一等，擬音[tsɒi]①，主要元音舌位變後而低，韻尾多了一個高元音[i]，說明其讀音正逐漸嚮現代讀音演變。既然先秦時期"哉"字是專門用來記錄感歎語氣詞"哉"的，那麼由此可認為，先秦時期語言中語氣詞"哉"的讀音當與[tsə]很接近。

"𢦏"又作"𢦒"②，當為這幾種書寫形式中最古老的字。《說文·戈部》："𢦏，傷也，从戈、才聲。祖才切。"段注："傷者，刃也。此篆與𢦠、䒑音同而義相近。謂受刃也。"《玉篇·戈部》中對此字的釋義與《說文》一樣。此字《說文》小篆作"𢦏"，其最早見於甲骨文中，作"🯄"(H28610)或"🯅"(H28065)③，此字以"才"為聲、以"戈"為義，與軍事相關。其在甲骨文中常作"災禍"講，主要指的是"兵災"，例如："翌日壬，王其畋襄，無𢦏，擒，引吉。"(H28497)由此可知，此字是有實在意義的，而其在戰國楚簡中用作語氣詞，當為語音相同或相近而假借。

"𨛫"字，《說文》未見，此字僅見於《陳侯因𩰬錞》一篇銘文中，寫法特殊。從字形看，其從邑、𢦏聲。金文中用為語氣詞，為語音相同或相近

---

① 上列兩例擬音見郭錫良《漢字古音手冊》(增訂本)，商務印書館，2011年，頁199。

② 或者可以說"𢦒"是"𢦏"的前身，由於字形的發展，變成了"𢦏"。"𢦏"在甲骨文中作"🯅"(H28536)，在西周金文中作"🯆"(《叔走䔲父卣》)，在戰國楚簡中作"🯇"(《清華簡(伍)·厚》3)；"才"在甲骨文中作"🯈"(H27320)，在商代晚期金文中作"🯉"(《宰甫卣》)，在戰國晚期金文中作"🯊"(《新鄭虎符》)，在戰國楚簡中作"🯋"(《清華簡(伍)·厚》4)。從字形上我們可以發現，"才"中間的部分由"空心三角形"漸漸變成了"實心點"，最後變成了"十"形。因此，"𢦒"形發展成為了"𢦏"形。

③ 甲骨文裏作"🯄"形的字，現在學者一般隸定作"𢦏"，此字陳劍先生釋讀作"翦"，為翦滅之意(陳劍《甲骨金文考釋論集》，線裝書局，2007年，頁99-106)。但這裏的"🯄"字並非作動詞講的"𢦏"字，應該是"𢦏"字。張政烺認為甲骨文中有一些與"𢦏"字同形的字，其實是"𢦏"字之異體，仍然是作災禍講的"𢦏"，此字上部的"才"字，由於漏刻或殘掉了一筆橫畫，故而與"𢦏"混同(見張政烺《釋"𢦏"》，《古文字研究》第6輯，中華書局，2005年，頁133-140)。

而假借。

"㦭"字《說文》也未見,此字僅見4例於《信陽楚簡》中,分別為:簡1-08、簡1-014、簡1-025、簡1-047。劉雨說:"從文義上看,這幾條簡文都應當在'㦭'字後斷句,亦當為表示語氣的句末虛字,我們認為就是'哉'字……為我們十分珍貴地保存了戰國時期'哉'字作'㦭'的形體。"①此字在戰國楚簡中用作語氣詞,也為語音相同或相近而假借。

(二)"才""𢆡(𢆡)"

"才""𢆡(𢆡)"也為一組繁簡程度不同的異體字。

戰國簡帛文獻中,"才"是語氣詞"哉"用例最多的書寫形式。《說文·才部》:"才,艸木之初也。从丨上貫一,將生枝葉。一,地也。昨哉切。"《說文》對此字的解釋不可盡信,未見"才"用如"艸木之初"的辭例。此字甲骨文中作"中"(H27320),構形不明,在甲骨文中多用作介詞、動詞、連詞等,例如:"壬子卜,即貞,祭其彭奏其才父丁,七月。"(H23256)又如:"癸亥卜,才向貞。"(H36851)在金文中"才"的用法也與甲骨文中相似,例如:"隹(唯)王元年三月既生霸庚申,弔(叔)氏才大廟,弔(叔)氏令史盨。"(《逆鐘》,《集成》00060)金文中"才"用作語氣詞極少見,大量見於戰國楚簡,傳世古籍中未見。才,上古音屬從母、之部,擬音[dzə]②;與"哉"疊韻,精母與從母乃同一聲系,皆為舌尖前音,不過清濁之別。由此看來,"才"用為語氣詞為語音相同或相近而假借。

"𢆡"字,《說文》所無。此字最早見於金文,作"𢆡"(《中山王䛒壺》,《集成》09735)形,多見於戰國楚簡中,作"𢆡"(《清華簡(壹)·祭公之顧命》8),此字從茲、才聲,故《清華簡》原整理者也將其隸定作"𢆡"。此字在戰國楚簡中用為語氣詞,也為語音相同或相近而假借。

---

① 河南省文物研究所《信陽楚墓》,文物出版社,1986年,頁132。
② 郭錫良《漢字古音手冊》(增訂本),商務印書館,2011年,頁200。

二、句法特點

(一)"哉"所附著的謂語及其構成

出土先秦文獻中,"哉"主要附於動詞性(VP)和形容詞性(AP)謂語上。

"哉"附於 VP 上共有 71 例,佔總用例(96)[①]的 73.96%。例如:

(1)王曰:"於(嗚)虐(呼),丁,戒才(哉)!"(《清華簡(伍)·封許之命》7)

(2)於(烏)虖(乎),念之𢦏(哉),後人其庸庸之,母(毋)忘尒(爾)邦。(《中山王嚳鼎銘》,《集成》02840)

"哉"附於 AP 上共有 25 例,佔總用例(96)的 26.04%。如:

(1)方惟曰:"善才(哉)!君天王之言也。"(《清華簡(伍)·湯處於湯丘》9-10)

(2)燹(氣)訐(信)神才(哉)!(《上博簡(三)·亙先》4)

出土先秦文獻中,"哉"所附著的謂語及其構成情況如下:

表2 句末語氣詞"哉"所附著的謂語及其構成統計表

	西周金文	春秋金文	戰國金文	戰國楚簡	戰國楚帛書	總計
VP	5	1	7	57	1	71
AP	3	2	3	17	0	25
總計	8	3	10	74	1	96

VP 主要分佈於《清華簡》,共 32 例,佔總用例(57)的 56.14%;AP 主要分佈於《上博簡》,共 10 例,佔總用例(17)的 58.82%。這種分佈狀態,與《清華簡》中多祈使,《上博簡》中多感嘆有關,由此看來,VP 與祈使句關係更密切,AP 更加容易出現在感嘆句中。

[①]除去《上博簡》中用於句中的 2 例和語氣詞連用的 2 例,以及《信陽楚簡》中語氣詞連用的 1 例和簡 1-074 由於殘損而無法判斷的 1 例,剩下的 96 例是單用的"哉"附於謂語上的有效用例。

(二)"哉"字無主語句及主謂倒置句

1."哉"字無主語句

有時候,以"哉"煞尾的句子往往沒有出現主語,此情況共有 31 例,佔總用例(96)的 32.29%。例如:

(1)烏虖(乎)哀哉！用天降大喪於下或(國),亦唯噩(鄂)侯駿(馭)方率南淮尸(夷)、東尸(夷),廣伐南或(國)、東或(國),至於歷內。(《禹鼎》,集成02833)

(2)智(知)天之畏(威)弋(哉)！䎽(問)民之若否,隹(惟)天乃永保顕(夏)邑。(《清華簡(伍)·厚父》3)

"哉"字無主語句都是感嘆句和祈使句,未見問句。"哉"字無主語句為感嘆句的情況,共有 14 例,佔總用例(31)的 45.16%(見上舉諸例);為祈使句的情況共有 17 例,佔總用例(31)的 54.84%,例如:

(1)彭祖曰:"休才(哉)！乃牆(將)多昏(問)因由,乃不遴(失)厇(度)。"(《上博簡(三)·彭祖》1)

(2)於(嗚)虖(呼)！敬(敬)才(哉)！(《清華簡(壹)·皇門》12)

出土先秦文獻中,"哉"字無主語句的分佈情況如下:

表3 "哉"字無主語句的用例統計表

	西周金文	春秋金文	戰國金文	戰國楚簡	戰國楚帛書	總計
"哉"字無主語句	2	3	4	22	0	31

"哉"字無主語句的用例很豐富,說明"哉"字句較偏好於無主語的表達方式,這種句式的產生主要有以下原因:

第一,省略主語。朱德熙先生指出:"省略指的是結構上必不可少的成分在一定的語法條件下沒有出現。"[1]這主要出現在連續對白及獨白性語體中,大多為記言或議論性文體,多分佈在《清華簡》和《上博簡》中。例如:

---

[1]朱德熙《語法講義》,商務印書館,1982年,頁220。

(1)湯才(在)啻門,䍰(問)於少(小)臣:"古之先帝亦又(有)良言青(情)至於今虎(乎)?"少(小)臣會(答)曰:"又(有)才(哉)!"(《清華簡(伍)·湯在啻門》1-2)

(2)王曰:"於(嗚)虎(呼)!公,女(汝)念茡(哉)!悉(遜)惜(措)乃心,聿(盡)宥(付)畀余一人。"公蒽(懋)拜=(拜手)頴=(稽首),曰:"允茡(哉)!"(《清華簡(壹)·祭公之顧命》8)

在連續的對白性語體中,對話的雙方往往圍繞某個話題展開討論,有問有答。有時候,問話者一開始就已經將話題的焦點說出,這個焦點大多成為回話的主語,在回答時,回答者為了語言的簡練,直接將主語省略,沒有再復述一遍。當然,這並不影響對話雙方對話題的理解。如上舉第1例,湯已經在問話中將"古之先帝"(主語)說出,小臣在回答時只需說出"有"或"無"即可。

第二,本身無主語。此情況主要出現在獨白性語體中,大多也為記言或議論性文體,多分佈於金文,少數見於楚簡。例如:

(1)曰:於虖敬哉!余義楚之良臣,遜之字(慈)父,余賸遜兒得吉金鏄鋁,台(以)鑄䚯(穌)鐘,台(以)追孝銑(先)且(祖),樂我父兄,猷(飲)飤(食)謌(歌)䧮(舞),孫孫用之,後民是語(娛)。(《僕兒鐘》,集成00183)

(2)□食,邵(昭)告大川有洍,曰:於(嗚)嘑(虖)悢(哀)哉!少(小)臣成夢暮生畢孤□(《新蔡》甲三:23、57)

金文中常出現"嗚呼哀哉"或"嗚呼敬哉"等語,大都無主語。這多半與金文文體性質有關:商代多自名體,記事體較少;西周大多為記事體,少數為記言體;春秋戰國又復返為多自名體,少數為記事體或記言體;整個先秦銘文中,議論體謹見中山王嚳鼎、壺兩篇①。上舉第1例為一篇記言體銘文,多歌功頌德之語,記載了"僕兒"自述其功德,並希望後世子孫傳揚。銘文記錄"僕兒"的話,是獨白形式。其中,"於虖敬哉"一句的受話對象為後世子孫,可不加主語。

---

① 見裘燮君《先秦早期不同文體文獻在語氣詞運用上的差異》,《徐州師範大學學報》(哲學社會科學版)2000年第4期,頁62-66。

2. "哉"字主謂倒置句

有主語的"哉"字句,根據主語、謂語位置的先後,可分"主語+謂語哉"和"謂語哉+主語"兩種形式。一般而言,前者是正常的語序結構,後者是正常形式的變體,稱作"主謂倒置句"或"主謂易位句"①。出土先秦文獻中,"哉"字主謂倒置句共有 15 例,佔有主語總用例(65)的 23.08%。例如:

(1)湯曰:"善才(哉)!子之員(云)也。"(《清華簡(伍)·湯處於湯丘》10)

(2)成孫弋曰:"悇(噫)!善才(哉),言虖(乎)!"(《郭店簡·魯穆公問子思》4)

"哉"字主謂倒置句與"哉"字無主語句一樣,都是感嘆句和祈使句,未見問句。感嘆句共有 11 例(見上舉諸例),佔總用例(15)的 73.33%;祈使句共有 4 例,佔總用例(15)的 26.67%,例如:

(1)敬𢖻(哉)君子!恪𢖻(哉)母(毋)巟(荒),畏天之隆(降)載(災),卹邦之不贎(臧)。(《清華簡(叁)·芮良夫毖》6)

(2)王曰:"欽之戈(哉),厚父!佳(惟)寺(時)余經念乃高且(祖)克害(憲)皇天之政工(功)。"(《清華簡(伍)·厚父》7)

出土先秦文獻中,"哉"字主謂倒置句分佈情況如下:

表 4 "謂哉+主"用例統計表

	西周金文	春秋金文	戰國金文	戰國楚簡	戰國楚帛書	總計
謂哉+主	0	0	1	14	0	15

"哉"字主謂倒置句多見於戰國楚簡,西周、春秋金文均無。戰國楚簡中,又主要集中在《上博簡》和《清華簡》,各有 5 例和 8 例。

此句式的用例分佈較為集中,受時代和地域方言的影響應該很小,文獻語體風格當為主要因素,因為這種句式常常出現在簡短緊湊

---

①"主謂倒置句"或"主謂易位句"的概念與張伯江、方梅先生所說的"主位後置句"(見張伯江、方梅《漢語功能語法研究》,江西教育出版社,1996 年,頁 29)的概念是不等同的,前者外延窄,後者外延寬,前者應是後者的其中一種。

的對白語體裏①。經統計,此句式有 13 例出現在對白中,佔總用例的 86.67%。金文主要為獨白性質的記言或記事語體,幾乎沒有見到此句式。而《上博簡》和《清華簡》中有較多簡短緊湊的對白,故而此句式用例豐富。

另外,這種句式的謂語由 AP 充當的共 10 例,佔總用例的 66.67%;由 VP 充當的共 5 例,佔總用例的 33.33%。由此可推斷,謂語的性質也是影響"哉"字主謂倒置句的產生和使用的一個重要因素②。

(三)"哉"的句類分佈

出土先秦文獻中,"哉"主要出現於感嘆句、祈使句、反問句和詢問句中。

"哉"用於感嘆句共有 48 例,佔總用例(96)的 50%。例如:

(1)曰:"烏乎(呼)哀哉,剌弔(叔)剌夫人,萬世用之。"(《鄭臧公之孫鼎》,集成 NA1237)

(2)女(若)夫政(正)坓(刑)與惪(德),呂(以)事上天,此是才(哉)!《上博簡(二)·魯邦大旱》3)

"哉"用於祈使句共有 34 例,佔總用例(96)的 35.41%。例如:

(1)"烏(嗚)虖(呼)!爾有唯小子亡哉(識),視于公氏,有爵于天,

---

①張伯江、方梅對"主位後置式"有段表述:"在簡短緊湊的對話語體(conversation)裏,要求說話人在最短的時間裏,把最重要的信息明確傳達給對方……重要的信息成為說話人急於說出來的內容,而次要的信息就放到了不顯要的位置上。這樣就出現了後置主位的現象。"(張伯江,方梅《漢語功能語法研究》,江西教育出版社,1996 年,頁 29)說明"主位後置式"主要出現在簡短對話語體裏。華建光在對傳世戰國文獻中的"謂語哉+主語"句式進行清理後,認為該句式的分佈大體上與文獻的語體對應:長篇獨白構成的議論體以及長篇對白文體的用例不多;短篇對話構成的文體用例明顯很高。(華建光《戰國傳世文獻語氣詞研究》,《光明日報》出版社,2013 年,頁 82。)我們認為,出土文獻與傳世文獻一樣,"主謂倒置式"的產生與使用,也應該與文獻語體風格的關係最密切,常常出現在簡短的對話語體裏。

②我們認為,謂語性質、語氣詞(語氣)、句式三者之間有一定微妙的聯繫:形容詞性成分本身就帶有一種感嘆(贊歎)等情感因素,當句子謂語由形容詞性成分構成時,該句子與感嘆語氣詞"哉"結合就顯得很自然。有時,為強調和突出某種情感,人們往往會使用其他手段來加以強化,如使用"主謂倒置式"(句式手段),使謂語成為語句最突出的部分呈現在聽話人面前,從而起到增強情感的作用。

徹令苟(敬)亯(享)弋(哉)。"(《冋尊》,集成 06014)

(2)公曰:"天子,三公,余隹(惟)弗迄(起)朕(朕)疾,女(汝)亓(其)敬孳(哉)。"(《清華簡(壹)·祭公之顧命》20)

"哉"用於反問句共有 12 例,占總用例(96)的 12.5%。此反問句可為是非問,也可為特指問。"哉"用於是非問句中有 3 例,占總用例(96)的 3.13%;用於特指問句中有 9 例,占總用例(96)的 9.38%。例如:

(1)吕(以)此前遂(後)之獻,不能以牧民而反志,下之相戠(擠)也,幾(豈)不右(佑)才(哉)?(《上博簡(七)·吳命》5)按,此句為是非問。

(2)臧(莊)公[曰]:"今天下之君子既可曶(知)已,篕(孰)能并(併)兼人才(哉)?"(《上博簡(四)·曹沫之陳》4)按,此句為特指問。

"哉"用於詢問句僅見 2 例,占總用例(96)的 2.08%,例如:

(1)[哀公曰:"庶民以我不知以說之事鬼也,女(如)]之可(何)才(哉)?"(《上博簡(二)·魯邦大旱》2)[①]

(2)湯或(又)繇(問)於少(小)臣:"又(有)顕(夏)之惪(德)可(何)若才(哉)?"(《清華簡(伍)·湯處於湯丘》12)

"哉"用於詢問句句末,不表示疑問,而是將感嘆語氣與詢問語氣結合,表達問話人一種由疑而歎的複雜感情。如上舉第 1 例,哀公覺得人民不理解他,誤會他不懂用"說"祭來侍奉鬼神,以保民間風調雨順。所以,哀公在向孔子詢問該怎麼辦時,用了感嘆語氣詞"哉",顯示出哀公無奈而嘆的複雜情緒。但整句話的詢問語氣不是由"哉"決定,而是由疑問結構"如之何"來體現。

出土先秦文獻中,"哉"的句類分佈情況如下:

表5 句末語氣詞"哉"句類統計表

	西周金文	春秋金文	戰國金文	戰國楚簡	戰國楚帛書	總計
感嘆句	4	2	6	36	0	48
祈使句	4	1	4	24	1	34

---

① 見張玉金《出土先秦文獻虛詞發展研究》,暨南大學出版社,2016 年,頁 245。

續表

反問	是非問	0	0	0	3	0	3
	特指問	0	0	0	9	0	9
詢問句		0	0	0	2	0	2
總計		8	3	10	74	1	96

各句類的分佈有一定的特點：感嘆句多出現於《上博簡》（佔感嘆句總用例的 55.56%）和反問句（佔反問句總用例的 91.67%）。祈使句多出現於《清華簡》（佔祈使句總用例的 95.83%）。這或許可以從《上博簡》和《清華簡》的文體性質來解釋：《上博簡》語言多對白，主要為記言、記事和議論文體，表達方式夾敘夾議，語言偏口語，故多有感嘆、疑問等語氣。《清華簡》語言也多對白，主要為記言和議論文體，語言表達因襲守舊、華麗雕琢，風格與金文相近，故多訓誡、命令、祈求等。

三、功能

（一）關於"哉"的多功能說

不少前賢認為"哉"可表多種語氣，具有多功能性。如王力先生："'哉'字的主要用途有二：一是表示反問，一是表示感嘆。"[1]向熹先生認為"哉"主要表示感嘆語氣，也表示疑問、反問等語氣[2]。易孟醇先生認為"哉"可表示疑問、反詰語氣，且略帶感嘆的意味，還可表示祈使語氣[3]。李明曉先生認為戰國楚簡中的"哉"可表示疑問語氣（含反問）和感嘆語氣[4]。陳迎娣認為秦簡中的"哉"表示疑問、感嘆語氣[5]。對於上述觀點，我們持質疑的態度。

"哉"的功能情況，可通過其與各句類之間的相互選擇關係來考察。郭錫良先生指出："語言中語氣的表達方式是豐富的，包括詞形變化、語

---

[1] 王力《古代漢語》（第 1 冊），中華書局，1999 年，頁 281。
[2] 向熹《簡明漢語史》（下），北京高等教育出版社，1993 年，頁 119。
[3] 易孟醇《先秦語法》，河南大學出版社，2005 年，頁 584-594。
[4] 李明曉《戰國楚簡語法研究》，武漢大學出版社，2010 年，頁 346。
[5] 陳迎娣《秦簡語氣詞研究》，《牡丹江師範學院學報》（哲社版）2014 年第 5 期，頁 91-93。

氣詞、詞彙形式、句式和語調等,語氣詞只是其中之一。"①有的句子用語氣詞和其它手段一起表達語氣,有的則只用語氣詞。那麼,在用語氣詞來表達語氣時,什麼句子用什麼語氣詞,關鍵就在於句子語氣和語氣詞所表語氣之間的相符程度了。

出土先秦文獻中,"哉"可以出現在感嘆句、祈使句、詢問句和反問句中。在同樣使用語氣詞來表達語氣的情況下,感嘆句、祈使句、詢問句和反問句不一定都用"哉"來表達,也可以是其它語氣詞。我們將"哉"與各句類之間的相互選擇率進行統計,則可以觀察出一些現象:

第一,"哉"與感嘆句的相互選擇率。出土先秦文獻中,帶有語氣詞的感嘆句共 87 例②,所帶的語氣詞有"也"(26)"矣"(10)"夫"(2)"哉"等。其中,"哉"與感嘆句的搭配共 49 例,佔感嘆句總用例(107)的 56.32%,佔"哉"總用例(98)的 50%。經計算,得出各語氣詞與句類之間相互選擇率如下③:

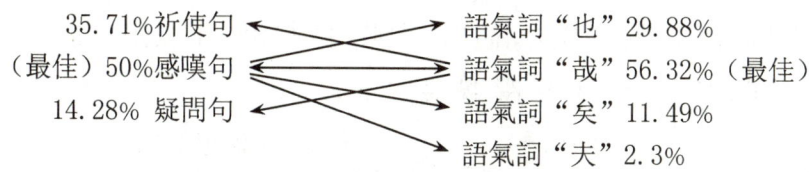

在同樣用語氣詞表達語氣的情況下,感嘆句傾向於與"哉"的搭配選擇,而"哉"也傾向於與感嘆句的搭配選擇,兩者的互選率明顯高於其它。這一事實雖然不能直接說明語氣詞"哉"具有表感嘆語氣的屬性,但至少有力地證明了語氣詞"哉"與感嘆句的語氣類型是同一性質的。

第二,"哉"與祈使句的相互選擇率。出土先秦文獻中,帶有語氣詞的祈使句共有 76 例,所帶語氣詞包括"也"(16)"殹"(16)"焉"(5)"兮"(4)"哉"等。其中,"哉"與祈使句的組合共有 35 例,佔祈使句總用例(76)的 46%,佔語氣詞"哉"總用例(98)的 35.71%。經計算,得到各語

---

① 郭錫良《先秦語氣詞新探(壹)》,《古漢語研究》1988 年第 1 期,頁 49-55。
② 此僅限於語氣詞單用的情況,以下三個論述均同。
③ 箭頭從右至左,意為某語氣詞用於某句類中的用例數量,佔該語氣詞總用例數量的比重。箭頭從左至右,意為帶語氣詞的某句類以某語氣詞為句末語氣詞的用例數量,佔帶語氣詞的某句類的總用例數量的比重。

氣詞與句類之間相互選擇率如下：

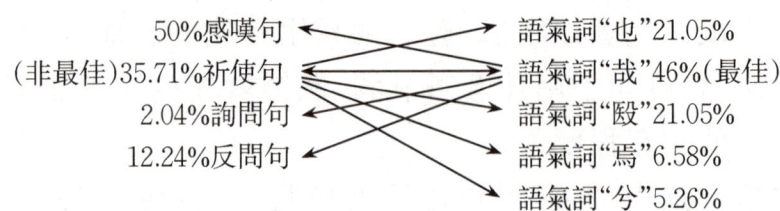

　　在選擇用語氣詞來表達語氣的情況下，祈使句最傾向於選擇"哉"。但是，"哉"在選擇句類時，最偏好的不是祈使句而是感嘆句。也就是說，"哉"對於祈使句來說是最佳選擇，但祈使句對於"哉"來說並不是最佳選擇，它們之間的相互選擇關係處於不平衡狀態。由此可初步推斷，祈使句與"哉"在語氣性質上存在一定的差異。

　　第三，"哉"與詢問句的相互選擇率。出土先秦文獻中，帶有語氣詞的詢問句共有 251 例，所帶語氣詞包括"也"(3)"殹"(59)"抑/執"(58)"乎"(102)"與"(17)"哉"等。其中，"哉"與詢問句的組合共有 2 例，佔詢問句總用例(251)的 0.8％，佔"哉"總用例(98)的 2.04％。經計算，得到各語氣詞與句類之間相互選擇率如下：

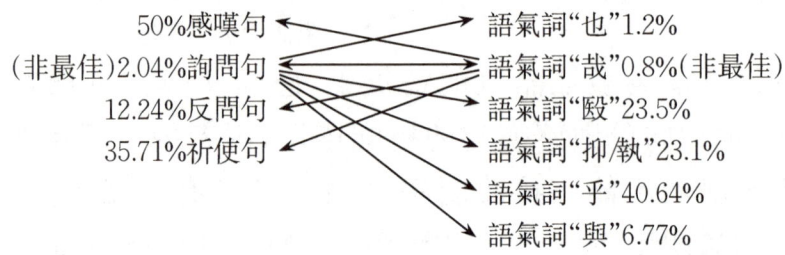

　　在選擇用語氣詞來表達語氣的情況下，詢問句傾向於選擇"乎"而不是"哉"。反過來，在對句類進行選擇時，"哉"傾向於選擇感嘆句而不是詢問句。這可以說明，詢問句與"哉"在語氣性質上定有較為明顯的差異。

　　第四，"哉"與反問句的相互選擇率。出土先秦文獻中，帶有語氣詞的反問句共 76 例，所帶語氣詞有"也"(5)"乎"(68)"與"(3)"哉"等。其中，"哉"與反問句的組合共 12 例，佔反問句總用例(76)的 15.79％，佔語氣詞"哉"總用例(98)的 12.24％。經計算，得出各語氣詞與句類之間相互選擇率如下：

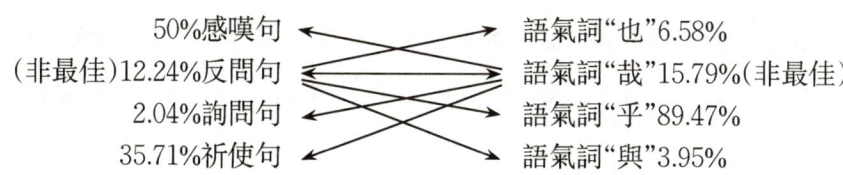

　　與上例情況一樣,在選擇用語氣詞來表達語氣的情況下,反問句傾向於選擇"乎"而不是"哉"。反過來,在對句類進行選擇時,"哉"傾向於選擇感嘆句而不是反問句。由此可推斷,反問句與"哉"在語氣性質上有一定程度的不同。

　　綜上,我們認為,在某一歷史階段的文獻材料中,假如句類 A 與語氣詞 a 之間的搭配率明顯高於句類 A 與語氣詞 b(及 c、d 等)、語氣詞 a 與句類 B(及 C、D 等)的話,那麼說明句類 A 與語氣詞 a 之間在語氣性質上存在着高度的吻合,這種吻合就是判定語氣詞功能類型的基礎條件。經過對"哉"和各句類之間的相互選擇傾向性進行比較後,可以明確地否定幾種情況:一、"哉"主要表達祈使語氣;二、"哉"主要表達詢問語氣;三、"哉"主要表達反問語氣。唯一可以肯定的情況是:"哉"主要表達感嘆語氣。

(二)"哉"用於祈使句、疑問句中時的功能

　　表達語氣是語氣詞最基本、最主要的功能,對它進行研究,就必須把語氣詞放到具體語言中進行考察,從具體語言中去探尋其功能的本質。

　　第一,"哉"用於祈使句中時,例如:
　　A:王曰:"於(嗚)䧹(呼)! 丁,戒哉!"(《清華簡(伍)·封》)7

　　此例為大王對呂丁告誡。句中訓誡語氣非常明顯,但祈使語氣是由"主語+謂語動詞"形式體現出來的,而語氣詞"哉"仍然表達感嘆語氣。

　　張玉金先生利用"語氣層次分析法"[①],將祈使句中祈使語氣和"哉"

---

① "語氣層次分析法"見楊永龍《先秦漢語語氣詞同現的結構層次》,《古漢語研究》2000 年第 4 期,頁 23-29。

所表的感嘆語氣的層次展現出來,他認為可有兩種分析方式①:

A:敬之哉［M］(M代表語調要素) B:敬之[∅]哉(∅為零形式的語氣要素)

A種分析中感嘆語氣在內層,祈使語氣處於外層,整個句子的語氣詞重點落到祈使語氣上,句子的句類為祈使句;B種分析中,感嘆語氣在外層,祈使語氣在內層,整個句子的語氣詞重點落到感嘆語氣上,句子的句類為感嘆句。無論何種分析最合理,都不能改變祈使語氣與感嘆語氣處在不同層面的事實,"哉"仍然表達的是感嘆語氣。我們認為這種分析可信。

第二,"哉"用於詢問句中時,例如:

A:湯或(又)䎽(問)於少(小)臣:"又(有)顕(夏)之悳(德)可(何)若才(哉)?"(《清華簡(伍)·湯丘》12)

結合此例的上下文語境,可知這篇文章為"湯"和"小臣"的對話,對話裏顯示出了君主的勤恤、親民、德政等優良作風,此句"湯"向"小臣"問到夏禹時候的政德,夏禹勤政愛民的德行,正是自己所嚮往的德政風貌,因此由衷一歎。此句為詢問句無疑,因為接下來"小臣"還向"湯"回答了自己對"有夏之德"的瞭解。此句的詢問語氣由疑問組合"何若"和全句語調來實現,"哉"仍然表達其感嘆語氣,整個句子有疑問和感嘆的雙重語氣。

第三,"哉"用於反問句中時,例如:

A:臧(莊)公[曰]:"今天下之君子既可䜈(知)已,管(孰)能并(併)兼人才(哉)?"(《上博簡(四)·曹》4)

此例大致語境是:曹沫向魯莊公進諫要戒奢,不然就會危及國家社稷,而莊公卻認為當今社會沒有誰有能力吞併他人,覺得曹沫的擔憂多餘了。魯莊公用反問的形式,表現出其對曹沫所諫的不屑。句子的反

---

①張玉金《出土戰國文獻虛詞研究》,人民出版社,2011年,頁620。

問語氣由疑問詞"孰"和貫穿全句的語調來承載,"哉"則表達出魯莊公由於不耐煩而發出的感嘆。

總之,在詢問句和反問句中,語氣詞"哉"常常配合疑問詞"何以""何必""何若""孰""誰"等,以及副詞或助動詞"豈""敢""豈敢"等來表達。這時"整個句子的語氣重點落在最後一個語氣詞'哉'上,其句類為感嘆句,整句是用感嘆句式來表示反問語氣"①。

(三)關於"哉"的加重語勢功能說

"哉"的主要功能是加重語勢,此觀點由華建光先生在其論著《戰國傳世文獻語氣詞研究》中提出。他說:"'哉'的統一功能即說者用於加重語勢的手段,或是加重的陳述(即感嘆),或是加重的祈使(即命令、警戒)。正是因為是加重的陳述,情感比較激烈急切,所以'哉'字陳述句才明顯偏好主語後置句式。"②此可備一說,但我們不贊同它,理由有:

第一,古漢語中會發生主謂倒置的不僅只有"哉"字句。例如:

A:甚矣,魯侯之淑,魯侯之美也!(《公羊傳·莊公十二年》)

B:甚矣,子之好學也!(《莊子·漁父》)

類似的例子還很多,若據華建光的推論,我們也可以認為語氣詞"矣"具有加重語勢功能、可表達激烈的情感?答案當然是否定的。其實,在對話中,當說話者急切地說出需要強調的重點時,確實是帶有比平常話語更激烈的情感。但這種情感程度的加重,並不完全是由語氣詞"哉"或"矣"來承擔,而主要靠句式。也就是說"哉"字主謂倒置式,不能決定"哉"僅具有加重語勢的作用。只能說"哉"或許具有加重語勢的功能,所以才會常被用在主謂倒置句裏。

第二,從功能性質上看,"哉"的加重語勢功能不應該是其主要功能。因為"加重語勢"不是語氣表達的全部或主要內容,"語勢"只是廣義"語氣"中的一種,而語氣詞最重要、最專門的功能是表達狹義"語氣"

---

① 張玉金《出土戰國文獻虛詞研究》,人民出版社,2011年,頁621。
② 華建光《戰國傳世文獻語氣詞研究》,《光明日報》出版社,2013年,頁135。

的①。另外,齊滬揚將語氣分為功能語氣和意志語氣兩類:前者包括陳述語氣、疑問語氣、祈使語氣、感嘆語氣;後者包括可能語氣、能願語氣、允許語氣、料悟語氣。他認為語氣詞是功能語氣的形式標誌,意志語氣的形式標誌是助動詞和語氣副詞②。很明顯,"加重語勢"不屬於功能語氣表達,所以認為"哉"的主要功能是"加重語勢",這是非常值得商榷的。

那麼,語氣詞"哉"到底有沒有加重語勢的功能呢?我們認為是有的,但不是其主要功能,也並非所有句類都能適用。

第一,"哉"的表達語氣功能與加重語勢功能不是同一層面上的概念,前者是"哉"的本質屬性,後者應屬"哉"的語用功能,後者是從前者派生出來的③。"哉"本身具有的感嘆語氣,就帶有強烈、激昂的情感,這種情感往往帶來的是語音、語速上較重程度的表達,而這種表達方式當屬於語用範疇。古漢語中,除了"哉"以外,語氣詞"也"也具有加強語氣的語用功能,張小峰先生說:"祈使句或感嘆句中,如果去掉句末的'也',語氣類型並不會發生改變,變化的只是口氣的強弱,'也'只是強化了作者的態度和感情。"④

第二,"哉"的"加重語勢"功能不是所有句類都適用⑤。試比較以下句子:

A:放下武器! A′:放下武器啊! A″:放下武器 X!
B:戒之! B′:戒之哉! B″:戒之 X!(X 代表任意語氣詞)

---

①廣義和狹義"語氣"的內容請參看呂叔湘《中國文法要略》,商務印書館,2014 年,頁 361。
②齊滬揚《語氣詞與語氣詞系統》,安徽教育出版社,2002 年,頁 20-21。
③我們認為,"哉"加強語勢的作用,是從其表示感嘆語氣的功能中體現出來的。感嘆句本身是一種語氣較為強烈、情感較為濃厚的句子,"哉"作為感嘆句的表現形式之一,是感嘆句賦予了它加重語勢的能力。
④張小峰《先秦漢語語氣詞"也"的語用功能分析》,《古漢語研究》2008 年第 1 期,頁 36-40。
⑤比如在對話裏使用祈使句時,若沒有語氣詞,句子會顯得很突兀,使令語氣更重、更強烈,似乎意味着所說的事情沒有商量的餘地,帶有命令的口吻。

假設現代漢語與古代漢語的語氣差別不大,上列豎排是現代漢語與古代漢語語氣程度的比較;橫排是用不用語氣詞或不同語氣詞之間語氣程度的比較。比較的結果是:豎排語氣程度:A＝B；A′＝B′；A″＝B″。橫排語氣程度:A＞A′＞A″；B＞B′＞B″。祈使句本身就帶有強烈、急切的口氣,加上了語氣詞反而使得其語氣更加舒緩,古漢語中常見的"戒之哉""敬之哉""欽之哉"等語句更帶有耐心勸導的意味,口氣並不是很強烈。由此可知,"哉"的加重語勢功能在祈使句中不能適用。

綜上,可把"哉"的功能分成兩個層面看:一、"哉"承載着人們的一種情緒,故具有感歎等情感屬性;二、"哉"是語言的一部分,故具有表達這種情感的功能。"哉"的情感本身帶着激烈、高昂的氣勢,所以在表達時,"哉"能夠調節感嘆語氣力度,表達不同情感。"哉"的兩種功能關係如下圖所示:

　　　　本質功能　　　　　　派生功能
　　哉　←――→　表達感嘆語氣　―――→　加重或舒緩語氣

(四)"哉"與其它語氣詞連用時的功能

出土先秦文獻中,"哉"與其它語氣詞連用共見 3 例:

(1)募(寡)人之不剝也,幾(豈)不二子之惡(憂)也才(哉)?(《上博簡(五)·競公瘧》8-9)

(2)胃(謂)姑(苦)戒(成)豪(家)父曰:"爲此磔(世)也從事,可(何)目(以)女(如)是丌(其)疾與(歟)才(哉)?"(《上博簡(五)·姑成家父》6)

(3)☐虖(乎)戠(哉),不智也!夫周公曰☐(《信陽》1-014)

由上舉諸例可知,"哉"可與表陳述、疑問的語氣詞連用,連用時總是出現在句子語言語序的最末端;另外,句子語氣詞(語氣)的排列層次呈現出明顯的特徵,即表陳述、疑問的語氣詞(陳述、疑問語氣)處於內層,表感嘆的"哉"(感嘆語氣)處於外層。

關於語氣詞"哉"連用時的功能,現以上舉例(1)來說明。此例為反問句,而"也"與"哉"都不是表達疑問語氣的語氣詞,那麼此句的疑問語氣是怎樣來表達的呢?我們可利用"語氣層次分析法",將"哉"連用時的語氣表達情況作一次分析:

豈不二子之憂也哉　[M]（M代表語調要素）

此例中，語氣詞"哉"處於句子語氣層次的外層，與語調要素"M"的聯繫最緊密，表達感嘆語氣；"也"處於句子語氣層次的內層，與"不二子之憂"的關係最密切，表達對這一事實的論斷。郭錫良先生指出："語氣詞連用，每個語氣詞仍然保留各自所表示的語氣，組成一種複雜的語氣，不過語氣的重點一般是落在後一個語氣詞上。"①此時，句子的語氣重點落在外層的"哉"上，整個句子以感嘆語氣為主。但是，由於疑問詞"豈"的存在，該句子其實是以反問的形式來表達感嘆，同時又帶有疑問語氣。反問句是無疑而問，對所問之事是確定無疑的，是在向聽話方強調這一不容爭辯的事實，所以帶有一定感嘆的語氣。

四、結語

經過上述討論，我們得到的結論有以下幾點：

第一，語氣詞"哉"的書寫形式共有 6 種，它們是兩組繁簡程度不同的異體字，從中可看到這些文字在發展的各個階段所呈現出來的字形狀態。這些文字用來記錄語氣詞"哉"，契機主要是語音的相同或相近。

第二，語氣詞"哉"的句法表現很豐富，其可以附加於 VP 和 AP 性質的謂語上，其中以 VP 最多。語氣詞"哉"常出現於無主語句和主謂倒置句中，前者與文體風格、表達方法相關；後者與語氣詞"哉"本身性質及語氣表達功能相關。"哉"主要出現於感嘆句、祈使句、反問句和詢問句等句類中，其中以感嘆句的用例最豐富。

第三，"哉"語氣表達功能具有單一性，它是專門表達感嘆語氣的語氣詞。"哉"的"加重語勢"功能不適用於所有句類，且不是其唯一功能，它應屬於語用層面的功能。"哉"可與表陳述、疑問的語氣詞連用，仍然只表達感嘆語氣。它總是出現在句子語言語序的最末端，故感嘆語氣處於句子語氣層次的最外層，此時句子的語氣層次為：陳述語氣＞疑問語氣＞感嘆語氣。

---

① 郭錫良《先秦語氣詞新探（壹）》，《古漢語研究》1988 年第 1 期，頁 49-55。

出土戰國文獻中的否定副詞"不"

張玉金①

摘　要:出土戰國文獻中的否定副詞"不",絕大多數都是表示一般否定的,有時也表示已然否定和判斷否定。"不"後的謂詞性成分可以是一個單中心謂語,也可以是複雜謂語。"不"的否定範圍主要在它的後面。在它的否定範圍裏存在著一個否定中心,這有兩種,一種是非對比性的,一種是對比性的。"不"的否定作用也有兩種:一種是否定了謂語動詞所表示的動作,也否定了整個命題;另一種是否定了否定範圍內的某些成分,並沒有否定整個命題。

關鍵詞:出土戰國文獻;否定副詞;不

以往,研究傳世文獻中否定副詞"不"的論著比較多,而研究出土戰國文獻中否定副詞"不"的論著卻很少。出土戰國文獻具有保持語言原貌、沒被後人篡改的優點,研究這種文獻中的"不",能夠使我們看清楚戰國時代語言中"不"的真實面貌,因此研究這一問題是很有意義的。

在現有的出土戰國文獻中,"不"共出現2401次,如下表所示:

---

①張玉金,華南師範大學文學院　教授　廣州　510006。

表 1　出土戰國文獻中"不"出現頻率表①

文獻	戰國金文	戰國簡牘		戰國帛書	戰國玉石文字	總計
		楚簡	秦簡			
次數	38	1330	994	28	11	2401

出現在殘辭以及不能釋讀的文辭中的"不"共有 56 次。作為一個詞素出現在複合詞中的"不"有 8 次,如"不穀(5)""不敏(1)""不更(1)""不周門(1)"。從 2401 次中,減去"56＋8"次,共有 2337 次,這是作為否定副詞而其所在的文句又是能夠通讀的"不"的出現次數。

本文即以這 2337 個"不"作為研究對象。

一、"不"的義項

出土戰國文獻中的"不",絕大多數都是表示一般否定的,仍可譯為"不"。例如:

(1)乙智(知)盜羊,而不智(知)其羊數。(《睡虎地秦簡·法律答問》)

(2)令市者見其人,不從令者貲一甲。(《睡虎地秦簡·秦律十八種》)

有些"不"則是表示已然否定的,可以譯為"沒"。這種"不"在出土戰國文獻中共有 9 次,佔總數(2337)的 0.39％。例如:

(3)甲告乙盜牛若賊傷人,今乙不盜牛、不傷人,問甲可(何)論?(《睡虎地秦簡·法律答問》)

(4)問不殺人,甲言不審。(《睡虎地秦簡·法律答問》)

(5)甲號寇,其四鄰、典、老皆出不存,不聞號寇,問當論不當?(《睡虎地秦簡·法律答問》)

(6)見書而投者不得,燔書,勿發。(《睡虎地秦簡·法律答問》)

---

① 所引出土戰國文獻用簡稱,如《睡虎地秦墓竹簡》簡稱為《睡虎地秦簡》、《上海博物館藏戰國楚竹書》簡稱為《上博楚簡》、《郭店楚墓竹簡》簡稱為《郭店楚簡》、《新蔡葛陵楚墓》簡稱為《新蔡楚簡》、《殷周金文集成》簡稱為《集成》、《近出殷周金文集錄》簡稱為《近出》,等等。著錄書分冊的,在書名簡稱後標冊數,如《上博楚簡五》。在書名簡稱和篇名之間用·號,如《睡虎地秦簡·法律答問》、《上博楚簡五·競建內之》。金文先標"器名＋銘",如《中山王𧊒方壺銘》,然後標出處,如《集成》15·9735,《集成》這種簡稱之後是卷數和器的編號。

"不"表示已然否定,在甲骨文中比較常見,例如"[甲]申貞:王步?甲王不步。"(《屯南》2224)"貞:王不裸,示左?/貞:示弗左,王不裸?"(《合集》10613)跟甲骨文比較起來,在出土戰國文獻中表已然否定的"不"數量明顯減少了。

　　有些"不"是表示判斷否定的,出現在名詞性謂語之前,可譯為"不是"。這種"不"在出土戰國文獻中共出現 5 次,佔總次數(2337)的 0.21%。例如:

　　(7)幾(豈)不二子之慭(憂)也才(哉)?(《上博楚簡五·競建內之》)
　　(8)不夏月,毋敢夜草為灰。(《睡虎地秦簡·秦律十八種》)

　　這種表示判斷否定的"不",可以跟"乃/則"構成"不……乃……"、"不……則……"這樣的固定格式,是"不是……就是……"的意思。"不"和"乃/則"之後都是名詞性詞語。例如:

　　(9)丙亡,為間者不寡夫乃寡婦。(《睡虎地秦簡·日書乙種》)
　　(10)賜某大畐(福),不錢則布,不坙(繭)則絮。(《睡虎地秦簡·日書乙種》)

　　這種表示判斷否定的"不"在甲骨文中見不到,是後來才出現的。

　　把表示已然否定的"不"和表示判斷否定的"不"加起來,只佔總數的 0.6%。這就是說,占總數 99.4%的"不"都是表示一般否定的。

二、單中心謂語前的"不"

　　按著其後謂詞性成分的不同,可以把"不"分成兩大類。其一,"不"後的謂詞性成分只有一個中心;其二,"不"後的謂詞性成分有兩個或兩個以上的中心。第二種"不"即指出現在謂詞性聯合短語、連謂短語、兼語短語之前的"不"。這種"不"出現的次數是:

　　聯合短語前有 70 次;連謂短語前有 53 次,兼語短語前有 8 次,總計 131 次。

　　從總數 2337 次中減去 131 次,即是 2206 次,這即是出現在單中心謂詞性成分前的"不"。

(一)"不"後謂詞語中心詞的省略

"不"後的謂詞語中心,一般都是出現的,但有時候承前省略。最常見的是在正反問句中,"不"後的謂詞語中心承前省略,這時"不"與前面的謂詞語同在一個小句之中。例如:

(11)相與鬥,交傷,皆論不殹?交論。(《睡虎地秦簡·法律答問》)

(12)聞號寇者不殹?(《睡虎地秦簡·封診式》)

(13)乃解索,視口鼻渭(喟)然不殹?(《睡虎地秦簡·封診式》)

(14)甲號寇,其四鄰、典、老皆出不存,不聞號寇,問當論不當?(《睡虎地秦簡·法律答問》)

(15)工盜以出,臧(贓)不盈一錢,其曹人當笞(笞)不當?不當笞(笞)。(《睡虎地秦簡·法律答問》)

(16)妻媵(媵)臣妾、衣服當收不當?不當收。(《睡虎地秦簡·法律答問》)

上引各例,"不"後被省去的謂語中心都可以補出。如例(11)"不"後應是"論",例(12)應是"聞",例(13)應是"喟然",例(14)應是"論",例(15)應是"笞",例(16)應是"收"。

下引各例不是正反問句。不過"不"後的謂語中心也承前省去了,例如:

(17)工擇幹,幹可用而久以為不可用,貲二甲。工久幹曰不可用……貲工曰不可者二甲。(《睡虎地秦簡·秦律雜抄》)

(18)甲告乙盜牛若賊傷人,今乙不盜牛、不傷人,問甲可(何)論?端為,為誣人;不端,為告不審。(《睡虎地秦簡·法律答問》)

(19)欲行之不能,欲迲(去)之而不可。(《上博楚簡五·君子為禮》)

(20)為邦而不以豊(禮),猷(猶)人之亡所遹也。(《郭店楚簡·尊德義》)

例(17)"不可"後省掉的是"用"。例(18)"不端"後省掉的是"為"。例(19)"不能"、"不可"後省略的分別是"行"和"去"。例(20)"不以禮"後省略的是"為"。

這種"不"後謂語中心省略的例子共有 48 個,佔總次數的 2%。我們分析這種"不"的用法時,是把它後面被省掉的謂語中心補出來的。

(二)"不"字句的謂語中心詞

單中心謂語前的"不",其後的謂語中心詞可以分為 6 類,即名詞、謂詞性代詞、形容詞、不及物動詞、及物動詞、助動詞。

"不"可以否定名詞語,這有兩種情況,一是"不+名詞語"作判斷句謂語,"不"是"不是"的意思,如上引例(7)至例(10)。另一種是"不"出現在定中短語之前,"不+定中短語"作描寫句謂語。這種"不"很少見,只有 7 次。例如:

(21)衣不裚(鮮)娧(美),飤不童(重)昧(味),朝不車逆,糧(春)不糧(穀)米,盥(宰)不折骨。(《上博楚簡二‧容成氏》)穀:細。

"不"可以否定謂詞性代詞。這種謂詞性代詞只有"然(7)""如何(1)"。例如:

(22)不肰(然),君子昌(以)殹(賢)再(稱),害(曷)又(有)弗尋(得)?(《上博楚簡四‧曹沫之陣》)

(23)丁卯,不正,不然,必有疵於前。(《睡虎地秦簡‧日書乙種》)

(24)其問如言不然?(《睡虎地秦簡‧封診式》)

(25)贊(將)大車之囂也,則昌(以)為不可女(如)可(何)也。(《上博楚簡一‧詩序》)

"不"還可以否定形容詞或以形容詞為中心語的短語。這種"不"比較常見。例如:

(26)鼠襄戶,見之,入月一日二日吉,三日不吉,四日五日吉,六日不吉,七日八日吉,九日恐。(《睡虎地秦簡‧日書甲種》)襄:上。

(27)豊(禮)之於尻(尸)窨(廟)也,不腈(精)為腈(精),不娧(嫩)為娧(嫩)。義反之,腈(精)為不腈,娧為不娧。(《上博楚簡六‧天子建州甲》)

(28)型(刑)正(政)不懸(緩),惪孝(教)不悆(倦)。(《上博楚簡三‧中弓》)

(29)元走(去)之不速,元邊(就)之不尃(迫),元坒(啟)節不疾,此戠(戰)之幾(忌)。(《上博楚簡四·曹沫之陣》)

(30)大臣之不罕(親)也,則忠敬不足,而賵(富)貴已迻(過)。邦家之不寍(寧)也,〔則大臣不治,而褻臣托也〕。(《上博楚簡一·緇衣》)

(31)不聰(聰)不明,不聖不智,不智不悥(仁),不悥(仁)不安,不安不樂,不樂亡悳(德)。《郭店楚簡·五行》)

"不"所否定的形容詞有兩種,一種是性質形容詞,另一種是狀態形容詞。前一種常見,後一種少見。

"不"後的性質形容詞,多數是單音節的,少數是複音節的。單音節性質形容詞很多,可以分為三大類:

第一類是表示人和物的品德、性質特徵的。如:忠(2)、強(3)、嚘(氣逆)(1)、剛(1)、柔(1)、安(5)、督(昏亂)(1)、殆(危險)(1)、幸(3)、平(3)、弟(1)、吉(66)、善(13)、實(1)、安(2)、祥(14)、武(2)、寧(1)、熟(1)、穀(善)(6)、窮(1)、僂(恭敬)(1)、孝(5)、審(18)、仁(15)、勞(4)、中(公平)(2)、智(8)、廉(正直)(1)、義(13)、壽(2)、袤(善)(2)、媺(美)(4)、惑(8)、狡(狡猾)(1)、倦(3)、亂(12)、慎(14)、固(1)、約(節儉)(1)、壯(1)、敏(4)、恒(1)、和(8)、篤(2)、謙(1)、堅(4)、工(1)、聰(4)、明(3)、懈(3)、果(果決)(3)、聖(4)、厭(滿足)(1)、恭(3)、敬(4)、惠(1)、康(康樂)(1)、惡(1)、貴(1)、弱(1)、芳(1)、苦(粗惡)(1)、肖(1)、苦(順善)(1)。

第二類是表示人物事的形態、數量特徵的。如:厚(3)、異(1)、深(1)、淺(1)、簡(3)、綵(急)(1)、長(3)、輕(1)、敝(1)、壹(一致)(1)、汲(急切)(1)、久(1)、遠(7)、靖(靜)(1)、完(4)、全(6)、足(15)、陽(1)、精(9)、方(2)、圓(1)、齊(1)、致(緊密)(1)、直(8)、重(1)、備(31)、謹(嚴)(1)、莊(1)、陰(2)、耀(2)、殘(4)、滑(1)、涸(1)、頗(偏頗)(2)、緩(1)、空(1)、彰(明顯)(1)、嚴(1)、寬(1)、著(3)、再(長久)(1)。

第三類是表示對行為和事態的評價的。如治(1)、適(適當)(1)、利(1)、正(14)、當(適宜)(3)、急(1)、便(3)、順(6)、難(4)、報(急速)(1)、多(1)、速(1)、迫(1)、疾(4)、困(1)。

複音節形容詞很少見,都是合成詞聯合式的。如廉潔(1)、鮮美(1)。

"不"後的狀態形容詞有兩種,一種是疊音詞,如:惙惙(1)、忡忡(1);另一種是附加式,帶詞尾的,如:喟然(3)。

"不"還可以否定不及物動詞以及以不及物動詞為中心語的短語。例如:

(32)天不雨。(《上博楚簡二·魯邦大旱》)

(33)大主死;不死,瘇。(《睡虎地秦簡·日書甲種》)

(34)又(有)耳不䎽(聞),又(有)口不鳴,又(有)目不見,又(有)足不趣(趨)。(《上博楚簡五·融師有成氏》)

(35)禍(禍)不降自天,亦不出自地。(《上博楚簡六·用曰》)

(36)十二月辰。凡此日不可以遠行,不吉。(《睡虎地秦簡·日書甲種》)

(37)己丑之日,㠯(以)君不懌(懌)之古(故),遱(就)禱霝(靈)君子一豬。(《新蔡楚簡》·乙一:28)

名詞活用為不及物動詞,或者兼作不及物動詞,這時也可以用"不"否定。例如:

(38)昔周室之邦魯,東西七百,南北五百,非山非澤,亡又(有)不民。(《上博楚簡四·曹沫之陣》)民:作民。

(39)型(荊)為不道。(《上博楚簡七·吳命》)道:合乎道。

(40)亡勿(物)不勿(物),膚(皆)至安焉。(《郭店楚簡·語叢一》)物:屬於物。

(41)不曲方(防)以迲(去)人。(《上博楚簡五·弟子問》)防:築隄。

(42)丌(其)返(反),夫不夫,婦不婦,父不父,子不子,君不君,臣不臣,緍(昏)所繇(由)乍(作)也。(《郭店楚簡·六德》)夫:如夫。其餘類此。

(43)凡春三月己丑不可東,夏三月戊辰不可南,秋三月己未不可西,冬三月戊戌不可北。(《睡虎地秦簡·日書甲種》)

"不"後的不及物動詞,可以分為三大類:

第一類是不及物動作動詞,如:通(1)、唯(1)、諸(1)、進(3)、後(1)、逞(逞強)(2)、出(21)、入(6)、行(27)、發(出發)(7)、返(3)、復(3)、垣(築牆)(4)、歸(2)、來(16)、東(東行)(1)、南(南行)(1)、西(西行)(1)、北(北行)(1)、巫(作巫)(1)、跡(查跡)(1)、嚏(1)、別(分離)(2)、和(合謀)(1)、包(隨往)(2)、川(涉川)(1)、遷(1)、徙(3)、逡(遷徙)(1)、坯(築牆)(1)、證(作證)(3)、廷(出廷)(1)、齋(1)、字(起字)(6)、逃(1)、降(2)、步(1)、鳴(2)、趨(快步走)(1)、防(築隄)(1)、奔(1)、民(做民)(1)、武(進行武備)(1)、伍(編為伍)(1)、斂(收斂)(2)、逗(停留)(1)、詣(到)(1)、信(守信用)(1)、留(2)、立(2)、處(2)、到(1)、至(9)。

第二類是不及物狀態動詞，如：浸(潛移默化)(1)、黨(偏私)(1)、遍(遍及)(1)、夫(如夫)(1)、婦(如婦)(1)、父(如父)(1)、子(如子)(1)、君(如君)(1)、臣(如臣)(1)、偏(偏黨)(1)、過(有錯)(1)、肆(放縱)(2)、形(形成)(7)、既(盡)(1)、脫(2)、窮(窮盡)(2)、道(合乎道)(3)、屈(窮盡)(1)、實(如實)(1)、死(24)、汗(出汗)(1)、成(25)、合(19)、勝(5)、害(有害)(2)、盡(6)、間(癒)(1)、辜(有罪)(6)、瘀(癰)(1)、果(4)、字(生子)(1)、霽(1)、病(2)、鬱(瘀血)(1)、老(退休、免老)(1)、雨(落雨)(3)、同(4)、瘇(續)(2)、瘥(5)、瘳(1)、喪(1)、沒(2)、遂(1)、隕(1)、敦(敦勉)(1)、寢(1)、愆(有過失)(3)、患(有憂患)(1)、賡(延續)(1)、殄(殄滅)(1)、見(顯露)(3)、忒(差錯，疑貳)(6)、踣(仆，仆倒)(1)、物(屬於物)(2)、生(1)、渝(變)(1)、結(聚集)(1)、詐(1)、流(放縱)(1)、漫(放縱)(1)、法(合法)(1)。

第三類是不及物心理動詞，如：樂(4)、驕(5)、悅(12)、辱(1)、怡(2)、怒(1)、懌(9)、吝(悔恨)(2)、羞辱(1)。

"不"還可以否定及物動詞以及以及物動詞為中心語的短語。例如：

(44)小人與慶不信殺恒卯，卯自殺。｜察聞知苛冒、恒卯不殺舒㽙。(《包山楚簡》136、137)

(45)五月六月，不可為複衣。月不盡五日，不可材(裁)衣。(《睡虎地秦簡·日書甲種》)

(46)臨歆(食)不話(語)亞(惡),臨猷不言乿(亂)、不言㝱(寢)、不言威(滅)、不言犮(拔)、不言耑(短),古(故)龜又(有)五异(忌),歸城不〔言〕毀,觀邦不言喪。(《上博楚簡六·天子建州甲》)

(47)哀公胃(謂)孔子:子不為我圖(圖)之?(《上博楚簡二·魯邦大旱》)

(48)乙智(知)盜羊,而不智(知)其羊數。(《睡虎地秦簡·法律答問》)

(49)凡若是者,不有大禍(禍),必大恥。(《上博楚簡五·三德》)

名詞、形容詞、不及物動詞都可活用為或者兼作及物動詞,這時也受"不"否定。例如:

(50)行此者丌(其)又(有)不王唐(乎)?(《上博楚簡一·詩序》)

(51)曰:口不奉(捧)苽,不昧(味)酉(酒)。(《上博楚簡六·孔子見季趄子》)

(52)亡、不仁其主及官者,衣如隸臣妾。(《睡虎地秦簡·秦律十八種》)

(53)是以〔聖〕人欲不欲,不貴難得之貨。(《郭店楚簡·老子丙本》)

(54)古(故)不可㝡(得)天〈而〉親,亦不可㝡而疋(疏);不可㝡而利,亦不可㝡而䡈(害);不可㝡而貴,亦{可}不可㝡而戔(賤)。(《郭店楚簡·老子甲本》)

(55)申不可出貨,午不可入貨。(《睡虎地秦簡·日書甲種》)

"不"後的及物動詞,可以分為五類:

第一類為及物動作動詞,如:耕(1)、謂(1)、嫁(1)、能(能做)(6)、倡(1)、學(2)、拔(拔除)(3)、救(2)、保(1)、爭(3)、率(1)、斁(拒絕)(3)、曰(1)、起(3)、從(21)、丈(丈量)(1)、到(2)、殺(16)、刹(3)、出(22)、問(2)、擒(1)、入(8)、用(11)、除(5)、行(21)、發(打開)(1)、言(31)、治(10)、解(2)、之(2)、計(2)、去(7)、取(10)、酢(7)、祠(7)、制(3)、居(7)、伐(2)、蓋(6)、藏(2)、攻(4)、飲(2)、食(13)、予(3)、覆(1)、答(4)、作(9)、裁(2)、禦(1)、葬(2)、過(2)、畜(3)、舉(1)、樹(2)、周(繞)(1)、鑿(1)、築(3)、擇(3)、執(2)、

分(2)、語(19)、任(1)、施(1)、追(2)、遺(贈)(3)、歸(歸還)(5)、償(2)、徹(達到)(1)、刖(割斷)(1)、會(4)、餼(1)、貸(1)、養(1)、收(4)、論(15)、書(登記)(1)、邌(追究)(1)、購(獎勵)(4)、寰(寬宥)(2)、援(1)、存(6)、致(3)、穿(1)、燔(1)、盜(2)、置(2)、答(2)、謀(1)、告(12)、稟(領糧)(1)、避(1)、易(調換)(3)、備(2)、將(1)、衣(2)、介(覆蓋)(1)、久(刻標記)(1)、仁(忠實對待)(1)、繕(1)、賣(1)、逮(趕上)(1)、贖(1)、操(1)、墾(1)、疏(疏通)(3)、亯(享)(2)、毀(1)、持(1)、稱(4)、賽(償還)(11)、量(4)、交(交給)(2)、劃(斷)(5)、竊(1)、牧(1)、佑(1)、與(參與)(4)、下(離開)(2)、逆(迎、違反)(4)、教(4)、誓(2)、沽(1)、違(2)、複(再做)(1)、達(1)、饗(2)、爵(封爵)(1)、君(1)、事(4)、捧(1)、味(品味)(1)、對(1)、侒(應答)(1)、振(搖動)(1)、求(2)、罪(治罪)(1)、監(2)、廢(4)、及(4)、賞(4)、慎(謹慎對待)(2)、修(3)、絕(4)、欺(2)、折(2)、鼓(1)、導(2)、刑(用刑)(2)、諫(2)、踐(1)、薦(1)、在(4)、戰(1)、沒(1)、縮(1)、承(2)、掩(2)、先(先做)(1)、述(2)、諧(洩導)(1)、砥(1)、罰(1)、授(1)、由(3)、圖(1)、王(1)、幹(1)、頓(用)(2)、力(2)、謀(2)、倍(背)(5)、奪(4)、善(善待)(2)、以(用)(7)、非(2)、削(1)、割(1)、酬(1)、迪(開導)(2)、返(回報)(3)、達(2)、說(2)、期(約定)(2)、牽(1)、禪(1)、傳(繼承)(3)、還(遵循)(1)、慕(仿效)(1)、比(2)、畀(2)、戚(接近)(2)、止(8)、屬(連接)(2)、把(帶)(1)、近(靠近)(1)、埋(2)等。

第二類為致使動詞，如：請(1)、強(強迫)(2)、勑(1)、大(使動)(1)、小(使動)(1)、恥(使動)(1)、勸(使動)(3)、殆(使動)(1)、貴(使動)(1)、賤(使動)(1)、寧(4)、熟(使動)(1)、定(1)、使(3)、細(使動)(1)、裂(利、使動)(1)、令(2)、危(4)、足(使動)(1)等。

第三類為心理動詞，如：愛(3)、明(明瞭)(7)、察(11)、欲(6)、尚(崇尚)(1)、憚(1)、見(21)、忘(9)、畏(6)、媚(爱)(1)、忍(3)、敬(5)、安(6)、識(5)、服(6)、視(3)、聞(10)、覺(1)、屈(屈服)(1)、欽(敬)(1)、愁(願意)(2)、思(3)、志(1)、睹(1)、諱(1)、疑(8)、悔(1)、友(意動)(1)、恕(1)、慈(1)、恃(1)、惡(6)、怨(3)、厭(1)、憫(1)、懷(2)、難(意動)(2)、好(1)、尊(尊敬)(3)、憂(2)、樂(1)、信(相信)(3)、貴(意

動)(3)等。

第四類為狀態動詞,如:害(6)、沒(1)、克(戰勝)(2)、輟(1)、廢(1)、貳(變)(2)、怠(耽誤)(1)、剋(戰勝)(1)、盈(滿)(42)、平(1)、隱(3)、利(22)、得(82)、須(3)、傷(6)、已(9)、辭(11)、成(9)、盡(3)、失(6)、釋(1)、卒(3)、終(4)、宜(1)、棄(2)、興(5)、免(3)、產(2)、獲(4)、長(增長)(4)、章(顯揚)(1)、傅(1)、坐(3)、負(3)、勝(12)、中(3)、當(3)、受(2)、代(1)、同(8)、順(4)、變(3)、改(7)、涅(1)、阻(1)、昭(1)、概(平)(1)、增(1)、愈(勝)(1)、墮(1)、因(1)、剝(滅絕)(1)、生(3)、親(13)、容(1)、併(1)、遂(1)、匿(4)、勉(2)、逢(2)、過(2)、敗(1)、塞(1)、閉(1)、豐(增添)(1)、遇(1)、逞(顯示)(2)、加(2)、僕(附著)(1)等。

第五類為關係動詞,如:若(3)、如(11)、為(是、算是)(60)、有(21)等。

"不"還可以否定助動詞。"不"出現在助動詞前其實有三種情況:一是"不+助動詞"之後省去了謂語中心詞,如"甲誣乙通一錢黥城旦罪,問甲同居、典、老當論不當?不當。"(《睡虎地秦簡·法律答問》)"未卒歲而得,治(笞)當駕(加)不當?當。"(《睡虎地秦簡·法律答問》)二是"不"後的助動詞用如及物動詞,如:"凡良吏明法律令,事無不能殹"(《睡虎地秦簡·語書》)、"臣事君,言丌所不能,不訑(辭)丌所能,叴(則)君不袋(勞)"(《郭店楚簡·緇衣》)。上引兩例中的"能",都是能幹、能做的意思。三是"不"出現在助動詞之前,"助動詞"後既沒有謂語中心詞的省略,也不用如及物動詞。這是"不"否定助動詞的例子,如:

(56)士亡友不可。(《郭店楚簡·語叢四》)

(57)毋乃不可。(《上博楚簡二·魯邦大旱》)

(58)悳(德)惠而不夠(恃),祉三十卂(仁)而能之。女(如)是而不可,肰(然)句(後)從而攻之。(《上博楚簡二·容成氏》)

(59)𢦏(攻)之亡繘,而亦不可。(《上博楚簡六·用曰》)

(60)[《漢廣》不求][不]可得,不攴(攻)不可能,不亦智(知)亙(恒)虖(乎)?(《上博楚簡一·詩序》)

(61)毋胃(謂)之不敢,毋胃之不肰(然)。(《上博楚簡五·三德》)

(三)"不"字句的主語

"不"字句的主語,多是主事主語。所謂主事包括施事、致事、經事、系事、起事等。例如:

(62)其邦徒及偽吏不來。(《睡虎地秦簡·法律答問》)

(63)又(有)悳(德)者不逨。(《郭店楚簡·語叢二》)逨:遷徙。

(64)可言而不可行,君子不言;可行而不可言,君子不行。(《上博楚簡二·從政甲》)

(65)小人與慶不信殺亘卯,卯自殺。(《包山楚簡》136)

(66)者(諸)侯不治騷馬。(《睡虎地秦簡·法律答問》)騷馬:騷馬蟲。

(67)君子不目(以)流言歇(傷)人。(《上博楚簡二·從政甲》)流言:謠言。

以上各例"不"前的主語都是施事。

(68)虗聖(聽)正(政)三年,不折(制)革,不砥金,不銘(挈)矢。(《上博楚簡二·容成氏》)

此例中的"挈",是利的意思,使動用法。"不"前的主語應是"禹",承前省去。這個主語是致事。

(69)公不敓(悅),卑(揖)而退之。(《郭店楚簡·魯穆公問子思》)

(70)古(故)君不與少(小)悔(謀)大,杲(則)大臣不惁(怨)。(《郭店楚簡·緇衣》)

(71)臣不智(知)君王之牂(將)為君。(《上博楚簡六·申公臣靈王》)

(72)君不惇(疑)丌臣,臣不惑於君。(《郭店楚簡·緇衣》)

(73)人不難為之死。(《郭店楚簡·性自命出》)

(74)君子不貴庶勿(物),而貴與民又(有)同也。(《郭店楚簡·成之聞之》)

以上各例"不"前的主語都是經事。

(75)大主死;不死,瘥。(《睡虎地秦簡·日書甲種》)

(76)其於久遠也,如後嗣為之者,不稱成功盛德。(《嶧山刻石》)

(77)愞愞小子,欲事天地、四亟(極)、三光、山川、神示(祇)、五祀、先祖,而不得毕(厥)方。(《秦駰玉版銘》)

(78)或盜採人桑葉,臧(贓)不盈一錢,可(何)論?(《睡虎地秦簡·法律答問》)

(79)悵子吉,幽子者不吉。(《九店楚簡》36)

(80)韋(回)不愍(敏),弗能少居也。(《上博楚簡五·君子為禮》)

以上各例的主語都是系事。

(81)子盜父母,父母擅殺、刑、髡子及奴妾,不為"公室告"。(《睡虎地秦簡·法律答問》)

(82)王室所當祠固有矣,擅有鬼立(位)殹,為"奇",它不為。(《睡虎地秦簡·法律答問》)為:是。

(83)唯(雖)甙(勇)力酣(聞)於邦不女(如)材,金玉涅(盈)室不女愍(謀),眾强(強)甚多不女旹(時),古(故)愍(謀)為可貴。(《郭店楚簡·語叢四》)

(84)今襲號而金石刻辭不稱始皇帝。(《嶧山刻石》)

(85)凡若是者,不有大禍(禍),必不恥。(《上博楚簡五·三德》)

以上各例的主語都是起事"不"字句的主語,有時是客事。能出現在主語位置上的客事主要有受事、感事、涉事等。這時構成被動句。例如:

(86)君又(有)愍(謀)臣,則壞陞(地)不鈔(削)。(《郭店楚簡·語叢四》)

(87)人之兵有砥礪(礪),我兵必砥礪。(《上博楚簡四·曹沫之陣》)

(88)君子强(強)則遺,愳(威)則民不道(導)。(《上博楚簡五·季庚子問於孔子》)遺:缺失。

(89)言不聖(聽),青(請)不隻(獲)。(《上博楚簡六·競公瘧》)獲:許。

(90)見書而投者不得,燔書,勿發;投者[得],書不燔。(《睡虎地秦簡·法律答問》)

(91)戒之戒之,材(財)不可歸;謹之謹之,謀不可遺;慎之慎之,言

不可追；綦之綦［之］，食不可賞（償）。（《睡虎地秦簡・為吏之道》）

以上各句的主語都是受事。

（92）內居西南，婦不媚於君。（《睡虎地秦簡・日書甲種》）

（93）骨肉之既朾（糜），身豊（體）不見，虐（吾）祭（奚）自飤之？（《上博楚簡七・凡物流形》）

（94）於虖（乎），前王不忘，虐（吾）敓（悅）之。（《上博楚簡一・詩序》）

（95）君子向方，智（知）道不可㠯（以）忎（疑）。（《上博楚簡六・慎子曰恭儉》）

（96）甲殺人，不覺。（《睡虎地秦簡・法律答問》）

以上各句的主語都是感事。

（97）盜者圜（圓）面，其為人也鞞鞞然，夙得，莫（暮）不得。（《睡虎地秦簡・日書甲種》）

（98）虎失（佚），不得。（《睡虎地秦簡・秦律雜抄》）

（99）能戠（識）豸（貌），則百勿（物）不遊（失）。（《上博楚簡七・凡物流形》）

以上各例的主語都是涉事。

(三)"不"字句的狀語

"不"和謂語中心詞之間可以出現多種狀語，主要有助動詞、副詞、形容詞、代詞、名詞、介賓短語，還有"助動詞＋副詞""助動詞＋形容詞""助動詞＋代詞""助動詞＋介賓短語""助詞＋介賓短語＋形容詞""助動詞＋介賓短語＋名詞"等。

"不"和謂語中心之間最常見的狀語是助動詞。"不"後的助動詞，可以分為三種，即可能助動詞、意願助動詞、必要助動詞。

"不"後的可能助動詞，有"可""可以""能""得""足""足以"，還有其聯合形式"可得"。

"不"後最常見的可能助動詞是"可"，共出現了181次，其中有173次是作狀語的，8次獨立作謂語。"可"獨立作謂語的例子如前引例（56）

至(59)。"可"作狀語的例子如：

(100)智(知)可為者,智(知)不可為者;智(知)行者,智(知)不可行者,胃(謂)之夫。(《郭店楚簡·六德》)

(101)此吕(以)生不可敓(奪)志,死不可敓(奪)名。(《上博楚簡一·緇衣》)

(102)亞(惡)之而不可非者,寶(謂)於宜(義)者也;非之而不可亞(惡)者,管(篤)於怠(仁)者也。(《上博楚簡·性情論》)

(103)鑑(盤)名(銘)曰："與亓(其)溺於人,盜(寧)溺＝於＝㝱＝(溺於淵,溺於淵)猶可遊,溺於人不可求(救)。"(《上博楚簡七·武王踐阼》)

(104)凡甲申,乙酉,絕天氣,不可起土。(《放馬灘秦簡·日書甲·禁忌章》)

(105)其不可食者,不盈萬石以下,誶官嗇夫。(《睡虎地秦簡·秦律十八種》)

"不"後用"可以"的例子不多,有6次。例如：

(106)君王台(始)內(入)室,君之備(服)不可目(以)進。(《上博楚簡四·昭王毀室》)

(107)君子向方,智(知)道不可目(以)悘(疑)。(《上博楚簡六·慎子曰恭儉》)

(108)虘(且)臣之䎞(聞)之:不和於邦,不可目(以)出豫(舍)。不和於豫,不可目(以)出戟(陣)。不和於戟(陣),不可目(以)戰。(《上博楚簡四·曹沫之戰》)

在出土戰國文獻中,有些"可以"不是一個詞,而是兩個詞。"可"是一個助動詞,"以"是一個介詞,其賓語提前省略了。例如：

(109)春三月甲乙,不可以殺;夏三月丙丁,不可以殺;秋三月庚辛,不可以殺;冬三月壬癸,不可以殺,此皆不可殺。(《睡虎地秦簡·日書甲種》)

上例中的"以"都是介詞,其賓語應即是前面的時間詞語。"春三月甲乙,不可以殺",意思是不可以春三月甲乙殺。"可"是助動詞,最後一小句"此皆不可殺"中的"可"也是助動詞。

出現在"不"後作狀語的"能",有 39 次。例如:

(110)[不]惥(仁),思不能清(精)。不聖,思不能翌(輕)。不惥(仁)不聖,未見君子,惥(憂)心不能忡忡;既見君子,心不能降。(《郭店楚簡・五行》)

(111)其土惡不能雨。(《睡虎地秦簡・秦律十八種》)

(112)音(抑)亓力古(故)不能至安(焉)虖(乎)?(《上博楚簡五・鬼神不明》)

(113)此天之所不能殺,陸(地)之所不能釐(埋),侌(陰)昜(陽)之所不能成。(《郭店楚簡・太一生水》)

(114)一人不能詞(治)正(政),而百眚(姓)曰(以)𢽘(絕)。(《上博楚簡四・柬大王泊旱》)

(115)曰:"某不能腸(傷)其富,農夫使其徒來代之。"(《周家臺秦簡・病方及其它》)

有些"能"單獨作謂語中心,意思是"能為"、"能做"等,這種"能"已用如一般及物動詞,例如:

(116)凡良吏明法律令,事無不能殹。(《睡虎地秦簡・語書》)

(117)臣事君,言其所不能,不訂(辭)丌所能,則君不袋(勞)。(《上博楚簡一・緇衣》)

(118)唯(雖)能丌事,不能丌心,不貴。(《郭店楚簡・性自命出》)

"得"在"不"後出現的次數是 16 次。例如:

(119)臣唯(雖)欲試(試),或不尋(得)見公。(《上博楚簡五・鮑叔牙與隰朋之諫》)

(120)王子不暂(知)秫(麻),王子不旻(得)君楚,邦或(國)不旻(得)□。(《上博楚簡六・平王與王子木》)

(121)女子操敃紅及服者,不得贖。(《睡虎地秦簡・秦律十八種》)

(122)有行而急,不得須良日。(《周家臺秦簡・病方及其它》)

(123)故嗇夫及丞皆不得除。(《睡虎地秦簡・效律》)

(124)皆不得受其爵及賜。(《睡虎地秦簡・秦律十八種》)

"得"後的謂語中心,可以承前省去,例如:

(125)得比公士贖耐不得?得比焉。(《睡虎地秦簡·法律答問》)

(126)得比公癃(癃)不得?(《睡虎地秦簡·法律答問》)

"足"在"不"後出現的次數只有5次,例如:

(127)視之不足見,聖(聽)之不足䎽(聞),而不可既也。(《郭店楚簡·老子丙本》)

(128)丌父戔(賤)而不足偁(稱)也與?(《上博楚簡二·子羔》)

"足以"在"不"後共出現9次。例如:

(129)均(均)不足以坪(平)正(政),憌(慬)不足以安民,勨(勇)不足以沫(沒)眾,尃(博)不足以智(知)善,快(決)不足以智(知)侖(倫),殺不足以勳(勝)民。(《郭店楚簡·尊德義》)

(130)晶(三)殜(世)之福,不足以出芒(芒)。(《郭店楚簡·語叢四》)

(131)弗大芺(笑),不足以為道矣。(《郭店楚簡·老子乙本》)

(132)城旦司寇不足以將,令隸臣妾將。(《睡虎地秦簡·秦律十八種》)

"踐以"的意思、用法與"足以"相同,例如:

(133)人各食其所耆(嗜),不踐以貧(分)人。(《睡虎地秦簡·為吏之道》)

"可"和"得"還可以並列方式構成"可得"。在"可得"和謂語中心之間,一般都要用連詞"而"。例如:

(134)古(故)不可导(得)天〈而〉親,亦不可导而疋(疏);不可导而利,亦不可导而蕅(害);不可导而貴,亦{可}不可导而戔(賤)。(《郭店楚簡·老子甲本》)

(135)[武]王䆞(問)於帀(師)上(尚)父,曰:"不𪓐(知)黃帝、耑(顓)瑞(項)、堯、䍃(舜)之道才(在)虞(乎)?音(抑)散(微)喪不可导(得)而訨(睹)虞(乎)?"(《上博楚簡七·武王踐阼》)

(136)奚(繫)耳而聖(聽)之,不可戛(得)而䎽(聞)也;明目而視之,不可戛而見也。(《上博楚簡二·民之父母》)

下引一例中,雖然也有"可得",但其中的"得"並不是助動詞,而是一般及物動詞。例如:

(137)欲富大(太)甚,貧不可得;欲貴大(太)甚,賤不可得。(《睡虎地秦簡·為吏之道》)

出現在"不"後的意願助動詞,有"敢"、"欲"、"肯"、"願"、"忍"。

"敢"在"不"後出現11次,例如:

(138)君王唯不長年,可(何)也?戍(叟)行年七十矣,言不敢睪(斁)身,君人者可(何)必安才(哉)!(《上博楚簡七·君人者何必安哉》)

(139)主君勉飲勉食,吾歲不敢忘。(《睡虎地秦簡·日書甲種》)

(140)奠(鄭)壽怠(辭)不敢倉(答)。(《上博楚簡六·平王問鄭壽》)

(141)命割疾(瘍)不敢監祭,梨丘䖒(據)不敢監正(政)。(《上博楚簡六·競公瘧》)

"欲"在"不"後出現2次,"肯"和"願"、"忍"各出現1次:

(142)保此衍(道)者不谷(欲)堂(尚)呈(盈)。(《郭店楚簡·老子甲本》)

(143)昂不僕此,言不忨(願)見於君子。(《上博楚簡六·孔子見季趄子》)

(144)甲等不肯來。(《睡虎地秦簡·封診式》)

(145)臣不忍見旃。(《中山𗥦方壺銘》,《集成》15·9735)

出現在"不"後的必要助動詞,只有一個"當",有48次。例如:

(146)不當稟軍中而稟者,皆貲二甲。(《睡虎地秦簡·秦律雜抄》)

(147)鞫之:辟死,論不當為城旦。(《龍崗秦簡·木牘》)

(148)不當貣(貸),貣(貸)之,是謂"介入"。(《睡虎地秦簡·法律答問》)

(149)不當氣(餼)而誤氣之,是謂"介入"。(《睡虎地秦簡·法律答問》)

(150)工盜以出,臧(贓)不盈一錢,其曹人當治(笞)不當?不當治(笞)。(《睡虎地秦簡·法律答問》)

(151)妻謄(媵)臣妾、衣器當收不當？不當收。(《睡虎地秦簡·法律答問》)

"當"後的謂語中心,可以承前省去。例如:

(152)當以衣及布畀不當？當以布及其它所買畀甲,衣不當。(《睡虎地秦簡·法律答問》)

(153)甲誣乙通一錢黥城旦罪,問甲同居、典、老當論不當？不當。(《睡虎地秦簡·法律答問》)

在"不"和謂語中心之間還可以出現副詞。出土戰國文獻中,能在"不"後出現的副詞有:復(4)、相(4)、亦(3)、信(2)、必(2)、其(1)、偕(1)、先(1)、獨(1)、啻(1)、恒(1)、同(1)、端(1)、且(1)、大(1)、思(1)、夾(兼)(1)等。例如:

(154)壹家天下,兵不復起。(《嶧山刻石》)

(155)女子以巳字,不復字。(《睡虎地秦簡·日書甲種》)字:生子。

(156)善[叀丌下]者,若兩輪之相逶(轉),而終不相敗。(《郭店楚簡·語叢四》)

(157)所以異於父,君臣不相才(存)也。(《郭店楚簡·語叢三》)

(158)《鷉(鵲)椁(巢)》出目(以)百兩,不亦又(有)離虖(乎)？(《上博楚簡一·詩序》)

(159)不昏(問)又(有)邦之道,而昏叟(相)邦之道,不亦㯹(怨)乎(乎)？(《上博楚簡四·相邦之道》)

(160)小人與慶不信殺恒卯,卯自殺。(《包山楚簡》136)

(161)僕言胃(謂)小人不訐(信)竊馬。(《包山楚簡》121)

(162)槁木三年,不必為邦(封)羿(旗)。(《郭店楚簡·成之聞之》)

(163)君子之相諹(就)也,不必才(在)近遐(昵)。(《上博楚簡二·從政甲》)

(164)天不丌(其)中(衷),卑周先王佾⊿。(《上博楚簡七·吳命》)

(165)其後必有別,不皆(偕)居。(《睡虎地秦簡·日書甲種》)

(166)辭者不先辭官長、嗇夫。(《睡虎地秦簡·法律答問》)辭:訴訟。

(167)恒獎(氣)之生,不蜀(獨),又(有)與也。(《上博楚簡三·恒先》)此例"獨"後承前省去了"生"。

(168)君子不帝(啻)明虖(乎)民敚(微)而巳(已),或(又)以智(知)丌弌(一)壴(矣)。(《郭店楚簡·六德》)

(169)春秋不亙(恒)至,耇老不遆(復)壯。(《上博楚簡五·弟子問》)

(170)同居者為盜主,不同居,不為盜主。(《睡虎地秦簡·法律答問》)

(171)端為,為誣人;不端,為告不審。(《睡虎地秦簡·法律答問》)"端"後承前省去了"為"。

(172)命書時會,事不且須。(《睡虎地秦簡·為吏之道》)

(173)亦紹(己)先王之遊(由)道,不夆(逢)明王,則亦不大漠(使)。(《上博楚簡二·子羔》)

(174)不思從。(《上博楚簡五·姑成家父》)思:語氣副詞。

在"不"之後,還可以出現形容詞狀語,有"甘(5)"、"良(3)"、"速(2)"、"強(努力)(1)"、"曲(1)"、"壯(1)"、"庶(1)"、"善(1)"等。例如:

(175)貞:既腹心疾,曰(以)上氣,不甘飤(食),舊(久)不瘥,尚速瘥,毋有祟。(《包山楚簡》236)

(176)貞:既腹心疾,曰(以)上氣,不甘飤(食),尚速瘥,毋有祟。(《包山楚簡》245)

(177)□瘠(疥)不出,勹(旬)亦(腋)豊(體)出,而不良又(有)間。(《新蔡楚簡》甲二:28)

(178)貞:曰(以)亓不良恚瘳之古(故),尚毋又(有)米。(《新蔡楚簡甲三:184》)

(179)□遬(速)瘥(瘥),敢不遬(速)[瘥]。(《新蔡楚簡零:85》)

(180)戎(農)夫炙(務)飤(食),不弜(強)咖(耕),量(糧)弗足悛(矣)。(《郭店楚簡·成之聞之》)

(181)不曲方(防)以达(去)人。(《上博楚簡五·弟子問》)防:隄,築隄。

(182)殺坪樂,思攻解於下之人不壯死。(《望山楚簡1·176》)

(183)孝子,父母又(有)疾,晃(冠)不芮(奐,縞),行不頌(容),不裒(萃)立,不庶語。(《上博楚簡四·內豊》)

(184)不膳(善)睪(擇),不為智。(《郭店楚簡·語叢三》)

"不"和謂語中心之間還可以出現代詞,有"自(6)"、"我(6)"。"自"作為己身稱代詞,用於"不"後,謂語中心之前作狀語,例如:

(185)忠(忠)訐(信)日嗌(益)而不自智(知)也。(《郭店楚簡·尊德義》)

(186)自猒(厭)不自忍。(《上博楚簡三·恒先》)

(187)強者果天下之大复(作),亓冥蒙不自若复,若作,甬(庸)又(有)果與不果。(《上博楚簡三·恒先》)

(188)子曰:厶(私)叀(惠)不裹(懷)惪(德),君子不自留女〈安〉。(《郭店楚簡·緇衣》)

"我"則是作為動詞的賓語而前置,前置的原因是"我"為代詞,又處於否定句中,有意思的是,這種例子都見於戰國時代的人所引的《詩經》之中,而不見於形成於戰國時代的出土文獻裏。例如:

(189)《寺(詩)》員(云):"我龜既猒(厭),不我告猒。"(《郭店楚簡·緇衣》,又見於《上博楚簡一·緇衣》)

(190)峕(詩)員(云):"皮(彼)求我則,女(如)不我导(得)。執我敊(仇)敊(仇),亦不我力。"(《上博楚簡一·緇衣》,又見於《郭店楚簡·緇衣》)

"名詞"也可以出現在"不"後作狀語,有"時(2)"、"車(1)"、"晝(1)"、"田(1)"等。例如:

(191)至亞(惡)何而上(尚)不岩(時)叟(變)。(《上博楚簡五·鮑叔牙與隰朋之諫》)時:其時,指適宜的時候。

(192)不時怒,民將姚去。(《睡虎地秦簡·為吏之道》)

(193)不晝寢,不飲酒,不聖(聽)樂。(《上博楚簡四·曹沫之陣》)

(194)衣不鮮(鮮)娏(美),飤不童(重)昧(味),朝不車逆。(《上博楚簡二·容成氏》)車逆:以車迎接。

(195)丙,甲臣,橋(驕)悍,不田作,不聽甲令。(《睡虎地秦簡·封診式》)不田作:不在田裏幹活。

下引一例中的"不",是用在"唯＋名詞"之前,例如:

(196)君上鄉(享)成不唯本,工(功)[弗就悇(矣)]。(《郭店楚簡·成之聞之》)

此例中的"唯本"之後,應是省去了"是/之＋動詞","不唯本"是說不能抓住根本。"唯"為焦點標記,表明其後的"本"是焦點。

介賓短語也可以出現在"不"後作狀語,有"以字短語(20)"、"為字短語(10)"、"與字短語(9)"、"到"字短語(1)。

"不"後出現"以"字短語作狀語的例子如:

(197)不弖(以)邦豪(家)為事。(《上博楚簡五·鮑叔牙與隰朋之諫》)

(198)君子不弖(以)流言戠(傷)人。(《上博楚簡二·從政甲》)

(199)君王元君,不弖丌身叟(變)贅尹之裳(常)古(故)。(《上博楚簡四·柬大王泊旱》)

(200)逸(肆)而不畏彊(強)語(禦),果也。不以少(小)道萬(害)大道,柬(簡)也。(《郭店楚簡·五行》)

"以"的賓語可以省去,例如:

(201)善者果而已,不以取弨(強)。(《郭店楚簡·老子甲本》)以:以武力。

(202)內言不弖(以)出,外言不弖內(入)。(《上博楚簡二·昔者君老》)以:以之。

"以"字短語後的謂語中心也可以省去:

(203)為邦而不以豊(禮),猷(猶)人之亡所適也。(《郭店楚簡·尊德義》)

(204)縣嗇夫、尉及士吏行成不以律,貲二甲。(《睡虎地秦簡·秦律雜抄》)

"不"後出現"為"字短語作狀語的例子,如:

(205)哀公胃(謂)孔＝(孔子):子不為我圖(圖)之?(《上博楚簡

二·魯邦大旱》)

(206)為父繼(絕)君,不為君繼父。(《郭店楚簡·六德》)

(207)辻命(令)尹不為之告。君不為僕告。(《上博楚簡四·昭王毀室》)

(208)今舍之戠客不為亓劖(斷)而倚執僕之兄緅。(《包山楚簡》134-135)

"為"的賓語可以省去,例如:

(209)鄝之戠客或執僕之兄旋,而舊(久)不為劖(斷)。(《包山楚簡》135)

"不"後出現"與"字短語作狀語的例子,如:

(210)古(故)君不與少(小)悔(謀)大,昃(則)大臣不惜(怨)。(《郭店楚簡·緇衣》,又見於《上博楚簡一·緇衣》)

(211)大宮痎、大蓏尹市(師)言胃陽鍺不與亓父陽年同室。(《包山楚簡》127)

(212)贖罪不直,史不與嗇夫和,問史可(何)論?(《睡虎地秦簡·法律答問》)和:合謀。

"與"後的賓語可以省略,例如:

(213)古(故)為人臣者,言人之臣之不能事亓君者,不與言人之君之不能叟(使)亓臣者。(《上博楚簡四·內豊》)試比較同一篇中的"與君言,言使臣",應知在例(213)中的"與"後省略了賓語。

"不"後出現"到"字短語作狀語的例子,如:"生子,不到三年死。"(《睡虎地秦簡·日書乙種》)

"不"後可以出現"助動詞+副詞"。根據副詞的不同,可以分為兩大類。一類是"助動詞+非否定副詞",另一類是"助動詞+否定副詞"。

"助動詞+非否定副詞"的例子,如:

(214)不可具為百[事],皆無所利。(《睡虎地秦簡·日書乙種》)

(215)[人之不可]虽(獨)行,猷(猶)口之不可虽(獨)言也。(《郭店楚簡·性自命出》)

(216)小邦處大邦之間,敵邦交地,不可㠯先复(作)悁(怨)。(《上博

楚簡四·曹沫之陣》）

（217）馬牛誤職（識）耳，及物之不能相易者，貲官嗇夫一盾。（《睡虎地秦簡·效律》）

（218）終歲衣食不足以稍賞（償）。（《睡虎地秦簡·秦律十八種》）稍：盡。

（219）肖人聶心，不敢徒語，恐見惡。（《睡虎地秦簡·為吏之道》）

"助動詞＋非否定副詞"中的"助動詞"，可以是"可（3）"、"可以（1）"、"敢（1）"、"能（2）"、"足（1）"、"足以（1）"等；其中的"非否定副詞"可以是"縣（2）"、"獨（2）"、"相（1）"、"先（1）"、"各（1）"、"稍（1）"、"徒（1）"等。

"助動詞＋否定副詞"的例子也很常見。其中的"否定副詞"一般都是"不"。構成"不……不……"這樣的雙重否定形式。

當助動詞是"可"時，就構成"不可不……"這樣的格式，例如：

（220）上之肝（好）亞（惡），不可不斳（慎）也，民之喪也。（《上博楚簡一·緇衣》）

（221）邦豪（家）之不盜（寧）也，臭（則）大臣不台（治），而執（褻）臣忔（託）也。此以大臣不可不敬，民之蘁也。（《郭店楚簡·緇衣》）

（222）牆（將）中（仲）之言不可不韋（畏）也。（《上博楚簡一·詩序》）

（223）故如此者不可不為罰。（《睡虎地秦簡·語書》）

（224）不可為也，不可不為也。（《郭店楚簡·語叢》）

（225）是古（故）又（有）司不可不先也。（《上博楚簡三·中弓》）

當助動詞是"可以"時，就構成"不可以不……"這樣的格式，例如：

（226）君子不可目不強，不強則不立。（《上博楚簡五·季庚子問於孔子》）

（227）人之所祂（畏），亦不可以不祂（畏）。（《郭店楚簡·老子乙本》）

（228）不可目不䎹（聞）耻尾（度），民之儀也（《上博楚簡六·天子建州甲》）

當助動詞是"敢"時，則構成"不敢不……"這樣的格式。例如：

(229)僕不敢不告於視日。(《包山楚簡》135)

"助動詞+否定副詞"中的否定副詞有時是"弗",只有一例,而且是殘辭:

(230)又(有)所又(有)舍(餘)而不敢聿(盡)之,又(有)所不足而不敢弗[勉]。(《上博楚簡二·從政甲》)

有時副詞出現在助動詞之前,例如:

(231)反內(納)於豊(禮),不亦能改虞(乎)?(《上博楚簡一·詩序》)

"助動詞+否定副詞"中的助動詞可以是"可(12)"、"可以(3)"、"敢(3)";其中的否定副詞可以是"不(17)"、"弗(1)"。

"不"後可以出現"助動詞+形容詞"。例如:

(232)不能寧處……不敢寧處。(《𫊒盜壺銘》,《集成》15·9734)

(233)湍(揣)而辟之,不可長保。(《郭店楚簡·老子甲本》)

"不"後還可以出現"助動詞+代詞",只見到2個例子,其中的代詞是常作狀語的"自"。例如:

(234)隸臣妾之老及小、不能自衣者,如春衣。(《睡虎地秦簡·秦律十八種》)

(235)凡不能自衣者,公衣之。(《睡虎地秦簡·秦律十八種》)

"不"後還可以出現"助動詞+介賓短語"。例如:

(236)不敢㠯(以)君王之身戀(變)圅(亂)䰠(鬼)神之棠(常)。(《上博楚簡四·柬大王泊旱》)

(237)臣是古(故)不敢以古答。(《上博楚簡四·曹沫之陣》)

(238)筲(冬)不敢曰蒼(滄)訋(辭),頸(夏)不敢曰昏(暑)訋(辭)。(《上博楚簡二·容成氏》)

(239)以術(道)差(佐)人宔(主)者,不谷(欲)以兵强(強)於天下。(《郭店楚簡·老子甲本》)

"助動詞+介賓短語"中"介賓短語"的賓語可以省去,例如:

(240)凡丁丑不可以葬,葬必參。(《睡虎地秦簡·日書甲種》)

(241)凡五子,不可㠯(以)俊(作)大事,不城(成)。(《九店楚簡》40

下)

(242)六月己未,不可以裂新衣。(《睡虎地秦簡·日書甲種》)

(243)春三月甲乙,不可以殺;夏三月丙丁,不可以殺,秋三月庚辛,不可以殺,冬三月壬癸,不可以殺。(《睡虎地秦簡·日書甲種》)

"助動詞+介賓短語"中的"助動詞"可以是"可(41)"、"敢(4)"、"欲(1)";其中的"介賓短語"都是"以"字短語,其賓語可以出現(5次),但經常省略(41)。

周守晉談到介詞"以"的用法,他認爲可以介引時間名詞①。時間名詞可以出現在"以"後,例如:"龔酉以甘臣之歲爲偏於鄢"(《包山楚簡》23)、"卒歲,以正月大課之"(《睡虎地秦簡·秦律十八種》)。時間名詞還可以出現在"以"前,例如"十月辛丑之日,許齷以訟邸陽君之人邨公番申以責(債)"(《包山楚簡》23)。他特別提到"以 VP"前可以加"可",例如"凡五亥,不可以畜六牲"(《九店楚簡》508)、"凡此日不可以行,不吉"(《睡虎地秦簡·日書甲種》)。這種看法是可信的。上引例(240)至(243),其中的"可以"都不是一個助動詞,而是助動詞"可"+介詞"以"。"以"的賓語是時間名詞,提到句首作主題,在"以"後就不再出現了。

"不"後不可以出現"助動詞+介賓短語+形容詞",例如:

(244)十二月辰。凡此日不可以遠行,不吉。(《睡虎地秦簡·日書甲種》)

"不"後還可以出現"助動詞+介賓短語+名詞",例如:

(245)丁卯不可以船行。六壬不可以船行。(《睡虎地秦簡·日書甲種》)

(246)[夏桼、八月、九月]囗不可㠯南䢗(徙)。|☐獻馬、秋不可㠯西䢗(徙)☐|☐遠桼,不可㠯北䢗(徙)☐。(《九店楚簡》89-91)

"不"後還可以出現"助動詞+介賓+副詞",例如:

(247)辛卯不可以初獲禾。(《睡虎地秦簡·日書甲種》)

(248)春三月戌、夏丑、秋三月辰、冬未,皆不可以大祠,可有求也。

---

① 周守晉:《出土戰國文獻語法研究》,北京大學出版社,2005年,頁63-65。

(《睡虎地秦簡·日書乙種》)

(四)"不"字句的補語

"不＋謂語中心"之後還可以出現補語。這種補語可以由介賓短語、處所名詞語、時間名詞語、數量短語構成。

最常見的是介賓短語出現在"不＋謂語中心"之後作補語。介賓短語中最常見的是"于/於字介賓短語",還有"乎字短語"、"到字短語"、"自字短語"、"及字短語"、"如字短語"等。

"於"字短語作補語的共有 6 次。例如:

(249)矢兵不入于身,身不傷。(《睡虎地秦簡·日書甲種》)

(250)大不訓于邦。(《楚帛書·丙篇》)訓:順。

(251)《寺(詩)》員(云):君(淑)斳(慎)爾(爾)𡳿(止),不諐于義(儀)。(《郭店楚簡·緇衣》)

"於"字短語作補語的共有 49 次。例如:

(252)庚辛有間,疠(病)速瘥,不逗於邔陽。(《包山楚簡》220)逗:停留。

(253)虔(且)臣之䎽(聞)之:不和於邦,不可㠯(以)出豫(舍)。不和於豫,不可㠯出戰(陣)。不和於戰(陣),不可㠯戰。(《上博楚簡四·曹沫之陣》)

(254)昂不僕此,言不忨(願)見於君子。(《上博楚簡六·孔子見季桓子》)僕:歸附,附著。

(255)古者,民各有鄉俗,其所利及好惡不同,或不便於民,害於邦。(《睡虎地秦簡·語書》)

(256)內居西南,婦不媚於君。(《睡虎地秦簡·日書甲種》)

(257)不韋(諱)所不孝(教)於帀(師)者三:㩻(強)行、忠譽(謀)、信言,此所不孝於帀也。(《上博楚簡六·天子建州甲》)諱:隱瞞

"乎"字短語作補語的有 1 次,例如:

(258)君子不帝(啻)明虖(乎)民敚(微)而已(已),或(又)以智(知)丌(其)弌(一)矣(矣)。(《郭店楚簡·六德》)

"到"字短語作補語的有 15 次,例如:

(259)不盈廿二錢到一錢,貲一盾。(《龍崗秦簡》41)

(260)不盈廿石到十石,辥。(《龍崗秦簡》193)

(261)不盈十六兩到八兩。(《睡虎地秦簡·效律》)

(262)不盈半升到少半升。(《睡虎地秦簡·效律》)

(263)不盈二百廿以下到一錢,罨之。(《睡虎地秦簡·法律答問》)

(264)不盈二百斗以下到百斗,貲各一甲;不盈百斗以下到十斗,貲各一甲。(《睡虎地秦簡·效律》)

"自"字短語作補語的有 2 次,例如:

(265)禣(禍)不降自天,亦不出自陸(地)。(《上博楚簡六·用曰》)

"及"字短語作補語的有 2 次,例如:

(266)大夫寡,當伍及人不當?不當。(《睡虎地秦簡·法律答問》)

此例的"不當"之後,都是承前省去了"伍及人","伍"是動詞,指合編為伍。"伍及人"是說跟人合編為伍。

"如"字短語作補語的有 1 次,例如:

(267)百勿(物)不死女(如)月。(《上博楚簡七·凡物流形》)

介詞"於"有時與前面的"之"構成合音兼詞"諸",出現在動詞之後,"諸"後的名詞語,實際上是介詞"於"的賓語。例如:

(268)不求者(諸)其杏(本)而戍(攻)者(諸)丌末,弗尋(得)悇(矣)。(《郭店楚簡·成之聞之》)

"不+謂語中心"之後(如果是及物動詞,還可以帶賓語)可以出現"焉",共有 5 次。"焉"是介詞兼代詞,是作補語的。例如:

(269)音(抑)亓力古(故)不能至安(焉)唬(乎)?(《上博楚簡五·鬼神不明》)

(270)厶(私)惠不裹(懷)悳(德),君子不自嘼(留)安(焉)。(《上博楚簡一·緇衣》)

(271)民不備(服)安(焉)。(《上博楚簡五·季庚子問於孔子》)

(272)莫不又(有)道安(焉)。(《郭店楚簡·尊德義》)

"不+謂語中心"之後(如果是及物動詞,還可以帶賓語),還可以出

現處所名詞語作補語(處所名詞語如果出現在位移/存在/放置動詞之後,是位事賓語,不是補語),有 4 次,例如:

(273)不當稟軍中而稟者,皆貲二甲。(《睡虎地秦簡·秦律雜抄》)稟:領糧。

(274)甲親子,誠不孝甲所,毋(無)它坐罪。(《睡虎地秦簡·封診式》)

(275)將上不仁邑里者而縱之,可(何)論?(《睡虎地秦簡·法律答問》)

(276)山儉(險)不能出身山中。(《睡虎地秦簡·封診式》)出身:運出軀體。

"不+謂語中心"之後,還可以出現時間名詞語作補語,有 3 次。例如:

(277)月不盡五日,以築室,不居。(《睡虎地秦簡·日書甲種》)

(278)月不盡五日,不可材(裁)衣。(《睡虎地秦簡·日書甲種》)

"月不盡五日",是說差五天不到月底,即每月倒數第五日。

"不+謂語中心"之後(謂語中心是及物動詞,還帶有賓語)還可以出現數量短語補語(量詞一般是度量衡量詞),有 2 次,例如:

(279)足不傅地二寸。(《睡虎地秦簡·封診式》)

(280)不周項二寸。(《睡虎地秦簡·封診式》)周:繞。

(五)"不"字句的賓語

"不"後的及物動詞,可以帶賓語,賓語也可以省略。"不"後及物動詞賓語省略的例子如:

(281)不當氣(餼),而誤氣之,是謂"介入"。(《睡虎地秦簡·法律答問》)

(282)不當貳(貸),貳(貸)之,是謂"介入"。(《睡虎地秦簡·法律答問》)

(283)王室所當祠固有矣,擅有鬼立(位)殹,為"奇",它不為。(《睡虎地秦簡·法律答問》)

(284)逐盜、追亡人，不得。(《周家臺秦簡·日書》)

(285)此天之所不能殺，陛(地)之所不能蓳(埋)，侌(陰)昜(陽)之所不能成。(《郭店楚簡·太一生水》)

(286)春三月甲乙，不可以殺；夏三月丙丁，不可以殺；秋三月庚辛，不可以殺；冬三月壬癸，不可以殺，此皆不可殺。(《睡虎地秦簡·日書甲種》)

有些及物動詞為被動態，其主語為受事(主語可以承前省略)，這些動詞後當然不會再有賓語，例如：

(287)內居西南，婦不媚於君。(《睡虎地秦簡·日書甲種》)

(288)不韋(諱)所不孝(教)於帀(師)者三：弝(強)行、忠訾(謀)、信言，此所不孝(教)於帀(師)也。(《上博楚簡六·天子建州甲》)

(289)叆(舜)聖(聽)正(政)三年，山陸(陵)不尻(疏)，水滎(潦)不滞。(《上博楚簡二·容成氏》)疏：開通。滞：洩導。

(290)人之兵不砥礪(礪)，我兵必砥礪。(《上博楚簡四·曹沫之陣》)

(291)言不聖(聽)，青(請)不隻(獲)。(《上博楚簡六·競公瘧》)

(292)見書而投者不得，燔書，勿發。投者[得]，書不燔。(《睡虎地秦簡·法律答問》)

(293)豹遂，不得，貲一甲。(《睡虎地秦簡·秦律雜抄》)遂：逃走。

依據我們的統計，受"不"修飾的及物動詞而不帶賓語的共有639次，其中被動態的動詞共有128次。

"不"後及物動詞帶賓語的例子，如：

(294)君子不目(以)流言戕(傷)人。(《上博楚簡二·從政甲》)

(295)已馳馬不去車，貲一甲。(《睡虎地秦簡·秦律雜抄》)

(296)飲之，令人不單(憚)病。(《周家臺秦簡·病方及其它》)

(297)隹(雖)多酭(問)而不舍(友)臤(賢)。(《上博楚簡五·弟子問》)

(298)令市者見其入，不從令者貲一甲。(《睡虎地秦簡·秦律十八種》)

(299)訊(問)之曰：戠(識)道,坐不下筵(席)。(《上博楚簡七·凡物流形》)

受"不"修飾的及物動詞,可以以"之"為賓語,但都放在動詞後面,不前置。例如：

(300)州徒之樂,而天下莫不語之。(《上博楚簡七·君人者何安哉》)

(301)又(有)所又(有)舍(餘)而不敢肂(盡)之。(《上博楚簡二·從政甲》)

(302)哀公胃(謂)孔＝(孔子)：子不為我圖(圖)之？(《上博楚簡二·魯邦大旱》)

"不"後及物動詞的賓語可以比較複雜,例如：

(303)臣不智(知)君王之牆(將)為君。(《上博楚簡六·申公臣靈王》)

(304)而不可智(知)目、耳、鼻、男女。(《睡虎地秦簡·封診式》)

"不"後及物動詞的代詞賓語可以前置,例如：

(305)告(詩)員(云)："皮(彼)求我則,女(如)不我导(得)；執我戜(仇)戜(仇),亦不我力。"(《上博楚簡一·緇衣》)力：信用。

(306)寺(詩)員(云)："我龜既猒(厭),不我告猷。"(《郭店楚簡·緇衣》),又見於《上博楚簡一·緇衣》)

上引例(305)是代詞"我"在否定句中作賓語而前置,例(306)是代詞"我"在否定句中作間接賓語而前置。在出土戰國文獻中,"不"字句代詞賓語前置的例子只有上舉這些。這些例子都是引自《詩經》的,《詩經》這種文獻的形成時代是春秋以前,並不是在戰國時代。

"不"後及物動詞的賓語之前可以出現介詞,主要是"於",有時是"乎",例如：

(307)昂不僕此,言不忨(願)見於君子。(《上博楚簡六·孔子見季趄子》)僕：歸附,附著。

(308)不㠯(忌)於天,而㠯(忌)於人。(《上博楚簡六·用曰》)忌：敬忌。

(309)又(有)少(小)辠(罪)而弗亦(赦)也,不粦(察)於道也。(《郭

店楚簡·五行》）

（310）虗（吾）戬（戰）啻（敵）不訓於天命。（《上博楚簡四·曹沫之陣》）訓：順。

（311）君子不帝（啻）明虗（乎）民敚（微）而巳（已），或（又）以智（知）丌弌（一）壴（矣）。（《郭店楚簡·六德》）

動詞的間接賓語前也可以用介詞"於"，例如：

（312）僕不敢不告於視日。（《包山楚簡》135）試比較：新造辻尹不敢不告視日。（《包山楚簡》15）

（313）所又責於寑戲五師、而不交於新客者。（《包山楚簡》146）交：交給。

（六）"不"字句中賓語的定語

"不"後及物動詞的賓語前可以有定語。這種定語可以分為兩種。一種是代詞定語，一種是非代詞定語。

賓語中有代詞定語的例子，如：

（314）惴惴小子，欲事天地、四亟（極）、三光、山川、神示（祇）、五祀、先祖、而不得氒（厥）方。（《秦駰玉版銘》）

（315）下之事上也，不從丌所曰（以）命，而從丌所行。（《上博楚簡一·緇衣》）

（316）皆不得受其爵及賜。（《睡虎地秦簡·秦律十八種》）

（317）其有不盡此數者，可殹。（《睡虎地秦簡·秦律十八種》）

賓語中有其它定語的例子，如：

（318）六月己未，不可以裚（制）新衣。（《睡虎地秦簡·日書甲種》）

（319）君王元君，不曰丌身叀（變）贅尹之棠（常）古（故）。（《上博楚簡四·柬大王泊旱》）

（320）車敨（蓋）之莖（蔽）酭（翳），不見江沽（湖）之水。（《郭店楚簡·語叢四》）

（321）君王又（有）楚，不聖（聽）鼓鐘之聲。（《上博楚簡七·君人者何必安哉》）

（322）聖人谷（欲）不谷（欲），不貴難得之貨。（《郭店楚簡·老子甲

本》）

（323）受（紂）不述亓先王之道，自為芭為。（《上博楚簡二·容成氏》）

（324）㠯（以）僕之不㝵（得）並（併）僕之父母之骨。（《上博楚簡四·昭王毀室》）

（325）不畏皇天上帝及大沈厥湫之光烈威神。（《詛楚文·大沈厥湫文》）

依據我們的統計，在出土戰國文獻中，"不"後及物動詞帶賓語的共有 633 次，其中賓語前有定語的共有 200 次。另外，代詞賓語前置於動詞的 4 次，賓語前出現介詞的有 16 次。

三、複雜謂語前的"不"

以上所談的，"不"後謂語都是單中心的。在出土戰國文獻中，"不"後謂語也可以是複雜的。這主要有三種情況：一是"不"後是謂詞性聯合短語，二是"不"後是連謂短語，三是"不"後是兼語短語。

"不"後的謂詞性聯合短語，有一些在中間使用連詞，有些不用。在中間所使用的連詞主要有"及"和"而"。使用"及"的例子如：

（326）心，不可祠及行，兇（凶）。（《睡虎地秦簡·日書乙種》）

（327）凡此日，不可入官及入室。（《睡虎地秦簡·日書甲種》）

（328）百姓犬入禁苑中而不追獸及捕獸者，勿敢殺。（《睡虎地秦簡·秦律十八種》）

（329）問當論不當？不當論及賞（償）稼。（《睡虎地秦簡·法律答問》）

（330）不可種之及初獲、出入之。（《睡虎地秦簡·日書甲種》）

（331）離日不可以家（嫁）女、取婦及入人民畜生。（《睡虎地秦簡·日書甲種》）

"不"後聯合短語中間用連詞"而"的例子如：

（332）此不貧於敚（美）而禖（富）於惪與（歟）？（《上博楚簡四·曹沫之陣》）

(333)民不能大其姯(美)而少(小)其亞(惡)。(《郭店楚簡·緇衣》)

(334)古(故)上不可目(以)埶(褻)型(刑)而翌(輕)爯(爵)。(《上博楚簡一·緇衣》)

(335)㗊(鄰)邦之君明，則不可目不攸(修)政而善於民。(《上博楚簡四·曹沫之陣》)

"不"後聯合短語中間也可以不用連詞，而採用意合法，例如：

(336)以日當刑而不能自衣食者，亦衣食而令居之。(《睡虎地秦簡·秦律十八種》)

(337)公器不久刻者，官嗇夫貲一盾。(《睡虎地秦簡·秦律十八種》)"久"指做標記。"久刻"也可以說成"刻久"，如"其不可刻久者，以丹若鬃書之。"(《睡虎地秦簡·秦律十八種》)

(338)囗亥稻，不可以始種穫、始賞(嘗)。(《睡虎地秦簡·日書乙種》)

(339)凡月望，不可取婦、家(嫁)女、入畜生。(《睡虎地秦簡·日書乙種》)

(340)不可臨官、飲食、樂、祠祀。(《睡虎地秦簡·日書甲種》)

(341)不可以取婦、家(嫁)女、禱祠、出貨。(《睡虎地秦簡·日書甲種》)

"不"後也可以是連謂短語。連謂短語中間，可以用連詞"以"，也可以不用。用連詞"以"的例子，如：

(342)爨月辛丑之日不遷周緩目廷，阩門又敗。(《包山楚簡》76)遷：通將，率領。

(343)壬辰之日不遷鄧猷之子娛目(以)廷，阩門又敗。(《包山楚簡》66)

(344)癸巳之日不遷弝(橐)臽(皋)君之司馬駕與弝(橐)臽(皋)君之人南輊、鄧敢目廷。(《包山楚簡》38)

(345)九月癸丑之日不遷鄰大司敗目(以)盟鄰之穫裏之敗無又(有)李㚒思，阩門又(有)敗。(《包山楚簡》23)

(346)十月辛巳之日不遝(歸)板於登(鄧)人目至(致)命於郢。(《包山楚簡》43)

(347) 九月甲辰之日不貞周憨之眔臣(以)至(致)命。(《包山楚簡》20)

"不"後的連謂短語中間,也可以不用連詞,例如:

(348) 不入養主,當收;雖不養主而入量(糧)者,不收。(《睡虎地秦簡·法律答問》)

(349) 史除,不坐橡曹從公,宿長道。(《周家臺秦簡·曆譜·秦始皇三十四年》)

(350) 不膚(虧)灋(法)贏(盈)亞(惡)則民不悁(怨)。(《上博楚簡二·從政乙》)

(351) 十月辛未之日,不行代昜(陽)厩尹鄱之人戢(鬥)𢧢(格)於長沙公之軍,阩門又敗。(《包山楚簡》61)

"不"後的兼語短語有兩種:一種是"使+O+VP",另一種是"以……為……"式。"使+O+VP"的例子,如:

(352) 民可叀(使)道之,而不可叀(使)智(知)之。(《郭店楚簡·尊德義》)

(353) 是古(故)先王之善(教)民也,不叀(使)此民也愿(憂)亓身。(《郭店楚簡·六德》)

(354) 古(故)銂(帥)不可思(使)牪(奔),牪則不行。(《上博楚簡四·曹沫之陣》)

"不"後是"以……為……"式的例子如:

(355) 堯又(有)子九人,不目亓子為邎(後)。(《上博楚簡二·容成氏》)

(356) 垒(舜)乃老,視不明,聖(聽)不聰(聰)。垒又(有)子七人,不目亓子為邎。(《上博楚簡二·容成氏》)

(357) 君民而不喬(驕),卒王天下而不矣(疑)。方才(在)下立(位),不以匹夫為巠(輕);及亓又(有)天下也,不以天下為重。(《郭店楚簡·唐虞之道》)

依據何樂士①,當"以"是認為、以為的意思時,"以……為……"是兼語句;當"以"是使、讓、任用的意思時,"以……為……"式也是兼語句。這樣看來,上引例(355)至(357)中的"以……為……"式,都是兼語句。

在出土戰國文獻中,"不"出現在聯合短語前的有 65 次,其中聯合短語中間用連詞的有 24 次,不用連詞的有 41 次。"不"出現在連謂短語前的有 52 次,其中中間用連詞的有 45 次,不用連詞的有 7 次。"不"出現在兼語短語前的有 8 次,其中"使+O+V"式的有 3 次,"以……為……"式的有 5 次。

四、"不+謂詞語"的功能

"不+謂詞語"的功能主要有三種情況,一是作小句的謂語或謂語的一部分,二是變為名詞性短語或是作定語,三是成為複音詞。

"不+謂詞語"作小句謂語或謂語中心的最為常見,共有 2120 次,例如:

(358)苑嗇夫不存。(《睡虎地秦簡·秦律十八種》)

(359)不飲酒,不聖(聽)樂。(《上博楚簡四·曹沫之陣》)

(360)善者果而已,不以取强(強)。(《郭店楚簡·老子甲本》)

(361)君子不可目不强,不强則不立。(《上博楚簡五·季庚子問於孔子》)

(362)飲之,令人不單(憚)病。(《周家臺秦簡·病方及其它》)

(363)殿而不負費,勿貲。(《睡虎地秦簡·秦律雜抄》)

"不+謂詞語"不作謂語或謂語中心,而是作語句的定語、賓語、主語,或者與"者"、"所"構成"者"字短語、"所"字短語、"所者"短語。這種"不+謂詞語"共有 217 次。

"不+謂詞語"作定語,這時整個短語仍是謂詞性的。例如:

(364)是以聖人居亡為之事,行不言之教。(《郭店楚簡·老子甲本》)

---

① 何樂士《〈左傳〉否定詞"不""弗"特點的比較》,《第一屆國際先秦漢語語法研討會論文集》,嶽麓書社,1994 年。

（365）它日雖有不吉之名，毋（無）所不害。（《睡虎地秦簡·日書甲種》）

（366）己丑之日，㠯（以）君不懌（懌）之古（故），遽（就）禱靁（靈）君子一豬。（《新蔡楚簡》乙一：28）

（367）減舂、城旦月不盈之稟。（《睡虎地秦簡·秦律十八種》）

（368）勿以為贏、不備，以職（識）耳不當之律論之。（《睡虎地秦簡·效律》）

（369）凡不吉日，䄟（利）㠯（以）見公王與貴人。（《九店楚簡》41、42）

（370）不𢘓（仁）人弗旻（得）進矣。（《上博楚簡六·孔子見季趑子》）

（371）士五，居某里，以廼二月不識日去亡。（《睡虎地秦簡·封診式》）廼：是，此。

"不＋謂詞語"作賓語有兩種情況，一是它出現在謂賓動詞之後，這時"不＋謂詞語"指稱化了，應是自指；二是出現在名賓動詞之後，這時"不＋謂詞語"已經名詞化了，而且轉指化了。"不＋謂詞語"出現在謂賓動詞後的例子如：

（372）人㠯（以）君王為聚，㠯（以）孀（孀）民又（有）不能，䰠（鬼）亡不能也。（《上博楚簡七·君人者何必安哉》）

（373）凡良吏明法律令，事無不能殹。（《睡虎地秦簡·語書》）

（374）𢼛（廣）惪（德）女（如）不足。（《郭店楚簡·老子乙本》）

（375）卬不僕此，言不忨（願）見於君子。（《上博楚簡四·孔子見季趑子》）

（376）毋胃（謂）之不敢，毋胃之不肰（然）。（《上博楚簡五·三德》）

（377）亞（惡）頪（類）晶（三），唯亞（惡）不𢘓（仁）為忞（近）宜（義）。（《郭店楚簡·性自命出》）

（378）弗悢（畏）䰠（鬼）神之不悥（祥）。（《上博楚簡七·鄭子家喪》）

（379）令、丞以為不直。（《睡虎地秦簡·語書》）

"不＋謂詞語"出現在名賓動詞之後的例子如：

（380）虘（夏）用戈，正（征）不備（服）也。（《郭店楚簡·唐虞之道》）

（381）會者（諸）侯，型（刑）百事，缪不義。（《楚帛書·丙篇》）

(382)秞(利)昌(㠯)達(解)兇(凶),叙(除)不羊(祥)。(《九店楚簡》28)

(383)乃詔丞相狀、綰,法度量,則不壹。(《商鞅量銘》,《集成》16·10372)

(384)為不善,𥙞(禍)乃惑(惑)之。(《上博楚簡五·三德》)

(385)楚人為不道,不思丌(其)先君之臣事先王。(《上博楚簡七·吳命》)

"不+謂詞語"也可以作介詞的賓語,例如:

(386)化(禍)莫大虖(乎)不智(知)足。(《郭店楚簡·老子甲本》)

(387)正(政)不達廙(文),生虖(乎)不達丌鎵(然)也。(《郭店楚簡·語叢一》)

(388)一日㠯(以)不善立(涖),所孯(教)皆崩,可不斳(慎)虐(乎)?(《上博楚簡三·中弓》)

(389)雖然,廷行事以不審論,貲二甲。(《睡虎地秦簡·法律答問》)

"不+謂詞語"也可以作主語,例如:

(390)不祥莫大焉。(《中山王𰻞方壺銘》,《集成》15·9735)

(391)不恙(祥)勿為。(《上博楚簡五·三德》)

"不祥"可以是謂詞性詞語,例如"好型(刑)則不羊(祥)"(《上博楚簡五·季庚子問於孔子》)。在上引兩例中,"不祥"都名詞化了。

"不+謂詞語"可以跟"者"組成名詞性短語,這時"不+謂詞語"名詞化了,是有標記的名詞化。例如:

(392)不死者歸,以為隸臣。(《睡虎地秦簡·秦律雜抄》)

(393)不能述(遂)者內(入)而死,不從命者從而桎晜(梏)之。(《上博楚簡二·容成氏》)

(394)貧戔(賤)而不約者,虐(吾)見之壴(矣);膈(富)貴而不喬(驕)者,虐(吾)酙(聞)而未之見也。(《上博楚簡五·弟子問》)

(395)不兌而足敓(養)者,坒(地)也;不异(期)而可蠅(要)者,天也。(《郭店楚簡·忠信之道》)

以上是"者"字短語作主語。

(396)智(知)可為者,智(知)不可為者。智行者,智不可行者,胃(謂)之夫。(《郭店楚簡·六德》)

(397)取不可葆繕者,乃糞之。(《睡虎地秦簡·秦律十八種》)

(398)舉劾不從令者。(《睡虎地秦簡·語書》)

(399)將上不仁邑里者而縱之,可論?(《睡虎地秦簡·法律答問》)

(400)禾贏;入之,而以律論不備者。(《睡虎地秦簡·秦律十八種》)

(401)牙(與)不好教(學)者遊,員(損)。(《郭店楚簡·語叢三》)

以上是"者"字短語作賓語,最後一例是"者"字短語作介詞賓語。

(402)帝牾(將)命之攸(修)者(諸)侯之君之不能詞(治)者。(《上博楚簡四·柬大王泊旱》)

(403)故為人君者,言人之君之不能叏(使)亓臣者,不與言人之臣之不能事亓君者。(《上博楚簡四·內豊》)

(404)縣、都官以七月糞公器不可繕者。(《睡虎地秦簡·秦律十八種》)

(405)公器不久刻者,官嗇夫貲一盾。(《睡虎地秦簡·秦律十八種》)

(406)豬、雞之息子不用者,買(賣)之。(《睡虎地秦簡·秦律十八種》)

(407)百姓犬入禁苑中而不追獸及捕獸者,勿敢殺。(《睡虎地秦簡·秦律十八種》)

以上是"者"字短語作中心語。

"不+謂詞語"也可以跟"所"構成名詞性短語,這時"不+謂詞語"也是有標記名詞化了。例如:

(408)所善所不善,埶(勢)也。(《上博楚簡一·性情論》)

以上是"所"字短語作主語的一部分。

(409)今夫鬼(鬼)神又(有)所明又(有)所不明。(《上博楚簡五·鬼神之明》)

(410)又(有)智(知)不足,亡所不中。(《上博楚簡四·曹沫之陣》)

(411)慗（察）所不智（知）。（《郭店楚簡·語叢一》）

以上是"所"字短語作賓語。

(412)弜（強）行、忠訾（謀）、信言，此所不孝（教）於帀（師）也。（《上博楚簡六·天子建州甲》）

(413)智（知）㞢（止），所以不詒（殆）。（《郭店楚簡·老子甲本》）

以上是"所"字短語作判斷句謂語。

(414)巹（舉）而（爾）所暜（知），而（爾）所不暜（知），人丌（其）豫（舍）之者？（《上博楚簡三·中弓》）

(415)此天之所不能殺，陞（地）之所不能蓳（埋），佥（陰）昜（陽）之所不能成。（《郭店楚簡·太一生水》）

(416)臣事君，言丌所不能，不訝（辭）丌所能。（《郭店楚簡·緇衣》）

(417)自視（示）丌所不族（足）。（《郭店楚簡·語叢三》）

以上是"所"字短語作中心語。

"不＋謂詞語"還可以跟"所"、"者"構成"所者"短語。例如：

(418)不韋（諱）所不孝（教）於帀（師）者三：弜（強）行、忠訾（謀）、信言。（《上博楚簡六·天子建州甲》）

"不＋謂詞語"有的凝固成一個複合詞，這時"不"只是一個詞素。例如：

(419)王曰：不穀（穀）吕（以）芙（笑）繡（申）公。（《上博楚簡六·申公臣靈王》）

(420)不穀日欲吕（以）告大夫。（《上博楚簡七·鄭子家喪》）

(421)今日隹（惟）不慜（敏）既卸（蒞）矣。（《上博楚簡七·吳命》）不敏：對自己的謙稱。

(422)不更以下到謀人。（《睡虎地秦簡·秦律十八種》）不更：秦爵第四段。

(423)囟（思）攻解於不辜。（《包山楚簡》217）

(424)不周門，其主富，八歲更。（《睡虎地秦簡·日書甲種》）

五、"不"的否定範圍

"不"用來表示一般否定。它的否定範圍主要在它的後面。

當"不"所在的短語不是主謂短語時,它的否定範圍就在它的後面,即從"不"字後面那個詞開始到句末為止。例如:

(425)不㠯(以)邦豪(家)為事。(《上博楚簡五·鮑叔牙與隰朋之諫》)

(426)不為俚(朋)𢍮(友)𠂤(殺)宗族。(《郭店楚簡·六德》)

(427)不敢㠯(以)君王之身,夏(變)亂(亂)禬(鬼)神之祟(常)。(《上博楚簡四·柬大王泊旱》)

(428)不晝寢,不飲酒,不聖(聽)樂。(《上博楚簡四·曹沫之陣》)

(429)不可復(覆)室蓋屋。(《睡虎地秦簡·日書甲種》)

(430)不可祠祀、殺生(牲)。(《睡虎地秦簡·日書甲種》)

"不"前出現主語,主語是邏輯主項的組成部分,跟後面的動詞語合起來表示一件事,屬於否定範圍。例如:

(431)其邦徒及偽吏不來。(《睡虎地秦簡·法律答問》)

(432)小人與慶不信殺恒卯,卯自殺。(《包山楚簡》136)

(433)以術(道)差(佐)人宔(主)者,不谷(欲)以兵彊(強)於天下。(《郭店楚簡·老子甲本》)

(434)古(故)君不與少(小)悔(謀)大,𠭍(則)大臣不惛(怨)。(《郭店楚簡·緇衣》)

(435)伙(匹)婦禺(愚)夫,不智(知)丌向(鄉)之小人、君子。(《郭店楚簡·語叢四》)

(436)古(故)上不可㠯(以)䙷(褻)型(刑)而翌(輕)爵(爵)。(《上博楚簡一·緇衣》)

邏輯賓語一般放在動詞之後。但有時候把它前置,而在原位置上用一個代詞"之"複指提前的賓語。這時動詞前"不"的否定範圍就管到前置的賓語。例如:

(437)州徒之樂,而天下莫不語之。(《上博楚簡七·君人者何必安哉》)

邏輯賓語置於句首,一般是構成被動句。這時動詞前"不"的否定範圍也管到前面的客事主語。例如:

(438)內居西南,婦不媚於君。(《睡虎地秦簡·日書甲種》)

(439)言不聖(聽),青(請)不隻(獲)。(《上博楚簡六·競公瘧》)

(440)善者或不賞,而暴[者或不罰]。(《上博楚簡五·鬼神不明》)

(441)君又(有)惎(謀)臣,則壞陞(地)不鈔(削)。(《郭店楚簡·語叢四》)

(442)見書而投者不得,燔書,勿發;投者[得],書不燔。(《睡虎地秦簡·法律答問》)

(443)逃人不尋(得),無酮(聞)。(《九店楚簡》31)

"不"後介詞的賓語有時置於句首作主題,而原位置出現語法空位。這時"不"的否定範圍就管到"不"前的主題。例如:

(444)凡丁丑不可以葬,葬必參。(《睡虎地秦簡·日書甲種》)

(445)十二月辰,凡此日不可以遠行。(《睡虎地秦簡·日書甲種》)

(446)凡為室日,不可以築室。(《睡虎地秦簡·日書甲種》)

(447)辛卯不可以初獲禾。(《睡虎地秦簡·日書甲種》)

(448)凡五子,不可目(以)俊(作)大事,不城(成)。(《九店楚簡》40下)

(449)春三月戌、夏丑、秋三月辰、冬未,皆不可以大祠,可有求也。(《睡虎地秦簡·日書乙種》)

前面說過,"不"前的主事主語在"不"的否定範圍中。有時,在主事主語中有"其","其"又複指前面的詞語,這時,"不"的否定範圍管到被"其"複指的詞語。例如:

(450)告(詩)員(云):"雩(淑)人君子,丌(其)義(儀)不弋(忒)。"(《上博楚簡一·緇衣》)

(451)忎(哀)、樂,丌(其)眚(性)相近也,是古(故)丌(其)心不遠。(《郭店楚簡·性自命出》)

(452)君子之於善(教)也,丌道(導)民也不𢝊(浸)。(《郭店楚簡‧成之聞之》)

"不"後的謂詞語有時有省略,或者全部省略,或者只剩下助動詞。這時"不"字的否定範圍要從"不"字前面的話語中去尋找。"不"後謂詞語全部省略的例子如:

(453)聞號寇者不殹。(《睡虎地秦簡‧封診式》)

(454)免老告人以為不孝,謁殺,當三環之不?不當環。(《睡虎地秦簡‧法律答問》)環:讀為"原",寬宥從輕。

(455)辭相家爵不也。(《睡虎地 M4:11 號木牘》)

(456)相與鬥,交傷,皆論不殹?(《睡虎地秦簡‧法律答問》)

(457)甲賞(嘗)身免丙復臣之不殹?(《睡虎地秦簡‧封診式》)

"不"後只剩下助動詞的例子如:

(458)䙴(遷)者妻當包不當?(《睡虎地秦簡‧法律答問》)

(459)問甲當論及收不當?(《睡虎地秦簡‧法律答問》)

(460)當以衣及布畀不當?(《睡虎地秦簡‧法律答問》)

(461)大夫寡,當伍及人不當?(《睡虎地秦簡‧法律答問》)

(462)含(答):"女(如)毀新都栽(鄢)陵、臨昜(陽),殺左尹,逸少帀(師)亡慇(忌)。"王曰:"不能。"(《上博楚簡六‧平王問鄭壽》)

六、"不"的否定中心

在"不"字的否定範圍裏,存在著一個否定中心。"不"字的否定中心有兩種,一種是非對比性的,一種是對比性的。

(一)非對比性否定中心

非對比性的否定中心,不依靠跟另外一個句子或短語的對比來確定,它不一定要帶強調重音。"不"的否定範圍內,如果只有一個成分,這個成分無疑就是否定中心。例如:

(463)丁卯,不下;不然,必有疵於前。(《睡虎地秦簡‧日書乙種》)

(464)六日不吉。(《睡虎地秦簡‧日書甲種》)

(465)天不雨。(《上博楚簡二·魯邦大旱》)

(466)雖不養主而入量(糧)者,不收。(《睡虎地秦簡·法律答問》)

上引例(463)中的"然"是謂詞性代詞,例(464)中的"吉"是形容詞,例(465)中的"雨"是不及物動詞,例(466)中的"收"是及物動詞。這些詞均作謂語中心。

在謂語中心前若加助動詞,"不"的否定中心仍在助動詞後的謂語中心。依據沈開木,助動詞出現與否,不影響句子的否定中心①。例如:

(467)未見君子,惪(憂)心不能慫(忡)慫(忡)。(《郭店楚簡·五行》)

(468)其土惡不能雨。(《睡虎地秦簡·秦律十八種》)

(469)故嗇夫及丞皆不得除。(《睡虎地秦簡·效律》)

如果及物動詞後面有代詞賓語"之",由於"之"不表示新信息,所以"不"的否定中心仍在其後的謂語動詞。如前引例(300)、(302)。

如果"不"後及物動詞帶了非代詞賓語,那麼這個賓語可以是否定中心,因為賓語處在句子自然焦點的位置上,如上引例(294)至(299)。

依據沈開木,非助動詞狀語出現在"不"字之後時,是否定中心②。在出土戰國文獻中,"不"後的非助動詞狀語有副詞狀語、形容詞狀語、代詞狀語、名詞狀語、介賓短語狀語。如前引例(154)至(200)。

在"不"和非助動詞狀語之間出現助動詞時,非助動詞狀語仍是否定中心。如例(214)至例(219)。

在"不+謂語中心"之後若出現補語,則補語是否定的中心。在出土戰國文獻中,"不+謂語中心"後的補語,可以有介賓短語補語、處所短語補語、時間名詞補語、數量短語補語。如例(249)至(280)。

當動詞後的賓語帶定語時,這個定語是否定中心,如前引例(318)至(325)。

綜上所述,當"不"後只出現謂語中心時,謂語中心是否定中心,因

---

① 沈開木《"不"字的否定範圍和否定中心的探索》,《中國語文》1984年第6期。
② 沈開木《"不"字的否定範圍和否定中心的探索》,《中國語文》1984年第6期。

為在否定範圍內只有一個成分,而且它還處於句子末尾。當"不"後及物動詞帶賓語時,這個賓語應是否定中心,因為賓語位於句子末尾,是自然焦點所在的位置。但當及物動詞後的賓語是個定中短語時,這個定中短語的定語是否定中心,因為與中心語相比,定語的信息強度更大,更容易成為焦點成分。當"不"後是狀中短語時,狀語是否定的中心;當"不"後是中補短語時,補語是否定的中心,因為限制和補充成分比中心成分更容易成為焦點。

依據層次切分的原則,當"不"後的動詞既帶賓語(賓語中有定語),又帶狀語、補語時,要先切分出狀語,再切分出補語,再切分出賓語的定語。所以當"不"後依次出現狀語、定語、補語時,應按下面的次序確定否定中心:

狀語 ＞ 補語 ＞ 定語

這個公式表示,孤立句中三者都出現時,狀語是否定中心;只出現狀語和補語時,狀語是否定中心;只出現狀語和定語時,狀語是否定中心;只出現補語和定語時,補語是否定中心。這個原則一確定,下列句子的否定中心就可確定了:

(470)僕不敢不告於視日。(《包山楚簡》135)

(471)君王元君,不目丌身叟(變)贅尹之棠(常)古(故)。(《上博楚簡四·柬大王泊旱》)

(472)山僉(險)不能出身山中。(《睡虎地秦簡·封診式》)

(473)以衍(道)差(佐)人宔(主)者,不谷(欲)以兵弝(強)於天下。(《郭店楚簡·老子甲本》)

(二)對比性否定中心

對比性的否定中心,要依靠與另一個句子或短語的對比來確定,一定要帶強調重音。對比性否定中心在主語之上的例子,如:

(474)倀(長)子吉,幽(幼)子者不吉。(《九店楚簡》36)

(475)占結者,凶事成,吉事不成。(《周家臺秦簡·日書》)

(476)人之兵不砥礪(礪),我兵必砥礪。(《上博楚簡四·曹沫之

陣》）

（477）旟（作）内（入）不爲志（災），公蠹（昆）亦不爲戠（害）。（《上博楚簡五·鮑叔牙與隰朋之諫》）此例"災"、"害"同義。

（478）唯縣少内爲"府中"，其它不爲。（《睡虎地秦簡·法律答問》）此例"不爲"後省去了"府中"。

（479）邇者不惑（惑），而遠者不悈（疑）。（《郭店楚簡·緇衣》）此例"惑"、"疑"同義。

對比性否定中心在主題上的例子，如：

（480）春三月甲乙，不可以殺；夏三月丙丁，不可以殺；秋三月庚辛，不可以殺；冬三月壬癸，不可以殺。（《睡虎地秦簡·日書甲種》）

（481）丁卯不可以船行，六壬不可以船行。（《睡虎地秦簡·日書乙種》）

（482）含（今）内之不复（得）百生（姓），外之爲者（諸）矦（侯）狱（笑）。（《上博楚簡五·競建内之》）

對比性否定中心在謂語中心上的例子，如：

（483）民可道也，而不可劈（強）也。（《郭店楚簡·尊德義》）

（484）古（故）不可尋（得）天〈而〉親，亦不可尋而疋（疏）；不可尋而利，亦不可尋而甚（害）；不可尋而貴，亦{可}不可尋而戔（賤）。（《郭店楚簡·老子甲本》）

（485）自猒（厭），不自忍。（《上博楚簡三·恒先》）

（486）可言而不可行，君子不言；可行而不可言，君子不行。（《上博楚簡二·從政甲》）

（487）大成若夬（缺），丌（其）甬（用）不㡀（敝）；大涅（盈）若中（沖），丌甬不穿（窮）。（《郭店楚簡·老子乙本》）

（488）是以民可敬道（導）也，而不可穿（掩）也；可駢（禦）也，而不可掔（牽）也。（《郭店楚簡·成之聞之》）

（489）君齋，牆（將）道之；君不齋，則弗道。（《上博楚簡七·武王踐阼》）

有時，否定中心在兼語式的第二個動詞上，例如：

（490）民可囟（使）道之，而不可囟（使）智（知）之。（《郭店楚簡·尊德義》）

對比性否定中心在賓語上的例子，如：

（491）善（教）丌正，不善（教）丌人。（《郭店楚簡·尊德義》）

（492）下之事上也，不從丌（其）所命，而從丌所行。（《郭店楚簡·尊德義》）

（493）乙智（知）盜羊，而不智（知）其羊數。（《睡虎地秦簡·法律答問》）

（494）古（故）君子不貴庶勿（物），而貴與民又（有）同也。（《郭店楚簡·成之聞之》）

（495）圂居西北匛，利豬，不利人。（《睡虎地秦簡·日書甲種》）

（496）二厽（參）子孨（勉）之，愄（過）不才（在）子，才（在）募（寡）人。（《上博楚簡四·曹沫之陣》）

上引諸例，都是相互對比的小句主語和謂語中心都相同，下引兩例，是主語相同，但謂語中心相近。例如：

（497）大人不斳（親）丌所肣（賢），而訐（信）丌所戔（賤）。（《郭店楚簡·緇衣》）例中"親"、"信"同義。

（498）臣事君，言丌所不能，不訐（辭）丌所能。（《上博楚簡一·緇衣》）例中"言"、"辭"近義。

上引各例，都是肯定與否定對比，下引兩例，則是否定跟否定對比：

（499）臨狀不言岙（亂），不言歸（寢）、不言威（滅）、不言友（拔），不言耑（短）。（《上博楚簡六·天子建州甲》）

（500）臨材（財）見利，不取句（苟）富；臨難見死，不取句（苟）免。（《睡虎地秦簡·為吏之道》）

上引各例，都是小句和小句對比。下引兩例，則是短語和短語對比。例如：

（501）是故君子斳（慎）言而不斳（慎）事。（《上博楚簡二·從政甲》）

（502）墟遷是（氏）之又（有）天下也，皆不受（授）丌子而受肣（賢）。（《上博楚簡二·容成氏》）

對比性否定中心在定語之上的例子,如:

(503)不昏(問)又(有)邦之道,而昏(問)叟(相)邦之道。(《上博楚簡四·相邦之道》)

對比性否定中心在補語之上的例子如:

(504)不㠯(忌)於天,而㠯(忌)於人。(《上博楚簡六·用曰》)

(505)褙(禍)不降自天,亦不出自陛(地)。(《上博楚簡六·用曰》)例中的"降"、"出"都有出現的意思。

(506)不和於邦,不可㠯(以)出豫(舍)。不和於豫,不可㠯出戝(陣)。(《上博楚簡四·曹沫之陣》)

對比性否定中心在動賓短語上的例子如:

(507)曰[臧(臧)]:不可以箙(築)室,不可[㠯出]帀(師)。(《楚帛書·丙篇》)

(508)曰:囗不奉(捧)苁,不昧(味)酉(酒)。(《上博楚簡六·孔子見季趄子》)

(509)不飲酒,不聖(聽)樂。(《上博楚簡四·曹沫之陣》)

對比性否定中心在狀中短語上的例子如:

(510)為父豳(絕)君,不為君豳父。為昆弟豳妻,不為妻豳昆弟。為宗族𠂤(殺)俚(朋)晉(友),不為俚(朋)晉(友)𠂤(殺)宗族。(《郭店楚簡·六德》)

(511)方才(在)下立(位),不以匹夫為巠(輕);及丌又(有)天下也,不以天下為重。(《郭店楚簡·唐虞之道》)

上引各例,"不"字句的否定範圍內只有一個對比性否定中心。

依據沈開木,"不"字句中可有幾個句法成分同時充當否定中心①。例如:"過去,我們是一群幼稚無知的小孩;現在,我們不是一群幼稚無知的青年。"在這個例子的"不"字句中,"現在"和"青年"都是對比性否定中心。

對於這個問題該怎麼看呢?一個"不"字句到底可以有幾個對比性

---

① 沈開木《"不"字的否定範圍和否定中心的探索》,《中國語文》,1984年第6期。

否定中心,是一個,還是兩個或兩個以上?

依據劉丹青、徐烈炯的研究①,語句的焦點可以分為三種:一是自然焦點,其功能特徵是[＋突出],[—對比];二是對比焦點,其功能特徵是[＋突出],[＋對比];三是話題焦點,其功能特徵是[—突出],[＋對比]。在同一個小句中,對比焦點和自然焦點不能共存,當對比焦點出現時,自然焦點的功能就被對比焦點所覆蓋。一種情況是自然焦點本身成為對比焦點,不再是自然焦點;另一種情況是句子中其它成分作對比焦點,原自然焦點不再是自然焦點。但話題焦點和自然焦點可以共存,如"夜到末,朝北房間會有暖氣個",其中"夜到"是話題焦點,而"有暖氣"是自然焦點。對比焦點和話題焦點也能共存,如"老張末,當過海軍個",它跟"老王當過空軍個"構成對比,其中"老張"是話題焦點,"海軍"是對比焦點。這樣看來,在一個小句中,是可以同時存在兩個性質不同的焦點的,一個是話題焦點,一個是自然焦點或對比焦點。

劉丹青、徐烈炯還談到帶話題焦點的句子和主語帶對比焦點的句子的不同②。帶話題焦點的句子,不但話題構成對比,述題中也有構成對比的成分,例如:

老張末,當過海軍個。

老王當過空軍個。

很明顯,不但有"老張"和"老王"的對比,還有"空軍"和"海軍"的對比。主語帶對比焦點的句子,全句的表達重點在主語,只有主語的對比,而謂語部分是相同的:

老張當過海軍個。

老王當過海軍個。

沈開木所舉的例子,應是"現在"帶話題焦點,而"青年"帶對比焦點。

據此看來,前引例(474)至(482),主語/主題部分構成對比,謂語部

---

① 劉丹青、徐烈炯《焦點與背景、話題及漢語"連"字句》,《中國語文》,1998年第4期。
② 劉丹青、徐烈炯《焦點與背景、話題及漢語"連"字句》,《中國語文》,1998年第4期。

分相同（有肯定和否定的不同），則這些都是主語/主題帶對比焦點的句子。

但是下引一些例子則不同，不但主語/主題構成對比，謂語/述題部分也有構成對比的成分，說明下列句子是帶話題焦點的句子。

主語帶話題焦點，而謂語中心帶對比焦點的例子，如：

（512）善建者不枽（拔），善㑄（抱）者不兑（脱）。（《郭店楚簡·老子乙本》）

（513）善者或不賞，而暴［者或不罰］。（《上博楚簡五·鬼神之明》）

（514）古（故）君子所返（報）之不多，所求之不遠。（《郭店楚簡·成之聞之》）

（515）亓赱（去）之不速，亓邎（就）之不專（迫），亓壐（啟）節不疾。（《上博楚簡四·曹沬之陣》）

（516）戒之戒之，材（財）不可歸；謹之謹之，謀不可遺；慎之慎之，言不可追；縈之縈［之］，食不可賞（償）。（《睡虎地秦簡·為吏之道》）

主語帶話題焦點而賓語部分帶對比焦點的例子，如：

（517）民言不舍（危）行，行不舍（危）言。（《上博楚簡一·緇衣》）

（518）戶為同居，坐隸，隸不坐戶謂殹。（《睡虎地秦簡·法律答問》）"坐隸"的主語應是"戶"。

（519）命割疾（瘍）不敢監祭，梨丘蘿（據）不敢監正（政）。（《上博楚簡六·競公瘧》）

最後一例中的"割瘍""梨丘據"，對"命"而言是賓語，對"監"而言是主語。

主語帶話題焦點而補語帶對比焦點的例子，如：

（520）㾷（刑）不隸（逮）於君子，豊（禮）不隸於小人。（《郭店楚簡·尊德義》）

（521）小人不經（逞）人於刃（忍），君子不經（逞）人於豊（禮）。（《郭店楚簡·尊德義》）

（522）君不悇（疑）亓臣，臣不惑於君。（《郭店楚簡·緇衣》）

主題帶話題焦點而謂語中心帶對比焦點的例子，如：

(523)凡春三月己丑不可東,夏三月戊辰不可南,秋三月己未不可西,冬三月戊戌不可北。(《睡虎地秦簡·日書甲種》)

(524)申不可出貨,午不可入貨。(《睡虎地秦簡·日書甲種》)

(525)內言不㠯(以)出,外言不㠯內(入)。(《上博楚簡二·昔者君老》)

(526)在行不可以歸,在室不可以行。(《睡虎地秦簡·日書甲種》)

(527)才(在)少(小)不靜(爭),才(在)大不𨈭(亂)。(《上博楚簡四·內豊》)

主題帶話題焦點而賓語帶對比焦點的例子,如:

(528)君子言又(有)勿(物),行又(有)迮(格),此以生不可敓(奪)志,死不可敓(奪)名。(《郭店楚簡·緇衣》)

(529)才(在)道不語(語)匿,凥(處)正(政)不語樂,酓(尊)且(俎)不折(誓)事,聚眾不語惷(逸),男女不語鹿(獨),客(友)不[語]分。(《上博楚簡六·天子建州甲》)

主題帶話題焦點而狀語帶對比焦點的例子,如:

(530)夂(冬)不敢㠯蒼(滄)㕁(辭),頾(夏)不敢㠯昏(暑)㕁(辭)。(《上博楚簡二·容成氏》)

主語帶話題焦點而狀中短語帶對比焦點的例子,如:

(531)春秋不亙(恒)至,耇老不返(復)壯。(《上博楚簡五·弟子問》)

主語帶話題焦點而動賓短語帶對比焦點的例子,如:

(532)利木会(陰)者,不折其桯(枝);利丌渚(瀦)者,不賽(塞)丌𣿐(溪)。(《郭店楚簡·語叢四》)

(533)天不見禹,陛(地)不生龍。(《上博楚簡五·競建內之》)

主題帶話題焦點而動賓短語帶對比焦點的例子,如:

(534)均(均)不足以坪(平)正(政),憸(憸)不足以安民,歆(勇)不足以沫(沒)眾,專(博)不足以智(知)善,快(決)不足以智(知)侖(倫),殺不足以勑(勝)民。(《郭店楚簡·尊德義》)

"不"的否定作用有兩種:一種是否定了謂語動詞所表示的動作,也否定了整個命題,如例(21)至例(31)。另一種是否定了否定範圍內的某些成分,並没有否定整個命題,如非對比性否定中心爲狀語、補語或定語的句子以及帶對比性否定中心的句子。就"不"而言,後一種更爲常見。

七、結語

　　出土戰國文獻中的否定副詞"不",絶大多數都是表示一般否定的,仍可譯爲"不"。有些"不"則是表示已然否定的,可以譯爲"没"。"不"還可以表示判斷否定,出現在名詞性謂語之前,可譯爲"不是"。這種表示判斷否定的"不",可以跟"乃/則"構成"不……乃……"、"不……則……"這樣的固定格式,是"不是……就是……"的意思。
　　"不"後的謂詞性成分可以分成兩大類。其一,謂詞性成分只有一個中心;其二,謂詞性成分有兩個或兩個以上的中心。第一種"不"後的謂語中心詞可以分爲 6 類,即名詞、謂詞性代詞、形容詞、不及物動詞、及物動詞、助動詞。"不"字句的主語多是主事主語,有時是客事主語。"不"和謂語中心詞之間可以出現多種狀語,主要有助動詞、副詞、形容詞、代詞、名詞、介賓短語狀語,還有"助動詞＋副詞"、"助動詞＋形容詞"、"助動詞＋代詞"、"助動詞＋介賓短語"、"助詞＋介賓短語＋形容詞"、"助動詞＋介賓短語＋名詞"狀語。"不＋謂語中心"之後還可以出現補語,這種補語可以由介賓短語、處所名詞語、時間名詞語、數量短語構成。"不"後的及物動詞,可以帶賓語,也可以省略賓語。"不"後及物動詞的賓語前可以有定語,這種定語可以分爲兩種,一種是代詞定語,一種是非代詞定語。"不"後謂語也可以是複雜謂語,這主要有三種情況:一是謂詞性聯合短語,二是連謂短語,三是兼語短語。
　　"不＋謂詞語"的功能主要有三種情況,一是作小句的謂語或謂語的一部分,二是變爲名詞性短語或是用作定語,三是成爲複音詞。
　　"不"的否定範圍主要在它的後面。當"不"所在的短語不是主謂短語時,它的否定範圍就在它的後面,即從"不"字後面那個詞開始到句末爲止。"不"前如果出現主語,由於主語是邏輯主項的組成部分,跟後面的動詞語合起來表示一件事,所以也屬於否定範圍。邏輯賓語有時候前置，而在原位置上用一個代詞"之"來復指，這時"不"的否定範圍就管到前置的賓語。邏輯賓語可以置於句首構成被動句，這時"不"的否定範圍也管到前面的客事主語。"不"後介詞的賓語有時置於句首作主題，而在原位置出現語法空位，這時"不"的否定範圍就管到"不"前的主題。有時，在主事主語中有"其"，"其"又復指前面的詞語，這時"不"的否定範圍管到被"其"復指的詞語。"不"後的謂詞語有時有省略，或者全部省略，或者只剩下助動詞，這時"不"字的否定範圍要從"不"字前面的話語中去尋找。

在"不"字的否定範圍裏存在著一個否定中心。"不"字的否定中心有兩種，一種是非對比性的，一種是對比性的。

當"不"後只出現謂語中心詞時，謂語中心詞是否定中心，因為在否定範圍內只有這一個成分，而且它還處於句子末尾。當"不"後及物動詞帶賓語時，這個賓語是否定中心，因為賓語位於句子末尾，是自然焦點所在的位置。但當及物動詞後的賓語是個定中短語時，這個定中短語的定語是否定中心，因為與中心語相比，定語的信息強度更大，更容易成為焦點成分。當"不"後是狀中短語時，狀語是否定的中心；當"不"後是中補短語時，補語是否定的中心，因為限制和補充成分比中心成分更容易成為焦點。

依據層次切分的原則，當"不"後的動詞既帶賓語（賓語中有定語），又帶狀語、補語時，要先切分出狀語，再切分出補語，再切分出賓語的定語。所以當"不"後依次出現狀語、定語、補語時，應按下面的次序確定否定中心：

狀語 ＞ 補語 ＞ 定語

這個公式表示，孤立句中三者都出現時，狀語是否定中心；只出現狀語和補語時，狀語是否定中心；只出現狀語和定語時，狀語是否定中心；只出現補語和定語時，補語是否定中心。

對比性的否定中心要依靠與另一個句子或短語的對比來確定，一定要帶強調重音。對比性否定中心可以在主語、主題、謂語中心詞、賓語、賓語中的定語和補語之上，有時在兼語式的第二個動詞上。對比性否定中心還可以在動賓短語、狀中短語上。

在一個小句中是可以同時存在兩個性質不同的焦點的，一個是話題焦點，一個是自然焦點或對比焦點。這有以下幾種情況：主語帶話題焦點、而謂語中心帶對比焦點；主題帶話題焦點而謂語中心帶對比焦點；主語帶話題焦點而賓語部分帶對比焦點；主語帶話題焦點而補語帶對比焦點；主題帶話題焦點而賓語帶對比焦點；主題帶話題焦點而狀語帶對比焦點；主語帶話題焦點而狀中短語帶對比焦點；主語帶話題焦點而動賓短語帶對比焦點；主題帶話題焦點而動賓短語帶對比焦點。

　　"不"的否定作用有兩種：一種是否定了謂語動詞所表示的動作，也否定了整個命題。另一種是否定了否定範圍內的某些成分，並沒有否定整個命題。

"徙"字源流補說①

杜鋒　張顯成②

摘　要：大徐本《說文·辵部》"迻(徙)"之古文"⿰屖"字或為齊系文字，源自齊器叔弓鏄中"⿰(選)"字左部構件"⿰"和陳肪簠中"⿰(選)"字上部構件"⿰"，"⿰""⿰"皆為"⿰"之變體，前者的聲符"米"形乃由後者的聲符"少"形訛變而來。楚文字中表示"徙"這個詞的專字從"辵""⿰"聲，"⿰"從"沙"的象形初文"少"得聲，"徙""沙"古音相近。秦文字"徙"則作"⿰"，從辵、從"沙"的象形初文"少"得聲，此字的聲符"少"在漢代被篡改為與"少"形近且與"徙"音近的"止"，此為今通行體"徙"字所本。另外，甲骨文中的"⿰田"之"⿰"，從尸、從"沙"的象形初文"少"得聲，金文中讀為"纂"或"纘"的字皆從"⿰"或其相關諸形作，此字與楚文字"徙"所從的"⿰"有別。"⿰"所從的"少"形在齊器陳侯因䛧敦中變作"⿰"所從的"米"形，清華簡《繫年》14 中亦作從"米"的"⿰"，進而變為《說文·攴部》"敉"之或體"侎"，《尚書》中《立政》《大誥》《洛誥》等篇中所見的

---

①本文為重慶市社科規劃博士項目"基於出土涉醫文獻的古典醫學體系重構研究(2016BS022)"、國家社科基金重大項目"簡帛醫書綜合研究(12&ZD115)"和中央高校基本科研一般項目"簡帛醫書與早期方技重建(SWU1609142)"的階段性成果。

②杜鋒，西南大學漢語言文獻研究所　重慶　400715。張顯成，西南大學漢語言文獻研究所 教授 重慶　400715。

"敚"原作"攸",或為"[徙]"相關諸字的誤釋。

關鍵詞:徙;源流;補説;古文字

大徐本《說文·辵部》:"辿,迻也。從辵、止聲。彽,徙或從彳。屣,古文徙。"其中,"辿"即"徙"字,其或體"彽"從彳,古文字中形旁"彳""辵"義近,例可通用。徐鍇《說文解字繫傳》分析此字從辵,認為其意在於"徙有所之也"①。段玉裁《說文解字注》認為"止"在一部(之部),"徙"在十六部(支部),此二字韻部不近,"徙"字不從"止"聲,各本"辿"字中的"從辵、止聲"之"聲"為衍文,當從"辵""止"會意,"乍行乍止而竟止,則移其所矣";並對比《韻會》《集韻》中"徙"字古文與"屣"之形體,認為"此字不出《說文》",亦"未詳其形聲會意"②。陳復華等《古韻通曉》遍參諸家對"徙"字古音歸部的意見,並從段注認為"徙"字從"辵"從"止"會意,不從"止"聲,古音"止"歸之部,但"徙"歸歌部或支部之說尚存疑義③。今檢《說文解字詁林》所列諸家對"徙"字正篆及古文的考釋亦頗多異義④,未達一間,其原因可能是各家未能充分結合"徙"字的古文形體及相關辭例來綜合考辨其演進序列等問題。

---

① 徐鍇《說文解字繫傳》,中華書局,1987年,頁34。
② 段玉裁《說文解字注》,上海古籍出版社,1988年,頁72。徐灝《說文解字注箋》、徐承慶《說文段注匡謬》皆指出段注改"徙"字形聲為會意,當不確。見丁保福編纂《說文解字詁林》,中華書局,1988年,頁2485。
③ 陳復華、何九盈《古韻通曉》,中國科學出版社,1987年,頁343。
④ 丁保福編纂《說文解字詁林》,中華書局,1988年,頁2484-2486。

各家對"徙"字相關古文形體已有多方探討①，甲骨文中見有"⿸尸火""⿸尸火"字([《合集》5080＋17331＋9572＋16399＋17464]②，《合集》9570、9571、9573、9575、9576、9579、12595、14990等)，今隸作"屄"，其辭例多與"屄田"有關③。李家浩、裘錫圭先生認為甲骨文中的"屄"字當即《說文·辵部》"述(徙)"之古文"㲻"，從尸，沙省聲，可讀為"徙"④，而金文中所見"彤屄"之"屄"(逆鐘，《集成》62；師𣪘簋，《集成》4311；師道簋，《新

---

①對"徙"字相關古文形體進行專門探討的學者，主要如下：胡厚宣《再論殷代農作物施肥問題》，《社會科學戰線》1981年第1期，頁103。張政烺《張政烺文集·甲骨金文與商周史研究》，中華書局，2012年，頁118-122、140-141。李家浩先生對"徙"字相關古文形體的考釋意見，見俞偉超《中國古代公社組織的考察》，文物出版社，1992年，頁11-15。李家浩《安徽大學漢語言文字研究叢書·李家浩卷》，安徽大學出版社，2013年，頁80-82、369-370、387-388。裘錫圭《裘錫圭學術文集·甲骨文卷》，復旦大學出版社，2012年，頁257-258。裘錫圭《裘錫圭學術文集·金文及其他古文字卷》，復旦大學出版社，2012年，頁167-171。季旭昇：《說徙》，《第二十二屆中國文字學術研討會論文集》，臺灣逢甲大學中國文學系，2001年4月，頁197-204。黃甜甜《〈繫年〉第三章"成王屄伐商邑"之"屄"字補論》，《深圳大學學報(人文社會科學版)》2012年第2期，頁53-56。李春桃《說〈尚書〉中的"𢼸"及相關諸字》，《出土文獻與古文字研究》2015年第6輯，頁709-710。李守奎《"屄"與"徙之古文"考》，《出土文獻》2015年第6輯，頁154-162。蘇建洲《釋與"沙"有關的幾個古文字》，《出土文獻》2016年第9輯，頁127-144。劉雲：《說"徙"》，《中國文字學報》第八輯，商務印書館，2017年，頁110-115。對"徙"字相關傳抄古文形體進行整理和研究的學者，主要如下：徐在國編《傳抄古文字編》，綫裝書局，2006年，頁158。李春桃《古文異體關係整理和研究》，中華書局，2016年，頁110-111。

②何會《龜腹甲新綴第三十八則》，中國社會科學院歷史所先秦史研究室網站http://www.xianqin.org/?s=%E9%BE%9C%E8%85%B9%E7%94%B2%E6%96%B0%E7%B6%B4%E7%AC%AC%E4%B8%89%E5%8D%81%E5%85%AB%E5%89%87，2010-12-25。

③諸家對於甲骨文中"屄田"之"屄"的考釋意見，見于省吾主編《甲骨文字詁林》，中華書局，1999年，頁21-30。

④李家浩先生認為"屄田"讀為"徙田"，可能是安排撂荒地跟耕地輪換的一種工作。裘錫圭先生認為"屄田"可能讀為"選田"，"指在某地的撂荒中選定重新耕種的地段"，或"選擇可開闢的荒地的工作"。見俞偉超《中國古代公社組織的考察》，文物出版社，1992年，頁11-15。裘錫圭《裘錫圭學術文集·甲骨文卷》，復旦大學出版社，2012年，頁258。

收殷周青銅器銘文暨器影彙編》1394等)亦與"屎"為一字①。既然"屍""屎"為一字,則其所從的"尸"與"尾"例可通用②,如睡虎地秦簡《日書》甲種和《漢印文字徵》卷八中的"屈"字或從"尾",或從"尸"作③。李守奎先生認為偏旁"尸"與"尾"僅在時代較晚的秦漢文字中通用,而"不足以成為古文字演變的通例"④,"屍""屎"二字在西周至戰國時期形、音、義皆不同,前者為屎尿之"屎"的本字,後者為彤沙之"沙"的本字。其中,讀為"纂"的諸字(禹鼎,《集成》2833;逨盤,《近出二編》939;豆閉簋,《集成》4276;陳侯因䶒敦,《集成》4649;清華簡《繫年》14等)皆從尸,其字形皆與"屍"及變體"屎"相關;讀為"徙"或"選"的諸字(陳賸簋,《集成》4190;叔弓鎛,《集成》285.7;清華簡《繫年》9、39、57;《古璽彙編》0198、0200、0201、0202等)皆從"屎"聲,字形與"屎"相關;《說文·辵部》"辻(徙)"之古文"𡲬"源自"屎",與"屍"無直接關係⑤。蘇建洲先生不同意李說,認為上引甲骨文中"屍田"之"屍"與"屎"有關,"屎"當源於"屍",而"'尸'旁演變為'尾'則是一種文字異體分工的現象,即'屍'表示繼纂;'屎'表示遷徙、挑選等等的用法"⑥。上述各家對"徙"相關諸字的演變

---

① 俞偉超《中國古代公社組織的考察》,文物出版社,1992年,頁11-15。李家浩《安徽大學漢語言文字研究叢書·李家浩卷》,安徽大學出版社,2013年,頁80-82、369-370、387-388。裘錫圭《裘錫圭學術文集·甲骨文卷》,復旦大學出版社,2012年,頁257-258。裘錫圭《裘錫圭學術文集·金文及其他古文字卷》,復旦大學出版社,2012年,頁167-171。

② 俞偉超《中國古代公社組織的考察》,文物出版社,1992年,頁13。張富海《漢人所謂古文之研究》,綫裝書局,2007年,頁45。曾憲通《論齊國"遱盟之璽"及其相關問題》,《華學》1995年第1期,頁72。

③ 張守節撰集《睡虎地秦簡文字編》,文物出版社,1994年,頁137。羅福頤編《漢印文字徵》卷第八,文物出版社,1978年,頁18。

④ 李守奎《"屎"與"徙之古文"考》,《出土文獻》2015年第6輯,頁159。古文字中義近形旁通用須具備一定的條件,並非任何條件下皆可通用。張桂光《古文字中的形體訛變》,《古文字研究》1986年第15輯,頁175-176。張桂光《古文字義近形旁通用條件的探討》,《古文字研究》1992年第19輯,頁580-585。周忠兵《說古文字中的"戴"字及相關問題》,《出土文獻與古文字研究》2013年第5輯,頁365-366。

⑤ 李守奎《"屎"與"徙之古文"考》,《出土文獻》2015年第6輯,頁159、162。

⑥ 蘇建洲《釋與"沙"有關的幾個古文字》,《出土文獻》2016年第9輯,頁133。

源流各持已見,故須作進一步考辨。

清華簡《繫年》14 中的"㞢",從"尸",從"少"之變體"米",讀為訓作"繼"的"纂"或"纉",與上述禹鼎、速盤、豆閉簋和陳侯因㡱敦中的"㞢""㞢""㞢""㞢"等字記錄的是同一個詞;而《繫年》9、39、57 中亦見"㞢""㞢""㞢"諸字,皆從"屖"聲,此為楚文字中表示"徙"這個詞的專字。可知,《繫年》14 中的"㞢"("屍"之變體)與同篇 9、39、57 中從"屖"聲諸字非為一字①。換言之,我們認為"屍""屖"二字在字形和用法上是有區別的。

前舉諸家之說的焦點在於如何辨明"屍""屖"諸字的演進序列,為便說解,需進一步結合其字形和辭例來重新檢討"徙"相關諸字的演變源流及相關問題。

一、甲骨文中的"屍"字

古文字資料中屢見"徙"相關諸字②,如舒連景先生將陳侯因㡱敦(《集成》4649)中的"㞢嗣趄文"之"㞢"釋為"屎","屎、徙音近,古文蓋借屎為徙"③。胡厚宣先生引述唐蘭、商承祚、舒連景諸家之說,並將甲骨文中的"㞢"(《合集》5080＋17331＋9572＋16399＋17464)"㞢"(《合集》9576)"等字隸定為"屍",認為其"象人'遺矢'形",後漸訛變為《說文·辵

---

① 黃甜甜《〈繫年〉第二章"成王屍伐商邑"之"屍"字補論》,《深圳大學學報(人文社會科學版)》2012 年第 2 期,頁 55。李守奎《"屍"與"徙之古文"考》,《出土文獻》2015 年第 6 輯,頁 155。

② "徙"字古文的相關訛體,亦見於傳抄古文中,見徐在國編《傳抄古文字編》,綫裝書局,2006 年,頁 158。關於"徙"字傳抄古文的考辨,見李春桃《古文異體關係整理和研究》,中華書局,2016 年,頁 110-111。《古文字詁林》中羅列了諸多"徙"字的古文形體,但亦見古文"步"字混入其中,其所列各家對於古文"徙"字的考釋意見,見李圃主編《古文字詁林》第二冊,上海教育出版社,2004 年,頁 367-383。

③ 舒連景《說文古文疏證》,《說文解字研究文獻集成·現當代卷》(第五冊),作家出版社,2006 年,頁 766-767。

部》"迖(徙)"之古文"屎","再省即成了'屎'字"①。張政烺先生認為甲骨文中的"㞷"字從小聲,後演變為從小聲的"肖"字,當讀為《詩經·周頌·良耜》"其鎛斯趙"之"趙",毛《傳》:"刺也。"鄭《箋》:"以田器刺地。"甲骨文中所見"肖某田",即是剗除雜草並清理某處田地的工作②。俞偉超先生不同意以上諸說,並從李家浩先生將甲骨文中的"屎田"讀為"徙田"③。裘錫圭先生認為卜辭中的"屎田"或讀為"選田"④,其義詳後文⑤。

上述各家所論甲骨文中的"屎"字,主要見於如下相關卜辭:

(a) 庚申［卜,□貞］:翌癸未屎西單田,受有年。十三月。　　［《合集》5080＋17331＋9572＋16399＋17464］

(b) 甲申卜,爭貞:令逆屎㞢田,受年。　　　　　　　　　《合集》9575

(c) 貞:令堂⑥屎㞢田。　　　　　　　　　　　　　　　　《合集》9576

(d) 貞:勿令堂屎㞢田。　　　　　　　　　　　　　　　　《合集》14990

(e) 貞:勿令屎㞢田。　　　　　　　　　　　　　　　　　《合集》9579

另外,《合集》9570、9571、9573、12595中亦見卜辭"於翌乙丑屎冀冀",胡厚宣先生認為"冀"是地名,"屎冀"為"屎冀田"之省⑦。張政烺先生亦認為"冀"是地名,在今山東省境內⑧。俞偉超先生認為"冀"是族名,

---

① 胡厚宣《再論殷代農作物施肥問題》,《社會科學戰線》1981年第1期,頁103。
② 張政烺《張政烺文集·甲骨金文與商周史研究》,中華書局,2012年,頁118-122、140-141。
③ 以下所引李家浩先生關於"屎""屛"相關諸字的考釋意見,見俞偉超《中國古代公社組織的考察》,文物出版社,1992年,頁11。
④ 裘錫圭《裘錫圭學術文集·甲骨文卷》,復旦大學出版社,2012年,頁258。
⑤ 諸家對於甲骨文中"屎田"之"屎"的考釋意見,詳見于省吾主編《甲骨文字詁林》,中華書局,1999年,頁21-30。
⑥ 此字從何景成先生釋作"堂",見何景成《釋曾侯與編鐘銘文中的"堂"》,《出土文獻》2015年第6輯,頁15-18。
⑦ 胡厚宣《再論殷代農作物施肥問題》,《社會科學戰線》,1981年第1期,頁106。
⑧ 張政烺《張政烺文集·甲骨金文與商周史研究》,中華書局,2012年,頁119。

亦是地名①。裘錫圭先生懷疑"屎眔"或為"屎眔田"②。關於(a)—(c)中"屎"字的意義與用法,胡厚宣先生釋"屎田"為"屎田",即是施用糞肥於農田③。李家浩先生認為甲骨文中的"屎"字當為《說文·辵部》"述(徙)"之古文"㞒",從尸、沙省聲,可讀為"徙"。"屎田"當讀為"徙田",其義相當於《孟子·滕文公上》"死徙無出鄉"趙岐注中的"爰土"、《左傳·僖公十五年》中的"爰田"、《國語·晉語三》和《漢書·地理志》中的"轅田"以及《說文·走部》"赽"中的"赽田"④,其義可能是安排撂荒地跟耕地輪換的一種工作。裘錫圭先生亦將"屎"字與《說文·辵部》"述(徙)"之古文"㞒"看作一字,並認為"屎田"可能讀為"選田","指在某地的撂荒中選定重新耕種的地段",或"選擇可開闢的荒地的工作"⑤。

李家浩先生詳細考察了古文字資料中的"屎"相關諸字,結合逆鐘和師毁簋中"肜沙"之"沙"作"屖",並從郭沫若先生之說,認為此字從尾、沙省聲,又《漢印文字徵》卷八中的"屈"字或從"尾"或從"尸"作,可知古文字中偏旁"尸"與"尾"可通用,"屎"與"屖"當是一字,"屎"與"屖"皆應從沙省聲⑥。裘錫圭先生認為"屎"與"屖"為一字,"屎"古音當與"沙"相近⑦。陳劍先生認為"屎"與"屖"可分析為從沙省聲,"其實也未嘗不可以直接看作是從沙子之'沙'的象形初文'少'得聲"⑧。李守奎先生認為"屎"為屎尿之"屎"的本字,從"少(沙)聲",其與"屖"字的音形義皆有別⑨。蘇建洲先生認為"屖"字源自"屎",並從陳劍之說,指出"屎"與"屖"

---

①俞偉超《中國古代公社組織的考察》,文物出版社,1992年,頁17。
②裘錫圭《裘錫圭學術文集·甲骨文卷》,復旦大學出版社,2012年,頁258。
③胡厚宣《再論殷代農作物施肥問題》,《社會科學戰線》,1981年第1期,頁104-105。
④俞偉超《中國古代公社組織的考察》,文物出版社,1992年,頁11-15。
⑤裘錫圭《裘錫圭學術文集·甲骨文卷》,復旦大學出版社,2012年,頁258。
⑥俞偉超《中國古代公社組織的考察》,文物出版社,1992年,頁13。
⑦裘錫圭《裘錫圭學術文集·甲骨文卷》,復旦大學出版社,2012年,頁258。裘錫圭《裘錫圭學術文集·金文及其他古文字卷》,復旦大學出版社,2012年,頁168-169。
⑧陳劍《甲骨金文考釋論集》,綫裝書局,2007年,頁101。
⑨李守奎《"屎"與徙之古文"㞒"考》,《出土文獻》2015年第6輯,頁155-162。

所從的聲符"少"為沙子之"沙"的象形初文①。我們認為"尿"與"屎"皆從"沙"的象形初文"少"得聲，是兩個來源不同的字。上引(a)—(e)中的"尿"字所從"尸"下的小點，象沙粒之形，其在造字之初即同時表示語言中的兩個詞，既可表示語言中沙粒之"沙"這個詞，也可表示語言中"小(少)"這個詞，因"沙"粒具有的特點是"小""少"，"小""少"在古文字中本為一字②。此類表意字一形多用的現象在早期文字中數見，如"🧍"表示"夫"和"大"，"🧎"表示"帚"和"婦"，"🏛"表示"立"和"位"，"🌙"表示"月"和"夕"，"永"表示"辰"和"永"，"👄"表示"舌"和"䛔"，"⊞"表示"胃"和"屎"等③。

關於"尿""屎"相關諸字在各時期的演進序列問題，需進一步詳加考辨，如甲骨、金文中的"🦴"(《合集》5080＋17331＋9572＋16399＋17464)""🦴(逨盤)"，《說文・辵部》"述(徙)"之古文"屎"，戰國竹簡中的"🀄(清華簡《繫年》9)""🀄(清華簡《繫年》14)"，秦漢簡帛中的"徙(睡虎地秦簡《日書》乙種228)""徙(銀雀山漢簡(一)389正)"，漢魏隋唐碑刻中的"徙(石門頌，東漢建和二年)""徙(赫連子悅墓誌，北齊武平四年)"，以及唐代以來的俗字"徙(《干祿字書・上聲》)""徙(敦煌寫本S.388《正名要錄》)"等，諸字與今之通行的"徙"字在字形、意義和用法上的區別與聯繫尚待深入探討。

---

① 蘇建洲《釋與"沙"有關的幾個古文字》，《出土文獻》2016年第9輯，頁131-134。
② 李家浩《安徽大學漢語言文字研究叢書・李家浩卷》，安徽大學出版社，2013年，頁80-81、369-370、388。陳劍《甲骨金文考釋論集》，綫裝書局，2007年，頁101。
③ 裘錫圭《文字學概要(修訂本)》，商務印書館，2013年，頁7、147、205。裘錫圭《裘錫圭學術文集・金文及其他古文字卷》，復旦大學出版社，2012年，頁18。林澐《古文字學簡論》，中華書局，2012年，頁28-30。李家浩《甲骨文北方神名"勹"與戰國文字從"勹"之字》，《文史》2012年第3輯，頁62-63。陳斯鵬《"舌"字古讀考》，《文史》2014年第2輯，頁259-260。蘇建洲《釋與"沙"有關的幾個古文字》，《出土文獻》2016年第9輯，頁143。

二、金文中的"屍"字

今檢"屍"相關諸字,亦見於下列古文字資料中:

(f) 命禹🖾朕(朕)且(祖)考政於井邦。　　　　　　(禹鼎,《集成》2833)

(g) 用🖾乃且(祖)考事。　　　　　　　　　　　　(豆閉簋,《集成》4276)

(h) 肇🖾朕皇且(祖)考服。　　　　　　　　　　　(逨盤,《近出二編》939)

(i) 🖾嗣趄文。　　　　　　　　　　　　　　　　(陳侯因𦥑敦,《集成》4649)

(j) 成王🖾伐商邑,殺豪子耿。　　　　　　　　　(清華簡《繫年》14)

上舉(g)中的"🖾"字從人、從攴、從"沙"的象形初文"少"得聲,其所從的"人"形當係"尸"形之訛變,古文字中作為偏旁的"人"與"尸"常相訛混。李守奎、李春桃等先生舉例郭店楚簡《老子》甲本 17、18 和望山楚簡 2.45 中的"居"、包山楚簡 67、87、169 中的"屈"以及包山楚簡 200 中的"遲"等字所從的"尸",皆訛混為"人"。又郭店楚簡《六德》28 中的"佣"、新蔡楚簡甲三 216、上博簡(六)《孔子詩論》21 中的"保"、上博簡(六)《孔子詩論》19 中的"備"、包山楚簡 213、217、229 中的"感"以及包山楚簡 255 中的"脩"等字所從的"人",皆訛混為"尸"①。而(g)中"🖾"字構形為左右兩旁分離,與(f)中"🖾"字及(j)中"🖾"字的左右結構類同②。(f)中"🖾"字所從的"尸"旁反書,"當是'屍'的反文,是把'尸'旁與

---

① 李守奎《楚簡中"尸"與"人"的區別與訛混——釋楚簡中"作"與"居"的異體》,《中國文字研究》2011 年第 15 輯,頁 45。李春桃《說〈尚書〉中的"敉"及相關諸字》,《出土文獻與古文字研究》2015 第 6 輯,頁 706。陳劍先生亦認為上博簡(六)《孔子見季桓子》全篇文字中的"'人'旁常寫作'尸'形,又往往在其頭部兩筆的中間多加一筆"。見陳劍《戰國竹書論集》,上海古籍出版社,2013 年,頁 295。

② 黃甜甜《〈繫年〉第三章"成王屍伐商邑"之"屍"字補論》,《深圳大學學報(人文社會科學版)》2012 年第 2 期,頁 54-55。

'少'旁並列的一種寫法"①,皆為(h)中"▨"(一般隸作"屍")字的變體,並從"尸"、從"沙"的象形初文"少"得聲。關於(i)中的"▨"字,吳式芬、劉心源、郭沫若、容庚等學者皆釋為"㳄"②;而(j)中"▨"字的考釋,諸家意見不一③。如清華簡《繫年》整理者指出此字同於(i)中的"▨"字,其所從的"米"形皆由(f)－(h)中"屍"所從的"少"形演變而來,此即《說文·攴部》"敉"字或體"侎",並依容庚先生《善齋彝器圖錄》中相關說法,認為其義如"繼"④。黃甜甜、李守奎、蘇建洲等先生認為(j)中"▨"字與(i)中"▨"字皆可隸作"屍",其為從尸、從"沙"的象形初文"少"得聲的"屍"字之變體,讀為訓作"繼"的"纂"或"纘"⑤。據黃甜甜轉述清華近春園研討會各家對(j)中"▨伐"的釋讀意見,如劉釗先生讀為"剪(引者按:亦作'翦')伐",孟蓬生先生讀為"肆伐",李銳先生讀為"踐伐"⑥;陳劍先

---

①俞偉超《中國古代公社組織的考察》,文物出版社,1992年,頁12。黃甜甜《〈繫年〉第三章"成王屍伐商邑"之"屍"字補論》,《深圳大學學報(人文社會科學版)》2012年第2期,頁54-55。李春桃《說〈尚書〉中的"敉"及相關諸字》,《出土文獻與古文字研究》2015第6輯,頁705-706。

②吳式芬輯錄《攈古錄金文》,《續修四庫全書·金石類》,上海古籍出版社,2002年,頁680。劉心源撰《奇觚室吉金文述》,《金文文獻集成》(第13冊),綫裝書局,2010年,頁204-205。郭沫若《兩周金文辭大系圖錄考釋》,科學出版社,1957年,頁220。容庚編著《善齋彝器圖錄》,《金文文獻集成》(第20冊),綫裝書局,2010年,頁484。

③關於(j)中"▨"字的相關釋讀意見,見蘇建洲、吳雯雯等《清華簡〈繫年〉集解》,臺北萬卷樓圖書股份有限公司,2013年,頁157-165。李松儒《清華簡〈繫年〉集釋》,中西書局,2015年,頁80-83。

④李學勤主編《清華大學藏戰國竹簡(貳)》,中西書局,2011年,頁142。

⑤黃甜甜《〈繫年〉第三章"成王屍伐商邑"之"屍"字補論》,《深圳大學學報(人文社會科學版)》2012年第2期,頁53-55。清華大學出土文獻讀書會《〈清華大學藏戰國竹簡〉(貳)研讀劄記》,復旦大學出土文獻與古文字研究中心網站 http://www.gwz.fudan.edu.cn/Web/Show/1743,2011-12-31。李守奎《"屍"與"徙之古文"考》,《出土文獻》2015年第6輯,頁155-162。蘇建洲《釋與"沙"有關的幾個古文字》,《出土文獻》2016年第9輯,頁128-131。

⑥黃甜甜《〈繫年〉第三章"成王屍伐商邑"之"屍"字補論》,《深圳大學學報(人文社會科學版)》2012年第2期,頁55。

生讀為"踐伐"①，李春桃先生讀為"翦伐"②。黃甜甜通檢全篇《繫年》中"伐"字用法，認為"除了第 130 簡有'（侵）伐'是同義複詞，其他的'伐'字都單獨使用，尤其是'成王屖伐商'後隔兩句，又有'成王伐商蓋'"，可知此處"伐"不大可能與同義或近義的"翦""踐"連用，或是被程度副詞"肆"修飾，最合理的說法當讀為"纘伐"③。李學勤先生認為前引（j）清華簡《繫年》14 中"成王……殺彔子耿"與大保簋（《集成》4140）中"王伐彔子耿"為同一件事，"彔子耿"即是"彔子耿"，為商紂王之子，名祿字子耿，其廟號為武庚。小臣單觶（《集成》6521）"王後阪克商"即指《繫年》14 所言成王後伐商邑，殺彔子耿；加之《繫年》13 所言武王先伐商邑，殺三監，武、成王一前一後伐商邑，即是宜侯夨簋（《集成》4320）所云"王（康王）省武王、成王伐商圖"④。這就從全篇文義上傾向於將（j）中的"𢓊"訓為"繼"，讀為"纂"或"纘"。總之，上舉（f）—（j）中"屖"相關諸字形體雖或有訛變，但皆本從"沙"的象形初文"少"得聲⑤，表示的是語言中的同一個詞"纂"或"纘"，其義為"繼"，證之於全篇文義亦順適。

上述（f）—（j）中"屖"相關諸字的釋讀意見是有充分理據的。考馬王堆帛書《戰國縱橫家書·謂燕王章》220："夫實得所利，尊得所願，燕、趙之棄齊，說沙也。"其中"說沙也"一語，《長沙馬王堆漢墓簡帛集成（三）》新校理本據原注："沙字與䟃字音同通用。䟃，拖鞋。《蘇秦列傳》

---

① 復旦大學出土文獻與古文字研究中心讀書會《〈清華簡（貳）〉討論記錄》，復旦大學出土文獻與古文字研究中心網站 http://www.gwz.fudan.edu.cn/Web/Show/1746，2011-12-23。
② 李春桃《說〈尚書〉中的"敓"及相關諸字》，《出土文獻與古文字研究》2015 第 6 輯，頁 709-710。
③ 黃甜甜《〈繫年〉第三章"成王屖伐商邑"之"屖"字補論》，《深圳大學學報（人文社會科學版）》2012 年第 2 期，頁 55。
④ 李學勤《夏商周研究》，商務印書館，2015 年，頁 102、261-262。
⑤ 上舉（i）、（j）中的"𢓊""𢓊"字亦可隸作屖屖之"屖"，張富海先生進一步論證了"屖"與"沙""徙""纂"或"纘"等字古音相近，此處"屖"可讀作訓為繼的"纂"或"纘"。見張富海《漢人所謂古文之研究》，綫裝書局，2007 年，頁 44-46。

作'如脱蹝矣'。《燕策》作'猶釋弊蹝',姚本注:'一云脱屣也'。"①可知,上舉帛書中"說沙"當讀爲"脱屣"②,"蹝"之異體作"屣",亦如"纚"異體作"縰"(如《文選·左思〈魏都賦〉》:"岌岌冠縰。"李善注:"鄭玄《禮記》注曰:'纚,今之幘也。纚與縰同。'"《廣韻·紙韻》:"縰,同纚。"《集韻·紙韻》:"纚,……或作縰。")可知,"蹝""纚"所從的聲符"麗",與"屣""縰"所從的聲符"徙",以及上舉"說沙也"之"沙",三者古音相近,例可通假③。又春秋時期的取膚盤(《集成》10253)"取膚呂,子商鑄盤,用滕之麗妃"之"麗"字下部的三點,蘇建洲先生從高佑仁之說,認爲可看作是沙子之"沙"的象形初文"少",此形即爲加注在"麗"字之上的聲符,亦可認爲是從"沙"的象形初文"少"得聲④。此例亦可證"沙"與"麗"古音相近。再如,上博簡(六)《孔子見季桓子》5:"服🗌,弗見也。"⑤郭永秉先生綜合陳劍、吳振武、裘錫圭等先生的考釋意見,認爲"🗌"從焉、屦省聲,而"屦"從"沙"的象形初文"少"得聲,此字即是楚文字中表示"屣"這個詞的專字,在簡文中可讀爲"鮮"⑥。"屣"從"徙"聲,而記録"屣"這個詞的楚文字"🗌"之聲符與"沙"聲關係密切,"徙""沙"古音相近⑦。實際上,

---

①裘錫圭《長沙馬王堆漢墓簡帛集成(三)》,中華書局,2014年,頁245、246。
②俞偉超《中國古代公社組織的考察》,文物出版社,1992年,頁12。禤健聰《〈懷沙〉題義新詮》,《文史》2013年第4輯,頁229。裘錫圭《裘錫圭學術文集·金文及其他古文字卷》,復旦大學出版社,2012年,頁168。
③俞偉超《中國古代公社組織的考察》,文物出版社,1992年,頁12。裘錫圭《裘錫圭學術文集·金文及其他古文字卷》,復旦大學出版社,2012年,頁168。李家浩《安徽大學漢語言文字研究叢書·李家浩卷》,安徽大學出版社,2013年,頁369-370、387-388。
④蘇建洲《釋與"沙"有關的幾個古文字》,《出土文獻》2016年第9輯,頁127-128。
⑤馬承源主編《上海博物館藏戰國楚竹書(三)》,上海古籍出版社,2003年,頁14、139。
⑥陳劍《戰國竹書論集》,上海古籍出版社,2013年,頁295-297。郭永秉《古文字與古文獻論集續編》,上海古籍出版社,2015年,頁237-239。禤健聰《〈懷沙〉題義新詮》,《文史》2013年第4輯,頁229-230。
⑦李家浩《安徽大學漢語言文字研究叢書·李家浩卷》,安徽大學出版社,2013年,頁370。俞偉超《中國古代公社組織的考察》,文物出版社,1992年,頁12。

下文所論古文字"徙"本從辵、從"沙"的象形初文"少"得聲①。古音"徙"為心母歌部,"纂"為精母元部,心母和精母古屬齒頭音,歌部和元部屬陰陽對轉,"徙""纂""沙"古音相近②。又《爾雅·釋詁上》:"纂,繼也。"《說文·糸部》:"纘,繼也。"裘錫圭先生已詳證"纂"或"纘"表示的是同一個詞,其義為"繼"③。可知,(f)—(h)中"厃"相關諸字皆從"沙"的象形初文"少"得聲,當讀為"纂"或"纘",訓為"繼"④。

另外,"厃"相關諸字還見於師訇鼎(《集成》2830)"白(伯)大(太)師䚷訇臣皇辟"。其中,"䚷"字或從甚聲,讀為任;"肩"字可隸作"肩",從厃省聲,亦可讀為訓作"繼"的"纂"或"纘",此與遹甗(《集成》948)"師雍父肩史(使)遹事於默侯"中的"肩"字同⑤。亦見於牆盤(《集成》10175)"天子䎽(恪)䫙文武長剌","剌"讀為"烈",義為"功烈";此句亦對應於《尚書·大誥》"予翼以於敉文武圖功","翼"為虛詞,讀為"異"⑥,"圖"訓為"大"。裘錫圭先生認為牆盤中"䫙"字可隸作"䫙",此為"饌"字異體,後用來表示《說文·食部》中的"饡",其從食、厃省聲,而厃從"沙"的象形初文"少"得聲,可讀作訓為繼的"纂"或"纘"⑦。以上牆盤中的"䫙"與

---

① 李家浩《安徽大學漢語言文字研究叢書·李家浩卷》,安徽大學出版社,2013年,頁370。俞偉超《中國古代公社組織的考察》,文物出版社,1992年,頁12。陳劍《甲骨金文考釋論集》,綫裝書局,2007年,頁101。

② 張富海《漢人所謂古文之研究》,綫裝書局,2007年,頁45-46。

③ 裘錫圭《裘錫圭學術文集·金文及其他古文字卷》,復旦大學出版社,2012年,頁170。

④ 俞偉超《中國古代公社組織的考察》,文物出版社,1992年,頁13-15。裘錫圭《裘錫圭學術文集·金文及其他古文字卷》,復旦大學出版社,2012年,頁168-170。陳劍《甲骨金文考釋論集》,綫裝書局,2007年,頁101。李守奎《"屎"與"徙之古文"考》,《出土文獻》2015年第6輯,頁157。李春桃《說〈尚書〉中的"敉"及相關諸字》,《出土文獻與古文字研究》2015第6輯,頁705-706。

⑤ 裘錫圭《裘錫圭學術文集·金文及其他古文字卷》,復旦大學出版社,2012年,頁18。

⑥ 裘錫圭《裘錫圭學術文集·甲骨文卷》,復旦大學出版社,2012年,頁217-218。

⑦ 裘錫圭《裘錫圭學術文集·金文及其他古文字卷》,復旦大學出版社,2012年,頁170。李春桃《古文異體關係整理和研究》,中華書局,2016年,頁111。

《尚書·大誥》中的"敉"處於同一語法位置,其義相近,"敉"亦當訓為"繼"。考"敉"字與《說文·攴部》中訓為"撫"的"敉"字同形,"敉"之或體作"侎",其所從"人"形在古文字中常與"尸"形訛混①,如上述(g)中"㞓"字所從的"人"形即是"尸"形之訛。(i)中的"㞓"字與(j)中的"㞓"字本皆從"尸"、從"米",學者或不知"人""尸"二形之訛混,徑隸作"侎"②,黃甜甜、李守奎、李春桃、蘇建洲等已指其非,認為其當隸作從"尸"、從"沙"的象形初文"少"得聲的"屖"③,我們認為此字可讀作訓為繼的"纂"或"纘"。檢"敉"字亦見於《尚書》中《立政》"亦越武王,率惟敉功"、《大誥》"肆予曷敢不越卬敉文王大命"、《洛誥》"四方迪亂,未定於宗禮,亦未克敉公功"等。《尚書》多存古字,李春桃先生結合古文字資料中"屖"相關字形,認為上舉各篇中的"敉"字本作"侎",其與《說文·攴部》和《爾雅·釋言》中訓為"撫"而"讀若弭"的"敉"字音、義皆無涉,二者只是同形關係,"侎"當為上述(i)、(j)中的"㞓""㞓"等字之隸變,可訓為"繼"④。再如毛公鼎(《集成》2841)"已,曰及茲(茲)卿事寮、太史寮,

---

① 李守奎《楚簡中"尸"與"人"的區別與訛混——釋楚簡中"作"與"居"的異體》,《中國文字研究》2011年第15輯,頁45。李春桃《說〈尚書〉中的"敉"及相關諸字》,《出土文獻與古文字研究》2015第6輯,頁706。

② 吳式芬輯錄《攈古錄金文》,《續修四庫全書·金石類》,上海古籍出版社,2002年,頁680。劉心源撰《奇觚室吉金文述》,《金文文獻集成》第13冊,綫裝書局,2010年,頁204-205。郭沫若《兩周金文辭大系圖錄考釋》,科學出版社,1957年,頁220。容庚編著《善齋彝器圖錄》,《金文文獻集成》第20冊,綫裝書局,2010年,頁484。李學勤主編《清華大學藏戰國竹簡(貳)》,中西書局,2011年,頁142。

③ 黃甜甜《〈繫年〉第三章"成王屖伐商邑"之"屖"字補論》,《深圳大學學報(人文社會科學版)》2012年第2期,頁53-55。李守奎《"屖"與"徙之古文"考》,《出土文獻》2015年第6輯,頁162。李春桃《說〈尚書〉中的"敉"及相關諸字》,《出土文獻與古文字研究》2015第6輯,頁706-708。蘇建洲《釋與"沙"有關的幾個古文字》,《出土文獻》2016年第9輯,頁143。

④ 李春桃《說〈尚書〉中的"敉"及相關諸字》,《出土文獻與古文字研究》2015第6輯,頁703-708。此文引陳劍之說,認為上引《洛誥》當作"四方迪亂未定,於宗禮亦未克敉公功",其中"敉"當讀為"選"。

於父即尹",關於"▨"字的釋讀,諸家意見各異①。何景成先生引馮勝君之說,認為此"▨"字或為《說文·支部》中的"敉""敎",亦即《說文·辵部》"述(徙)"之古文"屎",可讀作訓為繼的"纂"②。李春桃先生主張隸定此字作"▨",從殳、沙省聲③,後人因形近將"▨"字誤作"敉",其左旁"少"誤認為"米",右旁"殳"誤認為"攴"。可知,"敉"字亦可能直接來源於上舉毛公鼎中的"▨"④。

上引(i)為齊器,其中"▨"字從"尸"、從"米",同為齊器的陳肪簋(《集成》4190)中的"▨"字從"収""屎('屎'之變體)"聲,叔弓鏄(《集成》285.7)中的"▨"字從"攴""屎('屎'之變體)"聲⑤。李家浩先生認為"▨"字以及"▨"和"▨"字所從"屎"(或其變體"屎")中的"米"形,似應隸定為"上從'少'下從'小'"形,後進一步訛變為《說文·辵部》"述(徙)"之古文"屎"和屎尿之"屎"所從的"米"形。而"▨"字為"屎"之變體,偏旁"屎"為"屎"之變體,可知"▨"和"▨"字的聲符皆為"屎"之變體,本從"沙"的象形初文"少"得聲,又因古音"沙"屬生母歌部,"選"屬心母元部,生母、心母古屬齒音,歌部、元部陰陽對轉,"沙""選"上

---

① 石帥帥《毛公鼎銘文集釋》,吉林大學古籍研究所碩士學位論文,2016 年,頁 150-154。
② 何景成《論西周王朝政府的僚友組織》,《南開學報(哲學社會科學版)》2008 年第 6 期,頁 20。
③ 我們認為"▨"可隸作"▨",其所從的聲符"少"當從陳劍先生之說,其為沙子之"沙"的象形初文,見陳劍《甲骨金文考釋論集》,綫裝書局,2007 年,頁 101。
④ 李春桃《說〈尚書〉中的"敉"及相關諸字》,《出土文獻與古文字研究》2015 第 6 輯,頁 713-714。
⑤ 陳劍先生論述了古文字中所從"尾"形的訛變情形,可與陳肪簋中"▨"字和叔弓鏄中"▨"字所從聲符"屎"中的"尾"形進行對比。見陳劍《戰國竹書論集》,上海古籍出版社,2013年,頁 295-296。

古音近，"■"和"■"字當讀為"選"，或是齊系金文中表示選擇之"選"的專字①。就相關辭例而言，陳貯簠"■擇吉金"與叔弓鎛"■擇吉金"中的"■"和"■"字皆讀為"選"，於例亦合。裘錫圭先生認為李家浩之說中所謂"上從'少'下從'小'"之偏旁實是由"少"所訛變而成的"米"，"東周銘文中'屎(引者按，此為"屧"之變體)'、'屎(引者按，此為"屧"之變體)'二字，似可認為已由從'少'訛變為從'米'。至於屎尿之'屎'與'屧'的變體'屎'究竟是什麼關係，似還可進一步研究。"②吳振武、宋華強先生羅列了"屧""屧"相關諸字的演進序列，可見其所從的"少"形訛變為"米"形的過程③。李守奎先生認為《說文・辵部》"迚(徙)"之古文"屎"當為齊系古文，源自叔弓鎛中"■"字的左旁"■"，其左上部構件是"尾"字之訛變，左下部構件係"少"字之訛變，與(i)中的"■"字無涉④。檢齊系官璽如《吉林大學藏古璽印選》1中的"■鹽之璽"之"■"，相同字形和辭例亦見於《古璽彙編》0198、0200、0201、0202等齊璽中，清代宋書升《續齊魯古印捃・序》對比《汗簡》卷上之一第一"徙"字下所引碧落碑中的"■"字，釋"■"為"徙"⑤。曾憲通先生從宋書升釋"徙"之說，認為《說文・辵部》"迚

---

①俞偉超《中國古代公社組織的考察》，文物出版社，1992年，頁13-14。裘錫圭《裘錫圭學術文集・甲骨文卷》，復旦大學出版社，2012年，頁258。李家浩《安徽大學漢語言文字研究叢書・李家浩卷》，安徽大學出版社，2013年，頁79-82。裘錫圭《裘錫圭學術文集・金文及其他古文字卷》，復旦大學出版社，2012年，頁168-169。

②裘錫圭《裘錫圭學術文集・金文及其他古文字卷》，復旦大學出版社，2012年，頁168。

③吳振武《古璽姓氏考(複姓十五篇)》，《出土文獻研究》1998年第3輯，頁74-75。宋華強《清華簡〈繫年〉"篡伐"之"篡"》，武漢大學簡帛研究中心網站http://www.bsm.org.cn/show_article.php?id=1599，2011-12-21。

④李守奎《"屎"與"徙之古文"考》，《出土文獻》2015年第6輯，頁161。

⑤此處所引清代宋書升之說，見其為《續齊魯古印捃》所作的序言，轉引自曾憲通《論齊國"遷■之璽"及其相關問題》，《華學》1995年第1期，頁72-73。曾憲通《楚文字釋叢(五則)》，《中山大學學報》1996年第3期，頁62。

（徙）"之古文"屎"當本於"▨"字所從的"屎"①。趙平安先生認為"▨"字從"辵""屎"聲，依例可隸作"遷"，此或為齊文字中表示"移徙"之"徙"的專字②。"徙"字所從聲符"屎"實為"屎"之變體，其下部構件當是"少"形所訛變而成的"米"形，此字本從"沙"的象形初文"少"得聲，類同於上引李家浩先生所隸定的齊系文字中"上從'少'下從'小'"之形，此形可能是齊文字中"米"形的一種特殊寫法③。另外，《說文·攴部》："敇，擇也。從攴、柬聲。《周書》曰：'敇乃甲冑'。"其所引《周書》見於《尚書·費誓》："善敇乃甲冑，敽乃干，無敢不弔！備乃弓矢，鍛乃戈矛，礪乃鋒刃，無敢不善！"關於"敇"字的釋讀，諸家或訓為"簡"；或認為有穿徹連綴之義；或訓作"陳"④。考《書古文訓》中此"敇"字作"敪"⑤，亦即叔弓鎛中的"▨"字之隸變，"柬""虡"以及"敪"之左旁"屎"皆為《說文·辵部》"迆（徙）"之古文"屎"的變體，《尚書·費誓》中的"敇"亦可讀為"選"，義為簡選⑥。裘錫圭先生認為，"'古文'是見於《說文》和三體石經（曹魏正始年間所立）的一種古字體，其主要來源是西漢時發現的'孔壁（曲阜孔子故宅屋壁）古文'等用古文字抄寫的經籍。……現在多數學者認為'古文'的主

---

① 曾憲通《論齊國"遷盟之璽"及其相關問題》，《華學》1995 年第 1 期，頁 73。曾憲通《楚文字釋叢（五則）》，《中山大學學報》1996 年第 3 期，頁 62-63。
② 趙平安《新出簡帛與古文字古文獻研究》，商務印書館，2009 年，頁 135-136。施謝捷《古璽彙考》，安徽大學文學院博士學位論文，2006 年，頁 54-55。
③ 俞偉超《中國古代公社組織的考察》，文物出版社，1992 年，頁 13-14。裘錫圭《裘錫圭學術文集·金文及其他古文字卷》，復旦大學出版社，2012 年，頁 168。吳振武《古璽姓氏考（復姓十五篇）》，《出土文獻研究》1998 年第 3 輯，頁 74-75。
④ 李春桃《說〈尚書〉中的"敇"及相關諸字》，《出土文獻與古文字研究》2015 第 6 輯，頁 710-711。
⑤ 顧頡剛、顧廷龍《尚書文字合編》，上海古籍出版社，1996 年，頁 3016。
⑥ 大徐本《說文·攴部》中"敇"下反切標注為"洛簫切"，古音屬宵部，此處讀為元部的"選"，其間討論較繁。見李春桃《說〈尚書〉中的"敇"及相關諸字》，《出土文獻與古文字研究》2015 第 6 輯，頁 711-712。

體是齊魯文字"①。研究者一般認為《說文》中所載古文多為戰國齊魯文字②,《說文·辵部》"辻(徙)"之古文"㐆"可能源於前舉齊器叔弓鎛中"㪘"字之左部構件"㐆",上引《尚書》《說文·攴部》中的"敹"字亦與之有關。

考《說文·辵部》"辻(徙)"之古文"㐆",亦或與逆鐘(《集成》62)、師毁簋(《集成》4311)和師道簋(《新收》1394)中表示"彤㐆(沙)"之"㐆(沙)"的"㐆""㐆"和"㐆"諸字有關。具體而言,"㐆"或由"㐆"字訛變而成,"㐆"字所從"尾"中的"毛"形訛作"㐆"中的"火"形,其所從的"少"形亦訛作"米"形。前舉裘錫圭先生已說明《說文》中所載"古文"之主體是齊魯文字③,《說文·辵部》"辻(徙)"之古文"㐆"亦或為齊文字,源自齊器叔弓鎛中"㪘(選)"字左部構件"㐆"和陳財簋"㪘(選)"字上部構件"㐆",孫剛《齊文字編》卷二"徙"欄亦列入"㐆"字④。曾憲通先生認為"㐆"字下部從"米"形,與齊文字尤近,實際上是齊文字"㐆"之訛變,"頗疑齊璽文之㐆是㐆之變體,流行於齊地,《說文》古文既來源於'壁中書',故以流行於齊魯之㐆作為徙的古文,自是情理之中事。從現有的材料看,它們都源於西周金文的㐆(引者按:此字即逆鐘(《集成》62)、師毁簋(《集成》4311)和師道簋(《新收》1394)中'彤㐆(沙)'之'㐆(沙)')字"⑤。李家浩

---

① 裘錫圭《〈戰國文字及其文化意義研究〉緒言》,《出土文獻與古文字研究》2015 第 6 輯,頁 222。

② 楊澤生《戰國楚竹書研究》,中山大學文學院博士學位論文,2002 年,頁 119-125。陳劍《戰國竹書論集》,上海古籍出版社,2013 年,頁 464。

③ 裘錫圭《〈戰國文字及其文化意義研究〉緒言》,《出土文獻與古文字研究》2015 年第 6 輯,頁 222。

④ 孫剛《齊文字編》,福建人民出版社,2010 年,頁 43。

⑤ 曾憲通《論齊國"遱盟之璽"及其相關問題》,《華學》1995 年第 1 期,頁 80。曾憲通《楚文字釋叢(五則)》,《中山大學學報》1996 年第 3 期,頁 62-63。

先生認為九店楚墓 M56 簡 15 中的"⿺辶少"字,亦見於長沙楚帛書《丙篇》①,其為"⿺辶少"字之省寫,與《說文·辵部》"迆(徙)"之古文"屖"即"屖"字為同一個詞的不同寫法②,"⿺辶少"字即《古文四聲韻》卷三紙韻"徙"字所引《古老子》中的傳抄古文字"⿰屖⿱少"③。對於(a)—(e)甲骨文中"屎田"之"屎"字與"屖"字的關係,各家持見不一④。今從李守奎、黃甜甜等先生之說,認為此二者在字形和用法上皆有區別,"屎"本為屎尿之"屎"字,"屖"本為彤沙之"沙"字⑤,但"屎"與"屖"二字的基本聲符皆為"少(小)",即沙子之"沙"的象形初文。今檢"徙"字的諸種傳抄古文形體,見於《傳抄古文字編》卷二"徙"欄中⑥,徐在國、李春桃先生將傳抄古文字"徙"和出土古文字資料中"徙"相關諸字進行了對比研究,認為"屖"乃由叔弓鎛中"⿱鹵⿱少"字的左旁"屖"訛變而成⑦,而《古文四聲韻》卷三紙韻"徙"字所引《古老子》中傳抄古文字"⿰屖⿱少"的左旁"⿱少"乃是"屖""屖"之訛變。其說有理。

---

①曾憲通《長沙楚帛書文字編》,中華書局,1993 年,頁 68。

②董蓮池先生認為《說文·辵部》"迆(徙)"之古文"屖"即是"屖"字,其所從的"米"乃訛體,見董蓮池編著《新金文編·自序》,作家出版社,2011 年,頁 4。

③湖北省文物考古研究所、北京大學中文系編《九店楚簡》,中華書局,2000 年,頁 70。

④胡厚宣《再論殷代農作物施肥問題》,《社會科學戰線》1981 年第 1 期,頁 103。俞偉超《中國古代公社組織的考察》,文物出版社,1992 年,頁 13。曾憲通《楚文字釋叢(五則)》,《中山大學學報》1996 年第 3 期,頁 62-63。曾憲通《論齊國"⿺辶皿之璽"及其相關問題》,《華學》1995 年第 1 期,頁 73。李家浩《安徽大學漢語言文字研究叢書·李家浩卷》,安徽大學出版社,2013 年,頁 81、370、387-388。李家浩《清華竹簡〈耆夜〉的飲至禮》,《出土文獻》2013 年第 4 輯,頁 24-25。李守奎《"屎"與"徙之古文"考》,《出土文獻》2015 年第 6 輯,頁 161。

⑤李守奎《"屎"與"徙之古文"考》,《出土文獻》2015 年第 6 輯,頁 162。黃甜甜《〈繫年〉第三章"成王屎伐商邑"之"屎"字補論》,《深圳大學學報(人文社會科學版)》2012 年第 2 期,頁 55。清華大學出土文獻讀書會:《〈清華大學藏戰國竹簡〉(貳)研讀劄記》,復旦大學出土文獻與古文字研究中心網站 http://www.gwz.fudan.edu.cn/Web/Show/1760,2011-12-31。

⑥徐在國編《傳抄古文字編》,綫裝書局,2006 年,頁 158。

⑦徐在國《隸定"古文"疏證》,安徽大學出版社,2002 年,頁 41-42。李春桃《古文異體關係整理和研究》,中華書局,2016 年,頁 110-111。

上引(i)、(j)中"▨""▨"可隸作"屎",其所從的"米"形實是由(f)—(h)中"厈"相關諸字所從的"少"形訛變而來。考《說文·棄部》:"糞,棄除也,從廾,推華棄釆也,官溥說,似米而非米者,矢字。"吳振武先生認為官溥之說有理,古文字中"屎"所從的"米"形為糞便的象形寫法。而齊系文字中的"米"形偏旁有兩個不同來源:一是源於真正的"米"字,即《說文·米部》:"米,粟實也,象禾實之形。"如《古璽彙編》3519、3693中"糜"字和3573中"廩"字等,其所從皆為真正的"米"字;二是源於糞便的象形寫法,如《古璽彙編》3081中"▨"字,其從屎省、矢聲或從屎象形、矢聲,可讀為"矢",此字下部構件為"米"形,象糞便之形,當為屎尿之"屎"(古書亦作"矢")的異體字①。今檢馬王堆帛書《五十二病方》行51中"戾"②字從屎省、矢聲,亦見於《玉篇·尸部》:"戾,糞也,與矢同,俗又作屎。"③"戾"與前舉"▨"字均表示語言中的屎尿之"屎"這個詞。又甲骨文中的"糞"字作"▨"(《合集》10956)"▨"(《屯》2858)"④,其所從的"少"形即是《說文·華部》中官溥所謂"似米而非米者,矢字",後漸訛變為"▨"(《璽彙》5290)"▨"(睡虎地秦簡《秦律十八種》86)"▨"(睡虎地秦簡《日書》乙種69背)"⑤等秦漢文字中所從的"米"形⑥。與之相類似的構件訛變情形,亦見於上引(a)—(e)中"厈"字所從的"少"形,其在(f)—(j)中皆訛變為"屎"所從的"米"形,此或與偏旁"米"表聲有關⑦。黃甜甜探討了清華簡《繫年》書寫者對偏旁"米"形的書寫習慣,並類比"厈"相關諸字所從的"少"形,認為此"少"形可能被《繫年》書寫者訛作(j)中

---

① 吳振武《古璽姓氏考(復姓十五篇)》,《出土文獻研究》1998年第3輯,頁74-75。
② 陳松長編著《馬王堆簡帛文字編》,文物出版社,2001年,頁215。
③ 顧野王《宋本玉篇》,中國書店,1983年,頁215。
④ 劉釗編纂《新甲骨文編(增訂本)》,福建人民出版社,2014年,頁253。
⑤ 張守節撰集《睡虎地秦簡文字編》,文物出版社,1994年,頁57。
⑥ 漢語大字典字形組編《秦漢魏晉篆隸字形表》,四川辭書出版社,1985年,頁253。李守奎《"屎"與"徙之古文"考》,《出土文獻》2015年第6輯,頁156。
⑦ 李守奎《"屎"與"徙之古文"考》,《出土文獻》2015年第6輯,頁156。

"✦"所從的"米"形,亦即說"✦"或是"屍"之變體①。

李家浩先生認為前舉(f)中的"✦"、(g)中的"✦"及陳侯因𰁼敦中的"✦",皆當讀為"纂",並舉書證云:"《禮記·祭統》引孔悝鼎'纂乃祖服'(裘錫圭先生按語:'孔悝鼎銘原文為"獻公乃命成叔纂乃祖服",鄭注:"纂,繼也。服,事也。"鼎銘下文尚有"若纂乃考服"語')、《左傳》襄公十四年'纂乃祖考',鄭玄注和杜預注並云'纂,繼也'"③裘錫圭、宋華強先生皆從李家浩之說④。李守奎先生認為上引(a)—(e)中的"屍"字即是屎尿之"屎"的本字,"屍"字所從的"少"形訛變作"屎"字所從的"米"形,"米"後來在"屎"字中兼具表音(古音"屎"為書母脂部,"米"為明母脂部,古音相近⑤)。(f)—(j)中"屎"皆當讀為"纂",但考慮到"屎"為書母脂部,"纂"為精母元部,二字古音稍隔⑥。張富海先生亦認為上引(a)—(e)、(h)中隸作"屍"之字即是屎尿之"屎",而"屎"為書母脂部,"徙"為心母歌部,並進一步舉證古音書母和心母、脂部和歌部或可相通⑦,"屎"

---

①黃甜甜《〈繫年〉第三章"成王屎伐商邑"之"屎"字補論》,《深圳大學學報(人文社會科學版)》2012年第2期,頁54-55。清華大學出土文獻讀書會《〈清華大學藏戰國竹簡〉(貳)研讀劄記》,復旦大學出土文獻與古文字研究中心網站 http://www.gwz.fudan.edu.cn/Web/Show/1760,2011-12-31。
②裘錫圭《裘錫圭學術文集·金文及其他古文字卷》,復旦大學出版社,2012年,頁169。
③俞偉超《中國古代公社組織的考察》,文物出版社,1992年,頁14。
④裘錫圭《裘錫圭學術文集·金文及其他古文字卷》,復旦大學出版社,2012年,頁169。宋華強《清華簡〈繫年〉"纂伐"之"纂"》,武漢大學簡帛研究中心網站 http://www.bsm.org.cn/show_article.php? id=1599,2011-12-21。
⑤李守奎《"屎"與"徙之古文"考》,《出土文獻》2015年第6輯,頁156。
⑥李守奎《"屎"與"徙之古文"考》,《出土文獻》2015年第6輯,頁157、162。
⑦古音書母和心母或相通,如書母"輸"字和心母"綸""喻"字皆從"俞"得聲。古音脂部和歌部亦或相通,如《尚書·禹貢》"厥土青黎"之"黎",《史記·夏本紀》作"驪",而"黎"是脂部字,"驪"是歌部字;《爾雅·釋水》"水草交為湄",陸德明《釋文》"湄或作濼","湄"是脂部字,"濼"所從的聲符"麋"是歌部字;古文字中脂部字"邇"多從歌部的入聲月部字"埶"得聲;《周禮》鄭玄注認為故書"箭"作"晉","箭"為歌部之陽聲元部字,"晉"為脂部之陽聲真部字。以上諸證多見於張富海《漢人所謂古文之研究》,綫裝書局,2007年,頁45。蘇建洲《釋與"沙"有關的幾個古文字》,《出土文獻》2016年第9輯,頁140-142。

"徙"古音相近,而"'沙'、'徙'、'選'、'纂'、'差'等字語音相近,沒有問題","'屎'字及從'屎'得聲的字讀為'沙'、'徙'、'差'、'選'、'纂'等是有可能的"①,上引(i)、(j)中的"⿰彳⿱米⿱"""字皆可隸作屎尿之"屎";此字亦可看作是"厬"字之變體,其所從的"米"形是(a)—(h)中"厬"相關諸字所從的"少"形之訛變,皆本從"沙"的象形初文"少"得聲,可讀為訓作"繼"的"纂"或"纘"②。

　　李家浩、曾憲通、張富海先生認為古文字中的偏旁"尸"與"尾"往往通用,從"尾"的"屖""㞢"與甲骨文、西周金文中從"尸"的"厬"當為一字,上舉陳𣄰簋中從"収""㞢"聲的"⿰収㞢"字即是(g)中從"収""厬(厬所從的'尸'訛變作'人')"聲的"⿰収厬"字③。但是,古文字中偏旁互換的情形還應當考慮其詞義的發展變化,周忠兵先生舉例《臧簋》中的"⿰"字,即"聝"字表意初文,本義或為戰爭中剝取頭皮,其異體為《說文·耳部》中訓為"軍戰斷耳"的"聝"字,前者從"首",後者從"耳",二者可能反映了戰爭中計功方法的差異(前者以獻頭皮計功,後者以獻左耳計功),"我們現在使用的表'聝'一詞的兩個異體'聝'與'聝'可能並非共時的,而是有先後關係的","不是簡單的偏旁互換"④。古文字中義近形旁通用須具備一

---

①張富海《漢人所謂古文之研究》,綫裝書局,2007年,頁44-46。

②李學勤主編《清華大學藏戰國竹簡(貳)》,中西書局,2011年,頁142。俞偉超《中國古代公社組織的考察》,文物出版社,1992年,頁12-14。裘錫圭《裘錫圭學術文集·金文及其他古文字卷》,復旦大學出版社,2012年,頁167-170。李守奎《"屎"與"徙之古文"考》,《出土文獻》2015年第6輯,頁155-157。黃甜甜《〈繫年〉第三章"成王屎伐商邑"之"屎"字補論》,《深圳大學學報(人文社會科學版)》2012年第2期,頁54-55。清華大學出土文獻讀書會《〈清華大學藏戰國竹簡〉研讀劄記》(貳),復旦大學出土文獻與古文字研究中心網站 http://www.gwz.fudan.edu.cn/Web/Show/1760,2011-12-31。李松儒《清華簡〈繫年〉集釋》,中西書局,2015年,頁80-83。

③俞偉超《中國古代公社組織的考察》,文物出版社,1992年,頁13。張富海《漢人所謂古文之研究》,綫裝書局,2007年,頁45。曾憲通《論齊國"⿰辶⿱覀皿之璽"及其相關問題》,《華學》1995年第1期,頁72。

④周忠兵《說古文字中的"戴"字及相關問題》,《出土文獻與古文字研究》2013年第5輯,頁365-366。劉洪濤《曾姬壺銘"戴在王室"解》,《長江學術》2015年第2期,頁124-125。

定的條件,並非任何條件下皆可通用①。李守奎先生認為"屎"所從的"尸"表示人體部位,"屘"所從的"尾"是獸尾毛物,"尸""尾"之義各有所指,其在楚文字中區別明顯,未見訛混,不能通用②,如在甲骨文賓組中既見"尸"字(《合集》832、《合集》6459、《合集》6461正、《合集》6583、《合集》《合集》),亦見有"尾"字(《合集》136正),在同一賓組卜辭中,此二字相別不混。即便在睡虎地秦簡《日書》甲種和《漢印文字徵》卷八中"屈"字或從"尾"或從"尸"作③,似可證實作為偏旁的"尸"與"尾"相通用④,但因所舉例證皆屬於較晚的秦漢時期,故此不可作為古文字演變過程中的通例⑤。李說有理。

今綜合諸說,並擬作"屘"相關諸字的可能性演進序列如下:

1. ⟶ ⟶ ⟶ ⟶ 伙(《說文·攴部》"敉"之或體) ⟶ 敉(《尚書》中《立政》《大誥》《洛誥》等篇)⑥

2. ⟶ 敉(《尚書》中《立政》《大誥》《洛誥》等篇)⑦

---

① 張桂光《古文字中的形體訛變》,《古文字研究》1986年第15輯,頁175-176。張桂光《古文字義近形旁通用條件的探討》,《古文字研究》1992年第19輯,頁580-585。
② 李守奎《"屎"與"徙之古文"考》,《出土文獻》2015年第6輯,頁155、159。
③ 張守節撰集《睡虎地秦簡文字編》,文物出版社,1994年,頁137。羅福頤編《漢印文字徵》卷八,文物出版社,1978年,頁18。
④ 俞偉超《中國古代公社組織的考察》,文物出版社,1992年,頁13。
⑤ 李守奎《"屎"與"徙之古文"考》,《出土文獻》2015年第6輯,頁159。
⑥ 宋華強《清華簡〈繫年〉"纂伐"之"纂"》,武漢大學簡帛研究中心網站 http://www.bsm.org.cn/show_article.php? id=1599,2011-12-21。
⑦ 此"敉"字亦可能有另外的來源,如上述毛公鼎中的"![]"字,或因形近而為後人誤認為"敉"。李春桃《說〈尚書〉中的"敉"及相關諸字》,《出土文獻與古文字研究》2015第6輯,頁713-714。蘇建洲《釋與"沙"有關的幾個古文字》,《出土文獻》2016年第9輯,頁129。宋華強《清華簡〈繫年〉"纂伐"之"纂"》,武漢大學簡帛研究中心網站 http://www.bsm.org.cn/show_article.php? id=1599,2011-12-21。

三、古文字中的"屍""屦"相關諸字

上文主要考述了"屍"相關諸字的演變源流，以下擬從字形和辭例的角度來說明古文字中"屍"和"屦"相關諸字之間的關係。今檢從"屦"諸字，如楚文字"𫐓（從辵、屦聲）""𫐓（從辵、屦聲）""𫐓（從止、屦聲）"並見於清華簡《繫年》9、39、57中，其所從聲符"屦"中的"少"形皆未訛變為"米"形，黃甜甜認為是"屦"所從的"少"形與"尾"形末端存在相類似的部分，二者有共筆現象。如上舉《繫年》9、39、57中"屦"相關諸字的聲符"屦"，其"少"形與"尾"形末端存在共筆，最終"少"形只保留了其下部的一左撇筆畫，可知此類楚文字的偏旁"屦"中已無完整的"少"形，也就沒有了訛變為"米"形的可能性①。

另外，考曾侯乙墓竹簡1正"右令建所乘大旆：䚋輪，羒，䩞，𤳆𧜜，畫𣏉，徽靷"，其中"𣏉"字亦屢見於此批竹簡3、7、13、16、18、22、25、26、30、32、36、38、39、43、84、101、105等②。原整理者將其左旁隸作"舌"③。何琳儀先生隸定此字為"𦧆"，從舌聲，並認為其左旁是"尾"之省寫，此省變過程為：𡰣——禾——禾——禾——𠂇④。檢楚文字中從"尾"之字亦作"𦧆（上博簡（六）《孔子見季桓子》5）""𦧆（上博簡（六）《孔子見季桓子》2）""𦧆（上博簡（六）簡《孔子見季桓子》4）""𦧆（上博簡（六）《孔

---

① 黃甜甜《〈繫年〉第三章"成王屍伐商邑"之"屍"字補論》，《深圳大學學報（人文社會科學版）》2012年第2期，頁55。清華大學出土文獻讀書會《〈清華大學藏戰國竹簡〉研讀劄記》（貳），復旦大學出土文獻與古文字研究中心網站 http://www.gwz.fudan.edu.cn/Web/Show/1760，2011年12月31日。
② 張光裕、滕壬生等主編《曾侯乙墓竹簡文字編》，臺北藝文印書館，1997年，頁200。
③ 裘錫圭、李家浩《曾侯乙墓竹簡釋文與考釋》，《曾侯乙墓（上）》，文物出版社，1989年，頁490。
④ 何琳儀《古兵地名雜識》，《考古與文物》1996年第6期，頁71-72。

子見季桓子》22)""(上博簡(六)《孔子見季桓子》5)""[圖](包山楚簡61)""[圖](包山楚簡157)""[圖](《璽匯》3599)""[圖]①"等,其中,《璽彙》3599為楚國的姓名私璽,"[圖]"字上部係"尾"形之訛變,當從劉釗先生釋為"屈"②。"[圖]"字見於楚國官璽,其下部亦為"尾"形之訛變,當從陳劍先生釋為"砎"③。上述楚文字所從"尾"旁右下部象"倒毛"形且向左右延伸的短斜畫,與其中間豎畫或斜畫的交接位置有時會錯開,同類訛變的形式亦見於楚文字"求"中,如郭店楚簡《成之聞之》37、38中的"求"字作"[圖]""[圖]",至上博簡(六)《孔子見季桓子》5中的"求"字則作"[圖]",其"字形將本應寫在下部豎畫兩邊的筆畫寫成了偏於左側"④,此或是楚文字中的一種習慣性書寫方法⑤。對比可知,上舉曾侯乙墓竹簡1正中的"[圖]"字左旁當與"尾"形有關,宋華強先生隸作"𡮎";程燕從宋華強之說,認為此字左旁所從為"屗"⑥,又"少""小"古本一字,"屗"與"屖"同,其認為"[圖]"字左旁"屖(屗)"中的"尾"形和"少(小)"形存在借筆,並依其借筆的類型將楚文字中所見"屖"字以及從"屖"之字分為八類⑦。上述"[圖]

---

① 韓自強、韓朝《安徽阜陽出土的楚國官璽》,《古文字研究》2000年第22輯,中華書局,頁176。
② 劉釗《古文字考釋叢稿》,嶽麓書社,2005年,頁197。劉釗《古文字構形學》,福建人民出版社,2006年,頁292。
③ 陳劍《戰國竹書論集》,上海古籍出版社,2013年,頁295-296。
④ 劉信芳《〈上博藏六〉試解之三》,武漢大學簡帛研究中心網站 http://www.bsm.org.cn/show_article.php? id=694,2007-8-9。
⑤ 陳劍《戰國竹書論集》,上海古籍出版社,2013年,頁296。宋華強《曾侯乙墓竹簡考釋一則》,武漢大學簡帛研究中心網站 http://www.bsm.org.cn/show_article.php? id=1419,2011-3-21。
⑥ 程燕《談曾侯乙墓竹簡中的"沙"》,《江漢考古》2015年第2期,頁107。
⑦ 程燕《談曾侯乙墓竹簡中的"沙"》,《江漢考古》2015年第2期,頁107-108。吳振武《古文字中的借筆字》,《古文字研究》2000年第2輯,頁308-337。

(清華簡《繫年》9)""█(清華簡《繫年》39)""█(清華簡《繫年》57)"諸字所從的聲符"屖"中,其下部"少"旁借用了上部"尾"旁右下部象"倒毛"形且向左右延伸的短斜畫。而上舉曾侯乙墓竹簡中隸作"髬"的"█"字之聲符"屖",其"尾"之右下部象"倒毛"形且向左右延伸的短斜畫則借用了"尾"之左上部"尸"形的部分,且"屖"之下部的"少"形亦借用了"尾"之右下部象"倒毛"形的部分①。宋華強先生認為此"髬"字從屖聲,屖從尾、沙省聲,"'舌'屬船母月部,'沙'屬山母歌部,讀音相近,所以也不能排除'髬'是個兩聲字的可能性";並進而歸納了曾侯乙墓竹簡中的"髬"字有兩類用法:其一見於簡 1、7、13、16、18、22、36、38、105 中的"畫髬",簡 25、26、32、39 中的"文②髬",簡 43 中的"繽髬"以及簡 101 中的"斁髬"③;

―――――――――

①作為偏旁"屖"的構形中存在借筆的情形還見於"█"(長沙戈,《集成》10914)""█"(長沙戈,《集成》10915)"等字中。1974 年,湖南長沙識字嶺一號楚墓中出土有"長沙戈",其中"長沙"當為其製造地或置用地。此戈中的地名"長沙"之"沙"作"█"(長沙戈,《集成》10914)""█"(長沙戈,《集成》10915)",劉釗先生隸"█"字作"鄝",其所從的"邑"習見於戰國時期的地名用字中,並認為"該'鄝'字右旁從'尾'從'塵','塵'字從'小'從'土','塵'所從之'小'與尾字連寫在了一起,還因類化的緣故與上部的'尾'字筆畫寫成了一樣的形狀","塵"所從"小"形的下部也可能存在借筆而實作"少"形,若此字從"土"從"少"作,"應該就是'沙土'之'沙'加'土'為義符的異體"。禤健聰先生隸"█""█"字作"鄝",從邑從土、屖省聲,其所從的"土"為古文字中常見的累增偏旁;隸"█"(《包山楚簡》78)"字作"鄝",從邑、屖聲,二者是異體關係,是楚文字中表示"長沙"之"沙"的地名專字。見劉釗《書馨集——出土文獻與古文字論叢》,上海古籍出版社,2013 年,頁 93-94。禤健聰《〈懷沙〉題義新詮》,《文史》2013 年第 4 輯,頁 227-229。我們認為"█"(長沙戈,《集成》10914)""█"(長沙戈,《集成》10915)"字從邑從土、屖聲,當讀為地名"長沙"之"沙",其所從"屖"中"少"形與"尾"之右下部象"倒毛"形的部分存在借筆。

②關於此處"文"字的釋讀,見白於藍《釋█》,《古文字研究》2010 年第 28 輯,中華書局。

③簡 43 中"繽髬"之"繽"當為簡 101 中"斁髬"之"斁"的異體,亦作"貧""紛",皆從分聲,表示的是同一個修飾"髬"的詞,見裘錫圭、李家浩《曾侯乙墓竹簡釋文與考釋》,《曾侯乙墓(上)》,文物出版社,1989 年,頁 502。

其二見於簡 3、30、84 中的"又(有)𩒹"。前一類讀為《說文·車部》中訓作"車約𨊠"之"𨊠"或《周禮·考工記》中"容轂必直，陳篆必正"之"篆"，鄭注："篆，轂約也。"後一類讀為《說文·金部》中訓作"鈹有鐔"之"鍛"①。

程燕詳加論證了"𩒹"字"很可能是一個構形比較特殊的雙聲字"，"屍""舌"皆為聲符，可讀為金文中"彤沙"之"沙"②。並依"𩒹"字在曾侯乙墓竹簡中的相關辭例而分為三組：其一為"畫𩒹"，指"有花紋的繁纓"；其二為"三菓(戈)，又(有)𩒹"，指"三個'戈'內端都懸垂有纓飾"；其三為"繢𩒹"，可讀為"豳沙"，指"有豳彩文的繁纓"③。李守奎先生認同程燕釋曾侯乙墓竹簡中的"[圖]"為"沙"之說，並隸簡 1、3、30 等中的"[圖]"作"尾"，認為其從"尾"而非從"屍"，而"尾舌""屍"二字的構形原理相同，但前者從舌聲，後者從"沙"的象形初文"少"得聲，其聲紐皆為舌聲，韻部為歌、月陰入對轉，二字可相通假。簡 30 所記曾侯乙墓中的"戟"之形制，如"一戟，三菓(戈)，又(有)尾舌，一翼之翿"，即指"一個戟上，有兩個或三個戈，戈上有蘇，戟上還有名為'翿'的旗子"④。蘇建洲先生轉引上述宋華強之說，認為曾侯乙墓竹簡中的"[圖]"字之形符或是"屍"之省寫，不當作"尾"⑤。陳斯鵬先生總結了古代字書中"舌"字的聲系，認為其可分為兩個不同的語音系列：其一，上古音屬月部；其二，"上古音不出葉、緝、談、侵諸部，共同特點是有一個唇音韻尾 -p 或 -m，聲

---

① 宋華強《曾侯乙墓竹簡考釋一則》，武漢大學簡帛研究中心網站 http://www.bsm.org.cn/show_article.php?id=1419，2011-3-21。
② 程燕《談曾侯乙墓竹簡中的"沙"》，《江漢考古》2015 年第 2 期，頁 108。黃德寬《古漢字發展論》，中華書局，2014 年，頁 353-358。
③ 程燕《談曾侯乙墓竹簡中的"沙"》，《江漢考古》2015 年第 2 期，頁 108-109。
④ 李守奎《"屍"與"徙之古文"考》，《出土文獻》2015 年第 6 輯，頁 159。
⑤ 蘇建洲《釋與"沙"有關的幾個古文字》，《出土文獻》2016 年第 9 輯，頁 136-137。

母則以舌頭音為主,應該有一致的語音來源"①。如曾侯乙墓竹簡中屢見的"❏"字,並隸作"䑋",其典型辭例如簡 1 正中的"畫䑋"和簡 3 中的"三菓(戈),又(有)䑋"。此"䑋"字從尾、舌聲,應屬上舉第二類"舌"聲系,疑可讀為《說文·竹部》中訓"竹席"的"簟"或《說文·艸部》中訓"蓋"的"䓿"。簡 1 正中的"畫䑋"可能是指"有圖案之席蓋或墊席",簡 3 中的"䑋"可能是指"擺放戈戟時用來裹墊戈頭的席子"②。

綜上,曾侯乙墓竹簡中的"❏"字實為兩聲字,其所從聲符為"屟"和"舌",當隸作"䑋",可讀為金文中習見的"彤沙"之"沙"。此字左部聲旁"屟"當從"沙"的象形初文"少(小)"得聲,其上部的"尾"形與下部"少(小)"形交接處存在借筆,而"尾"形中的右下部象"倒毛"形的部分亦與其左上部"尸"形存在借筆,這就造成了曾侯乙墓竹簡中"❏"相關諸字所從聲符"屟"中的"少"形最終未能訛變成為"米"形。

與之不同的是,上引齊器陳賆簋中"❏"字所從的"屖"、叔弓鎛中"獻"字所從的"屖"、齊系官璽如《吉林大學藏古璽印選》1 和《古璽彙編》0198、0200、0201、0202 等古璽中"遱"字所從的"屖"、《說文·辵部》"述(徙)"之古文"屖"(此源於齊器叔弓鎛中"獻"字所從的聲符"屖"和陳賆簋中"❏"字所從的聲符"屖",皆為"屟"之訛變,亦屬齊文字),以上齊文字"屖""屖""屖"中的"米"形皆為"少"形之訛變。此類由"少"形訛變成的

---

① 陳斯鵬《"舌"字古讀考》,《文史》2014 年第 2 輯,頁 252。
② 陳斯鵬《"舌"字古讀考》,《文史》2014 年第 2 輯,頁 255。

"米"形,亦可能是齊文字中有別於其他系(如楚系)文字的一種特殊寫法①。

較之於齊、楚文字中"屖"相關諸字形體和用法的區別,在"屎"相關諸字中,上引楚文字(j)中的"屎"和齊文字(i)中的"屎"字,皆可隸作屎尿之"屎",其所從的"米"形乃是(a)—(e)中"屖"所從的"少"形之訛變。裘錫圭先生歸納了戰國時代文字劇烈變化的情形,如《說文·前敘》所言"文字異形","主要有兩方面的內容:一、同一個字在不同系或不同國家寫法不同(包括結構的不同)。二、同一個詞在不同系或不同國家中用不同的字表示"②。上述"屖"相關諸字在楚文字中所從的"少"形,在齊文字中皆作"米"形;楚文字借"宔"為"主",在齊文字中則直接寫作"主",此即屬於戰國時代"文字異形",字形因地而異的例證。"屖"相關

---

① 俞偉超《中國古代公社組織的考察》,文物出版社,1992年,頁13-14。裘錫圭《裘錫圭學術文集·金文及其他古文字卷》,復旦大學出版社,2012年,頁168。吳振武《古璽姓氏考(復姓十五篇)》,《出土文獻研究》1998年第3輯,頁74-75。關於齊、楚文字有別的又一例證,如齊文字"主"一般作"主"(《陶文圖錄》2.42.1)""主"(《陶文圖錄》2.1.1)"(齊文字"主"字區別於"王"字的字形特徵除了最上部有一點外,前者最上部的橫畫是向中間傾斜的),而秦文字"主"亦作"主"(睡虎地秦簡《效律》17)""主"(《上海博物館藏印選》28)",與秦文字相承的漢代銅器上"主"字作"主"(《永始乘輿鼎一》)""主"(《衛少主鼎》)",《說文·丶部》中訓為"鐙中火主"的"主"字篆體"主"即源自漢代銅器上的"主"(《衛少主鼎》)"這類字形。檢楚文字中無"主"字,但有用為"主"的"宔"字,字形作"宔"(包山楚簡202)""宔"(郭店楚簡《老子》甲本6)",《說文·宀部》訓為"宗廟宔祐"之"宔"字的來源或與之有關。楚文字"宔"所從的"主",較齊文字中的"主"之下部少一橫畫,其原因如劉釗先生所言,作為獨立單字的"主"(如齊文字"主")較作為偏旁的"主"形(如楚字"宔"所從的"主"),其構形的發展速度要快得多,以致楚文字"宔"所從的"主"形尚處於"主"字演進序列的早期,而齊文字"主"則處於此序列的晚期。古文字"主""宔"的最初之義可能都是表示"宗廟宔祐"(見《說文·宀部》"宔"字訓釋),在戰國時期齊文字借"主"來表示"大夫"的古稱;楚文字中無"主"字,借"宔"為"主"。見劉釗《書馨集——出土文獻與古文字論叢》,上海古籍出版社,2013年,頁296-299。張政烺《張政烺文史論集》,中華書局,2004年,頁52-53。

② 裘錫圭《〈戰國文字及其文化意義研究〉緒言》,《出土文獻與古文字研究》2015第6輯,頁221。裘錫圭《文字學概要》(修訂本),商務印書館,2013年,頁62-63。

諸字所從的"少"形和"米"形分別劃然，頗疑其在楚、齊文字中的演進序列是平行的，或可看作是"屖"相關諸字演變的楚、齊二系說，此與"鹽"字和"達"字演變的二系說相類似①。而上述"屖"相關諸字在（a）—（e）甲骨文中從"尸"、從"少"，在（f）—（h）金文中亦從"尸"、從"少"，但在（i）齊器陳侯因𬥻敦中則變為從"尸"、從"米"，在（j）清華簡《繫年》14 中變為從"尸"、從"米"，皆可隸作屎尿之"屎"字或其變體。可知，清華簡《繫年》9、39、57 中的從"屖"諸字與《繫年》14 中的"屎"字在字形上並無相同的演變趨勢；且前者為楚文字中表示移徙之"徙"的專字，後者為屎尿之"屎"字的本字，此處當讀為訓作"繼"的"纂"或"纘"，二者在意義上亦無關聯，"西周至戰國，'屖'與'屎'是音、形、義均有別的不同的字"②。上述"屖""屎"諸字的演變過程不同，李守奎先生認為二者"不僅尸與尾不同，其下部'屎'字從的'小'形點狀物訛變為'米'形，'屖'所從的'少（沙）一直保留其原貌或被省略'"③。蘇建洲先生不同意李守奎之說，認為上引甲骨文中"屖田"之"屖"實與《說文·辵部》"迻（徙）"之古文"屎"有關，"屎"與"屖"當源自"屖"，並引古文字異體分工的現象來解釋"屖"所從的"尸"演變為"屖"所從的"尾"，"此處的'尾'實由'尸'添加'毛'形而來，作為用字分工的標誌，並非形符，所以分析說牛尾或是鳥尾恐怕是有問題的"；就二者的用法而言，"'屖'表示繼纂；'屖'表示遷徙、挑選等等"④。李家浩、裘錫圭先生認為古文字中作為偏旁的"尸"與"尾"可通用，"屖"

---

① 趙平安《新出簡帛與古文字古文獻研究》，商務印書館，2009 年，頁 131-142、77-89。
② 黃甜甜《〈繫年〉第三章"成王屎伐商邑"之"屎"字補論》，《深圳大學學報（人文社會科學版）》2012 年第 2 期，頁 55。清華大學出土文獻讀書會《〈清華大學藏戰國竹簡〉（貳）研讀劄記》，復旦大學出土文獻與古文字研究中心網站 http://www.gwz.fudan.edu.cn/Web/Show/1760，2011-12-31。李守奎《"屎"與"徙之古文"考》，《出土文獻》2015 年第 6 輯，頁 159。
③ 李守奎《"屎"與"徙之古文"考》，《出土文獻》2015 年第 6 輯，頁 155、162。
④ 蘇建洲《釋與"沙"有關的幾個古文字》，《出土文獻》2016 年第 9 輯，頁 133-134、136。

"屍"與"屎"當是一字①。曾憲通先生認為"屍""屎"為"厎"衍化而來,與屎尿之"屎"無關,二者或僅為異字同形的關係②。綜合上述"厎"和"屍"相關諸字的字形和辭例可知,我們從李守奎之說,認為"厎"和"屍"二字來源不同。

檢清華簡《繫年》中所見"屍"相關諸字,今具文如下:

(k)三年乃東[字],止於成周。（清華簡《繫年》9）

(l)秦晉焉始會好,穆力同心,二邦伐郜,[字]之中城。（清華簡《繫年》39）

(m)穆王使毆孟諸之麋,[字]之徒菑。（清華簡《繫年》57）

上舉(k)中的"[字]"字和(l)中的"[字]"字皆可隸作"遷",從"辵""屍"聲,其異體為(m)中的"[字]"字,可隸作"屖",從"止""屍"聲,而"屍"從"尾"、從"沙"的象形初文"少"得聲。"徙""沙"古音相近③,從字形和辭例而言,(k)—(m)中的"遷""屖"皆為"徙",當是楚文字中表示"徙"這個詞的專字④。又清華簡《楚居》中表示"徙居"之"徙"的專字,如"[字]"(《楚居》2)""[字](《楚居》4)"等字亦皆隸作"遷",從"辵""屍"聲⑤。楚文字中"徙"字相關字形,可參見李守奎編著的《楚文字編》⑥和滕壬生編著的《楚系簡帛文字編(增訂本)》⑦中所列"徙"字條,此不贅舉。

---

① 俞偉超《中國古代公社組織的考察》,文物出版社,1992年,頁13。裘錫圭《裘錫圭學術文集·甲骨文卷》,復旦大學出版社,2012年,頁258。裘錫圭《裘錫圭學術文集·金文及其他古文字卷》,復旦大學出版社,2012年,頁168。
② 曾憲通《論齊國"遷皿之璽"及其相關問題》,《華學》1995年第1期,頁73。
③ 李家浩《安徽大學漢語言文字研究叢書·李家浩卷》,安徽大學出版社,2013年,頁370。俞偉超《中國古代公社組織的考察》,文物出版社,1992年,頁12。
④ 李松儒《清華簡〈繫年〉集釋》,中西書局,2015年,頁67、138-139、180-182。李守奎《"屍"與"徙之古文"考》,《出土文獻》2015年第6輯,頁158。
⑤ 李學勤主編《清華大學藏戰國竹簡(壹)》,中西書局,2010年,頁207-208。
⑥ 李守奎編著《楚文字編》,華東師範大學出版社,2003年,頁99。
⑦ 滕壬生編著《楚系簡帛文字編(增訂本)》,湖北教育出版社,2008年,頁156-157。

考"屖"字亦見於金文,多表示賞賜物品"戈"所附記的彤沙之"沙"這個詞,如逆鐘(《集成》62)中"彤■"之"■"字、師毀簋(《集成》4311)中"彤■"之"■"字和師道簋(《新收》1394)中"彤■"之"■"字等,皆當隸作"屖",從"尾"、從"沙"的象形初文"少"得聲,可讀為彤沙之"沙"。經郭沫若、吳振武、陳劍等先生的研究可知,"彤屖(沙)"之"屖(沙)"的象形初文見於甲骨文如"■(《合集》33208,師組)""■(《合集》22477,午組)""■(《合集》32103,歷組)"等①,亦見於金文如"■(戈網卣)""■(戈妣辛鼎)""■(戈父戊盉)"等②,象戈內上縛以下垂的纓絡形裝飾物③。上述甲骨、金文"屖(沙)"之象形初文中象纓飾形的部分如"■""■"和"■"等,亦在古文字中作為獨立偏旁與"队"相結合,如"■(中山王鼎,《集成》2840)""■(清華簡《筮法》11)""■(攻吾王光劍④)"等,皆讀為"也"⑤。馬承源先生《商周青銅器銘文選》認為"屖"為鳥尾垂毛流蘇之"蘇"的本字,"沙"為其假借字⑥。李守奎先生亦認為此戈內下垂的纓飾物即是金文中的"屖(沙)",亦即古書中所謂的"蘇"或"流蘇","屖"為"流蘇"之"蘇"的本字,從"尾"、從"沙"的象形初文"少"得聲⑦。蘇建洲先生認為

---

① 劉釗編纂《新甲骨文編(增訂本)》,福建人民出版社,2014年,頁235。
② 容庚編著《金文編》,中華書局,1998年,頁820-821。
③ 郭沫若《殷周青銅器銘文研究》,《郭沫若全集·考古編》第四卷,科學出版社,2002年,頁40、168-169。吳振武《〈合〉33208號卜辭的文字學解釋》,《史學集刊》2000年第1期,頁20-23。陳劍《甲骨金文考釋論集》,綫裝書局,2007年,頁99-101。
④ 張光裕《錯金攻吾王銘獻疑》,《紀念何琳儀先生誕辰七十周年暨古文字學國際學術研討會論文集》,安徽大學出版社,2013年,頁138-139。
⑤ 李家浩《攻五王光韓劍與虔王光趄戈》,《古文字研究》第17輯,中華書局,1989年,頁138-144。李守奎《清華簡〈繫年〉"也"字用法與攻吾王光劍、欒書缶的釋讀》,《古文字研究》第30輯,中華書局,2014年,頁376-377。蘇建洲《釋與"沙"有關的幾個古文字》,《出土文獻》2016年第9輯,頁137-139。
⑥ 馬承源先生《商周青銅器銘文選》(第三冊),文物出版社,1986年,頁151。
⑦ 李守奎《"屎"與"徙之古文"考》,《出土文獻》2015年第6輯,頁158-161。

"☒"當源自"☒",其所從的"尾"形不一定是指牛尾或鳥尾,"☒"所從的"尸"添加"毛"形而成為"☒"所從的"尾",此為文字異體分工的標誌,偏旁"尾"並非形符①。檢戰國文字中多見"☒"或從"☒"聲之字,亦見其所從的"☒"旁省作"尾"旁的相關諸字②,考其常見的用法,如"☒(包山楚簡 78)""☒(長沙戈,《集成》10914)""☒(長沙戈,《集成》10915)"等字③,從邑(或從邑從土)、☒省聲,用作地名"長沙"之"沙"的專字;上引(k)—(m)清華簡《繫年》9、39、57 中的"☒""☒""☒"等字,從止(或從辵)、"☒"聲,讀為"徙",是楚文字中表示"徙"這個詞的專字;叔弓鎛中的"☒"和陳貯簋中的"☒"等字,從攴(或從収)、從"☒"之變體"☒"得聲,讀為"選",是齊文字中表示"選"這個詞的專字;郭店楚簡《五行》17 中的

---

①蘇建洲《釋與"沙"有關的幾個古文字》,《出土文獻》2016 年第 9 輯,頁 136。

②春秋中期楚國章子國戈銘文有"章子國尾其元金,為其交戈",其中"尾"字作"☒",此即"☒"字省去聲符"少('沙'的象形初文)",當讀為"選"。見李家浩《安徽大學漢語言文字研究叢書·李家浩卷》,安徽大學出版社,2013 年,頁 81-82。李家浩《九店五六號墓竹簡釋文與考釋》,湖北省文物考古研究所、北京大學中文系《九店楚簡》,中華書局,2000 年,頁 70。另外,有關諸字所從的"☒"省作"尾"的例證,亦見於陳劍《戰國竹書論集》,上海古籍出版社,2013 年,頁 295-297。郭永秉《古文字與古文獻論集續編》,上海古籍出版社,2015 年,頁 235。禤健聰《〈懷沙〉題義新詮》,《文史》2013 年第 4 輯,頁 229-230。李守奎《"屎"與徙之古文"考》,《出土文獻》2015 年第 6 輯,頁 159-160。蘇建洲《釋與"沙"有關的幾個古文字》,《出土文獻》2016 年第 9 輯,頁 137-139。李守奎《楚文字編》,華東師範大學出版社,2003 年,頁 99。滕壬生編《楚系簡帛文字編(增訂本)》,湖北教育出版社,2008 年,頁 157。

③劉釗先生隸"☒(長沙戈,《集成》10915)"字作"☒",讀為"長沙"之"沙",其從"尾"從"塵",但"塵"所從"小"形的下部也可能有借筆而實作"少"形。禤健聰先生隸"☒""☒"字作"☒",從邑從土、"☒"省聲,與從邑、"☒"聲的"☒(《包山楚簡》78)"字是異體關係,是楚文字中表示"長沙"之"沙"的地名專字。見劉釗《書馨集——出土文獻與古文字論叢》,上海古籍出版社,2013 年,頁 93-94。禤健聰《〈懷沙〉題義新詮》,《文史》2013 年第 4 輯,頁 227-229。我們認為"☒(長沙戈,《集成》10914)""☒(長沙戈,《集成》10915)"字從邑、從土、"☒"聲,當讀為"長沙"之"沙"。

"🙾",從辵、"屎"聲,讀為"差池"之"差"①。李守奎先生發現在戰國文字"屎"相關諸字的用法中,如用作"沙",讀為心母歌部字;用作"徙",讀為為心母歌部字;用作"選",讀為心母元部字;用作"差",讀為清母歌部字,其聲紐皆為齒頭音,韻部皆為歌部或歌部陽聲韻元部②,其語音通假的範圍是聲紐不出齒頭音和韻部皆在歌、元部。

　　清華簡《繫年》整篇當為一人所書,其書寫習慣理應是統一的。綜上,(j)《繫年》14 中的"🙾"為"屎"之變體,可隸作屎尿之"屎",讀為訓作"繼"的"纂"或"纘"③。而(k)—(m)《繫年》9、39、57 中"🙾""🙾""🙾"諸字所從的聲符為"屎",當讀為"徙"④,雖二者同見於此篇《繫年》中,但其字形、意義和用法區別明顯。黃甜甜、李守奎等先生認為"到目前為止,沒有一例'屎'和從'屎'的字可以訓為繼承義的纂;也沒有一例寫作'屎'或'屎'的字可以讀作長沙之'沙'或遷徙之'徙'或選擇之'選'","屎""屎"相關諸字的來源不同,其演進序列亦有區別⑤。然而,上引(a)—(e)甲骨文中"屎"字可讀為"徙"或"選"⑥。(k)—(m)清華簡《繫年》9、39、57 中"🙾""🙾""🙾"諸字皆從"屎"聲,讀為"徙"⑦;齊器叔弓鎛中的

---

①李守奎《"屎"與"徙之古文"考》,《出土文獻》2015 年第 6 輯,頁 160-161。
②李守奎《"屎"與"徙之古文"考》,《出土文獻》2015 年第 6 輯,頁 161。
③李守奎《"屎"與"徙之古文"考》,《出土文獻》2015 年第 6 輯,頁 157、162。張富海《漢人所謂古文之研究》,綫裝書局,2007 年,頁 44-46。
④李守奎《"屎"與"徙之古文"考》,《出土文獻》2015 年第 6 輯,頁 158。
⑤李守奎《"屎"與"徙之古文"考》,《出土文獻》2015 年第 6 輯,頁 161。黃甜甜《〈繫年〉第三章"成王屎伐商邑"之"屎"字補論》,《深圳大學學報(人文社會科學版)》2012 年第 2 期,頁 55。清華大學出土文獻讀書會《〈清華大學藏戰國竹簡〉(貳)研讀劄記》,復旦大學出土文獻與古文字研究中心網站 http://www.gwz.fudan.edu.cn/Web/Show/1760,2011-12-31。
⑥俞偉超《中國古代公社組織的考察》,文物出版社,1992 年,頁 13。裘錫圭《裘錫圭學術文集·甲骨文卷》,復旦大學出版社,2012 年,頁 258。
⑦李守奎《"屎"與"徙之古文"考》,《出土文獻》2015 年第 6 輯,頁 158。

"�"和陳賄簋中的"㠯"字所從聲符為"屖"之變體"廩"和"㝅",讀為"選"①;楚國章子國戈(《集成》11295)銘文"章子國尾其元金,為其交戈"之"尾"作"㝆",此即"屖"之省,讀為"選"②。可知,"屈""屖"相關諸字皆從"沙"的象形初文"少"得聲,可讀為"徙"或"選",但在同時期的古文字材料中,二者的字形、用法及演變趨勢卻判然有別,例如,自西周至戰國時期,上述(f)—(j)中"屈"相關諸字只有一種用法,即皆讀為訓作"繼"的"篡"或"纘"③,而此期的"屖"相關諸字皆無此用法④。既然"屈""屖"相關諸字古音相近(二者皆從"沙"的象形初文"少"得聲),為何出土文獻中卻未見此二者有通假之例?這可能是緣於文字的使用習慣⑤。蘇建洲先生認為"屖"當源自"屈",因古文字異體分工而導致二者用法有別⑥。綜上,我們從李守奎先生之說,認為"屈"和"屖"相關諸字是不同的,"'屈'為'屍'之本字,'屖'為彤沙之'沙'的本字"⑦。

今綜合上述各家之說,擇要舉例"屈""屖"相關諸字的"形"和"義"及相關問題,並列表如下以示"屈""屖"的演變源流:

表一:"屈"相關諸字舉例

---

① 俞偉超《中國古代公社組織的考察》,文物出版社,1992 年,頁 14。李家浩《安徽大學漢語言文字研究叢書·李家浩卷》,安徽大學出版社,2013 年,頁 80-81。裘錫圭《裘錫圭學術文集·金文及其他古文字卷》,復旦大學出版社,2012 年,頁 168-169。
② 李家浩《安徽大學漢語言文字研究叢書·李家浩卷》,安徽大學出版社,2013 年,頁 81-82。
③ 黃甜甜《〈繫年〉第三章"成王屎伐商邑"之"屎"字補論》,《深圳大學學報》(人文社會科學版)2012 年第 2 期,頁 53-55。清華大學出土文獻讀書會《〈清華大學藏戰國竹簡〉研讀劄記》(貳),復旦大學出土文獻與古文字研究中心網站 http://www.gwz.fudan.edu.cn/Web/Show/1760,2011-12-31。李守奎《"屎"與"徙之古文"考》,《出土文獻》2015 年第 6 輯,頁 155-1157。
④ 李守奎《"屎"與"徙之古文"考》,《出土文獻》2015 年第 6 輯,頁 160-161。
⑤ 李守奎《"屎"與"徙之古文"考》,《出土文獻》2015 年第 6 輯,頁 157。
⑥ 蘇建洲《釋與"沙"有關的幾個古文字》,《出土文獻》2016 年第 9 輯,頁 133-134。
⑦ 李守奎《"屎"與"徙之古文"考》,《出土文獻》2015 年第 6 輯,頁 162。

類別	字形	字義	備註
甲骨文	"▦"(《合集》5080＋17331＋9572＋16399＋17464)" "▦"(《合集》9576)"，亦見於《合集》9570、9571、9573、9575、9579、12595、14990 等	讀為"選田"之"選"	"▦""▦"可隸作"尿"，從尸，從"沙"的象形初文"少"得聲
金文	"▦"(禹鼎，《集成》2833)" "▦"(豆閉簋，《集成》4276)" "▦"(逨盤，《近出二編》939)" "▦"(陳侯因𬪩敦，《集成》4649)"	讀為訓作"繼"的"纂"或"纘"	"▦"可隸作"屎"，其所從的"米"形為"少"形之訛變，此字本從"沙"的象形初文"少"得聲
金文	"▦"(師𩛥鼎，《集成》2830)" "▦"(牆盤，《集成》10175)"	讀為訓作"繼"的"纂"或"纘"	"▦"從尿省聲；"▦"從食，尿省聲
金文	"▦"(毛公鼎，《集成》2841)"	讀為訓作"繼"的"纂"或"纘"	"▦"從殳，從"沙"的象形初文"少"得聲
楚文字	"▦"(《繫年》14)"	讀為訓作"繼"的"纂"或"纘"	"▦"可隸作"屎"，其所從的"米"形為"少"形之訛變，此字本從"沙"的象形初文"少"得聲

續表

類別	字形	字義	備註
《尚書》古文	"牧（《立政》《大誥》《洛誥》）"	讀為訓作"繼"的"纂"或"續"	"牧"本作"休"，或為▨（陳侯因資敦，《集成》4649）"▨（清華簡《繫年》14）"等字之隸變，其所從的"米"形為"少"形之訛變，此字本從"沙"的象形初文"少"得聲

表二："屖"相關諸字舉例

類別	字形	字義	備註
齊文字	"▨（陳賄簠，《集成》4190）""▨（叔弓鎛，《集成》285.7）"	讀為"選擇"之"選"	"▨"從収，屖聲，"▨"從攴，屖聲，"屖"為"屖"之訛，"屖"為"屖"之訛，此字本從"沙"的象形初文"少"得聲。其中"少"（"屖"所從）形訛變成的"米"（"屖"所從）形可能是齊文字中有別於其他系文字的一種特殊寫法
	"▨"（《吉林大學藏古璽印選》1），另見於《古璽彙編》0198、0200、0201、0202等	讀為"移徙"之"徙"	"▨"從辵，屖聲，"屖"亦為"屖"之訛，此字本從"沙"的象形初文"少"得聲

續表

類別	字形	字義	備註
楚文字	"㲋"(清華簡《繫年》9)""㲋"(清華簡《繫年》39)""㲋"(清華簡《繫年》57)""㲋"(清華簡《楚居》2)",亦見於清華簡《楚居》4、5、6、7、8、9、11、12、13、14、15、16等	楚文字中表示"遷徙""徙居"之"徙"的專字	"㲋""㲋""㲋""㲋"從"屖"聲,"屖"從"沙"的象形初文"少"得聲
	"㲋"(曾侯乙墓竹簡1正),另見於曾侯乙墓竹簡3、7、13、16、18、22、25、26、30、32、36、38、39、43、84、101、105等	讀為"彤沙"之"沙",即古代一種纓飾形裝飾物	"㲋"隸作"屖舌",此為"屖""舌"皆聲的兩聲字,"屖"從"沙"的象形初文"少"得聲
秦文字	"㲋"(放馬灘秦簡《日書》乙種252)""徙"(睡虎地秦簡《日書》乙種228)"	秦文字中表示"遷徙""移徙"之"徙"的專字	"㲋""徙"從辵,從"沙"的象形初文"少"得聲。秦文字"徙"為漢代所繼承,其聲符"少"被漢代小學家篡改為與"少"形近且與"徙"音近的"止",進而演變為今通行體"徙"字

續表

類別	字形	字義	備註
傳抄古文	"屖(《說文·辵部》'辻(徙)'之古文)"	"徙"之傳抄古文	"屖"或源於齊文字"▨(叔弓鎛)"之左部構件"▨"和"▨(陳肪簋)"之上部構件"屖"。
傳抄古文	"▨(《古文四聲韻》卷三紙韻'徙'字所引《古老子》)","徙"相關傳抄古文亦見於《傳抄古文字編》卷二"徙"下	"徙"之傳抄古文	"▨"字左旁"▨"或為"▨(叔弓鎛)"字右旁"屖"之訛變
《尚書》古文	"敇(《費誓》《說文·攴部》)""敇(《書古文訓》)"	讀為"選擇"之"選"	"敇"之變體"敇",實為"▨(叔弓鎛)"字之隸變

四、秦漢篆隸文字"徙"及其他

考秦漢篆隸中的"徙"字,其未經漢代小學家篡改的字形本作"徙",今擇秦漢簡帛相關諸字,具文如下(下引秦漢篆隸文字"徙",凡不涉及具體釋讀問題時,只示其字形及出處,辭例皆從略):

(n) ▨(放馬灘秦簡《日書》乙種 252)

(o) ▨(睡虎地秦簡《日書》乙種 228)[1]

(p) ▨(馬王堆帛書《陰陽五行甲篇·三徙》1 上)[2]

---

[1]王輝主編《秦文字編》,中華書局,2015 年,頁 266-267。
[2]陳松長編著《馬王堆簡帛文字編》,文物出版社,2001 年,頁 77。

(q)【圖】(銀雀山漢簡(一)389 正)①

(r)【圖】(《居延漢簡甲乙編》116.52)②

(s)【圖】(《居延新簡》EPT40.46)③

睡虎地秦簡《日書》甲種 45 背中"沙"字作"【圖】"④,其所從的"少",在睡虎地秦簡《日書》乙種 188 中作"【圖】"⑤。對比可知,同屬睡虎地秦簡(o)中的"【圖】"字,其左上偏旁亦為"少",按照古文字構形的一般規律,此字從辵、從"沙"的象形初文"少"得聲,今結合其相關文例,可確釋為"徙",且上舉(o)、(p)—(s)中從辵、從"沙"的象形初文"少"得聲之字亦當釋為"徙"。上文論及(k)—(m)清華簡《繫年》中從"屖"聲之字,其基本聲符為"少",是楚文字中表示"徙"這個詞的專字,但在秦漢篆隸文字中皆寫作從辵、從"沙"的象形初文"少"得聲的"徙"字。上述(n)、(o)秦簡中表示"徙"這個詞的字作"【圖】""【圖】",可隸作"徙",此類"徙"字的寫法有可能是秦人的書寫習慣。秦始皇統一中國後施行"書同文字"之策,欲以秦文字來統一全國文字⑥,"主要是對既有字形和用法的規範和確認"⑦,後來"漢承秦制"致傳世文獻用字多沿襲秦文字,因之,此類見

---

① 騈宇騫編著《銀雀山漢簡文字編》,文物出版社,2001 年,頁 58。
② 李瑤《居延舊簡文字編》,吉林大學古籍研究所博士學位論文,2014 年,頁 104。
③ 白海燕《居延新簡文字編》,吉林大學古籍研究所博士學位論文,2014 年,頁 99。
④ 王輝主編《秦文字編》,中華書局,2015 年,頁 137-140。
⑤ 王輝主編《秦文字編》,中華書局,2015 年,頁 1650-1651。
⑥ 裘錫圭先生認為"秦王朝用經過整理的篆文統一全國文字,不但基本消滅了各地'文字異形'的現象,而且使古文字異體眾多的情況有了很大改變,……在秦代,隸書實際上已經動搖了小篆的統治地位。到了西漢,……隸書就正式取代小篆,成了主要的字體。所以,我們也未嘗不可以說,秦王朝實際上是以隸書統一了全國文字",見裘錫圭《文字學概要(修訂本)》,商務印書館,2013 年,頁 73-79。裘錫圭《〈戰國文字及其文化意義研究〉緒言》,《出土文獻與古文字研究》2015 第 6 輯,頁 220-221。
⑦ 陳侃理《里耶秦簡與"書同文字"》,《文物》2014 年第 9 期,頁 79。陳昭容《秦系文字研究:從漢字史的角度考察》,中央研究院歷史語言研究所,2003 年,頁 69-105。

於秦文字的"徙"亦為漢代所繼承。

我們通過清理秦漢簡帛異體字，認為異體字與正體字（通行體，多指《說文》所載的正篆）在結構或形體上的差別類型之一即是"改換聲符"，其中包括"聲符音同或音近替換"①。如《說文·辵部》"辿（徙）"字正篆及其或體"彶"所從的聲旁"止"，顯係從(n)—(s)中"徙"字所從的"少"訛變而成，"止""少"形近易訛，如《周易·需》九二"需於沙"陸德明《釋文》"鄭作沚"②，"沙"所從的"少"形訛作"沚"所從的"止"形③。且漢代"徙""止"二字音近④，"漢代小學家顯然已不知道'徙'字所從的聲旁是'少'，讀如'沙'，故把它篆改為跟'少'形近而又跟'徙'音近的'止'"⑤，此類由"徙"字訛改而成的"徙"字遂為《說文》所本。上文已論及《說文·辵部》"辿（徙）"之古文"屟"是由"屟"訛變而成，而"屟"從尾、從"沙"的象形初文"少"得聲，"徙""沙"古音相近⑥，"徙"本作"徙"，從

---

①張顯成《秦漢簡帛異體字研究》，人民出版社，2016，頁15-24。趙平安《隸變研究》，河北大學出版社，2008年，頁42-55。

②黃焯彙校《經典釋文彙校》，中華書局，2006年，頁36。

③今按大徐本《說文·水部》"沙"字或體作"沁"，許書並引譚長說"沙或從尐"。《說文解字詁林》引諸家對"沙"字的解說時，多引《周易·需》九二"需於沙"陸德明《釋文》"鄭作沚"，諸家認為陸德明《釋文》中的"沚"字當作"沁"，以證大徐本引譚長說"沙或從尐"。李家浩先生引此認為"沚"所從的"止"為"少"之形訛。見丁保福編纂《說文解字詁林》，中華書局，1988年，頁4992-4993。李家浩《安徽大學漢語言文字研究叢書·李家浩卷》，安徽大學出版社，2013年，頁370。傳抄古文中亦見"徙"所從的"少"形訛作"止"形，見徐在國《傳抄古文字編》，綫裝書局，2006年，頁158。

④李家浩先生認為"中古音'徙'、'止'二字都是開口三等上聲止攝。上古音'止'屬章母之部、'徙'屬心母歌部。在形聲字中，章、心二母字有互諧的情況。……在漢代韻文中，歌、之二部字偶爾有合韻的情況。……由此看來，'徙'、'止'二字在兩漢之際的讀音比較相近。'少'、'止'二字字形也比較相近"，見李家浩《安徽大學漢語言文字研究叢書·李家浩卷》，安徽大學出版社，2013年，頁370。俞偉超《中國古代公社組織的考察》，文物出版社，1992年，頁12。蘇建洲《釋與"沙"有關的幾個古文字》，《出土文獻》2016年第9輯，頁131。

⑤李家浩《安徽大學漢語言文字研究叢書·李家浩卷》，安徽大學出版社，2013年，頁370。

⑥李家浩《安徽大學漢語言文字研究叢書·李家浩卷》，安徽大學出版社，2013年，頁370。俞偉超《中國古代公社組織的考察》，文物出版社，1992年，頁12。

辵、從"沙"的象形初文"少"得聲①，至漢代小學家將從"少"聲的"徙"字"改換聲符"，變為形、音皆近的從"止"聲之"徙"字。大徐本《說文·辵部》"徙"字當為形聲字，從辵、止聲，段玉裁注誤改作從辵從止會意②。

檢漢魏六朝碑刻文字中"徙"字相關形體，今擇要具文如下③：

（t）[徙]（石門頌，東漢建和二年）
（u）[徙]（赫連子悅墓誌，北齊武平四年）
（v）[徙]（趙奉伯妻傅華墓誌，北齊武平七年）

檢《碑別字新編》中亦收錄了魏晉隋唐碑刻文字中"徙"字的諸多形體，如"[徙]（隋《張志相妻潘善利墓誌》）""[徙]（唐《翟惠隱墓誌》）"等④。《隸辨》卷三紙韻亦收錄了漢碑中的多種隸體"徙"字，如"[徙]（郙閣頌）""[徙]（羊竇道碑）"等，顧藹吉在"[徙]（郙閣頌）"下加按語："《說文》作'徙'，從辵、從止，《玉篇》云'今作徙'"⑤。此字可隸作"徙"，與上述(n)—(s)、(t)—(u)中的"徙"相關諸字同，有時易與"從"字訛混⑥，其左上聲旁"[少]"實為"少"之變體，在(v)中已訛變作"徙"字左上聲旁"止"。"止""少"形近，且"止""徙"音亦相近，在漢代已將從"少"聲的"徙"字篡改為從"止"的"徙"字⑦，加之上舉"[徙]"字的早期形體，如秦文字(o)中右下部構件"止"，經漢魏六朝文字(q)—(u)的形體演進，已變為六朝碑刻文字(v)中的右下部構件"止"，遂成為現今通行的"徙"字。

---

①俞偉超《中國古代公社組織的考察》，文物出版社，1992年，頁12-13。陳劍《甲骨金文考釋論集》，綫裝書局，2007年，頁101。
②段玉裁《說文解字注》，上海古籍出版社，1988年，頁72。
③此處(t)—(v)中"徙"字諸形體，皆見於《漢魏六朝碑刻異體字典》，參毛遠明《漢魏六朝碑刻異體字典》，中華書局，2014年，頁954。
④秦公《碑別字新編》，文物出版社，1985年，頁157-158。此書或有未盡處，見張涌泉《漢語俗字研究》，商務印書館，2010年，頁324-326。
⑤顧藹吉《隸辨》，中華書局，1986年，頁85。
⑥毛遠明《漢魏六朝碑刻異體字典》，中華書局，2014年，頁954。
⑦李家浩《安徽大學漢語言文字研究叢書·李家浩卷》，安徽大學出版社，2013年，頁370。

檢唐代以來的俗文字要籍中"徙"字相關形體,今擇要具文如下①:

(w)徙、徙;上通,下正。　　　　　　　　　　　(《干祿字書·上聲》)
(x)徙,正;徙,通用。　　　　　　　　　(敦煌寫本 S.388《正名要錄》)②
(y)徙,遷也。移徙之徙作徙者,訛。　　　　　　　　(《五經文字·彳部》)
(z)徙,通;徙,正。　　　　　　　　　　　　　　(《龍龕手鏡·彳部》)

上舉(w)—(z)中皆以"徙"為"正",即是"可登大雅之堂的於古有據的字體";以"徙"為"通",則指"相承久遠的俗體字,施用範圍也廣一些"③,此說可證之於上舉(n)—(v)以及隋《張志相妻潘善利墓誌》、唐《翟惠隱墓誌》等碑刻文字中所列"徙"字相關形體,其中"徙"字確為通行已久的字體。張涌泉先生認為"徙"字本作《說文·辵部》"迻(徙)"字正篆"迻","又或移'徙'左旁的'彳(止)'於聲旁'止'之下,而寫作'徙',右側成了'二止相重'。……而'徙'又為'徙'之變",上引(w)中的正字當作"徙","'徙'當亦是'徙'的俗字",此見於漢碑和敦煌卷子④。其實,上文已論知今之通行體"徙"乃為"徙"之變體,而(w)—(z)中"徙"字形體之所以被稱為正體,其所據或是源於《說文·辵部》"迻(徙)"之從辵、從止的正篆"迻"。就"徙"字形體的源流而言,蘇建洲先生認為"一般來說,文字的聲符較少省略,既然'屎(徙)'可以省略聲符'少(沙)'(引者按:如前舉春秋中期楚國章子國戈(《集成》11295)銘文"章子國尾其元金,為其交戈"之"尾"作"", 此即"屎"省去聲符"少"而成,當讀為

---

①張涌泉《漢語俗字研究》,商務印書館,2010年,頁240-315。
②黃徵《敦煌俗字典》,上海教育出版社,2005年,頁582。
③張涌泉《漢語俗字研究》,商務印書館,2010年,頁272-273。鄭賢章《龍龕手鏡研究》,湖南師範大學出版社,2004年,頁85、96。
④張涌泉《敦煌俗字研究(下編)》,上海教育出版社,1996年,頁167。

"選"①。上博簡(四)《昭王毀室》5 中"徙居"②之"徙"作"▆",其所從的"尾"即是"屖"省去聲符"少"而成),那麼有些字形省去形旁'尸'或'尾'應該也是合理的現象"③。如春秋晚期鄭臧公之孫鼎(《新收》1237)中的"▆(徙)"以及上引(k)、(l)楚文字中的"徙"之專字"▆""▆",皆可隸作"遷",其所從的聲符"屖"省去"尾"形,即可進一步演變為從"少('沙'的象形初文)"聲的"徙"字,今所通行的從"止"聲之"徙"字則是漢代小學家篡改從"少("沙"的象形初文)"聲的"徙"字而成④,上述俗文字要籍(w)—(z)中對於"'徙'正'徙'通"的處理正與之相反。

今綜合上引諸說,並擬作"屖"相關諸字的演進序列如下⑤:

左部構件"屖"、左部構件"屖"

1.▆(叔弓鎛)、▆(陳賆簠) ——————→ 屖(《說文·辵部》"迬(徙)"之古文)

2.▆(逆鐘)、▆(師毀簋)、▆(師道簋)——→ 屖(《說文·辵部》"迬(徙)"之古文)

3.▆(清華簡《繫年》9)——→ ▆(《古文四聲韻》卷三紙韻"徙"字所引《古老子》)——→ 屖(《說文·辵部》"迬(徙)"之古文)

4.▆(放馬灘秦簡《日書》乙種 252)——→ ▆(睡虎地秦簡《日

---

① 李家浩《安徽大學漢語言文字研究叢書·李家浩卷》,安徽大學出版社,2013 年,頁 81-82。

② 馬承源主編《上海博物館藏戰國楚竹書(四)》,上海古籍出版社,2003 年,頁 37、186。李守奎、曲冰、孫偉龍編著《上海博物館藏戰國楚竹書(一—五)文字編》,作家出版社,2007 年,頁 83。

③ 蘇建洲《釋與"沙"有關的幾個古文字》,《出土文獻》2016 年第 9 輯,頁 131。

④ 俞偉超《中國古代公社組織的考察》,文物出版社,1992 年,頁 12。李家浩《安徽大學漢語言文字研究叢書·李家浩卷》,安徽大學出版社,2013 年,頁 81、369-370、387-388。

⑤ 宋華強《清華簡〈繫年〉"篡伐"之"篡"》,武漢大學簡帛研究中心網站 http://www.bsm.org.cn/show_article.php? id=1599,2011-12-21。

書》乙種 228）————▢（馬王堆帛書《陰陽五行甲篇・三徙》1上）————▢（《居延漢簡甲乙編》116.52）————▢（石門頌，東漢建和二年）————▢（赫連子悅墓誌，北齊武平四年）————徙、徙，上通，下正。（《干祿字書・上聲》）————徙，正；徙，通用。（敦煌寫本 S.388《正名要錄》）————徙，通；徙，正。（《龍龕手鏡・彳部》）

附注：劉雲先生《說"徙"》（《中國文字學報》第 8 輯，商務印書館，2017 年，頁 110-115）一文考證早期記錄"徙"這個詞的文字或有並行不悖的兩系，其中一系經秦書同文之後消亡。秦漢文字中"徙"字的右部，即其聲旁，是從甲骨文中表示洗腳之意的"洗"之初文演變而來的；而甲骨文中的"屎"字與《說文》"徙"字古文"㱒"為一字，戰國東方文字中的"徙"字多從辵，屎聲。

另，我們在《"徙"字源流與"徙""從"形訛補考》（《出土文獻》第 12 輯，中西書局，2018 年，頁 272-287）一文中詳論"徙"、"從"形訛等相關問題，亦略及"徙"字源流，本文可作為前文的補述。

肩水金關漢簡綴合成果一覽

郭偉濤①

摘　要：文章搜集了肩水金關漢簡的殘簡綴合，時間截止到 2017 年 6 月 18 日，搜集範圍包括期刊論文，網絡。

關鍵詞：肩水金關；漢簡；綴合

肩水金關漢簡自 2011 年刊佈以來②，即不斷有學者藉助高清圖版，從事綴合，使殘簡斷片得以恢復舊觀。積少成多、集腋成裘，不得不說，這是件意義重大的工作。綴合成果大部分都刊於武漢大學簡帛網，部分刊於其它期刊，不便學界使用。今搜集綴合成果，按發表先後，表列如下。時間截止到 2017 年 6 月 18 日。數枚綴合在同一篇文章者，不重複錄入作者及文章信息。

---

①郭偉濤，清華大學出土文獻研究與保護中心　博士後　北京　100084。
②甘肅簡牘保護研究中心（甘肅簡牘博物館）、甘肅省文物考古研究所、甘肅省博物館、中國文化遺產研究院古文獻研究室、中國社會科學院簡帛研究中心編：《肩水金關漢簡》（壹、貳、叁、肆、伍），中西書局，2011、2012、2013、2015、2016 年。

簡號	作者	出處	時間
73EJT10:167+93	魯家亮	肩水金關漢簡釋文校讀六則,《古文字研究》第29輯,第778–779頁	2012.10
73EJT10:175+160		肩水金關漢簡釋文校讀六則,第780–781頁	
73EJT23:315+702	胡永鵬	讀《肩水金關漢簡(貳)》札記 簡帛網:http://www.bsm.org.cn/show_article.php?id=1905	2013.9.17
73EJT24:247B+268A			
73EJT21:459+451	楊小亮	肩水金關漢簡綴合八則,《出土文獻研究》第十二輯,第281頁	2013.12
73EJT23:379+387		肩水金關漢簡綴合八則,第282頁	
73EJT23:531+509		肩水金關漢簡綴合八則,第283頁	
73EJT23:500+511		肩水金關漢簡綴合八則,第283頁	
73EJT23:743+744		肩水金關漢簡綴合八則,第283–284頁	
73EJT21:199+198		肩水金關漢簡綴合八則,第284–285頁	
73EJT23:563+643	伊強	《肩水金關漢簡(貳)》綴合一則, 簡帛網:http://www.bsm.org.cn/show_article.php?id=2032	2014.6.16
73EJT7:87+54	伊強	肩水金關漢簡綴合五則 簡帛網:http://www.bsm.org.cn/show_article.php?id=2046	2014.7.10
73EJT23:19+40			
73EJT 24:750+919			
73EJT30:216+220			
73EJT30:170+144			
73EJT24:147+765	田炳炳	肩水金關漢簡綴合兩則 簡帛網:http://www.bsm.org.cn/show_article.php?id=2066	2014.9.1
T24:646+648+650	許名瑲	《肩水金關漢簡(叁)》綴合二則 簡帛網:http://www.bsm.org.cn/show_article.php?id=2072	2014.9.15
T24:828+810			
73EJT24:450+464	伊強	《肩水金關漢簡(貳)》綴合二則 簡帛網:http://www.bsm.org.cn/show_article.php?id=2121	2014.12.31
73EJT24:264+269			

續表

簡號	作者	出處	時間
73EJT21:42+38（編聯）	楊小亮	金關簡牘編聯綴合舉隅，《出土文獻研究》第十二輯，第303–305頁	2014.12
73EJT23:96+132		金關簡牘編聯綴合舉隅，第305頁	
73EJT23:177+171A		金關簡牘編聯綴合舉隅，第305–306頁	
73EJT23:491A+492B+525+947+1038A		金關簡牘編聯綴合舉隅，第306–307頁	
73EJT23:614+687		金關簡牘編聯綴合舉隅，第307–308頁	
73EJT23:532+768	胡永鵬	讀《肩水金關漢簡（貳）》札記，《中國文字》新四十期，第92頁	2014.7
73EJT23:691+802		讀《肩水金關漢簡（貳）》札記，第92頁	
73EJT23:835+860		讀《肩水金關漢簡（貳）》札記，第92–93頁	
73EJT23:919+917	楊小亮	《敞與子淵業君書》，《金關居延遺址與絲綢之路歷史文化研究》，第114–117頁	2014.12
73EJT21:429+322	伊強	肩水金關漢簡綴合十四則 簡帛網：http://www.bsm.org.cn/show_article.php?id=2137	2015.1.19
73EJT24:187+173			
73EJT24:570+571			
73EJT26:127+117			
73EJT26:227+194			
73EJT26:249+255			
73EJT29:20+76			
73EJT29:22+21			
73EJT31:85+90			
73EJT32:61+64			
73EJT32:6+24			

續表

簡號	作者	出處	時間
73EJT23:496+1059+506	伊強	《肩水金關漢簡綴合十四則》補充 簡帛網:http://www.bsm.org.cn/show_article.php?id=2260	2015.6.17
73EJT26:190+198+163	伊強	《肩水金關漢簡綴合十四則》再補 簡帛網:http://www.bsm.org.cn/show_article.php?id=2327	2015.10.20
73EJT30:86+112	伊強	《肩水金關漢簡(叁)》綴合五則 簡帛網:http://www.bsm.org.cn/show_article.php?id=2253	2015.6.6
73EJT30:21+87			
73EJT30:148+172			
73EJT30: 24+122			
73EJT30:129+107			
T26:259+155	許名瑲	《肩水金關漢簡(叁)》綴合二則 簡帛網:http://www.bsm.org.cn/show_article.php?id=2258	2015.6.11
T26:268+264+266			
73EJT23:321+294	伊強	肩水金關漢簡綴合兩則 簡帛網:http://www.bsm.org.cn/show_article.php?id=2296	2015.8.27
73EJT21:57+33			
73EJT1:16+24	伊強	《肩水金關漢簡(壹)》綴合六則 簡帛網:http://www.bsm.org.cn/show_article.php?id=2324	2015.10.6
73EJT1:25+284			
73EJT1:172+127			
73EJT2:92+88			
73EJT8:76+65			
73EJT8:74+113			
73EJT25:43+191	何茂活	肩水金關T25斷簡綴合四則 簡帛網:http://www.bsm.org.cn/show_article.php?id=2344	2015.11.6
73EJT25:108+211			
73EJT25:159+116			
73EJT25:244+243			

續表

簡號	作者	出處	時間
73EJT37:135+133	伊強	《肩水金關漢簡（肆）》綴合二則 簡帛網：http://www.bsm.org.cn/show_article.php?id=2419	2016.1.11
73EJT37:244+255			
73EJT37:209+213	姚磊	《肩水金關漢簡（肆）》綴合三則 簡帛網：http://www.bsm.org.cn/show_article.php?id=2421	2016.1.12
73EJT37:267+306			
73EJT37:279+287			
73EJT37:273+410	許名瑲	《肩水金關漢簡（肆）》綴合七則 簡帛網：http://www.bsm.org.cn/show_article.php?id=2425	2016.1.12
73EJT37:275+248			
73EJT37:495+823			
73EJT37:591+795			
73EJT37:645+1377			
73EJT37:1229+1239			
73EJT37:1256+1368			
73EJT37:32+311	單印飛	《肩水金關（肆）》綴合一則 簡帛網：http://www.bsm.org.cn/show_article.php?id=2428	2016.1.13
73EJT37:261+239	顏世鉉	《肩水金關漢簡》（肆）綴合第1-2組 簡帛網：http://www.bsm.org.cn/show_article.php?id=2429	2016.1.13
73EJT37:515+516			
73EJT37:554+559	顏世鉉	《肩水金關漢簡》（肆）綴合第3-4組 簡帛網：http://www.bsm.org.cn/show_article.php?id=2430	2016.1.13
73EJT37:603+595			
73EJT37:356+150	顏世鉉	《肩水金關漢簡》（肆）綴合第5-6組 簡帛網：http://www.bsm.org.cn/show_article.php?id=2436	2016.1.14
73EJT37:1035+1411			
73EJT37:160+642	伊強	《肩水金關漢簡（肆）》綴合一則 簡帛網：http://www.bsm.org.cn/show_article.php?id=2437	2016.1.15

續表

簡號	作者	出處	時間
73EJT37:880+884	顏世鉉	《肩水金關漢簡》(肆)綴合第7–8組 簡帛網:http://www.bsm.org.cn/show_article.php?id=2438	2016.1.15
73EJT37:1048+413			
73EJT37:263+100	許名瑲	《肩水金關漢簡(肆)》綴合第8組 簡帛網:http://www.bsm.org.cn/show_article.php?id=2439	2016.1.15
73EJT37:1528+280	顏世鉉	《肩水金關漢簡》(肆)綴合第9組 簡帛網:http://www.bsm.org.cn/show_article.php?id=2440	2016.1.15
73EJT37:651+727	顏世鉉	《肩水金關漢簡》(肆)綴合第10組 簡帛網:http://www.bsm.org.cn/show_article.php?id=2441	2016.1.16
73EJT37:426+173	伊強	《肩水金關漢簡(肆)》綴合(三) 簡帛網:http://www.bsm.org.cn/show_article.php?id=2443	2016.1.17
73EJT37:425+897			
73EJT37:1105+1315	伊強	《肩水金關漢簡(肆)》綴合(四) 簡帛網:http://www.bsm.org.cn/show_article.php?id=2446	2016.1.18
73EJT37:1124+877	顏世鉉	《肩水金關漢簡》(肆)綴合第11–12組 簡帛網:http://www.bsm.org.cn/show_article.php?id=2447	2016.1.19
73EJT37:968+1310			
73EJT37:885+636	姚磊	《肩水金關漢簡(肆)》綴合一則 簡帛網:http://www.bsm.org.cn/show_article.php?id=2451	2016.1.21
73EJT37:1117+1107	姚磊	《肩水金關漢簡(肆)》綴合(三) 簡帛網:http://www.bsm.org.cn/show_article.php?id=2452	2016.1.22
73EJT37:1378+1134			
73EJT37:1206+872	姚磊	《肩水金關漢簡(肆)》綴合(四) 簡帛網:http://www.bsm.org.cn/show_article.php?id=2453	2016.1.24
73EJT37:1224+108			

續表

簡號	作者	出處	時間
73EJT37:1208+371	姚磊	《肩水金關漢簡（肆）》綴合（五） 簡帛網：http://www.bsm.org.cn/show_article.php?id=2455	2016.1.25
73EJT37:1447+922			
73EJT37:949+1349			
73EJT37:1247+1235	姚磊	《肩水金關漢簡（肆）》綴合（六） 簡帛網：http://www.bsm.org.cn/show_article.php?id=2456	2016.1.26
73EJT37:209+213+1285+1297			
73EJT37:4+1172	姚磊	《肩水金關漢簡（肆）》綴合（七） 簡帛網：http://www.bsm.org.cn/show_article.php?id=2461	2016.2.2
73EJT37:490+8			
73EJT37:59+471	姚磊	《肩水金關漢簡（肆）》綴合（八） 簡帛網：http://www.bsm.org.cn/show_article.php?id=2463	2016.2.4
73EJT37:631+113			
73EJT37:120+333	姚磊	《肩水金關漢簡（肆）》綴合（九） 簡帛網：http://www.bsm.org.cn/show_article.php?id=2466	2016.2.7
73EJT37:139+391			
73EJT37:183+188+1564	雷海龍	《肩水金關漢簡（肆）》斷簡試綴（一） 簡帛網：http://www.bsm.org.cn/show_article.php?id=2468	2016.2.8
73EJT37:340+385			
73EJT37:389+1137	雷海龍	《肩水金關漢簡（肆）》斷簡試綴（二） 簡帛網：http://www.bsm.org.cn/show_article.php?id=2469	2016.2.10
73EJT37:424+1419			
73EJT37:105+791	姚磊	《肩水金關漢簡（肆）》綴合（十） 簡帛網：http://www.bsm.org.cn/show_article.php?id=2471	2016.2.16
73EJT37:611+554+559	姚磊	《肩水金關漢簡（肆）》73EJT37:554+559補綴 簡帛網：http://www.bsm.org.cn/show_article.php?id=2473	2016.2.20

續表

簡號	作者	出處	時間
73EJT37:1510+313	姚磊	《肩水金關漢簡（肆）》綴合（十一） 簡帛網：http://www.bsm.org.cn/show_article.php?id=2474	2016.2.23
73EJT37:1028+1208+371			
73EJT37:479+1131	姚磊	《肩水金關漢簡（肆）》綴合（十二） 簡帛網：http://www.bsm.org.cn/show_article.php?id=2476	2016.2.26
73EJT37:552+623			
73EJT37:1109+1179			
73EJT37:1263+1300	姚磊	《肩水金關漢簡（肆）》綴合（十三） 簡帛網：http://www.bsm.org.cn/show_article.php?id=2478	2016.2.29
73EJT37:1268+1089			
73EJT37:615+494			
73EJT37:638+172	姚磊	《肩水金關漢簡（肆）》綴合（十四） 簡帛網：http://www.bsm.org.cn/show_article.php?id=2481	2016.3.5
73EJT37:1478+406			
73EJT37:901+660	姚磊	《肩水金關漢簡（肆）》綴合（十五） 簡帛網：http://www.bsm.org.cn/show_article.php?id=2516	2016.4.12
73EJT37:930+1407			
73EJT37:1022+314	姚磊	《肩水金關漢簡（肆）》綴合（十六） 簡帛網：http://www.bsm.org.cn/show_article.php?id=2539	2016.4.30
73EJT37:1386+1138			
73EJT37:1487+421			
73EJT37:275+248+7+301	姚磊	《肩水金關漢簡（肆）》綴合（十七） 簡帛網：http://www.bsm.org.cn/show_article.php?id=2545	2016.5.6
73EJT37:220+14	姚磊	《肩水金關漢簡（肆）》綴合（十八） 簡帛網：http://www.bsm.org.cn/show_article.php?id=2549	2016.5.10
73EJT37:246+61			

續表

簡號	作者	出處	時間
73EJT37:147+417+974+1252	姚磊	《肩水金關漢簡(肆)》綴合(十九) 簡帛網:http://www.bsm.org.cn/show_article.php?id=2552	2016.5.12
73EJT37:1413+1190	姚磊	《肩水金關漢簡(肆)》綴合(二十) 簡帛網:http://www.bsm.org.cn/show_article.php?id=2557	2016.5.18
73EJT37:1444+12			
73EJT37:1528+280+1457	姚磊	《肩水金關漢簡(肆)》綴合(二十一) 簡帛網:http://www.bsm.org.cn/show_article.php?id=2562	2016.5.26
73EJT1:136+163	伊強	肩水金關漢簡綴合十五則,《簡帛》第十二輯,第115頁	2016.5
73EJT8:14+20	伊強	肩水金關漢簡綴合十五則,第116頁	2016.5
73EJT22:7+10	伊強	肩水金關漢簡綴合十五則,第116頁	2016.5
73EJT23:642+35	伊強	肩水金關漢簡綴合十五則,第116頁	2016.5
73EJT23:448+963	伊強	肩水金關漢簡綴合十五則,第117–118頁	2016.5
73EJT23:131+862	伊強	肩水金關漢簡綴合十五則,第118–119頁	2016.5
73EJT23:432+260+431	伊強	肩水金關漢簡綴合十五則,第119頁	2016.5
73EJT23:634+173	伊強	肩水金關漢簡綴合十五則,第119–120頁	2016.5
73EJT23:1065+931	伊強	肩水金關漢簡綴合十五則,第120頁	2016.5
73EJT24:382+402	伊強	肩水金關漢簡綴合十五則,第120–121頁	2016.5
73EJT24:634+627	伊強	肩水金關漢簡綴合十五則,第121頁	2016.5
73EJT24:872A+249	伊強	肩水金關漢簡綴合十五則,第122–123頁	2016.5
73EJT24:956+761	伊強	肩水金關漢簡綴合十五則,,第123頁	2016.5
73EJT26:42+25	伊強	肩水金關漢簡綴合十五則,第123–124頁	2016.5
73EJT32:57+49	伊強	肩水金關漢簡綴合十五則,第124頁	2016.5

續表

簡號	作者	出處	時間
73EJT37:909+906	姚磊	《肩水金關漢簡(肆)》綴合(二十二) 簡帛網:http://www.bsm.org.cn/show_article.php?id=2565	2016.6.1
73EJT37:386+395			
73EJT9:384+170	許名瑲	《肩水金關漢簡(壹)》綴合之一 簡帛網:http://www.bsm.org.cn/show_article.php?id=2571	2016.6.7
73EJT37:182+1532	姚磊	《肩水金關漢簡(肆)》綴合(二十三) 簡帛網:http://www.bsm.org.cn/show_article.php?id=2577	2016.6.14
73EJH1:13+61			
73EJH1:23+49	姚磊	《肩水金關漢簡(肆)》綴合(二十四) 簡帛網:http://www.bsm.org.cn/show_article.php?id=2581	2016.6.18
73EJH2:7+85			
73EJT37:1100+271	姚磊	《肩水金關漢簡(肆)》綴合(二十五) 簡帛網:http://www.bsm.org.cn/show_article.php?id=2583	2016.6.22
73EJT37:1484+30			
73EJT37:143+729	姚磊	《肩水金關漢簡(肆)》綴合(二十六) 簡帛網:http://www.bsm.org.cn/show_article.php?id=2591	2016.7.7
73EJH2:67+32			
73EJF1:122+120			
73EJT37:315+1507	姚磊	《肩水金關漢簡(肆)》綴合(二十七) 簡帛網:http://www.bsm.org.cn/show_article.php?id=2593	2016.7.13
73EJT37:207+867			
73EJT37:247+808			
73EJT23:3+619	許名瑲	《肩水金關漢簡(貳)》綴合一則 簡帛網:http://www.bsm.org.cn/show_article.php?id=2595	2016.7.15

續表

簡號	作者	出處	時間
73EJT37:358+1483	姚磊	《肩水金關漢簡(肆)》綴合(二十八) 簡帛網:http://www.bsm.org.cn/show_article.php?id=2596	2016.7.15
73EJT37:394+685			
73EJT37:39B+691A			
73EJT37:401B+857A+1473	姚磊	《肩水金關漢簡(肆)》綴合(二十九) 簡帛網:http://www.bsm.org.cn/show_article.php?id=2597	2016.7.19
73EJT37:713+624			
73EJT37:459+1174			
73EJT37:863+592	姚磊	《肩水金關漢簡(肆)》綴合(三十) 簡帛網:http://www.bsm.org.cn/show_article.php?id=2598	2016.7.30
73EJT37:878A+692			
73EJT37:537+948			
73EJT37:1560A+246B+61A	顏世鉉	《肩水金關漢簡》(肆)綴合第13組 簡帛網:http://www.bsm.org.cn/show_article.php?id=2600	2016.7.31
73EJT11:31A+10+3	伊強	《肩水金關漢簡(貳)》綴合五則,《出土文獻研究》第十五輯,第383頁	2016.7
73EJT22:65+87		《肩水金關漢簡(貳)》綴合五則,第383頁	
73EJT23:404A+265B		《肩水金關漢簡(貳)》綴合五則,第383–384頁	
73EJT21:138+278A		《肩水金關漢簡(貳)》綴合五則,第384頁	
73EJT21:62+78		《肩水金關漢簡(貳)》綴合五則,第385頁	
73EJT37:1052+268	姚磊	《肩水金關漢簡(肆)》綴合(三十一) 簡帛網:http://www.bsm.org.cn/show_article.php?id=2601	2016.8.4

續表

簡號	作者	出處	時間
73EJT37:107+60	姚磊	《肩水金關漢簡(肆)》綴合(三十二) 簡帛網:http://www.bsm.org.cn/show_article.php?id=2603	2016.8.7
73EJT37:177+687			
73EJT37:364+211			
73EJT23:76+139	伊強	《肩水金關漢簡(貳)》綴合二則 簡帛網:http://www.bsm.org.cn/show_article.php?id=2604	2016.8.9
73EJT24:210+199			
73EJT37:484+481	姚磊	《肩水金關漢簡(肆)》綴合(三十三) 簡帛網:http://www.bsm.org.cn/show_article.php?id=2605	2016.8.16
73EJT37:447+1176			
73EJT37:1526+281			
73EJT37:473A+507B	姚磊	《肩水金關漢簡(肆)》綴合(三十四) 簡帛網:http://www.bsm.org.cn/show_article.php?id=2606	2016.8.17
73EJT37:627+119			
73EJT37:533+1579			
73EJT37:662+613	姚磊	《肩水金關漢簡(肆)》綴合(三十五) 簡帛網:http://www.bsm.org.cn/show_article.php?id=2607	2016.8.18
73EJT37:964+1124+1352			
73EJT30:140+241	伊強	《肩水金關漢簡(參)》綴合一則 簡帛網:http://www.bsm.org.cn/show_article.php?id=2611	2016.8.23
73EJF3:524+209+200	尉侯凱	《肩水金關漢簡(伍)》綴合二則 簡帛網:http://www.bsm.org.cn/show_article.php?id=2612	2016.8.23
73EJF3:116+208			
73EJF3:41+77	姚磊	《肩水金關漢簡(伍)》綴合一則 簡帛網:http://www.bsm.org.cn/show_article.php?id=2614	2016.8.24

續表

簡號	作者	出處	時間
73EJF3:338+201+205A+73EJT7:148	雷海龍	肩水金關漢簡綴合一則 簡帛網:http://www.bsm.org.cn/show_article.php?id=2616	2016.8.25
73EJT37:634+1030	姚磊	《肩水金關漢簡(肆)》綴合(三十六) 簡帛網:http://www.bsm.org.cn/show_article.php?id=2620	2016.8.29
73EJT37:1294+737			
73EJT37:798+643			
73EJD:164+103	尉侯凱	《肩水金關漢簡(伍)》綴合三則 簡帛網:http://www.bsm.org.cn/show_article.php?id=2621	2016.8.29
72EJC:183+138			
73EJC:369B+672A			
73EJF3:470+564+190+243+438	姚磊	《肩水金關漢簡(伍)》綴合(二) 簡帛網:http://www.bsm.org.cn/show_article.php?id=2622	2016.8.29
73EJF3:337+513			
73EJF3:441+616			
73EJF3:54+512			
73EJF3:229+542+528			
73EJF3:482+193+508			
73EJF3:628+311			
73EJT37:1468+347	姚磊	《肩水金關漢簡(肆)》綴合(三十七) 簡帛網:http://www.bsm.org.cn/show_article.php?id=2625	2016.9.1
73EJT37:1518+234			

續表

簡號	作者	出處	時間
73EJD:247+199	姚磊	《肩水金關漢簡(伍)》綴合(三) 簡帛網:http://www.bsm.org.cn/show_article.php?id=2626	2016.9.5
73EJF3:627A+308B			
73EJF3:288+541			
73EJF3:52+504			
73EJF3:271+473			
73EJF3:471+302+73EJF2:43+73EJF3:340			
73EJF3:300+548			
73EJF3:2+169	姚磊	《肩水金關漢簡(伍)》綴合(四) 簡帛網:http://www.bsm.org.cn/show_article.php?id=2633	2016.9.18
73EJF3:60+283			
73EJF3:198+194+578			
73EJF3:277+479			
73EJF3:36+503			
73EJF3:123+561			
73EJF3:228+617			
73EJF3:430A+263A+480B+282B+514A			
73EJF3:549+580			
73EJF3:610+439+602	姚磊	《肩水金關漢簡(伍)》綴合(五) 簡帛網:http://www.bsm.org.cn/show_article.php?id=2636	2016.9.22
73EJF3:630B+627B+308A+594B+292A			

續表

簡號	作者	出處	時間
72EJC:146+73EJC:613	姚磊	《肩水金關漢簡(伍)》綴合(六) 簡帛網:http://www.bsm.org.cn/show_article.php?id=2639	2016.10.2
73EJD:237+125A			
73EJD:277+116A			
73EJT1:243+273	尉侯凱	《肩水金關漢簡(壹)》綴合九則 簡帛網:http://www.bsm.org.cn/show_article.php?id=2640	2016.10.5
73EJT1:111+18			
73EJT6:110A+62A			
73EJT6:181+182			
73EJT7:18+10			
73EJT8:32+71			
73EJT9:258+358			
73EJT9:310+51			
73EJT10: 365+283			
73EJT21:310+314+325	姚磊	《肩水金關漢簡(貳)》綴合(一) 簡帛網:http://www.bsm.org.cn/show_article.php?id=2645	2016.10.7
73EJT21:380+334			
188.6+188.15/A8	林宏明	中國社會科學院歷史研究所先秦史研究室網站http://www.xianqin.org/blog/archives/6978.html	2016.10.14
73EJT21:72+354	姚磊	《肩水金關漢簡(貳)》綴合(二) 簡帛網:http://www.bsm.org.cn/show_article.php?id=2648	2016.10.22
73EJT21:327+317			
73EJT21:396+343			
73EJT21:423+431			

續表

簡號	作者	出處	時間
73EJT37:28A+653+1133	姚磊	《肩水金關漢簡（肆）》綴合考釋研究（十二則），《出土文獻》第九輯，第226–228頁	2016.10
73EJT37:782+836A	姚磊	《肩水金關漢簡（肆）》綴合考釋研究（十二則），第228–229頁	2016.10
73EJT37:146A+1561B	姚磊	《肩水金關漢簡（肆）》綴合考釋研究（十二則），第229–230頁	2016.10
73EJT37:850+35	姚磊	《肩水金關漢簡（肆）》綴合考釋研究（十二則），第230–231頁	2016.10
73EJT37:881+612	姚磊	《肩水金關漢簡（肆）》綴合考釋研究（十二則），第232頁	2016.10
73EJT37:1523+111	姚磊	《肩水金關漢簡（肆）》綴合考釋研究（十二則），第232–234頁	2016.10
73EJT37:43+1485	姚磊	《肩水金關漢簡（肆）》綴合考釋研究（十二則），第234–235頁	2016.10
73EJT37:918+1517	姚磊	《肩水金關漢簡（肆）》綴合考釋研究（十二則），第235–236頁	2016.10
73EJT37:1308+1277	姚磊	《肩水金關漢簡（肆）》綴合考釋研究（十二則），第236頁	2016.10
73EJT37:1217+1140	姚磊	《肩水金關漢簡（肆）》綴合考釋研究（十二則），第237頁	2016.10
73EJT37:1026+1515	姚磊	《肩水金關漢簡（肆）》綴合考釋研究（十二則），第237–238頁	2016.10
73EJT37:806+816+1207	姚磊	《肩水金關漢簡（肆）》綴合考釋研究（十二則），第238–239頁	2016.10
73EJT22:106+115	姚磊	《肩水金關漢簡（貳）》綴合（三） 簡帛網：http://www.bsm.org.cn/show_article.php?id=2656	2016.11.4
73EJT23:5+37	姚磊	《肩水金關漢簡（貳）》綴合（三） 簡帛網：http://www.bsm.org.cn/show_article.php?id=2656	2016.11.4
73EJT23:8+164	姚磊	《肩水金關漢簡（貳）》綴合（三） 簡帛網：http://www.bsm.org.cn/show_article.php?id=2656	2016.11.4
73EJT23:41+42	姚磊	《肩水金關漢簡（貳）》綴合（三） 簡帛網：http://www.bsm.org.cn/show_article.php?id=2656	2016.11.4
73EJT23:91+418+821+429	姚磊	《肩水金關漢簡（貳）》綴合（三） 簡帛網：http://www.bsm.org.cn/show_article.php?id=2656	2016.11.4

續表

簡號	作者	出處	時間
73EJF3:66+381+73EJT7:147	林宏明	中國社會科學院歷史研究所先秦史研究室網站http://www.xianqin.org/blog/archives/7418.html	2016.11.6
73EJT23:212A+224B	姚磊	《肩水金關漢簡(貳)》綴合(四) 簡帛網:http://www.bsm.org.cn/show_article.php?id=2660	2016.11.10
73EJT23:376+659	姚磊		
73EJT23:542+539	姚磊		
73EJT23:561+577	姚磊		
73EJT23:568+846	姚磊		
73EJT7:24+72EJC:155	林宏明	中國社會科學院歷史研究所先秦史研究室網站http://www.xianqin.org/blog/archives/7426.html	2016.11.10
73EJT23:585+598	姚磊	《肩水金關漢簡(貳)》綴合(五) 簡帛網:http://www.bsm.org.cn/show_article.php?id=2661	2016.11.14
73EJT23:608+673	姚磊		
73EJT23:612+829	姚磊		
73EJT23:688+109	姚磊		
73EJT23:530+514	姚磊	《肩水金關漢簡(貳)》綴合(六) 簡帛網:http://www.bsm.org.cn/show_article.php?id=2663	2016.11.17
73EJT23:677+658	姚磊		
73EJT23:939+1031	姚磊		
73EJT23:990A+721	姚磊		
73EJT23:1023+1016	姚磊		
73EJT23:1026+1047	姚磊		

續表

簡號	作者	出處	時間
73EJT24:91+119	姚磊	《肩水金關漢簡(貳)》綴合(七) 簡帛網:http://www.bsm.org.cn/show_article.php?id=2666	2016.11.18
73EJT24:146+430			
73EJT24:156+482+158			
73EJT24:343+322			
73EJT24:359+222			
73EJT24:411+150			
73EJT24:596+611	姚磊	《肩水金關漢簡(叁)》綴合(一) 簡帛網:http://www.bsm.org.cn/show_article.php?id=2669	2016.11.22
73EJT24:599+597			
73EJT24:687+703			
73EJT24:739+784+785			
73EJT24:749+983			
73EJT24:771+913	姚磊	《肩水金關漢簡(叁)》綴合(二) 簡帛網:http://www.bsm.org.cn/show_article.php?id=2671	2016.11.24
73EJT24:773+769			
73EJT24:786+692			
73EJT24:874+871			
73EJT24:925+869			
73EJT24:945+534			
73EJD:71+101	林宏明	中國社會科學院歷史研究所先秦史研究室網站 http://www.xianqin.org/blog/archives/7575.html	2016.11.29

續表

簡號	作者	出處	時間
73EJT28:55+44	姚磊	《肩水金關漢簡（叁）》綴合（三） 簡帛網：http://www.bsm.org.cn/show_article.php?id=2676	2016.12.2
73EJT28:81+28			
73EJT28:125+142			
73EJT30:16+254			
73EJT30:179+180			
73EJT37:896+903	林宏明	中國社會科學院歷史研究所先秦史研究室網站 http://www.xianqin.org/blog/archives/7593.html	2016.12.5
73EJT29:14+41	姚磊	《肩水金關漢簡（叁）》綴合（四） 簡帛網：http://www.bsm.org.cn/show_article.php?id=2678	2016.12.7
73EJT29:34+36			
73EJT29:43+33			
73EJT31:21+155			
73EJT31:129+82			
73EJT37:1271+1340	林宏明	中國社會科學院歷史研究所先秦史研究室網站 http://www.xianqin.org/blog/archives/7613.html	2016.12.8
73EJT37:1313+1405			
73EJT37:1416+1177			
73EJT37:1450+1402			
73EJT24:955+911	姚磊	《肩水金關漢簡（叁）》綴合（五） 簡帛網：http://www.bsm.org.cn/show_article.php?id=2680	2016.12.11
73EJT25:156+174+122			
73EJT28:27+93			
73EJT28:29+92			

續表

簡號	作者	出處	時間
73EJT37:1476+730	林宏明	中國社會科學院歷史研究所先秦史研究室網站 http:// www.xianqin.org/blog/archives/7661.html	2016.12.15
73EJT24:529+56			
73EJT24:220+502			
73EJT26:186+135	姚磊	《肩水金關漢簡（叁）》綴合（六） 簡帛網:http://www.bsm.org.cn/show_article.php?id=2684	2016.12.18
73EJT26:256+157			
73EJT27:103+101			
73EJT25:186+155	姚磊	《肩水金關漢簡（叁）》綴合（七） 簡帛網:http://www.bsm.org.cn/show_article.php?id=2687	2016.12.21
73EJT26:142+272			
73EJT26:144+182			
73EJT26:167+201+296			
73EJT32:45+22	姚磊	《肩水金關漢簡（叁）》綴合（八） 簡帛網:http://www.bsm.org.cn/show_article.php?id=2694	2017.1.1
73EJT32:59+66			
73EJT28:51+49			
73EJT25:86+17			
73EJT3:110+112	姚磊	《肩水金關漢簡（壹）》綴合（一） 簡帛網:http://www.bsm.org.cn/show_article.php?id=2700	2017.1.18
73EJT4:130+142			
73EJT4:199+143			
73EJT5:30+40	姚磊	《肩水金關漢簡（壹）》綴合（二） 簡帛網:http://www.bsm.org.cn/show_article.php?id=2702	2017.1.20
73EJT7:33+11			
73EJT7:50+73EJF3:557			
73EJT7:67+157			

續表

簡號	作者	出處	時間
73EJT4:182+64	張顯成、張文建	《肩水金關漢簡(壹)》綴合七則 簡帛網:http://www.bsm.org.cn/show_article.php?id=2703	2017.1.20
73EJT5:30+40			
73EJT9:5+15			
73EJT9:223+154			
73EJT10:277+174			
73EJT10:339+480			
73EJT10:418+415			
73EJT9:5+15	姚磊	《肩水金關漢簡(壹)》綴合(三) 簡帛網:http://www.bsm.org.cn/show_article.php?id=2704	2017.1.20
73EJT9:268A+264B			
73EJT10:318+351			
73EJT10:345+496			
73EJT7:106+20	姚磊	《肩水金關漢簡(壹)》綴合(四) 簡帛網:http://www.bsm.org.cn/show_article.php?id=2705	2017.1.20
73EJT7:183A+155A+193A			
73EJT8:102B+82A			
73EJT4:197+136	張文建	肩水金關漢簡綴合三則 簡帛網:http://www.bsm.org.cn/show_article.php?id=2706	2017.1.22
73EJT6:173+175			
73EJT9:214+210			
73EJT9:288+287	張文建	《肩水金關漢簡(壹)》再綴三則 簡帛網:http://www.bsm.org.cn/show_article.php?id=2707	2017.1.22
73EJT21:401+459+451	姚磊	《肩水金關漢簡(貳)》綴合(八) 簡帛網:http://www.bsm.org.cn/show_article.php?id=2727	2017.2.13
73EJT23:128+127			
73EJT24:887+909	姚磊	《肩水金關漢簡(叁)》綴合(九) 簡帛網:http://www.bsm.org.cn/show_article.php?id=2732	2017.2.17

續表

簡號	作者	出處	時間
73EJT22:75+73EJT21:88	姚磊	《肩水金關漢簡(貳)》綴合(九) 簡帛網:http://www.bsm.org.cn/show_article.php?id=2741	2017.2.28
73EJT23:354+478			
73EJT4:139+211	張文建	《肩水金關漢簡(壹)》綴合四則 簡帛網:http://www.bsm.org.cn/show_article.php?id=2746	2017.3.2
73EJT4:121+119			
73EJT4:84+69			
73EJT6:180+183			
73EJT9:202+183	張文建	《肩水金關漢簡(壹)》綴合一則 簡帛網:http://www.bsm.org.cn/show_article.php?id=2749	2017.3.3
73EJT24:523+521	姚磊	《肩水金關漢簡(叁)》綴合(十) 簡帛網:http://www.bsm.org.cn/show_article.php?id=2760	2017.3.17
73EJT23:141+133	姚磊	《肩水金關漢簡(叁)》綴合(十) 簡帛網:http://www.bsm.org.cn/show_article.php?id=2776	2017.4.16
73EJT24:79+84			
73EJT10:168+106	伊強	《肩水金關漢簡(壹)》綴合補遺二則 簡帛網:http://www.bsm.org.cn/show_article.php?id=2803	2017.5.12
73EJT10:342+471			
73EJT37:1240+1311+1233	姚磊	《肩水金關漢簡(肆)》綴合(三十八) 簡帛網:http://www.bsm.org.cn/show_article.php?id=2819	2017.6.6
73EJT37:581+1261			
73EJT1:144+141	姚磊	《肩水金關漢簡(壹)》綴合(五) 簡帛網:http://www.bsm.org.cn/show_article.php?id=2821	2017.6.15
73EJT1:107+156	姚磊	《肩水金關漢簡(壹)》綴合(六) 簡帛網:http://www.bsm.org.cn/show_article.php?id=2822	2017.6.16

肩水金關漢簡 73EJT4:139 與 73EJT4:211 綴合再議

張文建①

摘　要:筆者曾對《肩水金關漢簡(壹)》中簡 73EJT4:139 與簡 73EJT4:211 予以綴合,姚磊先生從"茬口不能形成有效吻合"與"兩簡文意並不順暢"兩個角度提出了不同意見。本文從二簡圖版、性質和文意上再進行分析,進一步證明此二簡可綴合,綴合後的簡文"候行蓬隧"意爲"候(候官或候長)巡視蓬隧(烽燧)"。

關鍵詞:綴合;肩水金關漢簡;再議

前言

筆者曾試着綴合了《肩水金關漢簡(壹)》四則,並發佈於武漢大學簡帛網②。對於其中第一則,簡 73EJT4:139 與簡 73EJT4:211 的綴合,姚磊先生從綴合後圖片與辭例上提出了不同意見③。

拙文從"二簡形制""文字書寫風格""綴合後的茬口"和"綴

---

①張文建,西南大學漢語言文獻研究所　碩士　重慶　400715。
②張文建《〈肩水金關漢簡(壹)〉綴合四則》,簡帛研究網 http://www.bsm.org.cn/show_article.php? id=2746,2017-03-02。
③姚磊《〈肩水金關漢簡(壹)〉綴合小議之二》,簡帛研究網 http://www.bsm.org.cn/show_article.php? id=2764,2017-03-20。

合後'行'字字形"四個方面闡述了簡 73EJT4:139 與 73EJT4:211 簡可綴合的理由,並給出了綴合後的釋文"□候行蓬隧□□",最後附了紅外圖版(可見上一頁圖)。

姚文則從"綴合彩圖"與"綴合紅外(圖)"兩方面分析,認爲二簡綴合後"茬口不能形成有效吻合";接着選錄了"候行"與"蓬隧"的辭例,並認爲"兩簡文意並不順暢",對筆者的觀點提出了質疑。

在拜讀了姚磊先生文章並查找了許多相關材料後,我們認爲姚磊先生的觀點不妥,因此冒昧效學界探討交流學術之風,草就此文,見笑大方。下面分別從綴合圖像和綴合後的簡文意義兩方面來予以辨正。

一、二簡茬口可以形成有效吻合

簡 73EJT4:211 正面的茬口相對規整,與茬口"相對規整"的簡 73EJT4:139 可以進行綴合;二簡綴合後復原的文字,其筆畫銜接也是流暢的。

1.我們在仔細觀察簡 73EJT4:211 的圖像,並放大此簡圖像多倍後發現,其零碎之處在於背面(或內層),而非正面;正面之茬口依然規整,並不如姚文所說的"茬口相對零碎"。兩簡茬口處截圖如下:

簡 T4:211 紅外	簡 T4:211 彩圖	簡 T4:139 紅外	簡 T4:139 彩圖

此點從上面所列簡 T4:211 紅外圖像中能更好地看出。因此,茬口"相對規整"的簡 73EJT4:139 是可與之綴合的。

2.兩簡綴合後復原的文字筆畫也是行筆流暢的,並不像姚文所認爲的"不能形成有效的筆畫銜接"。我們將簡 73EJT4:139 與簡 73EJT4:

211綴合後的圖版(茬口處截圖)和"行"字最後一筆的圖像列於下(含紅外綫圖與彩圖)。

茬口截圖	"行"字末筆	茬口截圖	"行"字末筆

從以上圖版可以看出,兩簡綴合後的茬口可以密合,復原的文字筆畫銜接也是流暢的。因此,我們認爲從圖版上看,兩簡是可以綴合的,且綴合後二簡的茬口是可以形成有效吻合的。

二、二簡文意通暢,意爲"候(候官或候長)巡視蓬隧(烽燧)"

姚文認爲"兩簡文意並不順暢,不能相接",並從《居延漢簡》《居延新簡》中選錄了"候行"和"蓬隧"句式。但在查核相關資料後,我們認爲姚文的意見不妥。首先,姚文所列"蓬隧"例不具有代表性,其所舉"蓬隧"5例,兩例是"蓬隧長",兩例是"督蓬隧",此4例皆是官吏名。另外,二簡綴合後的釋文"□候行蓬隧□□"是文意通暢的,可理解爲"候(候官或候長)巡視蓬隧(烽燧)"。理由如下:

1.此二簡當屬"行塞"簡,是"候官書(下行)"類文書

從此二簡綴合後的釋文"□候行蓬隧□□"來看,我們認爲此二簡當屬"行塞"簡,有不少學者稱此類簡爲"行塞書"[①],我們贊同侯旭東先

---

① 如薛英群先生(《居延漢簡通論》,甘肅教育出版社,1991年)、沈剛先生(《居延漢簡語詞彙釋》,科學出版社,2008)和朱慈恩先生(《漢代邊防職官行塞制度述論》,華東師範大學,2006年碩士學位論文)等皆稱此類簡爲"行塞書"。

生"行塞與書不當連讀"的意見,認爲當屬"候官書(下行)"①。"行塞"之"行"爲"巡狩、巡視"之意②,"塞"指"一條長長的北邊塞墻。其稱某某塞者,則指長百里的一段障塞"③。行塞,又稱行邊、行邊兵或循行,是"對邊塞屯戍工作的例行檢查"④。根據所見的"行塞簡"簡文,行塞的官員上至中央政府下至邊防職官,而以邊防官員爲主。"行塞"的邊防官員有太守、將軍(都尉)、司馬、候、令史、尉史、士吏和候長等。其中又以"候行塞"多見。下面分三個方面論述"候行蓬隧"在構詞和文意上的合理性。

2."候"的"行塞"範圍包括"蓬(烽)隧(燧)"

"行塞"是邊塞官員的重要政務,也是確保邊疆安全的重要行政手段。而且相關官員在行塞之後,一般情況下會形成向上級匯報檢查結果的文書——行塞舉。裘錫圭先生認爲,"行塞就是視察邊塞亭隧"、"行塞舉應該是舉出所視察的亭燧在守禦設備等方面存在的問題的一種文書"⑤。均和、劉軍先生指出,"(行塞)……上至中央朝廷,下至烽燧諸部都行塞,稱謂不盡相同"、"'行塞舉'實際涵蓋了'亭隧舉'、'吏去署舉'、'卒兵舉'等內容"⑥。朱慈恩先生也認爲,"亭燧是漢代候望系統中最基層同時也是最重要的單位,所以居延漢簡中的記載行塞的簡文很

---

①侯旭東《西漢張掖郡肩水候繫年初編——兼論候行塞時的人事安排與用印》,《簡牘學研究》,2014年。
②漢語大字典編輯委員會編《漢語大字典》(第二版),崇文書局和四川辭書出版社,2012年,頁873。
③陳夢家《漢簡綴述》(中國社會科學院考古研究所編輯《考古學專刊甲種第十五號》),中華書局,1980年,頁51。下文引陳夢家先生觀點亦參此。
④劉軍《漢簡人事管理研究之一——行塞舉與離署申報》,《簡牘學研究》,1997年。
⑤裘錫圭《漢簡零拾·舉書》,載《文史》12輯,1981年。
⑥均和、劉軍《漢簡舉書與行塞考》,《簡牘學研究》,1998年。另,下文所引均和、劉軍先生的觀點亦參此文。

多都是和亭燧相關的"①。據此,我們可以知道"行塞"是要巡行"烽燧諸部"的。相關簡文有:

　　(1)左後部建平二年行塞亭隧名　　　　　　《金關漢簡(肆)》T37:1494
　　(2)始建國天鳳三年十二月壬辰敦德玉門行大尉事試守千人輔＝試守丞況謂大前都尹西曹聊掾行塞蓬②　　　　《敦煌漢簡》193A
　　(3)☐□居延都尉　行塞虇隧移過所　　　　《居延漢簡》45.28

(1)例是"左後部(候)"在建平二年的"行塞亭隧"名籍,(2)例是關於"曹聊掾"的巡視"塞蓬(隧)"記錄,(3)例是居延都尉巡視"塞蓬隧"的記錄。因此,從以上三例來看,各級官員"行塞"要巡行至"蓬隧"一級的結論當是可靠的。

由於簡 73EJT4:139 上部殘斷而"候"上一字殘缺厲害無法辨識,因此此簡的"候"可能是"候(官)",也可能是"候長"。"候長"作爲直接統轄下屬各隧的長官,"行塞"範圍包括"蓬隧"是不難理解的。而"候(官)"是直接統轄下屬各候長的長官,其"行塞"至"蓬隧"也是合理的,其例可見上舉的《金關漢簡(肆)》簡 T37:1494。下面再舉一例。

　　(1)言府候行部庚戌宿臨桐隧掾書傳□☐　　　　　《居延新簡》EPF22.711B③

此例即言"候官"行部時,在"庚戌"那天住在了"臨桐隧"。因此,"候官"行塞也是到"隊(隧)"一級的。

3."行塞蓬(隧)"、"行亭"就是"行蓬隧"

根據陳夢家先生對"塞"(一條長長的北邊塞墻)的理解,我們認爲"塞"應當是包括了"部、障、亭、蓬隧(烽燧)"的。從簡文既見"行塞"又見"行塞亭隧""行塞蓬隧""行部"和"行亭",而以"行塞"爲多見來看,

---

　　①朱慈恩《漢代邊防職官行塞制度述論》,華東師範大學,2006 年碩士學位論文。下文所引朱先生觀點均參此文。
　　②此簡原簡文爲同一行,現改爲橫排,故加"＝"表示。下同。
　　③此書爲簡體行文,筆者依據繁簡體對照改。

"行塞"的含義應是包括"行亭隧"和"行蓬隧(烽燧)""行部""行亭"的。而簡文少見"行蓬隧(烽燧)"恐是簡文多以"行塞"統稱之故。另外在西北漢簡簡文中,我們還發現了"行塞簡"中關於"行亭"之簡文是較多的。下面僅舉四例爲證。

(1)府君掾史行亭□☑　　　　　　　　　《金關漢簡(貳)》T23:21

(2)☑候望備不虞爲職遣隧長□行亭☑　　《居延漢簡》229.6

(3)▼仲功前令傳弩鎧迫行亭當到又尉卿怒壹何不

《居延新簡》EPT49.4A

(4)人常爲衆所欺侮但數以行亭君行以病未能視事君

《居延新簡》EPT51.230

從上舉4例,我們可以看出邊郡的各級官員也是要進行"行亭"的。而且"蓬(烽)隧(燧)"是可以稱爲"亭"的,許多學者都有過相關的論述。如陳夢家先生在《漢簡綴述》中認爲"隧亦可以稱亭",程喜霖先生在《漢唐烽堠制度研究》"兩漢候望系統及烽燧的佈局"一章中也認爲"烽燧既稱燧又稱亭……並簡稱爲烽、燧、亭""在邊塞亭、燧與烽燧可互稱"①,而朱慈恩先生也認爲"烽燧"還可以稱爲"亭燧""亭候",或者直接稱其爲"燧""亭""候"。因此,我們認爲上面所舉簡文"行亭"應該就是"行隧""行蓬隧(烽燧)",前文所舉的《金關漢簡(肆)》簡 T37:1494"行塞亭隧"應該就是"行塞蓬隧"。而這一點,我們恰好可以從《居延漢簡》簡45.28 有"行塞蓬隧"的記錄得以驗證。

另外,"塞亭(蓬)隧"和"塞蓬隧"皆屬於並列結構的詞或詞組,而且是同義詞(塞、亭、蓬隧)的連用。因此,當"行塞亭隧"或"行塞蓬隧"行文時,"行亭隧"與"行蓬隧"的構詞在結構和語義分析上也是站得住腳的。而西北漢簡簡文多見"行亭"之例更是直接證明了"行亭隧"的合理性。因此,我們認爲"行蓬隧"的構詞行文也是合理的。

---

①程喜霖《漢唐烽堠制度研究》,三秦出版社,1991年,頁16、18。

4."行塞"內容主要與"蓬(烽)隧(燧)"相關

均和、劉軍先生認爲"通常,舉書的內容與戍務檢查的事項一致,於邊塞而言,兵器、守御、烽火器具是否完備及戰鬥人員是否堅持崗位極爲重要,因而這兩個方面的情況在舉書中反映得最多"。朱慈恩先生也認爲"從漢簡中的舉書內容來看,行塞檢查的主要內容基本上都和亭隧有關,包括了兵器折損情況、守禦器及烽火器具是否完備、隧卒對烽火品約的熟習和隧卒的在崗情況等等"。從所見簡文來看,的確如此。下面舉幾例各級官員"行塞"時跟"蓬隧(烽燧)"相關的簡文:

(1)所……二年秋行塞☐☐☐☐及上積薪毋蹉署吏卒被兵簿多繆＝誤蓬表白　　　　　　　　　　　　　《金關漢簡(貳)》T23:280

(2)　　　　　九石具弩一傷兩撫左應死四分卩
　　☑☐行塞　塢上布蓬三抓五寸已作治卒
　　　　　　程苣九不具堠外已出卩
　　　　……　　　　　　　　　　　《金關漢簡(叁)》T31:61A

(3)☑行塞兵弩多邊庆上下蜚淵有彌鰈勝負一分☐☑
　　　　　　　　　　　　　　　　　　《居延新簡》EPT5.84

(4)河平元年九月戊戌朔丙辰不侵守候長士吏猛敢言之將軍行塞舉

　　駟望隧長杜未央所帶劍刃呈狗少一未央貧急輙弱毋以塞舉請
　　　　　　　　　　　　　　　　　　《居延新簡》EPT59.3

(5)☑☐隊長武將卒詣官廩
　　☑☐爲部候長所苦毒今白・謹問武叩頭死罪對曰誠食乏私歸取
　　　食＝案武知從事行塞私去署毋狀　　《居延新簡》EPT59.240

以上所舉五例,(1)(2)例主要是關於"行塞"中所視察的"蓬""苣"情況;(3)(4)例則是關於"行塞"中所視察的兵器情況,其中(4)例說明了是"駟望隧長杜未央"的所帶"劍刃"和"狗"的情況;(5)例則是關於

"□隊(隧)長武"的"私去署"情況的。另外,此類例子最爲典型的當是《居延新簡》中的"候史廣德坐不循行部行罰檄",該簡背面列出了第十三至十八隧所見的各種守禦兵器弊端,候史廣德故而受罰之例。

三、結論

基於以上二簡屬"行塞"簡,"候"的"行塞"範圍包括"蓬(烽)隧(燧)","行塞蓬(隧)"、"行亭"就是"行蓬隧",各級官員"行塞"的內容主要與"蓬隧"相關的四點分析來看。我們認爲,"候行蓬隧"的行文是合理的,即簡 73EJT4:139 與簡 73EJT4:211 綴合後的釋文"□候行蓬隧□□"在文意上是通暢的,意爲"候(候官或候長)巡視蓬隧(烽燧)"。

最後,從兩簡圖版的契合與文意的順暢角度考慮,我們認爲姚文意見不妥。簡 73EJT4:139 與簡 73EJT4:211 當可以綴合。

《清華伍·命訓》字詞考釋

高榮鴻①

摘　要：本論文針對《清華伍·命訓》進行逐字逐句的校讀工作，特別是5號簡"九間具塞"、8號簡"弋"字、13號簡"[圖]"字、13號簡"季必刃₌"等疑難字詞，嘗試提出新的考釋意見。

關鍵詞：清華簡；《命訓》；考釋

一、前言

《命訓》一文，刊載於《清華大學藏戰國竹簡（伍）》，其內容講述為政牧民之道，與傳世本《逸周書·命訓》大致相合，為《命訓》篇的戰國寫本②。本文主要針對《清華伍·命訓》中的疑難字詞進行考釋工作，茲以原整理者劉國忠所撰釋文為底本，參酌學者最新研究成果，以及筆者個人淺見，重新修訂《命訓》釋文。全篇釋文中，凡沿用原考釋者的釋文，不另說明；凡修訂原釋文之處，皆於該處底部畫線加以辨別，並以註腳交代所採新說最先出處；凡有補充原釋文之處，將以註腳方式簡要說

---

①高榮鴻，臺灣中興大學中國文學系 兼任助理教授 臺灣臺中 402。
②劉國忠《命訓釋文考釋》，李學勤主編《清華大學藏戰國竹簡（伍）》，中西書局，2015年，頁124。

明；偶有筆者新見之處，則留待"疑難字詞考釋"詳加陳述。

二、全篇釋文

天生民而成大命=（命。命）司恵（德），正以禍（禍）福，立明王以懋（訓）之，曰："大命又（有）常（常），少（小）命日=成=（日成。日成）則敬，又（有）尚（常）則廣=（廣，廣）以敬命，則庀（度）【簡1】至于亟（極）。夫司恵（德）司義，而易（賜）之福=（福，福）彔（祿）才（在）人=（人，人）能居，女（如）不居而肘（守）①義，則庀（度）至於亟（極）。或司不義而墮（降）之禍=（禍，禍）愆（過）才（在）人=（人，人）【簡2】能母（毋）謹（懲）啻（乎）？女（如）謹（懲）而愳（悔）愆（過），則庀（度）至於亟（極）。夫民生而佴（恥）不明，上（上）以明之，能亡（無）佴（恥）啻（乎）？女（如）又（有）佴（恥）而亙（恆）行，則庀（度）至于【簡3】亟（極）。夫民生而樂生穀（穀）②，上以穀（穀）之，能母（毋）懽（勸）啻（乎）？女（如）懽（勸）以忠訐（信），則庀（度）至於亟（極）。夫民生而痌（痛）死喪，上以禔（畏）之，能母（毋）忎（恐）【簡4】啻（乎）？女（如）忎（恐）而承孝（教），則庀（度）至於亟（極）。

六亟（極）既達，九〈六〉迁（間）具弃（塞）〔一〕。達道=（道道）天以正=人=（正人。正人）莫女（如）又（有）亟（極），道天莫女（如）亡（無）亟（極）。道天又（有）亟（極）則不=禔=（不威，不威）【簡5】則不卲（昭），正人亡（無）亟（極）則不=訐=（不信，不信）則不行。夫明王卲（昭）天，訐（信）③以庀（度）攻=（功，功）墜（地）以利之，事（使）身=（信人）禔（畏）天，則庀（度）至

---

① 網友"海天遊蹤"釋為"肘"之異體，請參閱武漢大學"简帛論壇"，《清華五〈命訓〉初讀》第16樓 http://www.bsm.org.cn/bbs/read.php? tid=3250&fpage=8&page=2, 2015-04-14。網友"紫竹道人"讀為"守"，請參閱武漢大學"简帛論壇"，《清華五〈命訓〉初讀》，第14樓 http://www.bsm.org.cn/bbs/read.php? tid=3250&fpage=8&page=2, 2015-04-13。
② 穀，生也，請參閱高祐仁《清華伍〈命訓〉考釋》，《第二十七屆中國文字學國際學術研討會論文集》，2016年，頁381。
③ 信，誠也，《詩·氓》："信誓旦旦"，孔穎達疏："言其懇惻款誠"。

於亟(極)。夫天➊①道三,【簡6】人道三。天又(有)命,又(有)福,又(有)禍(禍)。人又(有)伓(恥),又(有)市(紼)冒(絻),又(有)鈙(斧)戉(鉞)。以人之伓(恥)尚(當)天之命,以亓(其)市(紼)冒(絻)尚(當)天之福,以亓(其)鈙(斧)戉(鉞)尚(當)天之禍(禍)。六【簡7】方三述,亓(其)亟(極)一(一),弗智(知)則不行。

亟(極)命則民陵(惰)②乏,乃宔(曠)③命以弋(易)亓(其)上〔二〕,怠(殆)於𤔊(亂)矣。亟(極)福則民=彔=(民祿,民祿)④迀=善=(干善,干善)韋(違)則不行。亟(極)禍(禍)【簡8】則民=䙴=(民畏,民畏)則𣳚=祭=(淫祭,淫祭)皮(疲)⑤家(家)。亟(極)伓(恥)則民=叛(民叛,民叛)則瘍=人=(傷人,傷人)則不罰(義)。亟(極)賞而民買=亓=上=(買其上,買其上)則亡=壤=(無讓,無讓)則不川(順)。亟(極)罰則民多=慮=(多詐,多詐)則【簡9】不=忠=(不忠,不忠)則亡(無)遌(復)。凡氒(厥)六者,正(政)之所怠(殆)。天古(故)卲(昭)命以命力(敕)⑥曰:"大命殜(世)罰,少(小)命=(命命)身。"福莫大於行,禍(禍)莫大於𣳚祭(淫祭),伓(恥)莫大於【簡10】瘍人(傷人),賞莫大於壤(讓),罰莫大於多慮(多詐)。是古(故)明王奉此六者,以牧壴(萬)民=(民,民)甬(用)不遰(失)。

祀(撫)之以季(惠),和之以均,韽(斂)⑦之以哀,吳(娛)之以樂,【簡

---

① 此符號為書手誤書,請參閱高祐仁《清華伍〈命訓〉考釋》頁387。

② 惰,傳世本作"墮",潘振云:"墮即惰",請參閱黃懷信、張懋鎔、田旭東《逸周書彙校集注》,上海古籍出版社2007年,頁29。

③ 曠,唐大沛云:"曠,空也",請參閱黃懷信、張懋鎔、田旭東《逸周書彙校集注》,頁30。

④ 祿,朱又曾云:"貪祿",請參閱黃懷信、張懋鎔、田旭東《逸周書彙校集注》,頁30。

⑤ 皮,原考釋者依傳世本讀為"罷",請參閱劉國忠《命訓釋文考釋》,頁129。謹按:讀"罷"於意雖好,但就通假而言,讀"疲"更適切,《說文》:"疲,勞也。"至於傳世本"罷家"也應讀為"疲家",朱又曾云:"罷讀曰疲",請參閱黃懷信、張懋鎔、田旭東《逸周書彙校集注》,頁31。

⑥ 力,網友"明珍"讀為"敕",《說文》:"敕,誡也",請參閱武漢大學簡帛網 http://www.bsm.org.cn/bbs/read.php? tid=3250&fpage=8&page=3,2015-04-17。

⑦ 斂,陳逢衡云:"斂之以哀則民有節",請參閱黃懷信、張懋鎔、田旭東《逸周書彙校集注》,頁35。

11】偋(順)之以豊(禮)_①,敦(教)之以㝬(藝)_,正之以政_,童(動)之以事_,懽(勸)之以賞_,禔(畏)之以罰▃,霝(臨)之以中(衷)_②,行之以尚_(權,權)不韇(法),中不忠(衷),罰 不服,賞【簡12】不從(縱)裻(勞)_,事不耕(更)〔三〕,正(政)不成,㝬(藝)不涇(淫)_,豊(禮)又(有)旹(時),樂不繻(伸),哀不至,均不甿(一),季(惠)必仞_(仁人)〔四〕。凡此,勿(物)乐(厥)尚(權)之槅(屬)也。

季(惠)而不仞_(仁人),人不甕(勝)【簡13】害,害 不智(知)死,均一不和,哀至則貴(匱),樂繻(伸)則亡(荒)。豊(禮) 無 旹 則不貴,㝬(藝)涇(淫)則割(害)於材(才),正(政)成則不長,事耕(更)則不攻(功),以賞從(縱)裻_(勞,勞)而不至,以【簡14】罰 從 備_(服,服)而不釱(在)③,以中從忠(衷)則尚_(賞,賞)不朼(必)中,以尚(權)從韇(法)則不行_(行,行)不必韇_(法,法)以智(知)尚_(權,權)以智(知)敳_(微,微)以智(知)刉_(始,始)以智(知)夂(終)▃。【簡15】

三、疑難字詞考釋

〔一〕九〈六〉迁(間)具窣(塞)

原考釋者指出"九迁"之義不詳,疑當從今本作"六間"。(第128頁)

許可先生讀為"九奸具息",並引《逸周書·常訓解》為證,其文云:

---

① 傳世本作"慎之以禮",劉師培云:"慎之以禮,慎亦當讀順。《左傳·文二年》:'禮無不順'是其證。"請參閱黃懷信、張懋鎔、田旭東《逸周書彙校集注》,頁35。

② 衷,善也,《廣雅·釋詁一》:"衷,善也",《書·皋陶謨》:"自我五禮有庸哉! 同寅協恭和衷哉!"

③ 釱,原考釋者疑讀為"恥",援引《論語·為政》"道之以政,齊之以刑,民免而無恥"為證,請參閱劉國忠《命訓釋文考釋》,頁132。謹按:"釱"應從"才"聲,而"才"為從紐之部,"恥"為透紐之部,聲音並不相近,且簡文前文已有用"佴"紀錄"恥"的音義,故"釱"讀為"恥"的機率不高。此字或可讀為"在",楚系簡帛常見"才"字聲系與"在"字聲系通假,"在"可訓作"察",《爾雅·釋詁下》:"在,察也。"

"困在埜,誘在王,民乃苟,苟乃不明,哀樂不時,四徵不顯,六極不服,八政不順,九德有奸,九奸不遷,萬物不至,夫禮非剋不承,非樂不竟,民是乏生",其中"奸"有"偽"義,故認為"九奸"是"九德作偽"的產物①。

　　謹按:《逸周書·常訓解》之"九德有奸"意謂"九種品德出現瑕疵",未明確指出"九奸"的具體內涵,置於簡文難以理解文意。更重要的是,簡文"六極既達,九迂具弇"顯然是前段敘述的結論,若將"九迂"讀為"九奸"不僅不知所指為何,也失去前後文意的內在聯繫。

　　簡文此句傳世本作"六極既通,六間具塞",孔晁云:"六中之道通,則六間塞矣";唐大沛云:"此總上文,言六極之道既貫通而無不至,則六者之間隙無不塞矣。"②由以上注解可知,簡文"九迂具弇"要讀為"六間具塞",其文意才能前後銜接,故原考釋者的主張有一定道理。其次,"六"誤寫作"九",出土文獻亦有例證,兹舉數例如下:

　　今本《周易》隨卦:上六:"拘係之。"
　　帛書《周易》隨卦:尚九:"拘係之。"
　　今本《周易》晉卦:初六:"晉如、摧如,貞吉。"
　　帛書《周易》晉卦:初九:"溍如、浚如,貞吉。"
　　今本《周易》益卦:六二:"或益之十朋之龜,弗克違,永貞吉。"
　　帛書《周易》益卦:九二:"或益之十倗之龜,弗亨回,永貞吉。"
　　今本《周易》兌卦:六三:"來兌,凶。"
　　帛書《周易》兌卦:九三:"來奪,凶。"

　　由上舉例證、傳世本之注解及簡文前後文的內在聯繫比對可知,簡文原作"六迂",書手將"六"誤寫為"九",導致簡文作"九迂"。

---

① 清華大學出土文獻讀書會《清華簡第五冊整理報告補正》,清華大學出土文獻研究與保護中心網 http://www.tsinghua.edu.cn/publish/cetrp/6831/2015/20150408112711717568509/20150408112711717568509_.html,2015-04-08。

② 黃懷信、張懋鎔、田旭東《逸周書彙校集注》,頁 26。

〔二〕乃𡐦（曠）命以弋（易）亓（其）上

原考釋者將"弋"讀為"代"，並引《左傳》昭公二十年杜注："代，更也。"（第129頁）

網友"魚游春水"先生懷疑"弋"可讀為"待"，訓作"對待"，簡文上下文讀為"極命則民墮乏，乃曠命以待其上，則殆於亂矣"意謂"命令太多（可能還含有朝令夕改的意思），民眾窮於應付，最終就會怠惰，對君主的態度也變得消極，如果這樣，國家早晚要亂套"①。

網友"蚊首"先生懷疑"弋"可讀為"飾"，無進一步申說②。

網友"奈我何"先生懷疑"弋"可讀為"試"，訓作"用"，而今本作"誠"為似是"試"字之誤或是二字音近通假③。

謹按：關於讀"待"說，"弋"為喻紐職部，"待"為定紐之部，二字音近，確實有通假的可能性。然而，該說為了疏通文意，只好設法將"待其上"增字解經為"對君主的態度也變得消極"，其中"態度"、"變得消極"就是該說自行添加的成分，故筆者不採此說。

其次，讀"試"說所援引的證據如下：（1）《漢書·五行志下》："受命之臣專征云試"，顏師古注："試，用也，自擅意也"。（2）《韓非子·揚權》："下匿其私，用試其上"、《韓非子·外儲說左下》："主賢明，則悉心以事之；不肖，則飾姦而試之"，其中"試"亦是"自擅"之意。然而，仔細檢視上述證據後，即可發現存有一些疑慮。以第（1）項來看，該句的前後文為"受命之臣，專征云試，厥食雖侵光猶明，若文王臣獨誅紂矣"，顏

---

① 武漢大學"簡帛論壇"，《清華五〈命訓〉初讀》，第9樓 http://www.bsm.org.cn/bbs/read.php? tid=3250&fpage=8&page=2,2015-04-11。

② 武漢大學"簡帛論壇"，《清華五〈命訓〉初讀》，第10樓 http://www.bsm.org.cn/bbs/read.php? tid=3250&fpage=8&page=2,2015-04-12。武漢大學"簡帛論壇"，《清華五〈命訓〉初讀》，第31、32樓 http://www.bsm.org.cn/bbs/read.php? tid=3250&fpage=8&page=4,2015-04-21。

③ 武漢大學"簡帛論壇"，《清華五〈命訓〉初讀》，第10樓 http://www.bsm.org.cn/bbs/read.php? tid=3250&fpage=8&page=2,2015-04-12。

師古對"試"有二注,一為前列所述,一為"一說試與弒同",可見顏師古的立場游移不定。若"試"為"自擅"義,與"專"之"專斷"、"擅自行事"義語意重複,顯然此訓解並不合適。筆者傾向"試"讀為"弒",《漢書·五行志下》那段文字意謂"接受命令的臣子自行出兵征伐曰'弒',其日食雖被遮住光線而仍有光亮,就像文王的臣下私自誅殺紂王一樣"。關於第(2)項證據,若"試"為"自擅"義,置於兩處文例則無法理解其意,筆者認為兩處文例之"試"應為"試探"義,《字彙》:"試,探也",《韓非子·揚權》那段話意謂"臣下隱藏自己的私心,用來試探君主";《韓非子·外儲說左下》那段敘述意謂"君主賢明,就盡心竭力侍奉他;君主沒有才能,就掩飾自己的邪惡而試探他"。退一步設想,假設"試"可訓"自擅"義,置於簡文意謂"人民荒廢命令而擅自行事君王",仍舊不好理解其意。

再次,讀"代"說在訓讀方面並無問題,但簡文下文云"殆於亂"意謂"接近混亂",若人民可以取代君王,表示國家已經失序,與"殆於亂"的情境不同。至於讀"飾"說僅是一筆帶過,暫且不論。

筆者認為"弋"可讀為"易","易"為喻紐錫部,與"弋"聲音極近,且楚系簡帛有通假例證,例如《上博五·競建內之》10號簡"弒牙"須讀為"易牙"①,可見"弋"讀"易"應可成立。"易"應訓作"輕視"、"不看重",例如《韓非子·五蠹》:"是以古之易財,非仁也,財多也。"簡文"極命則民墮乏,乃曠命以易其上,殆於亂",意謂"過度命令人民,人民就會懈怠困乏,於是荒廢命令而輕視君王,國家就會接近失序"。此外,《文子·道德》:"諸侯輕上,則朝廷不恭,縱令不順"之意可供對照。

〔三〕事不耕(更)

第三字,原篆寫作:

---

① 蘇建洲《〈上博(五)·競建內之〉"亥弋"字小考》,簡帛研究網 http://www.bsm.org.cn/show_article.php?id=384,2006-07-23。白於藍《戰國秦漢簡帛古書通假字彙纂》,福建人民出版社 2012 年,頁 385。

《清華伍·命訓》字詞考釋 · 303 ·

原考釋者僅隸作"𦉈",待考。(第 130 頁)

程浩先生主張从"來"聲,讀為"理",訓作"治"①。

趙平安先生釋作"耕",對應傳世本讀為"震",理解為"動"②。

謹按:關於程浩先生之說,"[圖]"(以下用△1 代稱)左上所從即為楚系簡帛常見的"來"字寫法,而"來"、"理"皆為來紐之部,例可通假,故△1 从"來"聲讀為"理"應可成立。其次,趙平安先生列舉楚系簡帛"耕"字形體,認為△1 為"[圖]"(《郭店·窮達以時》2)與"[圖]"(《郭店·緇衣》11)的融合寫法,只是將"禾"旁替換成"來"旁。此說於字形論證詳實,△1 釋"耕"應無問題。至於"耕"、"震"的通假關係,前者為見紐耕部,後者為章紐文部,聲音相近,且該文列舉見、章二紐與耕、文二部的通假例證,故"耕"讀為"震"亦有一定理據。

文意方面,為了討論方便,茲將相關文句臚列如下:

傳世本:動之以事,事不震,事震則寡功

竹簡本:動之以事,事不△1,事△1 則不攻

程浩先生將竹簡本文句讀為"動之以事,事不理,事理則不攻",但末句意謂"事情治理得好則不攻",文意顯得突兀,故不從此說。

關於趙平安先生之說,其說訓"震"為"動",應是"震動"之義,但"震動"多指物體自身動盪或是使物體動盪,罕見形容抽象之"事",例如《詩·閟宮》:"不虧不崩,不震不騰",《毛》傳注:"震,動也",此二句

---

①程浩《釋清華簡〈命訓〉中對應今本"震"之字—兼談〈歸藏〉、〈筮法〉的"震"卦卦名》,《出土文獻》第六輯,中西書局 2015 年,頁 220-223。

②趙平安《釋清華簡〈命訓〉中的"耕"字》,《深圳大學學報》(人文社會科學版)2015 年第 3 期,頁 34-37。

意謂魯國之鞏固猶如不崩不壞之山，不震不沸之水①。又如《國語·周語上》"幽王三年，西周三川皆震"，韋昭注："震，動也。地震故三川亦動也。"因此，"震"之"震動"義罕見形容抽象之"事"。那麼，從這個角度考慮，舊有注疏如潘振云："震，騷動也"②，亦不可信。

筆者贊同△1釋"耕"，或可進一步讀為"更"，"耕"為見紐耕部，"更"為見紐陽部，聲音極近，通假應可成立。"更"應訓作"更改"，例如《論語·子張》："君子之過也，如日月之食焉：過也，人皆見之；更也，人皆仰之"，何晏《集解》引孔安國曰："更，改也。"簡文"以事動之，事不更，事更則不功"，意謂"以事勞動民眾，事情不要隨意更動，更動則收不到功效"。至於竹簡本與傳世本的聯繫，筆者懷疑是"更"與"震"皆有共同的義素"動"，經由"同義替換"的途徑，竹簡本之"更"才會寫成傳世本"震"字。

附帶一提，傳世本"事不震，事震則寡功"之舊有注疏如後：陳逢衡云："事以謹小而立，故不震。……事震則寡功，如《僖九年·公羊傳》葵邱之會，桓公震而矜之，叛者九國是也"；唐大沛云："震者，矜張之意。執事當敬，不可矜張。……矜張其事則有初鮮終，故寡功"；朱又曾云："震，震矜。……震眾則功必寡矣"③。上述三說將"震"理解為"震矜"、"矜張"之意，但此二詞的訓解顯然著重於"矜"之"自恃"、"驕傲"義，與"震"無關，故不足信。

〔四〕季（惠）必伋＿（仁人）

"伋＿"字，原考釋者讀為"忍人"，並引《左傳·文公元年》："且是人也，蜂目而豺聲，忍人也"，杜預注："能忍行不義。"（第131頁）

網友"暮四郎"先生援引《郭店·六德》31號簡"紉"讀為"恩"為證，

---

① 高亨《詩經今注》，上海古籍出版社1980年，頁522。
② 黃懷信、張懋鎔、田旭東《逸周書彙校集注》，頁36。
③ 黃懷信、張懋鎔、田旭東《逸周書彙校集注》，頁36、38、39。

認為"恩"從"因"聲,故"仞"應可讀為"因",簡文"惠必因人"意謂"施惠必因人而施"①。

謹按:以原考釋者所引注解得知"忍"為"殘忍"之義,但網友"暮四郎"先生認為從簡文"惠必仞人"以及下文"惠而不仞人"之文意來看,"仞"應為正面詞義。此項質疑相當合理,已能指出原考釋者的不足之處。其次,根據網友"暮四郎"先生之說,"因"為介詞,是引進動作行為實施的根據,訓作"根據"、"依照"義。然而,此項用法落實在文句敘述時,其例如下:

伏羲神農教而不誅,黃帝堯舜誅而不怒,及至文武,各當時而立法,因事而制禮。(《商君書·更法》)

君無聽左右之謂請,因能而受祿,錄功而與官,則莫敢索官,君何患焉?(《韓非子·外儲說左下》)

彼三晉之兵素悍勇而輕齊,齊號為怯,善戰者因其勢而利導之。(《史記·孫子吳起列傳》)

前舉"因事而制禮"、"因能而受祿"、"因其勢而利導之"等句,實施的根據在前,引進動作行為在後。以此對照簡文"惠必因人",顯然不符合漢語語法敘述模式,故網友"暮四郎"先生之說不能成立。

筆者認為"仞="可讀為"仁人","仞"為日紐文部,"仁"為日紐真部,聲音極近,且出土文獻有"仞"與"仁"之通假例證,如馬王堆漢墓帛書《老子》甲本"百仁之高,始於足下",嚴遵本作"仞";《銀雀山漢墓竹簡·守法守令等十三篇》"城高七仁","仁",整理者釋為"仞";又"得地有不能仁","仁",整理者亦釋為"仞"②。因此,"仞"讀為"仁"應可成立。需要特別說明的是,楚系簡帛記錄"仁"的詞義,其習用字形為

---

① 武漢大學"簡帛論壇",《清華五〈命訓〉初讀》,第 22 樓 http://www.bsm.org.cn/bbs/read.php? tid=3250&fpage=8&page=3,2015-04-15。

② 張儒、劉毓慶《漢字通用聲素研究》,山西古籍出版社 2002 年,頁 943。

"㥁",但也有用其他字形如"忎"、"忈"、"㥽"等①,故"仞"讀為"仁"在用字習慣方面應無問題。"仁"應訓作"親愛",例如《史記·魏公子列傳》:"公子為人,仁而下士。"簡文"惠必仞人"意謂"恩惠必親愛人";下文"惠而不仞人"意謂"施予恩惠而不親愛人"。

四、結論

通過以上的論證,茲將結論摘要如下:(1)5號簡"九間具塞"應為"六間具塞",其中"九"為"六"之誤寫。(2)8號簡"弋"字應讀作"易",訓"輕視"、"不看重"之義,簡文"極命則民惰乏,乃曠命以易其上,殆於亂",意謂"過度命令人民,人民就會懈怠困乏,於是荒廢命令而輕視君王,國家就會接近失序"。(3)13號簡"󰀀"字,筆者贊同釋作"耕",或可改讀為"更",簡文"以事動之,事不更,事更則不功",意謂"以事勞動民眾,事情不要隨意更動,更動則收不到功效"。(4)13號簡"季必仞₌"應讀為"惠必仁人",意謂"恩惠必親愛人"。

---

① 陳斯鵬《楚系簡帛中字形與音義關係研究》,中國社會科學出版社2011年,頁217。

先秦八卦卦象系統探究

范育均①

摘　要:卦象對於擴大卦的內涵具有十分重要的作用,是易學研究領域不可避免的課題。卦象何時產生,現已無從知曉。但從《周易》經傳、《左傳》《國語》涉易材料以及清華簡《筮法》中可以窺探早期卦象傳統。先秦八卦卦象分爲《周易》筮法系統下的八卦卦象與非《周易》筮法系統下的八卦卦象,二者有共同的卦象與造象理據,同時也存在許多不同的卦象。

關鍵詞:八卦;卦象;《筮法》;周易

筮法,既包括成卦方法,也包括對成卦結果進行解說以判斷、預測吉凶的方法。從《左傳》《國語》涉易材料②、王家臺秦墓"易占"簡以及清華簡《筮法》等先秦易筮文獻來看,解卦主要利用卦象、爻象、卦爻辭、卦位圖以及兑卦等因素。運用卦象是解卦法的重要組成部分,涉及卦象的先秦文獻有《周易》經傳(傳有《象傳》《大象傳》《說卦傳》)、《左》《國》涉易材料以及清華簡《筮法》。本文旨在通過這些文獻,對先秦八卦③卦

---

①范育均,西南大學漢語言文獻研究所　碩士研究生　重慶　400715。
②指《左傳》《國語》中用《周易》筮占和直接引用《周易》的 22 條材料。《左傳》《國語》並列出現時,後文一律簡稱《左》《國》。
③本文僅指乾、坤等八單卦。

象系統進行整理與歸納,以期對卦象解卦法的研究做好前期準備。

一、《周易》經傳中的八卦卦象

卦象起源於何時,現在很難追溯。但《周易》作爲卜筮之書,自然離不開數與象,想必卦象在八卦誕生之初或之後不久就有了。今本《周易》大致成書於西周初年,其卦辭、爻辭中已經暗含卦象。而解釋《周易》經文的權威著作《易傳》中的《象傳》《大象傳》①《說卦傳》更是直接指明了八卦卦象。關於《象傳》《大象傳》《說卦傳》的成書時間,戰國成書說②較爲流行,本文在此基礎上對以上各書中的卦象進行歸納總結,現列表如下:

表1 《周易》經傳之卦象

卦名	卦象			
	《周易》經文	《象傳》	《大象傳》	《說卦傳》
乾	天(12)③健(3)男(1)龍(1)	健(11)天(3)龍(1)	天(14)龍(1)健(1)男(1)	天、健、馬、首、父、圜、君、玉、金、寒、冰、大赤、木果……
坤	地(14)母馬(1)順(1)	順(13)地(5)母馬(1)	地(17)	地、順、牛、腹、母、布、釜、均、吝嗇、大輿……
震	雷(9)動(4)長男(1)	雷(4)動(3)長男(1)	雷(15)動(10)	雷、動、龍、足、長男、玄黃、大塗、蒼筤竹……

---

① 《象傳》有《大象傳》《小象傳》之分,前者主要講六十四卦內、外卦的卦象,後者則專釋諸卦六爻的爻象,故此處不將《小象傳》納入考察範圍。
② 參見劉大鈞《周易概論》(增補修訂本),巴蜀書社,2016年,頁8-15。王化平《〈易經〉卦爻辭校勘與本義詮解》(未刊稿),2016年,頁35-37。
③ 表格括號裏的數字是卦象在各書中出現的次數,下表亦同。

續表

卦名	卦象			
	《周易》經文	《彖傳》	《大象傳》	《說卦傳》
巽	木(6)風(5)長女(4)謙順(1)	木(3)風(1)順(1)長女(1)	木(11)風(5)長女(1)	風、散、雞、股、長女、工、白、長、高、進退……
坎	水(9)坑(5)險(3)雨(1)雲(1)	險(10)水(2)雨(1)	水(6)雲(2)泉(1)雨(1)	水、雨、豕、耳、中男、溝瀆、隱伏、血卦、赤……
離	日(6)火(5)分離、離開(4)中女(1)明麗(1)附麗(1)電(1)	明麗(5)火(3)中女(3)電(1)附麗(1)	火(10)明麗(3)電(2)日(1)	火、日、麗、雉、目、中女、甲冑、戈兵、大腹、鱉、蟹、蚌、龜……
艮	山(8)止(5)少男(3)	止(5)山(1)少男(1)	山(10)止(1)	山、止、狗、手、少男、徑路、小石、門闕、果蓏、鼠、指……
兌	澤(8)行走(3)水(2)少女(2)說(1)	說(13)少女(3)水(1)	澤(15)泉(1)	澤、說、羊、耳、少女、巫、口舌、毀折、妾……

注:本表內容皆依據《周易正義》,阮元校刻《十三經注疏》,中華書局1980年版。

從上表可以看出《周易》經傳卦象系統的一些特點。首先,《周易》經文八卦卦象以天、地、雷、木(風)、水、日(火)、山、澤爲主,且爲基本卦象,《大象傳》與之相同。而《彖傳》大多用基本卦象所蘊含的特徵、屬性來充當卦象,且要遠遠高於其他卦象的使用頻率①。如乾卦六爻皆爲陽爻,天地之中天爲陽,故有天象;天乃陽之所極,故又有剛健之象。坤卦

---

① 《彖傳》中兌卦多爲"說"象;震卦雖爲"雷"象最多,但由"雷"引申而爲"動"象也較多;巽卦多爲"木"象。除此三例,《彖傳》中卦象皆由基本卦象引申而來。

六爻皆爲陰爻，天地之中地爲陰，故有地象；地乃陰之所極，地處卑下，故又有卑順之象。且"健"與"順"在《彖傳》中出現次數遠遠多於"天""地"。《彖傳》《大象傳》是對《周易》經文的詮釋，雖然都是通過卦象來闡明事理，起指示、教育作用，但在卦象的運用上，《彖傳》顯然將卦象與其解說結合得更緊密一些，而《大象傳》則是直接用八卦的基本卦象，使卦象與解說之辭的關係顯得有些抽象。《說卦傳》中不僅包括基本卦象，還包括其他卦象，比《周易》經文、《彖傳》《大象傳》要豐富許多。

其次，《周易》經文、《彖傳》《大象傳》中每卦卦象都不止一種，且各卦象之間有著緊密的聯繫。如前面所說健與天，順與地，以及男、龍均有陽剛之氣，母馬亦有陰柔之象、溫順之性。雷猶如陰陽之氣交合而動，故有動象；一陽在下，故有長男之象。巽爲風，風吹而順；一陰在下，故有長女之象，女亦柔且順。坎爲水、坑，水、坑皆險；且水與雨爲同類之象，雲亦含水，水蒸發上升空中亦可爲雲。離爲火、日、電，均有明麗之象，附麗乃麗之別義；一陰在中，故有中女之象，女亦明麗且附麗於男。艮爲山，山千年屹立不動，乃止之象；一陽在上，故有少男之象。兌爲澤，水、泉亦澤；水、泉流動，故可比類人之走動；一陰在上，故有少女之象。由此可見，《周易》經文、《彖傳》《大象傳》卦象的產生亦是萬物之間關係的體現，是人類對客觀世界理性分析的結果。

但在《說卦傳》中，很多卦象彼此之間沒有聯繫。如乾卦有寒、冰、木果象，此與乾卦其他卦象以及乾卦所蘊含的卦義相差甚遠。又如坤卦有布、釜、大輿、柄等象，也與地、順之象不合。其他諸卦皆有此現象。《說卦傳》還將八卦與六畜、人體相對應，這些卦象很少在《周易》經文中體現。《說卦傳》中的這些卦象極有可能是在占筮過程中視解卦需要而產生的[①]。

《彖傳》《大象傳》中的卦象基本不超出《周易》經文所含卦象的範

[①] 王化平《〈易經〉卦爻辭校勘與本義詮解》（未刊稿），頁14。

圍，而《說卦傳》中的許多卦象則與之不同。《說卦傳》中這些不同的卦象（如震爲東方、兌爲西方以及八卦與人體部位對應等）在清華簡《筮法》中得到印證，可見其有些內容有較早的淵源。

二、《左》《國》中的八卦卦象及其解卦特點

《左》《國》涉易材料用卦象解卦共有 11 例，佔涉易材料的一半，可見在春秋時期卦象解卦是判斷吉凶的重要方法。現將《左》《國》中的八卦卦象列表如下：

表2

卦名	卦象1及出現次數	出處	卦象2及出現次數	出處	卦象3及出現次數	出處	卦象4及出現次數	出處	卦象5及出現次數	出處
乾	天(3)	觀之否、大有之睽、大壯								
坤	土(3)	觀之否、屯之比₁、貞屯悔豫皆八	母(2)	屯之比₁、貞屯悔豫皆八	馬(1)	屯之比₁				

---

①本表皆以成卦結果代表卦象來源的文獻材料。表中"屯之比 1"指畢萬筮仕於晉，"屯之比 2"指衛孔成子筮立公子元。"蠱 1"指秦伯筮伐晉，"蠱 2"指秦醫言晉侯疾。

續表

卦名	卦象									
	卦象1及出現次數	出處	卦象2及出現次數	出處	卦象3及出現次數	出處	卦象4及出現次數	出處	卦象5及出現次數	出處
震	雷(3)	歸妹之睽、大壯、貞屯悔豫皆八	車(3)	屯之比₁、歸妹之睽、貞屯悔豫皆八	長男(1)	貞屯悔豫皆八	兄(1)	屯之比₁	足(1)	屯之比₁
巽	風(4)	觀之否、蠱₁、困之大過、蠱₂	女(2)	師之臨、蠱₂						
坎	川、泉、水(3)	師之臨、貞屯悔豫皆八（出現水、泉兩象）	眾(3)	屯之比₁、師之臨、貞屯悔豫皆八	男(1)	困之大過	勞(1)		貞屯悔豫皆八	
離	火(2)	歸妹之睽、明夷之謙	日(2)	明夷之謙、大有之睽	鳥(1)	明夷之謙				
艮	山(4)	觀之否、蠱₁、蠱₂、明夷之謙	男(1)	蠱₂						

續表

卦名	卦象1及出現次數	出處	卦象2及出現次數	出處	卦象3及出現次數	出處	卦象4及出現次數	出處	卦象5及出現次數	出處
兌	澤(2)	大有之睽、師之臨	妻、女(2)	困之大過、師之臨	秋(1)	蠱₁				

注：本表内容來源於《春秋左傳正義》，阮元校刻《十三經注疏》，中華書局1980年版。

《左》《國》涉易材料的大部分卦象在解卦過程中是顯而易見的，譬如"陳厲公筮公子敬仲生"遇觀之否就有"坤，土也；巽，風也；乾，天也"；"晉獻公筮嫁伯姬於秦"遇歸妹之睽有"震之離，亦離之震，爲雷爲火，爲嬴敗姬。車脫其輹，火焚其旗，不利行師，敗於宗丘"，由此可知震爲雷、爲車，離爲火。對於某些不太容易看出或是較難理解的卦象，需要特別說明。

震，常見的卦象是雷、車、男或是長子等，作爲足是很少見的。但從"畢萬筮仕於晉"遇屯之比來看，"震爲土，車從馬，足居之，兄長之，母覆之，衆歸之，六體不易，合而能固，安而能殺，公侯之卦也"，"兄""母""衆"皆爲卦象，"足"必然也爲卦象。震爲雷、爲車，常常有動義，如《屯·彖》曰："屯，剛柔始交而難生，動乎險中，大亨貞。"屯卦上坎下震，坎爲險，震爲動，故曰"動乎險中"。足用來行走，亦可表示動，且《說卦傳》和《筮法》"人身圖"均有"震爲足"之說，故震亦可有足象。對於這類不常見的卦象，很可能是卜筮之人在解卦時據所占之事及卦爻辭加以發揮的產物，以此來契合占問的結果。

坎有勞象，見於"晉重耳筮得國"得貞屯悔豫皆八，"震，雷也，車也。坎，勞也，水也，衆也"。由《周易》經文、《大象傳》以及《左》《國》涉易材料得知,坎的基本卦象爲水、爲男,也經常與"險"有關,但如何有"勞"象,卻令人十分費解。

王家臺秦墓"易占"簡、帛書《易傳》與傳本《歸藏》中坎卦徑寫爲"勞"或"犖"①,直接將"勞"看作卦名。坎之有勞象,或與其寫作"勞"相關。換而言之,卦象可因卦名之用字而得到擴展。

離爲鳥,見於"魯莊叔筮叔孫穆初生"遇明夷之謙,"明夷之謙,明而未融,其當旦乎,故曰'爲子祀'。日之謙,當鳥,故曰'明夷于飛'。""日之謙"是指《明夷》下卦之離變爲《謙》下卦之艮,《說卦傳》有"離爲雉","雉"乃鳥,艮爲山,離變艮就有鳥飛向山間之象,故有"明夷于飛"②。由此離可爲鳥象。

山爲艮的基本卦象,"陳厲公筮公子敬仲生"中是否表達了"艮爲山"這一卦象,我想答案是肯定的。由於此筮例沒有直言"艮爲山",且需要借助互卦③才能看出,故有很多學者持相反意見。此筮例云:"陳侯使筮之,遇觀之否,曰:'是謂"觀國之光,利用賓於王。"此其代有陳國乎……坤,土也;巽,風也;乾,天也;風爲天;於土上,山也。有山之材,而照之以天光,於是乎居土上……姜,大岳之后也。山岳則配天。物莫能兩大。陳衰,此其昌乎!'""風爲天"是指《觀》上卦巽變爲《否》上卦乾,"於土上,山也"是指《否》下卦坤(爲土)上爲艮(爲山),艮卦乃否卦二、三、四爻組成,爲互卦。後"有山之材,而照之以天光,於是乎居土上"是講艮卦上爲乾卦,下爲坤卦。"姜,大岳之后也。山岳則配天"之"山"亦是互卦而得艮。"土""風""天"皆是卦象,自然"山"也應爲艮之卦象。

兌有秋象,見於"秦伯筮伐晉"遇蠱,"'千乘三去,三去之餘,獲其雄

---

①"犖",《說文》:"駁牛也。从牛,勞省聲。""勞",《說文》:"熒,火燒冂,用力者勞。"可見"犖""勞"讀音相近;再者古代農耕用牛作爲勞力,二者在意義上有一定聯繫,故兩字通假。

②張朋《春秋易學研究:以〈周易〉卦爻辭的卦象解說方法爲中心》,上海人民出版社,2011年,頁356。

③互卦又叫互體。是指六重卦中,第二爻至第四爻、第三爻至第五爻,交互而成兩個三畫卦。

狐。'夫狐蠱,必其君也。蠱之貞,風也;其悔,山也。歲云秋矣,我落其實,而取其材,所以克也。實落、材亡,不敗,何待?"卜徒父據卦象解卦,蠱卦內爲巽卦,卦象爲風,外爲艮卦,卦象爲山。蠱卦之九二、九三、六四互體爲兌,兌爲秋季,萬物成熟,風吹落山之果實,而取用其木,故曰"歲云秋矣,我落其實,而取其材",以此來預測伐晉爲吉。《說卦傳》云"兌,正秋也",清華簡《筮法》"卦位圖"有"西方也,金也,白色","(奚)古(故)胃(謂)之兌,司收,是古(故)胃(謂)之兌",整理者注釋云"四卦所司雷、樹、收、藏,與常見的春生、夏長、秋收、冬藏含義相似"①,似暗指兌有秋象。《筮法》"四季吉凶"中,秋季兌爲大吉,也見兌與秋值②。漢儒孟喜在此基礎上創立"四正卦說",以四正卦配一年四季,即震主春、離主夏、兌主秋、坎主冬。故兌卦象徵秋季,令萬物成熟而收。

從上表可以看出,《左》《國》用卦象解卦有以下特點:

第一,以天、地、雷、風、水、火、山、澤基本卦象爲主,而當基本卦象無法很好詮釋卦爻辭或無法與所占之事很好契合時,則採用其他卦象。如"畢萬筮仕於晉"遇屯之比,《屯》之內卦爲震有車象,《比》之內卦爲坤有馬象,因有車有馬,故爲"公侯之卦";又如"晉獻公筮嫁伯姬於秦"遇歸妹之睽,《歸妹》外卦爲震有車象,以"車脫其輹"形象地暗示了嫁伯姬爲不吉之兆。此類還有"魯莊叔筮叔孫穆初生"等。除此之外,在解卦時常聯想到與卦象相關的事物,如"晉獻公筮嫁伯姬於秦"有"火焚其旗","旗"不是卦象,僅是車上之物,以"火焚其旗"亦說明此事爲凶。

第二,有些卦象比較隱蔽,用表示某一特點及屬性的詞來代表卦象,需要深入分析方能得解。知莊子筮甗子出師時引述"師之臨"曰"眾散爲弱,川壅爲澤",師卦初爻由陰變陽爲臨卦,師卦下坎爲眾,臨卦下兌爲弱,而兌本無弱象,乃是由兌爲女卦引申而來,故此處兌是女象,

---

① 清華大學出土文獻研究與保護中心編,李學勤主編《清華大學藏戰國竹簡(肆)》,中西書局,2013年,頁112。
② 《清華大學藏戰國竹簡(肆)》,頁107。

"弱"只是女性的普遍特徵。

第三,同一筮例同一卦存在多種卦象,以多種角度解釋卦爻辭代表的吉凶狀況。上文"師之臨"坎爲衆、川象,兑爲女、澤象;"晉重耳筮得國"震既有車象,又有雷象,坎既爲水,又爲衆。

除以上特點外,《左》《國》還以互體解卦,上面解説"陳厲公筮公子敬仲生"之"山象"以及"秦伯筮伐晉"之"秋象"已有詳細論及,此處不再贅述。要之,《左》《國》除用基本卦象解卦外,也常常用與基本卦象有緊密聯繫的卦象和事物,且根據卦爻辭及所占問之事選擇合適的卦象;不僅用一卦内、外卦卦象解卦,還運用互卦方式產生新的卦象。《左》《國》卦象解卦在取象以及解卦方式上如此靈活,得益於其爲筮占實例,卜筮之人可以根據具體情況選擇合適的卦象以及產生新的卦象來判斷吉凶。

三、清華簡《筮法》中的八卦卦象

清華簡《筮法》是不同於《周易》筮法的一種占筮系統,主要記載了占筮的原理及方法,包含大量以數字卦表現的占例①。與以往所見數字卦不同的是,《筮法》中的數字卦皆由四個三畫卦組成,不見六十四卦之名,僅見八單卦。《筮法》中判斷吉凶的方法多種多樣,如依據爻象、"卦位圖"中卦與卦的位置關係、四季與卦的對應、四季與爻的關係、不同卦中同一位置之爻與爻的關係以及干支與卦相值與否等。此外,《筮法》也常常根據卦象來判斷吉凶,本小節主要探究其八卦卦象及特點。

《筮法》涉及的八卦卦象主要有:

(1)父母六子

《繫辭上傳》云"乾道成男,坤道成女",是説乾坤二卦之陰陽二氣交感而成震、巽、坎、離、艮、兑三男三女之卦。而"父母六子卦"成爲系統

---

①《清華大學藏戰國竹簡(肆)》,頁 75。

的理論應見於《說卦傳》，其第十章云："乾，天也，故稱乎父；坤，地也，故稱乎母；震，一索而得男，故謂之長男；巽，一索而得女，故謂之長女；坎，再索而得男，故謂之中男；離，再索而得女，故謂之中女；艮，三索而得男，故謂之少男；兌，三索而得女，故謂之少女。"此段明言乾、坤父母卦何以生成六子卦。"父母六子卦"是古人對陰陽二氣關係及其相互作用的認識，也是男女、父母子女倫常關係在卦象上的反映。

《筮法》雖沒明確提出"父母六子卦"，但從簡文中可以看出八卦具有父母六子象。如：

一六六　一一一
一六一　六六六

凡見大人，昭穆，見。（第八節）①

一一六　一一一
一六一　六六六

凡咎，見術日、妻夫、昭穆、上毀，亡咎。（第九節）

所謂"昭穆"是指兩個世代，第八節中右下乾卦與左下坤卦代表父母，右上艮卦與左上離卦則是少男與中女，父母與少男、中女即兩個世代；第九節中右下乾卦與左下坤卦爲父母，右上巽卦與離卦分別爲長女與中女，父母與長女、中女亦是"昭穆"關係。

除此之外，乾坤八卦在其他占例中雖只稱"男""女"，但也應象徵"父母六子"，如：

一六六　一一一
六一一　六六一

凡售，三男同女，女在䍐上，妻夫相見，售。（第七節）

其中右下乾卦爲父，右上艮卦爲少男，左下震卦爲長男，左上兌卦

---

① 清華簡《筮法》每一占例原是四個三畫卦按右上、右下、左上、左下方位排列，爲行文方便，現將卦畫橫行排列。引用《筮法》釋文皆採用寬式，八單卦卦名用與今本《周易》相同的字形。

爲少女,故是"三男同女"。此類占例較多,故不一一舉例。

(2)夫妻

夫妻之象體現的是卦的陰陽屬性,將八卦按"陽卦多陰,陰卦多陽"的原則分成兩組,陽卦爲夫象,陰卦爲妻象,上文第九節中乾、坤兩卦與第七節中艮、兑兩卦即是如此。又如:

一一一 六六六

六六六 一一六

妻夫同人,乃得。(第二節)

其中乾卦爲夫,坤卦爲妻,因此例兩坤卦配一乾卦,乃兩妻侍一夫之象,故曰"妻夫同人"。

(3)方位、五行、所司之物、顔色與季節

八卦有方位、五行以及顔色之象,所司之物也是其卦象之一,皆見於簡文第二十四節"卦位圖",現將此節所涉八卦卦象繪圖①如下:

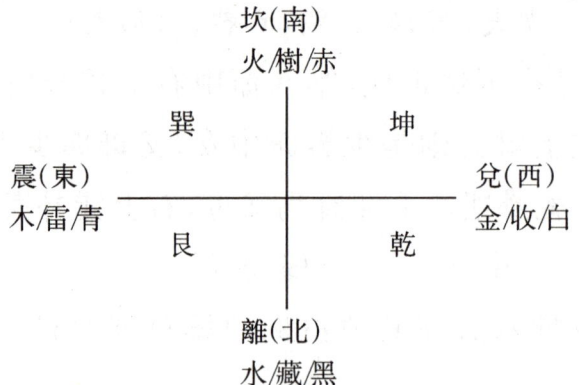

"卦位圖"主要體現的是四正卦的卦象,雖未明言其餘四卦所處的方位,但從圖中亦能知曉乾卦處西北,坤卦處西南,巽卦處東南,艮卦處東北。除"卦位圖"涉及五行之象外,簡文第十一節"雨旱"亦有闡述:

六一一 一六六

---

① 此圖卦名後括號内容代表方位,卦名下分别爲五行、所司之物與顔色。

一一六 六一六

金木相見在上，陰。水火相見在下，風。

所謂"金木相見在上"是指象徵金的兌卦與象徵木的巽卦處於右上、左上之位，"水火相見在下"則指象徵水的艮卦與象徵火的坎卦處於右下、左下之位。此節兌爲金、坎爲火合於"卦位圖"，巽爲木、艮爲水卻未在"卦位圖"中體現，且僅見於上文所引一處，但仔細閱讀簡文第二十一節"四季吉凶"，又會得到一些新的證據：

春：來巽大吉，勞小吉，艮羅大凶，兌小凶。
夏：勞大吉，來巽小吉，艮羅小凶，兌大凶。
秋：兌大吉，艮羅小吉，勞大凶，來巽小凶。
冬：艮羅大吉，兌小吉，來巽大凶，勞小凶。

此節是講除乾、坤以外六卦與四季的對應以及吉凶狀況。將其與"卦位圖"結合起來看，不僅可以證明巽、艮兩卦與五行的對應關係，亦可得知六卦的季節之象。春季筮占遇震（來）卦大吉，說明震卦與春季相值。又"卦位圖"中震爲木、司雷，樹木開始生長，初有雷鳴，乃春季之物候，故震卦有春象。因春季筮遇巽卦亦大吉，故巽爲春，自然也與震卦一樣有木象。同理，艮、離（羅）爲冬，爲水。由此可見，坎（勞）爲夏，兌爲秋。

（4）人體部位

八卦與人體部位對應，見於簡文第二十四節"人身圖"，現將圖畫轉成文字並與《說卦傳》進行對比：

乾爲首，坤爲胸，震爲足，巽爲股，坎爲耳，離爲腹，艮爲手，兌爲口。（《人身圖》）

乾爲首，坤爲腹，震爲足，巽爲股，坎爲耳，離爲目，艮爲手，兌爲口。（《說卦傳》第九章）

坎爲耳痛，離爲大腹，艮爲指，兑爲口舌。（《說卦傳》第十一章）①

"人身圖"與《說卦傳》除坤卦與離卦卦象不同外，其餘諸卦之象皆同。對於坤卦、離卦與身體部位對應關係，筆者認爲當以"人身圖"爲準。在同一卦象系統中，如果八卦數剛好與物象數符合，一般不存在一卦對應兩個物象的情況，比如在天、地、雷、風、火、水、山、澤系統中，乾、坤等卦各對應一個物象；又如在方位系統中，各卦也只對應一方。故《說卦傳》中離既爲目，又爲腹當是傳抄之誤。"人身圖"曰"離爲腹"，《周易》經文中離卦有分離象，腹内乃消化、分解食物之處，亦有分離之象，又《筮法》爲出土文獻，長年埋於地下，可能更接近古書原貌，故"離爲腹"較爲合理。進而坤當不爲腹，心胸寬廣亦與坤爲地承載萬物之厚德相類，故坤爲胸。通過以上分析可知"人身圖"中八卦與身體部位對應關係較之《說卦傳》更爲合理。

以人之身體器官代表八卦，是古人將自然萬物與人結合起來，對人體構造以及二者緊密關係的探索。乾爲天在上，頭爲人體之頂端，亦在上；震爲雷、爲動，足用來行走，故能動；艮爲山，五指相連之形亦象山；兑，說也，徐鉉注曰："當从口从八，象氣之分散。"②說話之氣乃從口出，故兑有口象。按以上思路，巽與股、坎與耳之間也應有緊密聯繫，只是不容易看清罷了。

《筮法》八卦卦象，並未涉及天、地、雷、風、水、火、山、澤基本卦象，坎爲火、離爲水屬於五行，而不是基本卦象。其卦象以父母六子象居多，且也有多組卦象。

四、小結

《周易》經傳與《左》《國》涉易材料大部分筮例中的卦象都是屬於

---

① 此章只此四卦與人體部位對應，摘録於此，並與《人身圖》、《說卦傳》第九章進行比較。
② ［漢］許慎撰，［宋］徐鉉校定：《說文·木部》，中華書局，2013年，頁174。

《周易》筮法系統下的卦象，而清華簡《筮法》成卦法與解卦法有别於《周易》筮法，《左》《國》"秦伯筮伐晉"遇蠱、"晉重耳筮得國"遇貞屯悔豫皆八兩例亦非《周易》筮占，故其卦象當是其他筮法系統下的卦象。《周易》筮法系統以天、地、雷、風、水、火、山、澤基本卦象爲主，而非《周易》筮法系統以父母六子象居多；前者有由基本卦象之屬性與特點充當的卦象，如健、順、動、險等，後者八卦與方位、五行、季節、顔色對應而產生新的卦象。除此之外，兩者還有許多不同的卦象。雖然二者存在差别，但同時聯繫緊密。第一，兩者有很多相同卦象，如天、地、雷、風等基本卦象，父母六子以及人體部位之象。第二，兩者均有多組卦象，且不同卦象在意義上基本一致，多爲引申關係。第三，非《周易》筮法系統有些卦象是在《周易》筮法系統卦象的基礎上產生的，如八卦與人體部位對應即以天、地、動等象爲基礎。要之，先秦時期不同筮法系統有共同的造象依據，在此依據上根據各自筮占的特點及需要創造屬於自己的卦象系統。

楚簡"逆"字考

郭靜云①

摘　要：春秋戰國因字形演化而發生"丰"、"半"、"屰"三個字的同形寫法，因此在閱讀楚簡時，需要特別留意這三個字形頗為相近的字。本文考證楚簡"逆"字，證明其均宜讀為"逆"，楚簡中均用本字，包括在楚簡《緇衣》中"逆"字為"逆"，用以表達逆先的意思。《緇衣》言：君子說話是有經過選擇，做事是有預先評估其結果；君子精知，很詳細地瞭解和知悉，所以有遠識，能評估、逆先預料事情的走向，接受知識，之後纔做事。這與後期傳世版本《緇衣》的意思有所不同。

關鍵詞：楚簡；緇衣；傳世本；經本

一、前言

郭店楚墓出土的《緇衣》竹書第十八章兩次出現"逆"字。此二處《禮記·緇衣》傳世版本前有"格"後有"略"兩個字。郭店《緇衣》竹書版本第十八章的本文曰：

子曰："君子言又（有）勿（物），行又（有）逆（？）。此以，生不可敓志，死不可敓名。"古君子多餌（聞），齊而獸（守）之；多志，齊而新（親）之；精智（知），逆（？）而行之。

---

①郭靜云，臺灣中正大學歷史系　教授。

上海博物館收藏《緇衣》竹書版本第十八章的文字接近，只有細微的字形差異：

子曰："君子言又（有）勿（物），行又（有）墼（?）。此以，生不可敚志，死不可敚名。"古君子多睧（聞），齊而守之；多旨，齊而罤（親）之；青䇂（知），墼（?）而行之。

這一段與《禮記·緇衣》第十九章比較，差異似乎也不是很大：

子曰："言有物而行有格也，是以生則不可奪志，死則不可奪名。"故君子多聞，質而守之；多志，質而親之；精知，略而行之。

在兩個出土版本的問題中，學界辯論最多者，乃是郭店版本的"達"與上博版本的"墼"字。學界對楚簡的字體有數種釋讀，其中最普遍的看法是將之直接同等於"格"，另有讀為"戟"、"逢"、"封"、"逆"等說法。不過，雖然釋為其它字，但還是依通假線索將其轉回到傳世版本中的"格"字來解釋。但是，這種理解蘊含著幾項疑問。第一，"達"與"格"兩個字的關係論證不清，對二者聲符的認定不一致，語音關係存有疑問。第二，在兩個出土版本上都用同一字的兩處，傳世版本則有兩個不同的字，況且，除了出土與傳世版本對照之外，並無其它將"達"讀為"格"或"略"的依據。第三，乃是"達"字的用義問題，若其不以"格"來理解，則出土原文的旨意如何？這都是需要重新探索的問題。

二、"達"和"墼"字形結構考

這兩個字，都从"丰"形的偏旁，郭店版本字形為"達"、"達"，上博字形為"墼"、"墼"，可見結構基本相似，可以考慮這是同一字的異構。學界對這兩個字的見解以及鄙見如下：

（一）主張直接讀為"格"。經過出土與傳世版本對照，將兩者釋為楚文中"格"的異體字①。

鄔案:雖有《禮記》傳世版本的《緇衣》,但這並不意味著楚簡版本的古字可以同等於傳世版本。這些時代有異、歷史背景不同的版本,在結構上和文字方面都有很多差異。其中,"迬"與"格"二字差異很大,義符、聲符都不同,況且在楚簡上另有"格"字。如郭店《尊德義》第 26 簡載:"民五之方各(格),十之方爭,百之而句䓭。""格"字作"各"②。包山楚簡《遣策》"格"字寫法為"𢓜"③。信陽長臺觀第一組第 1 簡載:"戔人𢓜(格)上,則型(刑)戮至。""格"字寫為"𢓜"④。上博《周易》第 42 簡曰:"《𠬝(萃)》:王𢓜(格)於庿(廟),称(利)見大人。"濮茅左先生將"𢓜"讀為"格",表達"至"、"達"的意思,即如《尚書‧堯典》所載"格於上下"。《爾雅》:"格,至也、陞也。"釋讀為是⑤。在上博簡上"𢓜"字既作"格",亦有作"恪"字,後者即《三德》所言:"嚴(嚴)𢓜(恪)、必信"⑥,《論語》、《左傳》、《逸周書》等傳世文獻常見有"格"、"恪"兩字的混用⑦,所以楚文"𢓜"字應是這兩個字的本字。到了秦代,里耶秦簡第八層第 455 簡載:"格廣半畝","格"字已寫如今字。

換言之,楚簡有"各"、"𢓜"、"𢓜"三種"格"字的字形,都從"各"且無"辵"或"丰"偏旁;是故,出土文獻中並無資料能夠支持"迬"為"格"字的

---

① 荊門市博物館《郭店楚墓竹簡》,北京文物出版社,1998 年,頁 136。李零,《郭店楚簡校讀記》,北京大學出版社,2002 年,頁 63。劉釗,《郭店楚簡校釋》,福建人民出版社,2005,頁 64-65。
② 荊門市博物館《郭店楚墓竹簡》,頁 173。
③ 湖北省荊沙鐵路考古隊《包山楚簡》,北京文物出版社,1991 年,頁 38。
④ 河南省文物研究所《信陽楚墓》,北京文物出版社,1986,頁 125。
⑤ 馬承源主編《上海博物館藏戰國楚竹書(三)》,上海古籍出版社,2003 年,頁 193。
⑥ 馬承源主編《上海博物館藏戰國楚竹書(五)》,上海古籍出版社,2005 年,頁 141、298。
⑦ 高亨纂著、董治安整理《古字通假會典》,齊魯書社,1989 年,頁 880。此外,《逸周書‧小開武》:"允哉,余聞在昔訓典中,規非時罔有恪言,日正余不足。"盧文弨集校引惠棟曰:"恪,即古文格字。"《左傳‧昭公七年》:"且追命襄公曰:'叔父陟恪,在我先王之左右,以佐事上帝,余敢忘高圉、亞圉?'"王引之《經義述聞‧春秋左傳下》:"恪,讀為格。《爾雅》曰:'格、陟、登,陞也。'是格與陟同義,陟格謂魂升於天也……格與恪古字通。"

釋讀,對此還需要進行更深入的研究。

(二)主張讀為"逢",假借為"格"。在對"达"字結構的探討中,對其聲符有兩種看法。少數幾位學者將其讀為"丰",如黃麗娟認為"'达','逢'之省體字,通假為'格'"。她蒐集從甲骨文到《說文》中"逢"字字形,甲骨文為"[字]",金文為"[字]",《說文》為"[字]",在這一脈絡裏發現楚簡的"[字]"字,源自郭店《唐虞之道》,其用意亦相當"逢"字的用意。但卻因為將"达"認定為"逢",推論"[字]"和"达"二者是戰國時期"逢"字的異體寫法。又因為"逢"字的用意並不符合《緇衣》的文義,作者接著尋找如何將"逢"字通假為"格"字①。雖然有些人認為"'达'字為'逢'的省體字此一推測合理",但也指出將其假借為"格"頗顯牽強,認為該字用意仍待考②。

鄙案:總體來說,將"达"視為"逢"字的省文,雖然好像符合其字形,但從用意來說,完全不可通;至於假借為"格"的論述,亦顯得過於牽強,因此恐怕這是同形字造成的偶然相似,釋為"逢"的思路不通,不宜採用。

(三)釋為从"丰",假借為"格"。多數學者認為,楚簡版本中,該字的聲符為"丰",但在隸定後卻直接解釋為"格"的假借字③。黃人二先生對這二者的關係表達疑慮,"旁轉音韻懸遠"④,但沒有提供別的理解。陳秉新先生則依靠南宋戴侗《六書故》將"丰"釋為"㓞",又作"[字]",並因《說文》將"丰"釋為"介",將上博簡本的"[字]"字釋為"䢹"的古字,而將郭

---

① 黃麗娟《郭店楚簡緇衣文字研究》,國立臺灣師範大學國文研究所碩士論文,2001年,頁521-523。

② 陳巧萱《緇衣簡本第十七、十八章,禮記第十九、二十四章對照研究》,《中正歷史學刊》第12期,2009年,頁41-71。

③ 如季旭昇主編,陳霖慶、鄭玉姍、鄒濬智合撰《上海博物館藏戰國楚竹書(一)讀本》,臺北萬卷樓圖書,2003年,頁136。王力波《郭店楚簡緇衣校釋》,東北師範大學中國古典文獻學碩士論文,2002年,頁68等。

④ 黃人二《上海博物館藏戰國楚竹書(一)研究》,臺中高文出版社,2002年,頁151-152。

店簡的"達"字釋為"趌"的古字；同時將這兩個楚簡字仍視為"格"的借字①。

鄔案：就讀音來說，"丰"字上古音韻部為"東"（phoŋ，Karlgren code：1197 a-c），"丯"字上古音韻部為"祭"，依《說文》"讀若介"②，而"格"字在魚部（或有些學者稱為鐸部，krāk，Karlgren code：0766 z）。因此，無論是釋為"丰"還是"丯"，從用意亦或從讀音都難以解通。至於陳秉新先生的考證，用宋元的資料來討論楚簡本來就不妥當；推論的兩個字都是後期字體，根據《集韻》"趌"是指跳貌，而"䧹"是"界"的異體字，兩個字的意義與楚簡內容很遙遠。

（四）釋為"戟"，假借為"格"。顏世鉉先生認為，"《郭店》的'達'是從'辵'、從'戟'省所造之'格'字。""丰"視為"戟"省的看法奠基於包山楚簡"戟"字有作從"丰"的"𢼷"③。劉信芳先生思路也相同。"原簡'格'作從'戈'聲，包簡 269、277'戟'亦從'戈'聲。《釋名・釋器》'戟，格也，旁有枝格也。'釋為'戟'之'格'，《說文》作'挌'，'戟'、'挌'讀音相通，而'戋'正象三戈戟之形。"④

鄔案："戠"最早見於西周時期夌癸婦鼎⑤，這一件源自清宮舊藏的銅鼎目前遺失，精確年代和真偽問題難以確定，根據夌癸婦鼎銘文，戠為器主名號，在其它出土文獻都未見戠人名。此字從春秋晚期至戰國早中期常見，在楚吳越戟戈銘上用來指出本器。如春秋晚期君子𥂴戟⑥、吳國

---

① 陳秉新《上海博物館藏楚竹書（一）》補釋》，《東南文化》2003 年第 9 期，頁 81。
② ［漢］許慎著，［清］段玉裁注，《說文解字注》，臺北藝文印書館，1966 年，頁 183 上。
③ 顏世鉉《郭店楚簡淺釋》，《張以仁先生七秩壽慶論文集》，臺北學生書局，1999 年，頁 385-387。
④ 劉信芳《郭店簡〈緇衣〉解詁》，《郭店楚簡國際學術研討會論文集》，湖北人民出版社，2000 年，頁 177。
⑤ 中國社會科學院考古研究所編、王世民主編《殷周金文集成》（修訂增補本），中華書局，2007 年（後引簡作《集成》），器號 2139，藏處不明。
⑥《集成》器號 11088，現藏於中國國家博物館。

攻敔夫差戟①、䢵子受戟②、玄鏐戟③；戰國早期曾侯郎雙戈戟、曾侯乙三戈戟（圖 2）④、曾侯䵶雙戈戟⑤等戰國早中期平阿左戟（字形為"✱"）⑥、左戈⑦、大䵼公戟⑧、子禾子左戟⑨、越國新弨戟（字形為"✱"）⑩等；戰國中期平夜君成戈（字形為"✱"）⑪。戰國早期析君戟⑫，其字形作從"金"的"✱"（銲），曾侯乙墓楚簡亦有相同的字形（✱），戰國中晚期陵右戟、去□戟、齊城右刀亦作從"金"的"銲"⑬。戰國早中期越王戟，字形從"乚"的"✱"（戋），曾侯乙墓竹簡上多次出現"戟"字，字形亦類似：✱（戔）、✱（戋）。從"金"或從"戈"或另加"乚"偏旁，但都固有"丰"部，而戰國中期周公戈的"戟"字省為"✱"⑭。

---

①《集成》器號 11258，安徽省霍山縣衡山鎮上元街村十八塔楚墓出土，現藏於霍山縣文物組。

②鍾柏生、陳昭容、黃銘崇、袁國華編《新收殷周青銅器銘文暨器影彙編》，臺北藝文印書館，2006 年（後引簡作《新彙編》），器號 524-525，河南省淅川縣倉房鎮沿江村徐家嶺楚墓出土，現藏於河南省淅川縣博物館。

③《新彙編》器號 535-537，河南省淅川縣倉房鎮沿江村徐家嶺楚墓出土，現藏於河南省淅川縣博物館。

④湖北省博物館《曾侯乙墓》，北京文物出版社，1989 年，頁 264。

⑤《集成》器號 11098、11172-11181，湖北省隨縣擂鼓墩曾侯乙墓出土，現藏於湖北省博物館。

⑥《集成》器號 11158，山東省蒙陰縣高都公社唐家峪出土，現藏於山東臨沂地區文物組。

⑦《新彙編》器號 1097，山東省煙臺市棲霞市石門口村出土，現藏於山東省棲霞縣文物管理處。

⑧《集成》器號 11051，現藏於遼寧省博物館。

⑨《集成》器號 11130，藏處不明。

⑩《集成》器號 11161，湖北省南漳縣出土，現藏於襄樊市博物館。

⑪《新彙編》器號 572、573、576、577、580-582，河南省新蔡縣葛陵故城楚墓出土，現藏於河南省新蔡縣文物保管所。

⑫《集成》器號 11098、11214，湖北省隨縣擂鼓墩曾侯乙墓出土，現藏於湖北省博物館。

⑬《集成》器號 10062，藏處不明；《集成》器號 11183，藏處不明；《集成》器號 11815，藏處不明。

⑭《新彙編》器號 694，陝西、河南交界之間出土，藏處不明。

據上述資料可見，春秋晚期至戰國時期的"戟"字確實普遍寫從"丰"，甚至會簡化為"丰"，該字形主要用於楚地，吳越也受影響，三戈之戟也是楚墓中常見的隨葬兵器。因此，在楚簡上的"䢼"或"䢼"字的"丰"偏旁亦是"戟"字的偏旁，甚至可以獨立用為"戟"。因此，顏世鉉和劉信芳先生所提及"䢼"與"戟"字的關係實有道理，也可以考慮"连"是從'辵'、從'戟'省"。但是戟是春秋戰國時期流行的兵器，在《緇衣》"君子言有物，行有连"之文義中難以採用。

不過，兩位先生也並不認為此處"连"字要直接讀為"戟"，主要是發現"连"與"戟"的關係能助於闡明該字與"格"字讀音上的關聯。《說文》曰："𢧜（戟），有枝兵也。從'戈'，'倝'省。"段玉裁注"其器戈之屬也。紀逆切。"①"戟"字與"格"一樣為魚部字（krak，Karlgren code：0785 a-b），所以兩個字古音確實相同。因此，如果春秋戰國"丰"為"戟"字的聲符，這卻不可能是祭部字的"丰"字。實際上，有關"丰"是否為"𢧜"（戟）字的聲符，學界有不同的看法。如《說文》曰："挌，枝格也。從丰，各聲。"段玉裁注："枝挌者，遮禦之意。《玉篇》曰：'挌，枝柯也'；《釋名·釋兵》：'戟，格也，旁有枝格也。'〈庾信賦〉：'草樹溷淆，枝格相交。''格'行而'挌'廢矣。"②根據《說文》"各"均用作聲符，而"丰"反而沒有視為聲符。劉信芳先生認為，"丰""正象三戈戟之形"，也基本上將之理解為義符；而黃碧姬認為，"挌"為雙聲字③。這兩種說法都有可能。"戟"的古字既有作從"木"的"格"，是因為這是在木製支架上雙戈或三戈的兵器結構；亦有作從"丰"，可能是因為對春秋戰國人而言，此偏旁能表達該兵器的形狀。

不過，筆者還是認為，雖然在當時南方文人的眼中，"丰"字也許象形三戈戟的樣貌，但該偏旁應還是有聲符作用。金文另有從"各"得聲的

---

① [漢]許慎著，[清]段玉裁注《說文解字注》，頁629下-630上。
② [漢]許慎著，[清]段玉裁注《說文解字注》，頁183下。
③ 黃碧姬《郭店、上博簡〈緇衣〉第十八章與今本合校淺釋》，華梵大學課程作業。

"戟"字,如山東出土春秋晚期滕侯昃戈用"𢦏"(戟)字形,即從"各"得聲"𢦏"(戟)的異體字①,"各"取代"丯"似乎聲符的互換。上博《緇衣》第10章亦有"𢦏"(戟),但不用"戟"的本義,而用"𢦏𢦏"(戟戟)一詞表達敵對態度。"各"與"丯"聲符互換例子極少,但卻可以發現。重點是,"丯"應有聲符作用,"逨"、"埅"應該與"戟"、"格"一樣為魚部字,"逨"、"埅"與"𢦏"一樣從"丯"得聲,所以"丯"既不可能是東部的"丰",亦不可能是祭部的"丯"。

(五)釋為"逆",假借為"格"。此理解由孟蓬生先生首提,學界不甚流行。孟蓬生先生認為,楚系文字"戟"字所用的聲符是"屰","𢦏"字的左部也是"屰"部。雖然《說文》中沒有"屰"與"戟"聯繫,但是明代《字彙》還保留"屰"為戟的理解:"屰,古戟字,有枝兵也。"楚簡中,"屰"亦作"霸"字的聲符(䨣),"霸"也是魚部字(phrāk, Karlgren code: 0772 b-d),"戟"、"格"、"霸"都可用"屰"作聲符。孟蓬生先生認為,上博本的"埅"是"屰"的繁體字,就像"升"與"陞"的關係,而郭店的"逨"就是"逆"②。

鄙案:孟蓬生先生所指出的,郭店楚簡的"逨"是"逆"字,這無疑準確。"逆"為魚部字(ŋrak, Karlgren code: 0788 c-e),因此"屰"為"戟"古字的聲符。

從上述資料分析我們能夠發現,戰國時期,在楚系文字中,有三個字的字形頗為相近:

1.原本字形均作為"丰"③的"丰"東部字,在楚系文字只有部分保留其形狀作"丰"④,更多的字形寫得近乎"丯",如以"邦"字偏旁為例:戰國

---

①《集成》11123,現藏於中國國家博物館。
②孟蓬生《上博簡緇衣三解》,《上海博物館藏戰國楚竹書研究》,上海書店出版社,2002年,頁444-447。
③以西周晚期師寰簋為例,《集成》器號4313,現藏於上海博物館。
④以上博楚簡《孔子詩論》第9簡為例。

晚期湖北省隨州市東北角楚墓出土的卅六年壺作"㇛"①；湖南省長沙市左家塘1號墓出土的四年呂不韋戈作"㇛"②，湖南省岳陽城陵磯出土的二十年相邦冉戈作"㇛"③；包山簡作"㇛"（以第228簡的字為例）；長臺觀簡作"㇛"（以第一組第17簡的字為例）；郭店《老子乙》第17簡作"㇛"；郭店《語叢》第8簡作"㇛"；上博《容成氏》第10簡作"㇛"；九店簡56號墓第41簡作"㇛"，等等，其它文例亦類似④。

2.魚部的"屰"字，據前文所排例從"屰"的"戟"字，"屰"字乃寫作"㇛"、"㇛"、"㇛"、"㇛"、"㇛"、"㇛"、"㇛"等。根據《包山》第75簡"㇛"（逆）和第63簡"㇛"（朔）推知，戰國楚"屰"正體字應為"㇛"，書寫經常作"㇛"。直至秦帝國文字改革後，里耶秦簡在個別地方還是保留"屰"偏旁楚系文字的寫法⑤。

3.至於祭部的"丯"字，從"丯"的字體在楚簡很少，長臺觀第18簡"栔"字寫"㇛"；金文中春秋晚期杕氏福及壺"栔"字作"㇛"⑥；睡虎地秦簡《日書甲》作"㇛"⑦。

若單就形狀來看，上述"丯"、"丯"偏旁與"屰"偏旁實難區分。

另外，《說文》有載"㇛"（㇛）為籀文的"略"字，"略"在魚部，聲符為"各"，但同時，"㇛"字的上面有祭部"㇛"偏旁，或許隱藏著南、北不同語言的讀音，但此問題很難釐清，出土文獻亦未見此字。揚雄《方言》另描

---

①《新彙編》器號1216，現藏於湖北省隨州市博物館。
②《集成》器號11308，現藏於中國國家博物館。
③《集成》器號11359，現藏於湖南省博物館。
④參中央研究院資訊科學研究所，漢字構型資料庫簡帛"邦"字的字形數據庫。
⑤均在作"朔"字的偏旁。參武漢大學中國古代簡帛字形、辭例數據庫。
⑥《集成》器號2715，現藏於聯邦德國柏林國立博物館東洋美術部（Staatliche Museen zu Berlin, Germany）。
⑦小學堂資料庫 http://xiaoxue.iis.sinica.edu.tw/。

述"逢"與"逆"的關係:"逢、逆,迎也。自關而東曰逆。自關而西或曰迎,或曰逢。"①從揚雄所載,"逢"與"逆"卻有更多混淆的可能性。在我們這些不知道戰國楚文人寫作背景的人來看,不同人書寫的這三字,非常容易混淆而認錯。在閱讀楚簡時,需要特別留意這三個字的同形關係。

回到郭店《緇衣》第十八章的問題,從字形來說,"逊"字與其它楚簡"逆"字比較,字形相同。郭店《成之聞之》第 32 簡"逊"、郭店《性自命出》第 10 簡"逊"、第 11 簡"逊"、第 17 簡"逊"、上博《容成氏》第 8 簡"逊"、上博《吳王踐阼》第 15 簡"逊"等等。上博"逊"的字形結構,猶如"升"與"陞"字的關係,也是同一個字,孟蓬生此理解準確。就用意來說,郭店、上博楚簡其它文獻中"逊"字的用意都是作"逆"。如郭店《性自命出》:第 10-11 簡:"凡眚(性)或勱(動)之,或逆之。……凡勱(動)眚(性)者,勿(物)也;逆性者兑也。"第 17 簡:"逆訓(順)之。"《成之聞之》第 32 簡:"是古(故),小人變天棠(常),以逆大道。"②《容成氏》第 8 簡"與之言豐,斂勱以不逆。"③上博《吳王踐阼》第 15 簡:"吏(使)民不逆而訓(順)城(成)。"④

因此,楚簡《緇衣》這一句應讀如下:

子曰:"君子言有物,行有逆。此以,生不可斂志,死不可斂名。"古君子多聞,齊而守之;多志,齊而親之;精知,逆而行之。

確定出土文獻的本字後,下文擬對出土文獻與經本用字的關係進行分析。

---

① [漢]揚雄撰,[清]戴震疏《方言疏証》,《小爾雅義證》,臺灣中華書局,1966 年,卷一頁九反。
② 荊門市博物館《郭店楚墓竹簡》,頁 66、62、177、51、168。
③ 馬承源主編《上海博物館藏戰國楚竹書(二)》,上海古籍出版社,2002 年,頁 256。
④ 馬承源主編《上海博物館藏戰國楚竹書(七)》,上海古籍出版社,2008 年,頁 29、164。

三、戰國簡本"逆"與漢代經本"格"字的關係考

簡本"行有逆"在經本變成"行有格"；"逆而行之"在經本變成"略而行之"。因此之故，無論如何解讀本字，學界均認為要通假為經本的"格"和"略"兩個字。但筆者懷疑：郭店與上博兩個不相干的版本，都在一句話中兩次用同一個字，難道前後同一個字的意思那麼不同？郭店版本很系統，不同意義均用異體字來區分，在這方面《緇衣》書寫得特別有規距。因此筆者認為，第十八章前後原本是同一個字，同一種意義。但如果通假為"格"，"格而行之"根本不通。此處"格"應用作動詞，所以顏世鉉先生這樣解釋"𨕥"何以為寫从"辵"的"格"字："从'辵'表'格'有'來'、'至'之義；亦即'𨕥'釋作'格'，又可讀作'"略'"。"①但是若用"格"字的"來"、"至"的意思，《緇衣》文句的前後含意都不通。

先秦文獻中有从"辵"、"各"的"逄"字。金文中西周早期庚嬴卣銘文載："王逄于庚嬴宮。"②"逄"，就是"各"，用作動詞表達來、至的意思。而到了戰國時期，上博《性情論》第 30 簡"𧘂"（逄）字用作名詞來表達道路的"路"；上博《魯邦大旱》、《容成氏》、曾侯乙墓簡、包山簡等都將"路"字寫為"逄"③。要關注的是，雖然"路"字的上古音也在魚部（rāks, Karlgren code：0766 |l'—m'），但卻未見"路"與"格"字的來往。原則上，由於楚簡版本的"逆"與經本的"格"字在先秦、秦漢為同音字，則"屰"、"各"聲符應該可以來往；但實際上，這種聲符來往例子頗為罕見。因此讀音相同並不足以肯定簡本的"逆"為經本"格"的語音假借字，並不是所有韻部相同的聲符，古人會在實際上隨意混用。

楚簡資料更加可以闡明當時二字的區分，如包山簡 269 簡《遣策》

---

① 顏世鉉《郭店楚簡淺釋》，頁 385-387。
② 《集成》器號 5426，現藏於美國哈佛大學美術博物館（Harvard Art Museum, Cambridge, Massachusetts, USA）。
③ 馬承源主編《上海博物館藏戰國楚竹書（二）》，頁 206-207、253。

載"十𣌭車戟,戴羽",包山簡 273 簡亦載"二戟";彭浩注:"'𣌭'讀如'格'。《說文》:'格,木長貌。''戟',讀如戟。一格車戟即一件長柄車戟。"包山楚墓"出土實物中有長柄戟"。(圖1)① 包山簡同一句話有"格"與"戟"字,兩字字形和所用的聲符明確區分,更加使我們懷疑楚簡"逆"字讀為"格"的可能性;在其它楚文字中,也都未見从"屰"得聲的"格"字。反觀出土文獻資料可知,"屰"與"各"兩個聲符雖然都在魚部,但實際來往卻很少。前文已指出,"戟"字常从"屰"得聲,而極少从"各"得聲。"格"字未見从"木"、"屰"聲的結構。如果"逆"字改寫从"各",我們很難發現"逻"字有表達"逆"的意思,"逆"、"逻"結構和讀音相同的兩個字,未見實際通假的例子,"逻"是"路"的楚字,未見用作"逆"。

就用意來思考,《禮記·緇衣》鄭玄注:"格,舊法也。"但上所引古字典討論"𣌭"、"戟"、"格"三字的關係,其都在於表達兵器的指稱,沒有涉及轉義的"舊法"。先秦出土文獻的"格"字未見有倫理化的"舊法"等漢代以來在傳世文獻中所見的含意。這種理解可能根本不符合先秦的歷史語言。

總言之,聲符通假並不是一個很簡單的問題,尤其是對古人來說,很多聲符帶來其原本的意義,不能隨意混用。書寫楚簡者的身份是文人,作文、寫字都有學問。因此我們要更謹慎地分析原本用字。解讀楚簡"君子言有物,行有逆"的意思,我們應該考慮幾個可能性,以例證來判斷其之間的優先次序。

1."逆"為"格"的假借字。證據:讀音相同。但實際上,"屰"、"各"聲符來往的文例極少;未見寫从"屰"的"格"字或从"各"的"逆"字;根據楚簡資料中戰國時期"格"字的用意來看,當時應該還沒有表達倫常的含意,因此在《緇衣》先秦文本中用"格"字不符合當時的歷史語言。是故,

---

① 湖北省荊沙鐵路考古隊《包山楚簡》,頁 38、65。湖北省荊沙鐵路考古隊《包山楚墓》,文物出版社,1991年,頁 202、204-205。猶如《周禮·考工記》曰:"車戟常,崇於殳四尺,謂之五等。"

依鄙見，將"逆"視為"格"的假借字證據薄弱，反駁證據更多。

2.經本是基於另一個與前述郭店簡、上博簡不相干的先秦版本，所以用字不同。這種假設很難論證，目前只有兩個出土版本，都用"逆"字，沒有發現用其它字的出土版本。另外，因為"格"字在先秦文獻未見有表達倫常的轉意，所以這更像是漢代修編的文字。

3.原本是"逆"字，"格"和"略"是漢代整理者因為歷史語言的變化或其它原因，或不甚理解戰國楚人寫"逆"的意思，或作某種有目的性的修正，纔用通假為"格"。換言之，不是"逆"為"格"的假借字，而"格"纔是原本的假借字。從文本溯源來說，如果我們將出土文獻的用字視為傳世文獻的假借字，則違背解讀史料的歷史順序原則，又重複了漢代文官的編修。漢代文官為了配合當時的政策、權勢或歷史語言的理解，纔作了這許多調整，經本"格"字的用意更符合將其當作漢代的修訂本。

如果採用第三個理解，需要釐清簡本"逆"字的用意。

四、簡本"逆"字用意考

由於在"君子言有物，行有逆"文句中，"逆"字與"物"字互應，因此我們亦要思考"物"字的用意。"物"一般理解為實質的根據，但筆者認為，此處的意義還要更深入一層，尤其是《緇衣》從第十五章開始討論言與行之間的關係，到了第十八章，意義愈加愈深。《儀禮·既夕禮》有載："筮宅，冢人物土。"鄭玄注："物，猶相也。相其地可葬者，乃營之。"《左傳·昭公三二年》亦載："度厚薄，仞溝洫，物土方。"杜預注："物，相也。相取土之方面、遠近之宜。"①筆者認為，這種用意可能符合理解《緇衣》所言。"君子言有物"，即指君子說話時有經過辨識、選擇話語的表

---

① [漢]鄭玄注，[唐]賈公彥疏《儀禮注疏》，《十三經注疏》，新文豐出版公司，2001年，頁1339。[晉]杜預注，[唐]孔穎達等正義《春秋左傳正義》，《十三經注疏》，新文豐出版公司，2001年，頁1411-1412。

達方式。

相對於"言有物"者,"行有逆"的"逆"字含義應該猶如《孟子·萬章上》所言:"故說《詩》者,不以文害辭,不以辭害志。以意逆志,是為得之。"此處"逆"有評估、料想、逆先的意思。《周禮·地官·鄉師》亦言:"以攷司空之辟,以逆其役事。"鄭玄注:"逆,猶鉤考也。"《論語·憲問》:"不逆詐,不億不信。"①《論語》"逆詐"是指預先理解欺詐之心思。

所以,《緇衣》所表達的是,君子說話時有選擇性,做事時有預先評估其結果。在後一句中,《緇衣》作者再進一步加強這個意思:君子精知,即很詳細地瞭解和知悉,所以有遠識,能評估、逆先事情的走向,然後纔來施行治國。同時,"逆而行之"可能另蘊含著"接受"的含義,猶如《尚書·呂刑》所言:"爾尚敬逆天命,以奉我一人。"只是《緇衣》中君子所接受的不是天命,而是精知所得的理解和預料。

五、總結

所以,楚簡《緇衣》第十八章原文是:

子曰:"君子言有物,行有逆。此以,生不可奪志,死不可奪名。"古君子多聞,齊而守之;多志,齊而親之;精知,逆而行之。

郭店的"𨒌"、"𨒌"(逆)字是"逆"字,而上博的"𨺼"、"𨺼"(陛)字形猶如"升"與"陛"字的關係,也是同一個字。此處的"逆"字要讀如本字,表達逆先的意思。整句主旨在於,君子說話時有經過選擇,做事時有預先評估其結果;君子精知,很詳細地瞭解和知悉,所以有遠識,能評估、逆先預料事情的走向,接受知識,之後纔做事。

春秋戰國因字形演化而發生"丰"、"㞢"、"屮"三個字的同形寫法,導

---

① [漢]趙岐注,[宋]孫奭疏《孟子注疏》,《十三經注疏》,新文豐出版公司,2001年,頁404。
[漢]鄭玄注,[唐]賈公彥疏《周禮注疏》,《十三經注疏》,新文豐出版公司,2001年,頁465-467。
[魏]何晏等注,[宋]邢昺疏《論語注疏》,《十三經注疏》,新文豐出版公司,2001年,頁329。

致後人的混淆。

漢代文官在整理《緇衣》經本時,或許因爲歷史語言的變化,使"逆"字更加向負面的含意發展,造成意思難懂,便經過語音的假借而改成"格"字,並因爲"格而行之"的意思不通,此處另用同一聲符的"略"字。當然我們很難復原漢代如此修正的真正因素和過程,但重點是,"格"和"略"字是漢代版本的《緇衣》纔用,先秦《緇衣》此兩處都用"逆"字。

古代碑刻文字缺刻問題研究[①]

何山[②]

摘 要:碑刻文字缺刻是指碑石製作過程中出現的構字元素或整字缺脫現象,具有原發性特徵。碑銘行文文字缺刻最爲多見,涉及姓氏名號、時間、地名、年壽、職官等内容。文字缺刻常常造成文字訛混、文句表意不完整、句式不諧、上下文不相連屬或不對稱等問題;既有碑石製作責任者的主觀原因,又有碑石嚴格的製作程序等客觀原因;既有必然性,又有偶然性。文獻整理時可根據字詞和文句對仗關係、碑誌文辭例、文意、押韻等考補缺文。科學認識碑石原刻文字缺脫問題的本質、規律和原因,尤其是掌握判斷缺文和考補缺字的方法,對於準確把握碑刻文獻的特徵,提高碑刻文獻整理的質量,有效利用碑刻材料從事文史相關研究等方面都大有裨益。

關鍵詞:古代碑刻;文字缺刻;碑刻文獻整理

古代碑刻數量龐大,内容豐富,類型多樣,其造製程序和產生方式都有別於其它出土文獻。關於碑刻外部形式與内部制度的複雜性、特

[①]本文爲國家社科基金項目(15BYY115)、全國高校古委會項目(1709)、中央高校重大培育項目(SWU1709214)階段研究成果。
[②]何山,西南大學漢語言文獻研究所/出土文獻綜合研究中心 副研究員 重慶 400715。

殊性問題,《試論碑碣文獻特徵對碑刻材料整理的意義》①一文已有論及,此不贅述。刻字於石乃碑刻製作的關鍵環節之一,也是碑刻得名之主要緣由,不過,碑石上所刻文字常常要經過撰文、書丹、刊刻等多道工序,撰作碑文和將紙本文字迻錄爲石本文字,每個流程都可能發生文字遺漏或缺脫,書寫、鐫刻又可能會造成字形筆畫、構件漏寫、漏刻。由此可見,文字缺漏係碑誌原刻的突出問題,本文專就這一現象展開討論。因碑石文字大多定型於刊刻,故本文將碑石文字的漏寫、漏刻統稱缺刻。

我們在整理古代石刻文獻時發現,碑石文字缺刻既偶發於碑文單個字形内部的構成元素,又經見於碑刻篇章行文之中。各種碑字缺刻均是原發性的,跟其他文獻文字缺脱現象相比,既有相似性,又有獨特性。文字是解讀文獻的根基,如果不能從源頭上正確認識碑刻文字缺刻之疏失,就不能完整、科學地認識和把握碑刻文獻特徵,結果自然會影響碑刻材料的整理、使用和研究。因此,專門探究碑誌石文字缺刻問題十分必要。下面我們立足原材料,遵循碑文書刻規律,深入分析碑刻文字缺刻的類型、原因及影響,探索並總結缺刻字考補方法,旨在充實碑刻文獻本體研究的具體内容,爲更好地整理、利用這份寶貴的出土文獻材料提供參考、借鑒和支撐。

一、缺刻類型

(一) 構字元素缺刻

1.缺刻筆畫。受書寫、勾勒、鐫刻等多種因素影響,漢字基本筆畫及其組合都可能在刻字過程中告缺。如:昌,北魏延昌四年《元弘嬪成氏

―――――――――

① 何山《試論碑碣文獻特徵對碑刻材料整理的意義》,(韓)《東亞文獻研究》第 16 輯,2015 年,頁 259-272。

墓誌》作[字]①，缺橫畫；北宋太平興國九年《李廷珪妻張氏墓誌》："公諱廷珪。"原石"珪"作"[字]"，缺刻末之橫筆。北齊天保三年《元孝輔墓誌》："弌鐫玄石，傳之黃壤。""弌"當作"式"，原石豎畫缺刻，結果訛成"弌"字。北齊武平六年《邸珍碑》："□申九代之明，亂陳問罪之師。"原石"代"當作"伐"，缺刻撇畫，此種缺刻字例碑刻屢見；唐龍朔元年《段伯陽墓誌》："文武濟其家聲，貂冕盛其門代。"原刻"代"亦當作"伐"，通"閥"。"軍"北魏正始二年《元鸞墓誌》作[字]，"每"北齊天統元年《張海翼墓誌》作[字]，均缺刻點畫。愬，北魏永平五年《封昕墓誌》作[字]，缺刻鈎畫。"迫"北齊河清四年《薛廣墓誌》作[字]，"魚"北魏正光四年《張孃墓誌》作[字]，均缺刻折畫。隋大業五年《施太妃墓誌》："作嬪帝闈。"誌石"帝"作"[字]"，缺刻點畫和撇畫。北宋建隆元年《韓通墓誌》："武略縱橫。"誌石"橫"作"[字]"，缺刻右下部撇畫和點畫。北宋乾德元年《楊龜從墓誌》："故世祿之家。"誌石"家"作"[字]"，缺刻兩撇畫。北宋太平興國七年《吳公夫人郭氏墓銘》："顯考殷。"原石"殷"作"[字]"，缺刻末筆捺畫。太平興國九年《李廷珪妻張氏墓誌》："榮趨警衛之班。"誌石"警"作"[字]"，其構件"攵"缺刻捺筆。

  2.缺刻構件。同樣受書寫、勾勒、鐫刻等因素影響，漢字不同構形位置上的構件均可能出現缺刻。如：前，北魏景明二年《鄭長猷造像記》作[字]，缺刻構件"刂"。都，東晉太元十□年《霍□墓誌》作[字]；杳，北周大象元年《安伽墓誌》作[字]；均缺刻構件"日"。搏，北齊武平七年《李希宗妻崔氏墓誌》作[字]，缺刻構件"寸"。意，北魏皇興五年《清信女□知法造像記》作[字]，缺刻構件"心"。隋大業九年《趙覬墓誌》："魂遊何託。"誌石"遊"作"[字]"，缺刻構件"子"。唐開元十四年《柳君妻韋氏墓誌》："維開元十有二年三月一日甲寅，無錫令柳君夫人韋氏卒。"原石"有"之構件

---

  ①本文所涉碑誌文獻和字形材料如未特別注明，均出自本所石刻研究中心建立的"漢至清石刻語料庫"，恕不一一作注。所引碑誌文異體字等未予改動，特此說明。

"月"未刻。開元二十二年《亡宫八品墓誌》:"方憑與善,何遽殱良?死生之路既殊,窀穸之期遂□。"原刻"遂"字的構件"辶"缺刻。

(二)碑銘行文文字缺刻

縱觀歷代碑刻文獻材料,碑銘行文文字缺刻最爲多見,其中唐代墓誌尤爲普遍,缺文從一字到數字不等。我們可根據原刻標識、碑文表意及文例等進行判斷。

其一,有的碑石以留空格方式標示缺刻文字,缺字與空格基本對應。如:唐顯慶五年《王行墓誌》"父,隨奉誠尉","父"下原刻空一字格,缺其名;原文"春秋六十有","有"下原刻空一字格,缺具體歲數;原文"以顯慶五年歲次","次"字下原刻空二字格,缺年干支;原文"二月朔一日","月"字下原刻空二字格,缺日干支。

其二,有的碑石雖留有空格,但所缺具體字數不明。如:唐開元五年《亡宫七品墓誌》:"亡宫,未詳氏族,遘疾而終,春秋,葬於北邙山,禮也。"原刻"秋"字下空七個字格,除缺刻享年二至三字外,其餘字格是否有缺刻内容或所缺何字,均無以知曉。唐開元四年《樂永瞱墓誌》:"君諱永瞱,郡人也。""郡"上原刻空一個字格,失其籍貫,但是否僅缺一字,不能確知。

其三,有的碑石無任何提示,原碑是否有文字缺刻,只能通過表意、協韻、句式等進行判斷。如:武周久視元年《楊道及妻崔氏墓誌》:"父師仁,太宗皇封岳,授左武衛,贊有方,仁稱美德。"倒數第二句文意不暢,原石當缺刻一字。唐開元十八年《殷善徵及妻張氏墓誌》:"高桐半折,昔年東岱之遊,合雙從,今日西階之葬。""合雙從"一句表意不明,且文句與他句不諧,當缺刻一字。武周萬歲通天二年《奚弘敬及妻李氏墓誌》銘文有云:"一死一生,雖後雖。終悲寶劍,同赴幽泉。"整個誌銘韻腳字分别爲"賢"、"遷"、"泉"、"旋"、"年",根據諧韻特點,原誌"雖後雖"一句末尾當缺刻"前"字。唐長壽三年《陳範墓誌》:"欽承俊乂,解榻之美芬;敬愛賓寮,投轄之規猶扇。""解榻之美芬"一句本應與"投轄之規猶扇"對舉,但原刻文句並不對仗,原石"美"下當缺刻一個副詞。

其四,原刻未留空,亦無任何標識或提示,可據文例推斷是否缺刻。如:唐調露元年《曹宮及妻張氏墓誌》:"貞筠數節,幽桂一枝。實題其儀。遺芳勒石,永刊徽譽。"按誌銘一般兩句一組的表述特點,此處"實"前應脫一個四字句。唐天寶六年《張軫及妻邵氏墓誌》:"夫人婉德,禮全內則。母儀柔克。嗣子食國,駈馳文墨。呱呱相向,銘誌將勒。其四。"據押韻和文例,"母"字之前應有一個四字句,原石缺刻。

書刻文字是碑石製作必不可少的基本環節,一般先書後刻;少量碑石只書不刻,今天我們所能見到的古代墨書碑、朱書碑就屬此類,其上保留著古人的碑書真跡,成爲書法研究的寶貴資料;還有一些碑石未經書丹而隨手刊刻,如摩崖、造像記、磚誌、墓記、買地莂等,多由普通工匠在自然石面上直接鐫刻文字,刻即是書,書刻合一,呈現出民間手頭字的原生狀態,具有書法、字形等多方面研究價值。碑文文本或由撰文者提前寫成,再由書丹者、刊刻者謄錄上石;或由書刻人員臨時邊創作邊寫刻上石。不論哪種情況,都免不了人爲主觀操作,如安排文字行款佈局、體現個人的書法風格等,稍有疏忽,就會導致文字缺脫。同時,墓碑、墓誌文常涉及有關逝者的姓氏名號、卒葬地和時間、職官等,有的因製作碑石的相關責任者不知而缺,有的則因後續未補而缺。按內容劃分,碑石隨文缺刻具體有如下類別。

1.缺刻名諱、謚號、姓氏等。此爲碑誌最常見的缺刻項。

①字號缺刻。唐顯慶五年《蕭慎墓誌》:"君諱慎,字　,蘭陵郡蘭陵縣人也。"唐乾封二年《王歡悅妻麹氏墓誌》:"君諱歡悅,字　,姓王,高昌都下人也。"兩例原石"字"下均空一格未刻字。

②名諱缺刻。隋大業六年《李世舉及妻盧氏邢氏崔氏墓誌》:"君諱　,字世舉,隴西狄道人也。"原石"諱"字後空一字格,失其名諱。唐麟

德二年《趙元粲墓誌》:"君諱,字元粲,洛州河南人也。"原刻"諱"字下空兩字格,亦失其名諱。

③名諱、字號均缺刻。唐龍朔元年《爨君及妻張氏墓誌》:"君諱,字,雁門人也,今寓居洛陽焉。"龍朔二年《彭國太妃王氏墓誌》:"太妃諱,字,并州太原人也。"兩例原刻"諱"、"字"下均空一字格,失其名字。

④姓氏缺刻。唐開元二十四年《張惠則及妻墓誌》:"即以開元廿四年十月九日,與夫人氏同窆於北邙之金谷鄉之原,禮也。"原刻"人"下空一字格,失其夫人之姓氏。

⑤人名缺刻,但不明所缺代表諱號還是字號。唐龍朔二年《徐師墓誌》:"曾祖儼,祖約,父,並望華鐘鼎,胄曄簪裾。"原石"父"字下空一字格,失其名。唐元和九年《傅釜與妻路氏蔡氏墓誌》:"有女三人,長曰,出適潁川韓惟政。次女出塵,法名常省。小女在室,猶未稽古。"原刻"曰"下缺刻長女之名。唐總章二年《李氏墓誌》:"祖,父,並器量弘深,簪裾自若。"原石"祖、父"二字下各空一字格,失其名。

2.缺刻時間信息。此爲碑誌第二類常見缺刻項。

①具體年份或年號缺刻。武周聖曆三年《胡惒及妻翟氏墓誌》:"天結少微之禍,人起摧梁之釁,春秋六十有二,以萬歲通天五月八日卒於洛城私第。"萬歲通天年號歷兩年,原刻缺具體年份。唐調露元年《王通及妻常氏墓誌》:"以調元年十一月七日,合葬於故城之北,禮也。"原刻"調"下缺"露"字。武周聖曆元年《高遯墓誌》:"爰以曆年月日,卒於里之私第。"原石"曆"之上缺刻"聖"字,亦缺具體日期。唐開元十五年《邵處珣妻魏天啓墓誌》:"神三年,封鉅鹿郡君焉。"原刻"神"字下缺"龍"字。

②具體日期缺刻。唐麟德二年《九品亡宮人墓誌》:"即以其年四月日,葬於原,禮也。"原石"月"字下空一字格,失其葬日。麟德二年《婕妤三品亡尼墓誌》:"以麟德二年十二月日遘疾,卒於某所。"原刻"月"下空

一字格,失其亡日。唐乾封二年《張兄仁妻成公義墓誌》:"烏呼哀哉!即以其月日,窆於河南縣北邙山之平原,禮也。"原石"月""日"下均未刻字,失其葬期。武周天授三年《張君及妻姚氏墓誌》:"當謂彼而與善,克享遐齡,而神道虧仁,奄歸長夜。月遘疾,終於處,春秋。"原石"月"字上空七個字格,誌主病亡時間缺而未刻。武周長壽二年《和錢墓誌》:"以年月日卒於私第,春秋八十有六。"原刻"年"上空三個字格,"月、日"下各空一個字格,卒期缺刻。

③干支缺刻。唐上元三年《袁殆仁及妻楊氏墓誌》:"以上元三年,歲次朔正月二十二日辛酉,合葬於邙山之原,禮也。"原刻當缺年干支"丙子"和月干支"庚子"。據長曆,上元三年,歲次丙子。此年正月朔日爲庚子。唐調露元年《樂寶仁墓誌》:"大唐調露元年,歲次己卯,十一月朔七日。"原刻"月"下缺朔日干支,據長曆,唐調露元年十一月朔日爲戊寅。

④缺刻其他時間信息。唐麟德元年《邊師墓誌》:"麟德元歲次甲子,二月己卯朔,廿四壬寅。"原石"元"下缺刻"年"字。唐咸亨三年《嚴高墓誌》:"以總元年五月三日。"原刻"總"下應缺"章"字。咸亨三年《宋季墓誌》:"即以其年歲在壬申,十二月戊午十五日,殯於邙山王趙村東北五里。"原刻"午"字下應缺"朔"字。唐永隆二年《張相歡墓表》:"粵以永窿二年正廿一日勒銘。"原刻"正"字下當缺一"月"字。唐開元十四年《孫玠及妻張氏墓誌》:"以開五十九日,合祔於龍門北原,禮也。"原石"開五十九日",文意不明,定有缺刻文字。據誌文,誌主卒於開元十三年十一月九日,故此處"開"當是"開元"之省文,墓誌有此文例;"開"後缺"十四年"三字;"五"後缺"月"字;其合祔時間當作"開元十四年五月十九日"。

3.缺刻地名。此爲碑誌第三類常見缺刻項。

①卒地缺刻。武周天授三年《張君及妻姚氏墓誌》:"當謂彼而與

善,克享遐齡,而神道虧仁,奄歸長夜。月邁疾,終於處,春秋。"原石"於"字下空兩個字格,誌主卒地缺而未刻。

②葬地缺刻。唐總章二年《趙義墓誌》:"即以總章二年九月廿六日,葬於邙山之,禮也。"原刻"之"下當有一字,失其葬地。唐儀鳳四年《樂弘懿墓誌》:"以其年二月廿五日葬於洛州北邙山之,禮也。"原石"之"下當有一字,原刻缺。據文例,疑應是"原"字。武周垂拱四年《劉德墓誌》:"即以其年十月十七日與夫人游氏,改葬於洛陽委粟鄉里平原,禮也。"原刻"里"上空二字格,當是里名。垂拱四年《武欽載墓誌》:"以調露元年八月四日卒於隴西大使之館,春秋一十有五,權窆於縣慈門鄉。"原刻"窆於"下空兩個字格,失其縣名。

③受封地缺刻。唐儀鳳四年《劉仁墓誌》:"服闋,迴授上柱國,襲封廣縣開國公。"原刻"廣"下應缺"陽"字。

④籍貫缺刻。唐上元二年《亡宮七品墓誌》:"內人諱,字,州縣人也。"原刻"州"、"縣"字上各空二字格,失其里貫。

⑤缺刻其他有關地名的信息。唐咸亨四年《夏侯絢妻李叔姿墓誌》:"長子秦州羌縣令慶道等,日窮先遠,哀纏罔極。"原刻"羌"字上應缺一字。

4.缺刻年壽。

唐麟德二年《亡宮九品墓誌》:"既同川閱,奄成物化,春秋五十有。"原刻"有"字下空一字格,故年壽不確。唐總章三年《申恭及妻楊氏墓誌》:"以咸亨元年五月日卒於思恭里第,秋五十。"同誌又云:"以永徽六年終,春卅。"原刻"秋"上缺"春"字。而"春"下又缺"秋"字。武周載初元年《姬處真墓誌》:"君解褐任翊衛。年,以永淳二年六月十五日,終於洛陽從善鄉之私第。"原石"以"字上空二字格,應是未明年壽而暫缺。武周天授三年《張君及妻姚氏墓誌》:"月邁疾,終於處,春秋。"原石"秋"字下空兩個字格,誌主年壽缺而未刻。唐天寶三載《索思禮墓誌》:"天寶三載二月十二日不怛化於長安安定里之私第,享。天寶三載八月十二日,殯於京兆龍門鄉之,禮也。"原石"享"下應敘述年壽,原刻缺。

5.缺刻職官文字。

武周天授二年《程仁墓誌》:"父才,隨任懷州錄事參,並志操清簡,言行忠勤。"原刻"參"字下應缺"軍"字。天授二年《高像護墓誌》:"祖欽仁,隨左親衛大督、檢校秘書郎。"據文例,原刻"大"下應缺"都"字。唐建中二年《李迥及妻劉氏墓誌》:"弱冠,明經出身,解褐授,次授晉州臨汾尉。"原刻"次"字上空五個字格,缺所授職官。唐開元十一年《孔珪墓誌》:"祖翼,隨任賁中郎將。"原刻"任"字下當缺一"虎"字。開元十七年《龐敬及妻程氏墓誌》:"唐故朝散大夫行歙州休寧縣令上柱龐府君墓誌銘并序。"原刻"柱"字下當缺"國"字。開元二十四年《獨孤炫墓誌》:"五代祖庫者,魏第一領人長,追贈司空,隋贈太尉。"誌石"領人長"當作"領民酋長",原刻缺"酋"字。

6.行文中非專類性文字缺刻。

除上述五個專類性文字缺刻外,碑石還有數量龐大的非專類性文字缺刻,序文、銘文同現,單字、文句皆可能缺漏,值得深入認識。如:唐開元十九年《李景陽墓誌》:"刊青礎,永固玄堂。"前一句原石應缺刻一字,據文例,"刊"下當有"此"字。開元十九年《溫任墓誌》:"烈祖彥將,中書侍郎,天地泰,勳在盟府。""天地泰"一句文意不明,原石當缺刻一字。開元二十三年《景羨及妻李氏墓誌》:"一封栽掩,萬古千秋。"該誌銘文分三節,相當於三首詩,前兩節分別標"其一"、"其二",按此文例,"秋"下應有"其三",原刻缺。開元二十八年《崔君妻鄭敏墓誌》:"合祔非古,同塋異穴。孤燭熒熒,窮泉兮長閉。"原石"燭"下當缺刻"兮"字,加上"兮"字,文句纔諧婉。唐天寶六年《張軫及妻邵氏墓誌》:"母儀柔克,嗣子食國。駸馳文墨。呱呱相向,銘誌將勒。其四。"據文例,誌銘六句爲一節,則原石"駸馳文墨"之前應缺刻一個四字句。

二、缺刻原因

碑誌原石文字缺刻時有發生，原因是多方面的，分述如下：

（一）撰、書、刻等責任者疏忽所致

此爲造成碑石文字缺刻最主要的原因。這類缺刻石面一般未留空格等標誌，到底是誰之過錯，今天已無法明斷。如：

北齊河清三年《趙信墓誌》銘辭有曰："遷墳陵谷，荒宅殯賢。一朝居，永逐風煙。"①整個銘文四字爲句，唯"一朝居"句僅三言，"居"字前應有缺刻字。據文意，缺字當爲"棄""不""罷"之類，表達誌主一朝離世，永逐風煙的文意。

隋大業九年《郭寵墓誌》："作周之牧，爲之君。"又云："愛日留，嗚呼命也。"原誌"爲"之後、"留"之前均有缺刻文字。

唐貞元十一年《陳造墓誌》："冀昊天之降，惠福有餘；何泰山之忽頽，人無所仰。"從文句對仗關係看，原刻"降"下應有缺字。唐開元二十五年《常玄及妻王氏墓誌》："曾祖君擬，並高尚其志，松竹潔。"最後一句原刻缺一字，表意不完整。唐貞元十六年《馬幹墓誌》："以貞元十六年五月卅日終於京兆萬年縣宗人坊私第，享年五有二。"原刻"有"上當脱"十"字。唐元和二年《盧湘及妻崔氏鄭氏墓誌》："公精識茂行，博學執禮，天下無歟之。"原刻"無"下當脱"不"字。唐元和八年《雷渾墓誌》："乃以元和八年十月五日於縣東十里之勝地，禮也。"原石"日"下當缺刻"葬"字。元和八年《劉君妻李智玄墓誌》："夫人諱智，玄寂，隴西郡人也。"原石"玄"上應缺刻"字"字。

（二）留空待填而缺刻

墓誌製作者有時不知或無法確定誌銘相關名諱、時地等信息，於是

---

① 山西省考古研究所等《山西太原開化墓群 2012-2013 年發掘簡報》，《文物》2015 年 12 期。

留下空格①,待埋葬誌石時補刻缺書文字。後因種種原因,所缺內容始終未補,直至墓誌出土,缺刻依舊。該現象常見於古代墓誌文獻。如:

北齊武平四年《赫連子悅墓誌》:"諡公,禮也。"原刻"諡"字下空兩個字格,乃因書刻誌文時誌主尚未定諡或暫時不知誌主諡號,留空待填,但最終未補而缺。唐咸亨二年《李福墓誌》:"即以咸亨二年,歲在辛未,十二月甲子朔,廿七日庚寅,奉遷靈櫬,陪葬於昭陵,諡曰,禮也。"誌石"曰"字下空一字格,當是製作墓誌時尚未得諡,留空待填。

隋大業十三年《六品宮人墓誌》:"維大隋大業十三年月日,宮人六品氏卒。"原石卒期及墓主姓氏均空缺待填,又終未補刻。

隋大業十一年《元智妻姬氏墓誌》:"夫人姓姬,也。"又云:"合葬於大興縣鄉之里,禮也。"原誌"姬"、"縣"、"之"之後三處地名均缺而未補。

北宋宣和三年《真相院釋迦舍利塔銘》:"宣和三年十月日,住持真教大師文海立石。"原碑立石日期空缺待填,後未補刻。

(三)避諱而缺刻

唐龍朔三年《秦義及妻張氏墓誌》:"權以庇身,任王充車騎將軍。"原石"王充"本當作"王世充",因避李世民諱而缺刻"世"字。

遼會同五年《耶律羽之墓誌》"民既樂於子來,國亦朞年成矣";"於輔政之餘,養民之暇,留心佛法,躭昧儒書";"養民以惠,撫俗不勞";幾例中的"民"均缺刻斜鈎,當因避前代諱而缺筆。

北宋大觀元年《宋焪墓誌》:"平日香火恪敬。"②拓片"敬"字的構件"攵"缺刻捺筆。當因避宋祖名敬之諱而缺。

(四)無多餘石面而缺刻

唐乾封二年《董葵及妻田氏墓誌》:"俱辝白日,共止玄[扃]。"原石

---

①這些空格有的係撰文者所留,書丹、鐫刻者照錄原文而留下空白石面;有的誌銘未經撰作,空格則由書刻者所留。
②濟南市考古研究所《山東濟南長清崮雲湖宋墓發掘簡報》,《文物》2015年12期。

"玄"字下已無多餘石面,但該句明顯缺刻一字。按誌銘文例,疑缺字應爲"肩"字。或原石本於誌側刻有該字,卻因拓工疏忽,漏拓而缺。《唐代墓誌彙編》①(下簡稱《彙編》)未錄此字。

唐調露元年《明崇覽及妻李氏墓誌》:"學富丘山,言成河。"墓誌原文"河"下應有一字,或因無多餘石面而缺刻,或轉刻他處而失拓,造成誌文文字缺脫。據文意和押韻,疑缺字應是"澤"字。

(五)受政治因素影響而缺刻

唐麟德二年《李震墓誌》:"粵以麟德二年,歲次十一月朔,葬於陵舊塋。"原石"次"、"月"、"朔"、"於"後空一至五個字格不等,具體葬期和葬地均缺刻。據《舊唐書·徐敬業傳》,高宗駕崩,武后臨朝,李震子徐敬業於嗣聖元年在揚州起兵討伐武后。武后遂令"追削敬業祖、父官爵,剖墳斲棺"。李震初葬墓誌當毀於此時。中宗返正,追念元勳,又令所司速爲起墳,並復其官爵。現存李震墓誌疑係中宗復辟後重新起墳時所補刻。其葬年及月份朔日的干支以及下葬日期與干支均缺而未刻,當與此相關。

三、缺刻而後補刻

由上述原因可知,碑石文字人爲缺刻實難避免,如果疏於檢校,則所缺文字始終得不到修補,故大部分碑誌原發性缺文未予補刻。也有少部分碑誌書刻完成後,還有檢校環節,如發現文字缺漏,便及時補刻,確保了文獻信息的完整性。

(一)插補於缺文所在位置的側邊或擠刻於上下字之間

此類補刻多爲單字,不佔正常字格。

隋仁壽元年《房吉及妻朱商墓誌》下列文句均有文字缺刻而後補刻

---

① 周紹良、趙超《唐代墓誌彙編》,上海古籍出版社,1992年,頁458。

的情況,所補文字明顯偏小,且未佔字格。"膺公府之徵,就賢良之舉",原石"府"字缺刻,補刻於"公"之右下;"見君才地高朗,虛衿徵辟,屈己從務,深蒙禮厚",原石"厚"字缺刻,補刻於"禮"之右下;"慕德信之高清,追史雲之遠操",原石"高"字缺刻,補刻於"之"字右下。

隋大業十一年《嚴元貴墓誌》:"春秋六十有九。隋大業十一年,歲次乙亥,二月甲子朔,廿四日丁亥,終於河南郡脩善里。"原石"九"字刻於"有""隋"之間的界格綫上,字形明顯小於其他字,當係補刻之缺字。

唐咸亨三年《田紀墓誌》:"豈期積善無徵,奄從風燭,春秋卅有一,卒於私第。"原石"無"字初刻缺脱,後補刻在"善"與"徵"字之間。

唐天寶八年《裴志墓誌》:"位卑才大,莫展經綸;命舛災深,遂罹倉卒。"原石"命舛"二字初缺刻,後補刻於"綸""災"之間的右側石面。

武周垂拱元年《張貞墓誌》:"粉白黛黑,清歌妙舞。"原石"黑"字初刻缺脱,後補刻在"黛""清"之間的右側石面。

(二)補刻於當行

一般補在該行末尾或碑石邊沿的空白石面。

隋仁壽元年《房㞐及妻朱商墓誌》:"眇尋千載,爰討百王。既資羽翼,□藉鸞楊。"誌石"翼"字刻於本行之末,超出下邊界格,單獨一行,當係先漏刻而後又補刻所致。

北宋嘉祐七年《韓琦夫人(安國夫人)崔氏墓誌》:"曾祖周度,仕晉,爲左拾遺,佐慕容彥超於兗州。彥超叛,力諍不能止,遂以忠義死周,贈秘書少監。"原刻"死周"不詞,意亦不可通。"周"應指"周度",本該在"力諍"前,作主語,因寫刻者疏忽而脱漏,於是補刻在了該行末尾。

(三)補刻於文末

隋大業九年《趙覬墓誌》:"朝煙聚闇,夜月澄輝。"原石"煙"字缺刻,後補刻於誌文末尾。不過,碑板該字另起一行,與末行首字"聚"齊平,意謂其本來的位置應在"聚"字之前。

隋開皇十七年《孫觀及妻王氏墓誌》末行銘文結尾處刻"誰家墓田"一句。我們仔細考察發現，該句非屬銘辭，而應屬"年去多而骨朽，月往駛而松高，空對瓦雞，終朝寧曙，哀哉悲哉，乃為銘曰"語段，具體應在"悲哉"之後。書刻者先遺漏此句，後檢查發現，但文句所在之處已無空餘石面，遂補刻於文末。

(四) 補刻於同碑其他空白石面

唐開元十五年《杜玄禮及妻黃氏墓誌》："君今春秋七十有七，夫人黃氏，六十有六。儻百年代謝，雙瘞此地，可謂生盡其歡，死終其志。千秋萬古，形對壤而俱銷；丘盡壟平，名與德而同美。恐居諸漸遙，桑海驟移，鐫石紀功，傳之□□。乃為頌曰：開元十五年二月廿九日，龍門鄉之□。"原石"頌曰"之後書時間、地點，碑誌無此文例，故兩句當為補刻。根據誌銘行文邏輯及習慣，補刻文句實記載葬期和葬地，其本來位置或應書刻於"恐居諸漸遙"之前，或應刻於文末，只是除補刻石面外，整個石版再無其他合適的空間，故補刻於銘辭之前。

四、缺刻影響

字形筆畫缺刻，導致文字構形不完整，嚴重的還會造成文字同形相混。文字及文句缺刻，又引發碑誌文文意不暢或表意不完整，句式不諧，上下文不相連屬或不對稱等問題。雖然有些初刻缺漏的文字後被發現又加以補刻，但按原位補刻的文字多狹小，不易辨識；補刻於同碑他處石面的文字則難以回歸其正常語境。這些問題，直接影響碑誌文獻整理的效果和質量，諸如誤錄文字、誤斷文句、脫錄補刻文字等，這是後續碑刻材料整理時應當特別注意的。

(一) 造成文字訛混

北齊天保三年《元孝輔墓誌》："弌鐫玄石，傳之黃壤。"誌石"弌"當作"式"，原刻因缺刻豎筆而訛成"弌"字，與"二"之古文"弌"同形相混。

唐開元二十八年《趙全璧墓誌》："以大唐開元廿八年十一月廿六日，歸葬於萬安山南，以祔於大父塋東，式其順也。""式"原石亦缺刻豎畫而作"弌"，《洛陽新獲墓誌續編》①錄文作"貳"，乃誤將"弌"作爲"貳"之簡體所致。

唐天寶七年《何知猛及妻王氏墓誌》："嗣子哀之以風樹，孝禮未申；悲之以逝川，懷恩罔極。"原刻"申"作"中"，缺刻中間的橫畫，與表裏面義的"中"字同形而混。

唐上元二年《唐護墓誌》："黨遂可稱，里民嘉譽。"原石"民"字因避唐太宗李世民之諱而缺刻末筆。《唐代墓誌彙編》②錄文作"氏"，形近相混。

（二）因文字缺刻而誤斷文句

唐大和元年《南昇墓誌》："曾祖諱某某，官；祖諱某某，官；考諱某某，官。"原石"官"字後皆空兩字的位置，官名缺刻。《唐代墓誌彙編》③斷句爲：曾祖諱某，某官；祖諱某，某官；考諱某，某官。

唐貞元十四年《韓超寂墓誌》："姪朝散郎、前行同州韓城晤撰并書。"韓城晤，指"韓城縣尉韓晤"，原石"城"下缺刻"尉"字。《西安碑林博物館新藏墓誌彙編》④提要記"韓城晤撰並書"，因文字缺刻而將"韓城晤"斷爲人名，乃因韓姓與韓城偶相重之故也。

武周聖曆二年《司空儉墓誌》："傳芳蕙畹，漸潤芝田。雲間美，日下稱妍。"墓誌"雲間美"一句表意不完整，原刻"美"之前當缺脫一字。因文字缺刻，《唐代墓誌彙編續集》⑤將"日"斷入此句，非。銘文"雲間"與"日下"對舉，不可破散。

---

①喬棟等《洛陽新獲墓誌續編》，科學出版社，2008年，頁404。
②周紹良、趙超《唐代墓誌彙編》，上海古籍出版社，1992年，頁610。
③周紹良、趙超《唐代墓誌彙編》，上海古籍出版社，1992年，頁2100。
④趙力光《西安碑林博物館新藏墓誌彙編》，線裝書局，2007年，頁565。
⑤周紹良、趙超《唐代墓誌彙編續集》，上海古籍出版社，2001年，頁366-367。

(三)碑刻釋文容易脱録補刻文字

唐天寶六年《崔君妻盧八墓誌》:"夫人始有行也,高堂養姑以孝聞,内佐府君以義著,躬訓二子以節稱,有此三者,德莫大焉。"原石"義"字初刻缺脱,後補刻在"以""著"之右側石面。《彙編》①不察,釋文脱録。

唐天寶十年《梁令珣墓誌》:"公諱令珣,字珣,本安定人,因仕居於有洛,子孫相循。"原石"孫"字初刻缺漏,後補刻在"子""相"之間的右側石面。《彙編》②釋文因未細辨而缺録。

唐開元三年《譙國公妻武氏墓誌》:"夫人諱,本居沛國,至後魏給封於晉陽,因家太原之地。"原刻"諱"下無字,失其名諱。《新中國出土墓誌·陝西》(壹)③録文將"本"字上屬,乃因名諱缺刻而誤以"本"爲誌主之名,該書目録此墓誌題名亦同。

五、缺刻文字考補

碑刻有多種文體,包括墓誌、碑銘、造像記、買地券、刻經記等,又以前兩者最爲多見。不同文體風格各異,千姿百態,不拘格式。但碑文常用典使事,散韻結合,語言表達和使用整體上亦有一定的規律性,如文句對仗,序文和銘文相關表述常常存在暗示或關聯,碑銘内容圍繞碑誌主生平履歷表現文意等,這些潛在規律爲考補缺刻文字提供了重要綫索。

(一)據字詞和文句對仗關係補缺

唐咸亨四年《董仁及妻戴氏墓誌》:"非吏非隱,自葉逍遥之致;或琴書,足暢生平之樂。"根據誌文行文關係,原石"書"上應缺刻一"或"字,當補。

---

①周紹良、趙超《唐代墓誌彙編》,上海古籍出版社,1992年,頁1603-1604。
②周紹良、趙超《唐代墓誌彙編》,上海古籍出版社,1992年,頁1654。
③吳剛《新中國出土墓誌·陝西》(壹),文物出版社,2000年,頁113。

武周萬歲登封元年《崔銳妻高漆娘墓誌》："詠菊花九日，韻椒頌於三元。"按句式，"花"下應有"於"字，原刻脫文。

(二)據碑誌文辭例補缺

唐咸亨四年《任君及妻孫氏墓誌》："粤以龍朔二年九月十九日遘卒於私第，春秋七十有九。"依據誌銘辭例，原刻"遘"下應缺一"疾"字，可補。

唐儀鳳四年《樂弘懿墓誌》："以其年二月廿五日葬於洛州北邙山之禮也。"原石"之"下當有一字，原刻缺。據文例，疑應有"原"字。

唐垂拱元年《劉初及妻郄氏墓誌》："功效始暢，生厓以謝。春秋五十有二，薨於在任。於三原縣清水谷之東原，禮也。"據誌文之例，"於三原縣"上原刻應脫"葬"、"窆"之類的字，可補。

唐天寶九年《盧復墓誌》："歲月遽移，龜協吉。"誌石"龜"下當缺一"筮"字。"龜筮協吉"爲墓誌習語。

(三)據碑誌文文意補缺

唐咸亨五年《張玄景墓誌》："孀妻宛頸，孤崩心。"據句意，原石"孤"下當有"子"字，原刻脫，可補。"孤子"與"孀妻"文意相承。

唐儀鳳四年《王韜墓誌》："立性不愆，寧貽白珪之玷；出言必，詎爽黃金之諾。"據文意，原石"必"下應有"信"字，原刻脫。

武周聖曆二年《蕭言思墓誌》："不睹靈長，終成淪。"最後一句文氣不協，原刻脫一字。據語境，當是"喪"字。

唐開元六年《李全節及妻皇甫氏墓誌》："夫人安定皇甫氏，太子舍人德參。"原刻此句文意不明，疑"德參"下脫"之女也"三字。

唐開元十一年《王叡及妻劉氏墓誌》："以開元十一年八月十六日遘疾於永興里第，時年六十有八，即以其年十月廿八日庚申合葬，同歸幽宅。"依文意，"於"上當有"卒"字，原刻脫。

(四)據上下文補缺

唐上元三年《費智海墓誌》:"始授君掖庭宮教博士,效彰鵁壺,績滿鸞闈。"原石"君"字下空一字格,下文詔書有云"前文林郎行内侍省掖庭局宮教博士費智海",據此可知前文"掖庭"下原刻當脱一"局"字,可補。

(五)據長曆、年號等補缺時間

唐上元三年《袁殆仁及妻楊氏墓誌》:"以上元三年,歲次庚子朔正月二十二日辛酉,合葬於邙山之原,禮也。"原石"歲次"下缺刻年干支。據長曆,上元三年,歲次丙子。此年正月庚子朔,二十二日正好是辛酉。故原刻"歲次"下可補"丙子"二字。

唐調露元年《王通及妻常氏墓誌》:"以調元年十一月七日,合葬於故城之北,禮也。"依唐代年號,"調"下原刻脱"露"字,當補。

唐開元十五年《邵處珣妻魏天啓墓誌》:"神三年,封鉅鹿郡君焉。"據唐代年號,"神"字下原刻脱"龍"字。

(六)據職官名補缺

武周長壽二年《房瑒墓誌》:"父䇿,唐授文林,業由學廣。"誌文唐所授應爲"文林郎",故原刻"林"下當脱"郎"字。

武周聖曆二年《閻炅墓誌》:"曾祖立德,唐工部尚書、并州大督。"原石"大"下應有"都"字,疑原刻脱文。

唐開元十一年《孔珪墓誌》:"祖翼,隨任賁中郎將。"原刻"任"字下當脱"虎"字。

(七)據地名補缺

唐開元二十三年《白羨言及妻賀若氏墓誌》:"君諱羨言,唐之聞人也。"原石"聞"下疑當有"喜"字。山西省有聞喜縣。

唐開元二十四年《盧悅及妻鄭氏墓誌》:"永期天祐,遽痛珠沉,開廿三四月四日,於河南府道化私第壽終,春秋卌八。"誌石"化"字下應有

"里"字,原刻當脫。

唐開元二十九年《元君妻李娥墓誌》:"以開元廿九年十月九日,終於都教業里第,春秋廿有一。"誌石"都"前當有"東"字,指東都洛陽。原刻脫。

(八)依韻補字

唐太和八年《李經墓誌》:"赫哉巨唐,生此賢王。天與孝敬,日新忠良。恭肅惠和,端明齊莊。動稟禮樂,率由憲。允武允文,不愆不忘。"誌石"憲"下原刻空一個字格,據文例,參以押韻,應是"章"字。

唐天寶元年《李湛及妻索氏墓誌》:"明時干祿,芳猷遠震。德廣萬頃,才高千仞。人望襲榮,天胡不愁。靈輀夕儼,總帷晨張。霜凋草色,月上松光。痛千秋兮萬歲,唯德音兮不忘。其二。"據文例,誌文至"天胡不愁"處爲一韻,其後應有"其一",原刻脫。

(九)據其他碑誌文表述補缺

唐垂拱四年《亡宫九品墓誌》:"丹史飛名,庇椒宫而振馥;紫宸趨,翊清禁而騰芳。"此句語義不明,原刻"趨"後當缺一字。據其他宫人墓誌,所缺應爲"侍"字。武周天授二年《亡宫九品墓誌》:"彤史飛名,庇椒宫而振馥;紫宸趨侍,翊清禁而騰芳。"是其例。

六、結語

文字缺刻乃碑誌慣常的本體文獻特徵,從一個方面真實、生動地呈現出碑面文字的原生狀態。這類文本紕漏既與碑誌複雜的造製過程密切相關,又與撰作、書丹、鐫刻等製作者的學識水平、藝術修養、責任擔當精神息息相關。碑刻本身的制度約束、文字產生方式的多重限制和書刻載體的特殊要求,使得碑石文字缺刻具有較大的必然性;人爲主觀因素的干擾和影響,又使得碑石文字缺刻具有一定的偶然性。内因和外因共同作用,必然和偶然相互交織,導致碑文缺刻易發多發,情況十分複雜。科學認識這一問題的本質、規律和原因,尤其是掌握判斷缺文和考補缺字的方法,對於準確把握碑刻文獻的特徵,提高碑刻文獻整理的質量,有效利用碑刻材料從事文史相關研究等方面都大有裨益。本項研究算是開其端倪,衷心希望學者們在此基礎上進行更加深入的研究,總結出更多更好的有關碑刻文字缺刻的規律和方法,取得更爲顯著的研究成果,以便爲後續碑刻文獻整理與研究提供新的、更大的支撐。

也說達盨蓋銘文中的"攜"及有關問題

付強①

摘　要：金文中的職官"攜"，李學勤先生曾有專門的文章進行過論述，李先生說："在西周金文裏面，迄今沒有發現'攜僕'，而在商末金文中卻三次出現了作為職官名的'攜'。"本文即是在李先生文章的基礎上，補充一例在西周金文中作為職官名的"攜"。另外我們認為趞觶與達盨蓋的時代都屬於孝王時期。

關鍵詞：達盨蓋銘；攜；職官

1984年到1985年，中國社會科學院考古研究所澧西發掘隊在陝西長安張家坡發掘出井叔家族墓地，獲得了多件井叔自作的銅器。在編號為M152的墓葬中，出土了三件盨蓋，蓋上各有銘文五行四十字，現隸寫如下（釋文用寬釋）"唯三年五月既生霸壬寅，王在周，執駒於溼居，王呼攜趞召達，王賜達駒，達拜稽首，對揚王休，用作旅盨"。

考古發掘者認為這幾件盨蓋原本是墓主人井叔生前用的器，也就是說M152的墓主人就是盨蓋銘中提到的作器者"達"，按照青銅器命名的原則和通例稱此盨蓋為"達盨蓋"②，我們認為發掘者的判斷是正確的。盨蓋銘中提到了召"達"的人為"攜趞"，攜正是李先生曾在文章中論

---

① 付強，上海三唐美術館　館員　上海 200120。
② 張長壽《論井叔銅器》，《文物》1990 年第 7 期。

述過的出現在商末金文中的職官"攜",趨為私名。這種職官名＋私名的稱謂形式在金文中是習見的,這是瞭解金文的學者都熟悉的常識,茲不舉例。

另外,"攜"作為職官名也見於《尚書·立政》:"亦越文王、武王,克知三有宅心,灼見三有俊心,以敬事上帝,立民長伯。立政:任人、準夫、牧作三事;虎賁、綴衣、趣馬、小尹、左右攜僕、百司庶府;大都小伯、藝人、表臣百司;太史、尹伯、庶常起士;司徒、司馬、司空、亞旅;夷、微、盧烝;三亳阪尹。"其中的"左右攜僕",孔傳云為"左右攜持器物之僕"。孔穎達《正義》加以引申,以為"謂寺人、内小臣等也",是以《周禮》官名進行對比。此後傳注都沿襲這種說法,如蔡沈《集傳》說:"攜僕,攜持僕御之人。"

現代學者有些不同的解釋,例如顧頡剛先生稱:"'左右攜僕'是持王用的器物或御車的僕夫",照顧到"僕"有御者的含義,而對"攜"的說法仍未改變。楊筠如先生則將"左右"和"攜僕"分開,說:"左右,官名。《雲漢》'膳夫左右'、師虎敦'官司左右',皆其例也。攜僕,亦應為官名①。

近來,李學勤先生在《僕麻卣論說》一文中,詳細論證了"僕"作為官名的存在②,所以關於"攜僕"實為"攜"和"僕"兩個官名,而非一個官名,這是以前讀《尚書》者所不瞭解的。

經過上面的分析與論證,我們知道了"攜"確為一職官名,就是《尚書·立政》中所載的官名"攜"。既然"攜"為一官名,那麼它的職能是什麼呢?對於這一問題,李先生曾在文章中作過幾點推論,為了討論方便,我們轉述如下:

第一,攜和僕不是一種官職,而是地位相似的兩種職官名稱。

---

① 李學勤《商末金文中的職官"攜"》,《史海偵跡:慶祝孟世凱先生七十歲論文集》,香港新世紀出版社,2006年。
② 李學勤《僕麻卣論說》,《西安文物考古研究》,陝西人民出版社,2004年。

第二，從商末金文看，攜屢次受賜於王，又奉王命對臣下賞賜，確應是王的近臣。

第三，攜的身份比較高貴，不會是廝的通假。西周晚期禹鼎銘文有廝，寫作"斯"。

第四，攜這一職官的得名，可能如《尚書》孔傳所說，是為王攜持器物。孔穎達推想為寺人、內小臣之類，合乎情理。就像宰本係食官，後轉變為掌理政事，攜的地位、權利也顯然上升。

我們認為李先生的推論大體上是正確的，但是他所依據的材料僅為商末的金文，現在我們發現了"攜"在西周金文中同樣作為官名，經過分析西周金文中"攜"官的活動，可以對於這一官職的職能有更進一步的瞭解。

上面我們提到達盨蓋銘中有"攜趞"一人，"攜"為官名，"趞"為私名，這個"趞"其實就是趞觶的"趞"。為了討論方便，我們先把趞觶銘文隸寫如下（釋文用寬釋）："唯三月初吉乙卯，王在周，各太室，鹹。井叔入右趞，王呼內史冊命趞，更厥祖考服，賜趞織衣、囗市、同黃、旗。拜稽首，揚王休，對趞蔑曆，用作寶尊彝，世孫子毋敢墜，永寶。惟王二祀。"①

觶銘有"井叔入右趞"，達盨蓋銘有"王呼攜趞召達"，而"達"就是趞觶銘中的井叔。所以趞觶與達盨蓋定屬於同一個王世，趞觶所屬的王世，各家意見頗不一致，郭沫若、劉啟益認為是孝王時器②，陳夢家、馬承源認為是懿王時器③，而唐蘭則認為是恭王時器④。達盨蓋的王世，發掘者判定為孝王時期。由上面的分析，我們知道趞觶與達盨蓋定屬於同

---

① 中國社會科學院考古研究所編《殷周金文集成釋文》第四卷，香港中文大學出版社，2001年，頁354。

② 郭沫若《兩周金文辭大系圖錄考釋》，科學出版社，1958年。劉啟益《西周紀年銅器與武王至厲王的在位年數》，《文史》第十三輯，1982年。

③ 陳夢家《西周銅器斷代》（六），《考古學報》1956年第4期。馬承源《西周金文和周曆的研究》，《上海博物館集刊：建館三十周年特輯》，上海古籍出版社，1983年，頁26-74。

④ 唐蘭《西周青銅器銘文分代史徵》，中華書局，1986年。

一個王世。趞觶的年代學術界認為有恭王、懿王、孝王三種爭論,而達盨蓋的年代學術界則比較統一的定於孝王時期。綜上,我們把趞觶與達盨蓋都定為孝王時期是目前最合理的做法。下面我們根據兩器的銘文把兩器排列如下:

孝王二祀三月初吉乙卯

孝王三年五月既生霸壬寅

兩器製作的時間相距只有一年零三個月,由趞觶銘文我們知道,趞是由井叔為右者受王命接替祖考的職官,這個職官是什麼,銘文中沒有提及,由趞觶與達盨蓋對讀,我們認為就是攜這一職官。又因為我們知道金文中右者與被右者之間一般都為上下級關係,由井叔在其它多個器物中出現的活動分析,井叔當是隨從在王左右的王官,那麼"攜"這一職官也應該屬於王官下的一個下屬。這一點正符合李學勤先生所推論的第四點,到西周中晚期孝王時,"攜"這一職官確實已不是最初的寺人、內小臣之類,已經明確轉變為掌理王事的王官下屬。

亞獏家族器羣及其相關史事探析

韓文博①

摘　要：亞獏諸器是商周時期一組典型的家族銅器，主要有炊食器、酒器和水器，而酒器的數量最多。其年代從殷墟四期一直延續至西周早期。通過對器物出土情況及銘文等要素的綜合分析，我們認爲亞獏家族的地望可能就在今天的安陽市殷都區小莊村一帶。而且郰其作爲商王近臣，或代王賞賜，或隨王祭享、田獵，深得賞識和信任，其家族也因此更加興旺昌盛，析出更多的分支，而 X 族就是其中一支，且以"郰其"作爲族徽或姓氏。商周戰爭中，亞獏家族的部分銅器被運往岐周，作爲戰利品被賞賜給有功之人。

關鍵詞：亞獏；器羣；年代；史事

家族器羣在商周考古中發現較多，其中最具代表性的有微史家族、亞醜家族等，這兩個家族之器物已有學者做過專門的研究，已形成基本一致的認識。筆者近來整理青銅酒器，發現標有亞獏族徽的銅器 20 餘件，其年代、銘文等尚有研究之價值和可深入之處，故而不揣冒昧，試從器形、年代、地望、世系等方面對這一問題做一探討，期冀對準確把握和認識這一組器物有所裨益，不當之處，望方家批評指正。

---

①韓文博，四川大學歷史文化學院　博士　成都　610064。

一、器形及紋飾

目前所見標有亞獏族徽的銅器共 20 件,另外還有三件可能屬於此家族另一分支之器物。然而在這 20 件中包括鼎 5 件(一件未見器形)、簋 2 件(一件未見器形)、鬲 1 件(未見器形)、斝 2 件、尊 1 件、觚 1 件、角 1 件、爵 1 件、卣 3 件、壺 1 件、盉 1 件、罐 1 件。藉於四祀壺銘文中之"文武帝乙"可以確定其為商代帝辛時之標準器。一方面,這一組年代明確的器物群可以為商周銅器斷代提供更為有力的證據;另一方面,為研究商周之際家族形態的演變提供一定的參考價值。

器形、紋飾是推斷銅器年代的重要參考要素,為了下一步能夠更加準確地判斷其年代,有必要對其器形、紋飾做一番交代,下面將亞獏家族器群中 20 件器形可知的銅器列為表1,以便考察。

表 1

亞獏父丁鼎 a	亞獏父丁鼎 b	亞獏父丁鼎 c	亞獏方鼎	二祀邲其卣
四祀邲其壺	六祀邲其卣	亞獏父丁角	亞獏父丁爵	亞獏父丁觚

續表

亞獏父尊	亞獏斝	亞鄒其斝	亞獏父丁盉	亞獏父辛卣
亞獏罐	亞獏母辛簋	鄒爵	鄒甗	雉卯鄒甗

亞獏父丁鼎 a①，直口，窄平沿，立耳微侈。淺腹微鼓。分襠，三柱足。腹部飾三組下卷角獸面紋，兩側夾以倒置的夔紋，雲雷紋底。器腹內壁鑄銘4字，作：亞獏父丁。

亞獏父丁鼎 b②，直口，窄平沿，立耳微侈。淺腹微鼓。分襠，三柱足。腹部飾三組下卷角獸面紋，兩側夾以倒置的夔紋，雲雷紋底。器腹內壁鑄銘4字，作：亞獏父丁。

亞獏父丁鼎 c，通高20.6釐米③。直口，窄平沿，立耳微侈。淺腹微鼓。分襠，三柱足。腹部飾三組下卷角獸面紋，兩側夾以倒置的夔紋，雲雷紋底。器腹內壁鑄銘4字，作：亞獏父丁。

亞獏方鼎，通高29釐米、口徑18.3釐米④。子母口較高，附耳，有蓋，蓋面上有兩曲尺形把手，卻置可以盛物。腹呈圓角長方形，傾垂，最

---

①吳鎮烽主編《圖像集成》(第2冊)，上海古籍出版社，2015年，頁382。
②吳鎮烽主編《圖像集成》(第2冊)，上海古籍出版社，2015年，頁383。
③吳鎮烽主編《圖像集成》(第2冊)，上海古籍出版社，2015年，頁384。
④吳鎮烽主編《圖像集成續編》(第1冊)，上海古籍出版社，2016年，頁27。

大腹徑接近底部。四條柱足,較粗壯。蓋沿飾一道弦紋,器口下飾四組簡化獸面紋。蓋内鑄銘2字,作:亞獏。

亞獏母辛簋,通高21.5釐米①。侈口,束頸。獸首耳,有勾狀垂珥。鼓腹。圈足,接近垂直。頸部飾兩道弦紋夾蛇紋帶。頸部正中前、後各增飾一犧首浮雕。圈足飾兩道弦紋夾蛇紋帶,圈足正中前、後各增飾一條形扉棱。内底鑄銘4字,作:亞獏母辛。

亞獏斝,1940年河南安陽出土②。侈口,束長頸,口沿上立兩菌狀柱。直腹微鼓,平底,頸、腹交接處成臺階狀。三棱錐足,外撇。頸、腹一側有半環形鋬。頸、腹均飾獸面紋。由於銹蝕嚴重,地紋不清。鋬内鑄銘2字,作:亞獏。

亞邲其斝,1991年陝西岐山縣北郭鄉樊村出土。通高34.7釐米、口徑19.9釐米③。侈口,束頸,口沿上立兩傘狀柱。鼓腹,分襠,柱足。頸、腹一側有牛首形鋬。頸部飾兩道弦紋,腹部飾雙"人"字形紋。鋬内鑄銘3字,作:亞邲其。

亞獏父丁尊,通高23.5釐米、口徑23.2釐米④。觚形。喇叭口,折沿方唇,束頸。腹微鼓,高圈足。頸部飾魚鱗紋組成的仰面蕉葉紋。腹部及圈足均飾上卷角獸面紋,獸面兩側填以勾刃刀形紋飾,雲雷紋底。腹和圈足各有四道扉棱。内底鑄銘4字,作:亞獏父丁。

亞獏父丁觚,1940年河南安陽出土,1995年9月出現在美國紐約佳士地拍賣行⑤。通高25.7釐米。喇叭口,細長頸。腹微鼓,高圈足。腹部飾以聯珠紋鑲邊的大卷角獸面紋,頸、圈足均素面無紋。圈足内鑄銘4字,作:亞獏父丁。

---

① 吳鎮烽主編《圖像集成》(第8冊),上海古籍出版社,2015年,頁282。
② 吳鎮烽主編《圖像集成》(第20冊),上海古籍出版社,2015年,頁66。
③ 吳鎮烽主編《圖像集成》(第20冊),上海古籍出版社,2015年,頁126。
④ 吳鎮烽主編《圖像集成》(第20冊),上海古籍出版社,2015年,頁452。
⑤ 吳鎮烽主編《圖像集成》(第18冊),上海古籍出版社,2015年,頁415。

亞獏父丁角，通高23.6釐米①。兩翼上翹，卵腹下垂。三棱錐足外撇。上腹與一足對應處有牛首形鋬。兩翼飾鳥紋，腹部飾由雲雷紋組成的獸面紋。足飾蕉葉紋。鋬内鑄銘4字，作：亞獏父丁。

亞獏父丁爵，通高21釐米②。寬流，細尾，卵腹下垂，近流折處立有一對菌狀柱。三棱錐足外撇。上腹與一足相對處有獸首形鋬。腹部飾由竊曲紋組成的饕餮紋。尾部鑄銘4字，作：亞獏父丁。

六祀邲其卣，傳出土於河南安陽。通高23.7釐米、口徑7.5×9.2釐米，重1.98公斤③。器身扁圓，腹微鼓，圈足外侈。有蓋，折沿，蓋面隆起，上有瓜棱形鈕，分作六瓣。頸部有一對半環形耳，套接扁平狀提梁。提梁飾蟬紋，蓋面及頸部均飾以聯珠紋鑲邊的夔龍紋，雲雷紋底。圈足亦飾夔龍紋，雲雷紋底。頸部前後增飾犧首浮雕。器身内壁鑄銘27字。器蓋與器身同銘。

二祀邲其卣，傳1940年出土於河南安陽。通高38.4釐米、口徑16釐米，重8.86公斤④。器身扁圓，微鼓腹，圈足外侈。有蓋，折沿，蓋面隆起，上有瓜棱形鈕，分作六瓣。頸部有一對半環形耳，套接扁平狀提梁。提梁飾蟬紋，蓋面及頸部均飾以聯珠紋鑲邊的夔龍紋，雲雷紋底。圈足亦飾夔龍紋，雲雷紋底。頸部前後增飾犧首浮雕。器身内壁鑄銘35字，合文2字。蓋、底同銘，各4字，作：亞獏父丁。

亞獏父辛卣，通高10釐米、腹深6.5釐米、口徑12.3×15.7釐米，重5.2188公斤⑤。器身扁圓，鼓腹，圈足外侈，有足緣。有蓋，折沿，蓋面隆起，上有花苞狀鈕。頸部有一對半環形耳，套接扁平狀提梁。蓋面及頸部均飾以聯珠紋鑲邊的夔紋帶，頸部前後增飾犧首浮雕。圈足飾龍紋，

---

① 吴鎮烽主編《圖像集成》（第17册），上海古籍出版社，2015年，頁197。
② 吴鎮烽主編《圖像集成》（第16册），上海古籍出版社，2015年，頁421。
③ 吴鎮烽主編《圖像集成》（第24册），上海古籍出版社，2015年，頁249。
④ 吴鎮烽主編《圖像集成》（第24册），上海古籍出版社，2015年，頁270。
⑤ 吴鎮烽主編《圖像集成》（第23册），上海古籍出版社，2015年，頁358。

雲雷紋底。蓋、器同銘,各 4 字,作:亞𣎆父辛。

四祀邲其壺,傳出土於河南安陽。通高 34.5 釐米、口徑 10.3 釐米,重 4.2 公斤①。直口,束頸,鼓腹下垂。圈足。頸部有一對獸首耳,套接扁平狀提梁。有蓋,蓋面隆起,上有圈狀捉手。蓋沿及圈足均飾以聯珠紋鑲邊的雲雷紋,頸部飾以聯珠紋鑲邊的獸面紋。器身內壁鑄銘 42 字。蓋、底同銘,各 4 字,作:亞𣎆父丁。

亞𣎆父丁盉,通高 29.2 釐米②。侈口,束頸,分襠,蹄足。有蓋,蓋面隆起,上有半環形鈕。蓋沿處又有一環形鈕,有鏈與鋬相連。腹部一側有獸首形鋬,相對一側有管狀流。蓋面飾圓渦紋。頸部飾兩道弦紋。腹部飾圓渦紋和雙"人"字形紋。器、蓋同銘,各 4 字,作:亞𣎆父丁。

亞𣎆罐(亞𣎆卣),19 世紀 80 年代河南安陽市殷墟小莊村出土。通高 19 釐米,重 4.3 公斤③。侈口,束頸,鼓腹,圈足。頸部有一對半環形耳,套接繩索狀提梁。頸部飾兩道弦紋。內底鑄銘 2 字,作:亞𣎆。

邲爵,通高 18.3 釐米④。窄長流,細尾,卵腹圜底,近流折處有一對菌狀柱。三棱錐足外撇,上腹與一足相對處有獸首形鋬。勁部飾三角紋,腹部飾獸面紋。鋬內鑄銘 1 字,作:邲。

邲甗,通高 43.7 釐米⑤。上甑下鬲,甑深腹斜收,折沿,侈口,上有扭索狀立耳;鬲分襠,袋腹,三柱足。甑飾雲雷紋組成的獸面紋帶,鬲飾牛角獸面紋。內壁鑄銘 5 字,作:邲乍(作)且(祖)癸彝。

雔卯邲甗,通高 47.6 釐米、腹深 29.9 釐米、口徑 30.2 釐米,重 8.315 公斤⑥。上甑下鬲,甑深腹斜收,折沿,侈口,上有扭索狀立耳;鬲分襠,袋腹,三柱足中間略細。甑飾雲雷紋組成的列旗獸面紋,鬲飾牛角獸面

---

① 吴鎮烽主編《圖像集成》(第 22 冊),上海古籍出版社,2015 年,頁 373。
② 吴鎮烽主編《圖像集成》(第 26 冊),上海古籍出版社,2015 年,頁 90。
③ 吴鎮烽主編《圖像集成》第 35 冊,上海古籍出版社,2015 年,頁 6。
④ 吴鎮烽主編《圖像集成》第 14 冊,上海古籍出版社,2015 年,頁 32。
⑤ 吴鎮烽主編《圖像集成》第 7 冊,上海古籍出版社,2015 年,頁 123。
⑥ 吴鎮烽主編《圖像集成》第 7 冊,上海古籍出版社,2015 年,頁 168。

紋。內壁鑄銘 7 字,作:雔卯邲乍(作)母戊彝。

二、銘文及年代

2.1 銘文及其分類

表 2

鼎 a 銘	鼎 b 銘	鼎 C 銘	鼎銘	方鼎銘	父丁角銘	父丁爵銘
父丁觚銘	父丁尊銘	亞獏斝銘	亞邲其斝銘	父丁盉銘	父辛卣銘	亞獏罐銘
母辛簋銘	亞獏簋銘	父己鬲銘	邲甗銘	雔卯邲甗銘	二祀卣蓋銘	二祀卣底銘
二祀壺器銘		亞□其鬲銘	邲爵銘	四祀壺底銘	四祀壺蓋銘

續表

四祀壺器銘	六祀卣蓋銘	六祀卣器銘

為行文方便,現將亞獏家族諸器之銘文列為表 2。亞獏諸器除二祀卣、六祀卣、四祀壺、邲䚄、雔卯邲䚄銘文較長外,其餘均為族徽加日名。下面依據稱謂,將其分為以下幾類便於考察。

祖癸類:六祀卣(作冊擒卣)、邲䚄;父丁類:亞獏父丁鼎 a、鼎 b、鼎 c、亞獏父丁角、亞獏父丁爵、亞獏父丁觚、亞獏父丁盉、二祀卣、四祀壺;父己類:亞獏父己鬲;父辛類:亞獏父辛卣;母辛類:亞獏母辛簋;母戊類:雔卯邲䚄;亞邲其類:亞邲其斝、亞邲其鬲。亞獏類:亞獏方鼎、亞獏罐、亞獏斝、亞獏簋。

以上稱謂中父丁最多,其次為祖癸,父己、父辛、母辛、母戊各一例。關於其世系詳見後文第三部分。銘文內容及其稱謂上的相互聯繫是推斷銅器年代的重要方法之一,但由於對古代文化理解的差異,往往也會出現偏差,因此有必要借助考古類型學的方法對其加以界定。

2.2 年代

與殷墟及同時期其他地區的出土單位相比,亞獏父丁鼎與 04ASM303:82、104 鼎[1]、84AGM1713:27 鼎[2]、99ALNM1046:27 鼎[3]、

---

[1] 岳洪彬、岳占偉、何毓靈《殷墟大司空 M303 發掘報告》,《考古學報》2008 年第 3 期。
[2] 楊錫璋、楊寶成《安陽殷墟西區一七一三號墓的發掘》,《考古》1986 年第 8 期。
[3] 中國社會科學院考古研究所安陽工作隊《安陽殷墟劉家莊北 1046 號墓》,《考古學集刊》第 15 輯,文物出版社,2004 年,頁 364。

郭家莊南賽格金地 M13:1 鼎①、90 郭 M160:135 鼎②幾乎完全相同。關於 M303、M1713、M1046 的年代原報告定在殷墟四期偏晚階段，M13 的年代定在殷墟三期，M160 的年代定在殷墟三期偏晚階段。然而此型分襠鼎最早見於殷墟二期晚段，下限一直延續至西周早期。在西周時期的出土單位中，出土此型鼎的有洛陽東郊西周墓③、甘肅慶陽兔兒溝 M3④、長安馬王村墓⑤、67 長安張家坡 M54、M87⑥、甘肅靈臺白草坡 M1⑦、北京房山琉璃河 M50⑧，而以上這些墓葬的年代都在周初武成康時期⑨，可見這類鼎流行時間之長。

亞獏方鼎，殷墟出土單位中尚未見有與此型鼎形制相同者。而與寶雞竹園溝 BAM13:16 鼎⑩、琉璃河燕國墓地 M253:11 圍方鼎⑪形制完全相同。M13 的年代原報告定在康王初年，M253 的年代原報告定在成康間。可見其年代當與圍方鼎相近。圍方鼎的年代彭裕商先生定在成王時期⑫，可從。

亞獏母辛簋，與張家坡西周墓 M285:2 出土的 B 型Ⅰ式簋⑬基本相

---

①安陽市文物考古研究所編著《安陽殷墟徐家橋郭家莊商代墓葬—2004～2008 年殷墟考古報告》，科學出版社，2011 年，頁 69。
②中國社會科學院考古研究所安陽工隊《安陽殷墟郭家莊商代墓葬》，中國大百科全書出版社，1998 年，頁 79。
③付永魁《洛陽東郊西周墓發掘簡報》，《考古》1959 年第 4 期。
④許俊臣《甘肅慶陽地區出土的商周青銅器》，《考古與文物》1983 年第 3 期。
⑤梁星彭《陝西長安、扶風出土西周銅器》，《考古》1963 年第 8 期。
⑥中國社會科學院考古研究所《1967 長安張家坡西周墓葬的發掘》，《考古學報》1980 年第 4 期。
⑦甘肅省博物館文物隊《甘肅靈臺白草坡西周墓》，《考古學報》1977 年第 2 期。
⑧中國社會科學院考古研究所等《北京附近發現的西周奴隸殉葬墓》，《考古》1974 年第 5 期。
⑨李豐《黃河流域西周墓葬出土青銅禮器的分期與年代》，《考古學報》1988 年第 4 期。
⑩盧連成、胡智生《寶雞弡國墓地》，文物出版社，1988 年，頁 55。
⑪北京市文物研究所編著《琉璃河西周燕國墓地 1973-1977》，文物出版社，1995 年，頁 101。
⑫彭裕商《西周青銅器年代綜合研究》，巴蜀書社，2003 年，頁 232。
⑬中國社會科學院編著《張家坡西周墓地》，中國大百科全書出版社，1999 年，頁 150。

同，唯獨 B 型 I 式簋頸部、圈足均飾獸面紋，而母辛簋飾蛇紋。M285 的年代原報告定為武成康時期。

亞獏罍，與 04ASM303∶118 馬危罍①幾乎完全相同，M303 的年代原報告定在殷墟銅器四期偏晚階段。

亞䣄其罍，此種分襠罍見於殷墟四期，但在西周早期的墓葬中亦多有發現，如 67 靈臺白草坡 M1②、13 隨州葉家山 M1③、97 鹿邑太清宮長子口 M1④，以上諸墓，靈臺白草坡 M1、葉家山 M1 均為成康時期，長子口墓在商周之際。而且從銘文反映的情況來看，多為殷遺民墓。綜合以上，我們認為亞䣄其罍的年代當在商周之際。

亞獏父丁尊，與 1950 年代出土於扶風雲塘村的父丙尊⑤幾乎完全相同，父丙尊原文定為周初，可從。

亞獏父丁觚，與 99ALNM911∶4 觚⑥幾乎完全相同，惟亞獏器獸面紋上、下所夾為聯珠紋而非凸弦紋。M911∶4 觚的年代《新出》一書定在殷墟銅器四期。

亞獏父丁角，與滕州前掌大 M120∶14 史子日癸角⑦基本相同，M120 的年代原報告定為西周早期。

亞獏父丁爵，與 99ALNM1046∶15 爵⑧幾乎完全相同。M1046 的

---

① 岳洪彬、岳占偉、何毓靈《殷墟大司空 M303 發掘報告》，《考古學報》2008 年第 3 期。
② 甘肅省博物館文物隊《甘肅靈臺百草坡西周墓》，《考古學報》1977 年第 2 期。
③ 湖北省文物考古研究所、隨州市博物館《湖北隨州葉家山西周墓地發掘簡報》，《文物》2011 年第 11 期。
④ 河南省文物考古研究所、周口市文化局《鹿邑太清宮長子口墓》，中州古籍出版社，2000 年，頁 95。
⑤ 羅西章《扶風出土的商周青銅器》，《考古與文物》1980 年第 4 期。
⑥ 中國社會科學院考古研究所、安陽市文物考古研究所編著《殷墟新出青銅器》，雲南人民出版社，2008 年，頁 416。
⑦ 中國社會科學院考古研究所編著《滕州前掌大墓地》，文物出版社，2005 年，頁 266。
⑧ 中國社會科學院考古研究所安陽工作隊《安陽殷墟劉家莊北 1046 號墓》，《考古學集刊》第 15 輯，文物出版社，2004 年，頁 364。

年代原報告定在帝辛時期。

二祀卣、六祀卣與滕州前掌大 M120∶18 出土的 A 型 II 式卣①幾乎完全相同，M120 的年代原報告定在周初。由於四祀邲其壺中有"文武帝乙"，可知其為帝辛時器，又四祀壺與二祀卣、六祀卣中都有邲其，且這三件器物的年代相隔不遠，故而可以肯定當為同一時期之同一人所作。基於以上器形的對比和銘文的分析，二祀卣、六祀卣亦當為帝辛時器。

亞獏父辛卣，與 04ASM303∶119 馬危卣②基本相同。惟獨馬危卣蓋沿、頸部飾以聯珠紋鑲邊的菱形雲雷紋，而亞獏父辛卣飾以聯珠紋鑲邊的夔紋。M303 的年代在殷墟四期偏晚階段。

四祀壺與前掌大 M18∶45 史父乙壺③幾乎完全相同，M18 的年代原報告定在西周早期早段。四祀壺銘文中有"文武帝乙"，丁山先生認為此"文武帝乙"為甲骨文中之"文武帝"，即帝乙④。另外商代的阪方鼎銘亦見"文武帝乙"，李學勤先生認為這裏的"文武帝乙"就是商王帝乙，帝辛的父親⑤，所言甚是。由此可知此壺為帝辛時器無疑。

亞獏父丁盉，與琉璃河燕國墓地 M253∶10 父辛盉⑥幾乎完全相同。惟紋飾略有微小差異。M253 的年代原報告定在成康間。

亞獏罐，《殷墟新出青銅器》一書定為殷墟銅器第二期晚段⑦。另外，此罐與陳夢家舊藏的卣形罐基本相同，僅少一道弦紋。關於其年代

---

① 中國社會科學院考古研究所編著《滕州前掌大墓地》，文物出版社，2005 年，頁 284-285。
② 岳洪彬、岳占偉、何毓靈《殷墟大司空 M303 發掘報告》，《考古學報》2008 年第 3 期。
③ 中國社會科學院考古研究所編著《滕州前掌大墓地》，文物出版社，2005 年，頁 275-276。
④ 丁山《邲其卣三器銘文考釋》，《文物週刊》1947 年第 37、38 期。
⑤ 李學勤《試論新發現的阪方鼎和榮伯方鼎》，《文物》2005 年第 9 期。
⑥ 北京市文物研究所編著《琉璃河西周燕國墓地 1973-1977》，文物出版社，1995 年，頁 193。
⑦ 中國社會科學院考古研究所、安陽市文物考古研究所編著《殷墟新出青銅器》，雲南人民出版社，2008 年，頁 199。

曹淑琴認爲當在殷墟前期①。由於缺乏可資參照的出土單位,故其年代暫且存疑。

郰爵,與前掌大 M38:65 爵、M38:63 爵、M231:77 爵形制、大小、紋飾均十分接近,M38 原報告定爲西周早期前段,M213 定在商代晚期②。可知郰爵的年代當在商末周初。

郰甗,與石鼓山 M4:307 甗③、M3:6 甗④、高家堡戈國 M2:1 甗⑤形制、大小、紋飾均相同。以上諸墓均爲西周初期的墓葬,故而郰甗年代當不晚於西周早期。

雔卯郰甗,與前掌大 M120:7 甗⑥、長子口 M1:42 甗⑦形制、大小、紋飾均相同,M120 原報告定在西周早期早段,M1 爲商末周初,由此可知雔卯郰甗的年代當不晚於西周早期。

綜上從形制、紋飾、銘文的對比分析可知,亞獏諸器的製作年代從殷墟四期一直延續到西周早期,持續約有八九十年之久。在明瞭這批家族銅器年代基礎之上,下面對其地望及世系做一番考察。

三、亞獏家族地望及世系

3.1 地望

關於亞獏家族的地望,丁山先生首先對其作了考證,他認爲:獏者,實皆靺鞨族之祖,而商"亞獏"之胄裔也。《漢書·地理志》涿郡有鄭縣。

---

① 曹淑琴《我們看到的一批商周銅器》,《考古》1987 年第 8 期。
② 中國社會科學院考古研究所編著《滕州前掌大墓地》,文物出版社,2005 年,頁 247。
③ 陝西省考古研究院、寶鷄市考古研究所、寶鷄市渭濱區博物館《陝西寶鷄石鼓山商周墓地 M4 發掘簡報》,《文物》2016 年第 1 期。
④ 石鼓山考古隊《陝西寶鷄石鼓山西周墓葬發掘簡報》,《文物》2013 年 2 期。
⑤ 陝西省考古研究所《高家堡戈國墓》,三秦出版社,1994 年,頁 40。
⑥ 中國社會科學院考古研究所編著《滕州前掌大墓地》,文物出版社,2005 年,頁 228。
⑦ 河南省文物考古研究所、周口市文化局《鹿邑太清宫長子口墓》,中州古籍出版社,2000 年,頁 84。

《後漢書·郡國志》改隸河間國，均不詳得名之由。山謂獏之為鄭，即商亞獏氏故地，在今河北任丘縣北三十里。《史記·趙世家》所謂："惠文王五年，與燕鄚、易。"是也。蓋自武王克商，周公踐奄，兼齊桓公伐山戎，其分支亞獏氏遂向北徙。逮戰國中葉，燕趙崛起，北迫獫貉，亞獏氏遂竄於荒岩，一若為東北舊族①。如若丁先生所言，以上諸地當有其器物或遺跡，然而迄今發現的亞獏諸器，未見有在河北出土者。

據《商周青銅器銘文暨圖像集成》（注釋中簡稱《圖像集成》）一書，亞獏斝、亞獏父丁觚、二祀邲其卣、四祀邲其壺、六祀邲其卣 1940 年出土於安陽。亞獏罐（卣）1980 年出土於安陽小莊村。小莊村今屬安陽市殷都區，位於安陽市西北，北鄰四盤磨村，東鄰花園莊村。就其地理位置而言，正處當時王畿之內，這也與其家族的地位、身份相一致。而且在四盤磨和花園村東地均有大量的甲骨出土，而亞獏家族成員之一的"擒"也正好是作冊之官，這是否是一種巧合呢？

從銘文所反映的史事來看，二祀卣記載：邲其代王賞賜，受到被賞賜者的回贈，作祭祀父丁之器以示紀念。四祀壺記載：邲其因參與祭祀，受到商王賞賜，作祭祀父丁之器以示紀念。六祀卣記載：邲其賜給作冊擒一件精美的玉器，作祭祀祖癸之器以示紀念。由此可見邲其深受商王信任和賞識，擁有崇高的地位。並且邲其作為商王近臣，隨時參與祭祀、田獵，代王賞賜，若是遠在河北或其他很遠的地方這也是很難做到的。故我們認為亞獏家族之地望可能就在今安陽市殷都區小莊村一帶。

然而，亞邲其斝並未像其他器物一樣出自安陽，而是遠在幾百公里以外的陝西岐山縣北郭鄉樊村，這一帶正屬於周公廟遺址範圍內。那麼這件商人使用的斝為何會到了周人統治的中心地區呢？有學者認為

---

① 丁山《邲其卣三器銘文考釋》，《文物週刊》1947 年第 37、38 期。

武王克商後，郱其卣、斝等器，可能被運往岐周，分賞功臣①。就當時的出土情形而言，與斝伴出者還有一件三角援銅戈和兩件陶鬲，這四件器物很可能是出於一座墓葬，並且根據周圍徵集到的兵器有人為毀壞的痕跡②，可見是毀兵之葬，而且三角援戈本身也有殘缺。有學者認為"毀兵而葬"是周人一種普遍的葬俗③，故我們有理由相信，這座墓葬的主人可能是一名周人士兵，因在商周戰爭中立下戰功而受到賞賜，那麼這件亞郱其斝就是被賞賜的戰利品。

3.2 亞獏家族世系

《左傳》定公四年記載"分魯公以…殷民六族…使帥其宗氏，輯其分族，將其類醜，以法則周公，用即命於周"。由此可見在商代的家族結構中有"宗氏"也有"分族"。據前文第二部分銘文分類可知，在亞獏家族中這種宗氏、分族的情形也是存在的，而且郱其很有可能即其宗族長。二祀卣、四祀壺記載郱其隨王祭享、田獵，不斷受到賞賜，且享有崇高的地位。因此其家族也更加興旺繁盛，從原有的亞獏家族中又分化出了新的分族，本文暫且以 X 族名之。又據《左傳》記載"諸侯以字為諡，因以為族"杜注曰："諸侯不賜姓，其臣因氏其王父字，或即先人之諡稱以為族。"雖然這些記載晚至東周，但也可作為瞭解商代姓氏制度的一種參考。

在以上亞獏家族器群中，有一件鬲④和一件斝均以"郱其"作為族徽，而"郱其"我們知道是二祀、四祀卣的作器者。因此杜注所說"因氏其王父字或即先人之諡稱以為族"的說法是可信的。而且我們發現三件郱所作之器：郱甗、郱爵、雔卯郱甗年代也與其它亞獏家族器物相合，

---

① 龐文龍、劉少敏《岐山縣北郭鄉樊村新出土青銅器等文物》，《文物》1992年第6期。
② 龐文龍、劉少敏《岐山縣北郭鄉樊村新出土青銅器等文物》，《文物》1992年第6期。
③ 洛陽市文物工作隊《北窯西周墓》，文物出版社，1999年，頁368。
④ 吳鎮烽主編《圖像集成》（第6冊），上海古籍出版社，2015年，頁35。即"亞□其"鬲，從銘文磨泐痕跡觀察，極有可能為"亞郱其"。

此或即以"王父字或先人謚稱"為姓氏者。綜上所述,我們認為以上亞𤉲其畢、亞𤉲其鬲、𤉲甗、𤉲爵、雔卯𤉲甗為亞𢍜家族另一分族之器物,這個家族即 X 族,以"𤉲其"為族徽或姓氏。

朱鳳瀚先生在論到商人家族形態時說:"商人的家族組織是以宗氏、分族這樣分層的親屬組織結構存在的。因此它是一種多層次的親屬集團。"①這是非常合理的。就亞𢍜家族而言,它是以祖癸為祖輩,以父丁、父辛、父己為父輩,以𤉲其、作冊擒為子輩,亞𤉲其畢、亞𤉲其鬲、𤉲甗、雔卯𤉲甗之作器者 X 等為孫輩的"分層親屬組織結構"。

另外,關於六祀卣有學者提出應當稱為作冊擒卣②,從銘文措辭上來看,這種意見是正確的。因為如果𤉲其是受賜者,應該是"𤉲其錫於作冊擒……"而不是"𤉲其錫作冊擒……"。同樣,這件卣內底亦有亞𢍜族徽,可見作冊擒也是亞𢍜家族的一員。那麼作冊擒和𤉲其又有什麼關係呢?從六祀卣銘文措辭可知,雖然𤉲其地位較高,但作冊擒直呼其名,沒有任何的尊稱或表明輩分的名詞置之名前,因此我們認為他們應該是同宗同輩之人。

通過以上亞𢍜諸器的研究,其稱謂主要有祖癸、父丁、父己、父辛、母辛、母戊,而以父丁稱謂最多,且從二祀卣、四祀壺銘文內容可知父丁為𤉲其之父,而母辛應當是𤉲其之母。𤉲或雔卯𤉲,即 X 族之宗子。母戊,即𤉲或雔卯𤉲之母,𤉲其之配偶。由於材料有限,尚難以排除 X 族也可能為作冊擒一脈發展而來的可能。𤉲其一脈承襲大宗而來,可能為大宗之長;而作冊擒承小宗而來,可能是小宗之長。從器物所反映的年代信息來看,𤉲其之後原有的亞𢍜家族(Y)繼續存在了一段時間,與 X 族同時並存。綜合以上分析,現將其世系列為下圖。

---

①朱鳳瀚《商周家族形態研究》,天津古籍出版社,2004 年,頁 89。
②李學勤《小屯南地甲骨與甲骨分期》,《文物》1981 年第 5 期。

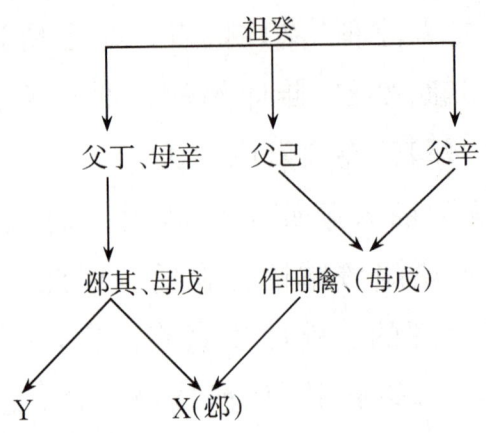

結語

  器型、紋飾、銘文的對比研究表明，亞獏諸器的製作年代分佈於不同的時段，除二祀卣、六祀卣、四祀壺可以確定為帝辛時器以外，其餘諸器的年代從殷墟四期一直延續至西周早期。

  從出土情況及銘文內容等因素考慮，亞獏家族之地望可能就在今安陽市殷都區小莊村一帶。銘文所反映的亞獏家族的世系共有四世，商周之際，由於亞獏家族的繁衍昌盛，原有的亞獏家族中分化出新的分族，這就是以"郰"為宗子的 X 族，從銘文反映的年代信息可知，原有的亞獏家族(Y)與新的分族(X)同時並存，至少延續至西周早期。

  （本文在撰寫過程得到導師彭裕商先生的悉心指導，並且提出了非常重要的修改意見，在此特致謝忱！）

上博七《武王踐阼》註釋及英譯相關問題

滕勝霖①

摘　要:《武王踐阼》是《上海博物館藏戰國楚竹書(七)》收錄的首篇文獻,簡文內容由陳佩芬先生註釋整理。該篇竹簡數量共計 15 枚,首字均殘,經有關學者重新整理,簡 1-10 為該篇甲本,簡 11-15 為該篇乙本。自出版以來,各位學者對該篇裏的文字、語句、版本等方面内容多有討論。本文在前人研究的基礎上進行註釋,對部分爭議較大的字詞提出一些新的看法,並對該篇内容進行英譯,在簡帛儒家文獻的譯介領域作出初步探索,總結一些簡帛譯介的規律,以期為相關研究者提供參考。

關鍵詞:《武王踐阼》;英譯;上博七

一、題解

《上海博物館藏戰國楚竹書(七)》(簡稱"上博七")收錄的首篇文獻名為《武王踐阼》,竹簡數量共計 15 枚。竹簡自上契口以上皆殘,簡長 41.6～43.7 厘米不等,編綫二道。原整理者認為此篇內容與今本《大戴

---

①滕勝霖,西南大學漢語言文獻研究所 碩士 重慶　400715。
本文為行文簡潔,文中所提學者皆不稱"先生",望學界師友諒解。撰寫方式分題解、簡文、註釋、譯文、英譯、英譯規律及問題六部分,由於篇幅有限,文中僅對爭議較大的字詞加以匯總解釋,通俗易解的字詞盡量不註,收錄相關文章至 2017 年 9 月 30 日止。譯文按簡文中的内容分段,逐句翻譯。凡簡中脱文、缺字,隨文補出,並加【】以標識;凡與簡文通假之字,在原字後補出,並加()以標識;簡號以【】註明,標在每簡末尾。

禮記·武王踐阼》大體相合，簡文首尾完整。並指出第一簡至第十簡、第十一簡至第十五簡內容均可連讀，唯第十簡與第十一簡之間有缺失，是迄今為止所發現的最早的《武王踐阼》本①。

　　復旦大學出土文獻與古文字研究中心研究生讀書會（以下簡稱"復旦讀書會"）認為此篇內容應分甲、乙兩部分。第一簡到第十簡為第一部分，講師尚父以丹書之言告武王，武王因而作銘，此部分下有脫簡，並非全篇，其原貌當與今本《大戴禮記·武王踐阼》全篇近似。第十一簡到第十五簡為另一部分，講太公望以丹書之言告武王，與《大戴禮記·武王踐阼》前半段近似②。甲、乙兩部分在對師尚父的稱呼、師尚父與武王對話的語氣等方面不盡相同，內容也有部分重合，同時乙部分也沒有武王作銘的記載。此外，簡文這兩部分的抄寫風格不同，應為不同書手所抄，因此可視為《武王踐阼》甲、乙本。劉秋瑞贊同復旦讀書會的甲、乙本觀點並比對甲、乙本字形加以舉例說明③。劉洪濤認為第一簡至第十二簡為一人書寫，第十二簡以後為一人書寫④。李松儒撰寫專文，指出全篇竹書應有三種字跡並闡述了此文本構成過程⑤。目前，竹書本《武王踐阼》分甲、乙兩種版本為學界所普遍接受。竹書本《武王踐阼》主要記載了周武王詢問師尚父先王之道，師尚父慎重受以丹書，武王銘以自戒的故事，甲、乙兩本內容有部分重合，應為《武王踐阼》早期的兩個版本。本文以復旦讀書會甲、乙本為綱，結合今本《大戴禮

---

①以下詳馬承源主編的《上海博物館藏戰國楚竹書（七）》中陳佩芬對《武王踐阼》的"說明"，整理者指出竹書本末句"丹箸之言又之"後有墨鉤，應是此篇結束語。上海古籍出版社，2008年，頁149-150。

②復旦大學出土文獻與古文字研究中心研究生讀書會《〈武王踐阼〉校讀》，復旦大學出土文獻與古文字研究中心網 http://www.gwz.fudan.edu.cn/Web/Show/576，2008-12-30。

③劉秋瑞《再論〈武王踐阼〉是兩個版本》，復旦大學出土文獻與古文字研究中心網 http://www.gwz.fudan.edu.cn/Web/Show/639，2009-01-08。

④劉洪濤《〈民之父母〉、〈武王踐阼〉合編一卷說》，作者從形制、書體及保存狀態的角度提出甲本應原與上博二《民之父母》合編為一卷，並認為是《記》百三十一篇的一個早期版本，本文認為較為可信。復旦大學出土文獻與古文字研究中心網 http://www.gwz.fudan.edu.cn/Web/Show/614，2009-01-05。

⑤李松儒《上博七〈武王踐阼〉的抄寫特徵及文本構成》，《江漢考古》第2期，頁110。

記·武王踐阼》進行註釋並在英譯簡帛文獻方面做出一些初步探索。

二、註釋

【簡文 1】

甲本

武王寙（問）於帀（師）上（尚）父[1]曰："不暂（知）黃帝、耑（顓）琂（頊）、堯、埜（舜）之道在乎？[2]啻（意）敚（微）喪不可得而社（睹）虖（乎）？[3]"

【註釋】

〔1〕師尚父，整理者註釋為："太公望為太師而號尚父，'師'為職，'尚'為名，'父'乃敬稱①。"按："尚"應為齊太公的字，"尚父"是他的諡稱。關於齊太公的氏名身世，可參看劉信芳的《孔子所述呂望氏名身世辨析》②。竹書甲、乙本主名稱呼不同，甲本作"師尚父"，乙本作"太公望"。清華簡《耆夜》作"邵（呂）上（尚）甫（父）"。

〔2〕"埜"，即"舜"字。按：復旦讀書會對此字字形隸定較為準確。此字從"允"聲。"允"喻紐文部，"舜"書紐文部，聲韻相近。以往學者認為楚簡中"埜"字從"目"聲，"目"喻紐之部，不如從"允"聲更為合適。

"在"，復旦讀書會讀"在"為"存"。按：今本作"存"，比較出土文獻"在"與"存"的字形與字義，我們認為"在"與"存"可能是此篇文獻在漢代中後期因字形相近而訛誤。西漢中期以前，"在"從土才聲，"存"從子才聲，右下部件差別明顯。東漢時期的曹全碑、史晨碑等拓片中兩字字形已比較接近。曹全碑中"存"字字形作" "，"在"字字形作" "，"存"字部件"子"受隸書影響橫畫加長，與"在"字部件"土"已趨於接近。"在"與"存"在字義上也有相似之處，《說文·土部》："在，存也。"今本可

---

① 以下詳馬承源主編的《上海博物館藏戰國楚竹書（七）》中陳佩芬對《武王踐阼》的註釋，上海古籍出版社，2008年，頁151。
② 劉信芳《孔子所述呂望氏名身世辨析》，《孔子研究》2003年第5期，頁106-110。

能是在傳抄過程中因形近而訛,本文釋文從"在"。

〔3〕"𦣞",整理者釋為"意",表推測,復旦讀書會認為"𦣞"意為"或者"。龍國富認為"意"與"抑"屬於同詞異形,可因音通而借用。"意"是本字,"抑"是借字。作副詞、連詞的"抑"源於"意"的虛化和語法化①。按:龍國富意見正確。"意"通"抑",連詞,意為抑或還是,王引之《經傳釋詞》卷三:"抑,詞之轉也……字或作意。"

"散",簡 1 中"𥁕"字整理者釋為"散",與後字意為"衰亡"。陳偉從之,並將之與後字連讀為"微茫",意為隱約暗昧,與今本"意亦忽不可得見與"意思相近②。高祐仁認為"微喪"直接讀作"微亡","喪"字從"亡"聲,聲韻可通假③。何有祖疑為"微",意為衰微、衰敗④。復旦讀書會將"𥁕"與同篇簡 7 的幾字"𥀽"對照,釋之為"幾",讀為"豈",並舉例說古書中"意豈"多見。季旭昇認為這兩種意見尚難論定,因為就字形而言,楚系文字"兇"與"豈"的上部常常作近似"幺"形與"彐"形互見,從句法的角度看,釋為"幾"可能比"散"更整齊,"在(存)"與"喪"相對⑤。龍國富認為"意微"即"意無",與傳世文獻"意亦"同,讀作"抑無",作連詞,表示選擇關係⑥。按:本文讚同龍國富的觀點,詳見其文。

【譯文】

甲本

武王向太師尚父詢問道:"不知黃帝、顓頊、堯和舜的'道'還在嗎?

---

①龍國富《析出土文獻虛詞"意微"》,復旦大學出土文獻與古文字研究中心網 http://www.gwz.fudan.edu.cn/Web/Show/3097,2017-08-26。

②陳偉《讀〈武王踐阼〉小札》,武漢大學簡帛網 http://www.bsm.org.cn/show_article.php? id=916,2008-12-31。

③高祐仁《也談〈武王踐阼〉簡 1 之"微喪"》,復旦大學出土文獻與古文字研究中心網 http://www.gwz.fudan.edu.cn/Web/Show/652,2009-01-13。

④何有祖《上博簡〈武王踐阼〉初讀》,武漢大學簡帛網 http://www.bsm.org.cn/show_article.php? id=756,2007-12-04。

⑤季旭昇《上博七芻議》,復旦大學出土文獻與古文字研究中心網 http://www.gwz.fudan.edu.cn/Web/Show/588,2009-01-01。

⑥參見前文所引龍國富《析出土文獻虛詞"意微"》。

或是讓'道'喪失不可得到卻這樣看着嗎?"

【英譯】

The First Version

King Wu asked Taishi① Shangfu："Do the **doctrines**〔dào 道〕in the reign of the legendary kings including Huangdi, Zhuanxu, Yao and Shun still exist?② If not, should we do nothing about it's disappearance?"

【簡文 2】

帀(師)上(尚)父曰:【簡1】"才(在)丹箸(書)。[1]王女(如)谷(欲)瞿(觀)之,盍𣃁(祈)乎？ 牂(將)以箸(書)見。"[2]武王𣃁(祈)三日,耑(端)備(服)冕(冕),㝉(逾)堂斂(階),南面而立。[3]

【注釋】

[1]"箸"前兩字殘缺,整理者據今本釋為"在丹箸(書)",意為天子之詔。復旦讀書會認為"丹書"應指傳說中赤雀所銜的瑞書。按:據殘存字形看,簡中第一字殘存"ㄣ",第二字殘存字跡為"彡",包山楚簡中"在"作"𡉚"、"𡉵"、"𡈼"等。"丹"作"冃"、"月"、"冃"、"凵"等③。依第一字殘存字跡看,釋為"在"恐不確,存疑待考。本文據今本"在丹書"作釋文,復旦讀書會對"丹書"的理解正確。張守節正義引《尚書帝命驗》:"季秋之月甲子,赤爵銜丹書入於鄷,止於昌戶。其書云:'敬勝怠者吉,怠勝敬者滅……以不仁得之,不仁守之,不及其世。'"內容與簡4、簡5語句相合。

"箸",通"書"。李零提到:"古文字常用'箸'字代替'書'字……包山楚簡有表示文件彙編或摘抄之意的'集箸',也應讀為'集書'④。"

---

①Taishi, one of ancient Chinese official titles in the Zhou Dynasty, the supreme governmental official in charge of assisting a ruler in governing a country.
②Huangdi, Zhuanxv, Yao and Shun are sagacious monarchs in prehistorical times.
③李守奎、賈連翔、馬楠《包山楚墓文字全編》,上海古籍出版社,2012年,頁221、195。
④李零《簡帛古書與學術源流》中第二講《三種不同含義的"書"》,三聯書店,2008年,頁48。

〔2〕"雚",整理者釋為"觀",復旦讀書會從之,程燕比對上博簡"觀"字形,認為"雚"與本簡中"雚"字下部不同,釋為"觀"有待商榷①。按:"䚅",即"觀"字。與之前上博簡中所釋為"觀"字的不同之處在於以往上博簡"觀"字右部中間部件為"叩"或"口",如:"䚅"、"䚅"、"䚅"等,而本簡中"䚅"字右部中間部件為"目","觀"字從見雚聲,本簡"䚅"字右部中間部分應是受左邊"見"部件同化影響而訛作"目"。

"䚅",整理者釋為"齋"。復旦讀書會認為應讀為"祈",與"齋"大概是一類活動。劉秋瑞認為"'祈'也應讀'齋'……祈(微部群母)齋(脂部莊母),可以通用②。"張振謙認為其下部左邊從"厶"聲,右邊為"正",隸作"䚅",讀為"齋"③。宋華強認為整理者隸定的"䚅"可讀為"禋"。"祈"屬群母文部,"禋"屬影母文部,二字音近,"禋"、"齋"在"潔"這個詞義上可以相通④。劉洪濤認為"䚅"所從的"斤"是"齊"字所從的"亽"的變體,和簡12的三個字都為"齋"的本字,而非假借"祈"字⑤。楊宋鋒綜合各家說法,並比對字形提出應為"祈"字異體⑥。江秋貞認為"齊"和"祈"有聲韻的關係而通假,"齊"又借為"齋"字,故"祈"和"齋"是指同一事件,無二無別⑦。按:"䚅"應為"祈"的繁化字形,從"祈"從"正","口"可能為平衡結構的附加部件。右下部件從"正",郭店簡"䚅"、璽印"䚅"字形可

---

①程燕《上博七〈武王踐阼〉考釋二則》,復旦大學出土文獻與古文字研究中心網 http://www.gwz.fudan.edu.cn/Web/Show/607,2009-01-03。
②見前文所引劉秋瑞《再論〈武王踐阼〉是兩個版本》。
③張振謙《〈上博七·武王踐阼〉劄記四則》,復旦大學出土文獻與古文字研究中心網 http://www.gwz.fudan.edu.cn/Web/Show/613,2009-01-05。
④宋華強《〈武王踐阼〉"祈"及從"祈"之字試解》,武漢大學簡帛網 http://www.bsm.org.cn/show_article.php?id=1109,2009-06-22。
⑤劉洪濤《戰國竹簡〈武王踐阼〉"齋"字考釋》,《簡帛語言文字研究》(第五輯),巴蜀書社,2010年,頁154-164。
⑥楊宋鋒《楚簡〈上博七·武王踐阼〉字詞研究》,安徽大學碩士學位論文,2011年5月,頁9-10。
⑦江秋貞《〈上海博物館藏戰國楚竹書(七)·武王踐阼〉研究》,國立臺灣師範大學碩士論文,2013年2月,頁83-103。

證。《禮記·曲禮》："齊者不樂不弔。"鄭玄註："為哀樂則失正，散其思也。"此意可證"正"在"𧧅"中可作意符。值得注意的是，江秋貞等學者認為"齊"和"祈"有聲韻的關係恐不可信，"祈"群紐文部，"齊"從紐脂部，二字聲韻差別較大。"祈"與"齊（齋）"應為同一類活動。從乙本作"齋"、今本作"齊"來看，甲本"祈"與乙本"齋"在意義上關係密切，即都可表示在祭祀前去除雜念以示莊敬。楚簡中"齊"與"齋"字形接近，根據簡本可推斷此處本應作"齋"，今本的"齊"應為流傳訛變。古書中"齊"與"齋"字形相近而混用習見，秦、漢以前的古籍中，此字多作"齊"，漢唐以後多作"齋"①。另外，《集韻·皆韻》："齋，《說文》：'戒潔也'。隸作'齊'。"可證。

"見"，整理者釋為"見"，復旦讀書會認為簡文"𠃊"字下部作立人形，或當釋為"視"，讀為"示"，意思是給（武王）看。蘇建洲認為"視（示）"後面缺少賓語（王），句式恐不通②。按：蘇建洲所言極是，仍應釋為"見"。該字字形雖與"視"相近，可能是由於書手因"見"與"視"字形相近而誤寫。

〔3〕"耑"，整理者釋為"端"，意為正。按：郭店簡《語叢一》"仁之耑（端）也。"《語叢三》"□之耑（端）也。"，清華簡《晉文公入於晉》簡1中"晉文公自秦內（入）於晉，襦（端）冕（冕）"中"襦"字字形即由此字形加部件"衣"組成，"端冕"一詞在先秦古書中常見。

"冕"，整理者釋為"冕"，意為行朝儀、宗禮時所帶之冠。復旦讀書會在"冕"後疑為"冕"或"帽"字。廖名春先生認為此字釋為"冕"。從"冒"從"毛"，疑從"毛"當為從"毛"，為音符③。劉雲先生認同把該字釋為

---

① 漢語大字典編纂委員會，《漢語大字典》，四川出版集團、湖北長江出版集團、四川辭書出版社、崇文書局，2010年，頁5100。
② 蘇建洲《〈武王踐阼〉簡4"恖"字說》，復旦大學出土文獻與古文字研究中心網 http://www.gwz.fudan.edu.cn/Web/Show/623，2009-01-05。
③ 廖名春《上海博物館藏〈武王踐阼〉楚簡管窺》，《新出楚簡試論》，臺灣古籍出版有限公司，2001年，頁202-210。

"冕",以為"毛"是"屯"的省變,在字中充當聲符①。趙平安先生主張釋為"曼","[圖]"的基本構件是"冃"、"目"和"又"。戰國文字中的"又"往往可以寫作"十",而"十"之類的寫法有時可以寫作"毛"。讀作"冕"②。何有祖先生讀為"帽",名詞作動詞③。楊宋鋒分析此字為從冒毛聲,並舉《說文》:"毛,艸葉也。"故把此字隸定為"苜"④。按:趙平安先生觀點較為可信,"端服冕"與《晉文公入於晉》中的"端冕"一詞可在竹簡中互證,上博七《武王踐阼》中此字不應讀為"帽"。

"逾",釋為"踰"或"逾",意為下、降。與今本"王下堂"意義相近。《鄂君啟節·舟節》裏此字訓為下、降可證。關於"逾"所從的"俞"字,劉凌有過比較全面的論證,詳見其文⑤。李守奎 2016 年的報告《"俞"字的闡釋與考釋——〈說文〉以來的漢字闡釋》可參考⑥。

"散",整理者說其意與"階"略同,作低微講。廖名春認為"散"讀為"微","微"與"機"義同,《管子·霸言》:"獨斷者,微密之營壘也","微密"即"機密"。"機"與"階"通。帛書《易經》、《繆和》"機"皆作"階"⑦。復旦讀書會釋為"機",讀為"階"。何有祖初讀"微"為"廡",意為"堂廡";後與前一字改讀為"當散(楣)"⑧。季旭昇認為整句作"逾,當楣","逾"字似乎缺少受詞,不如復旦讀書會讀為"逾堂階"來得更合適⑨。小

---

① 劉雲《說上博簡中的從"屯"之字》,復旦大學出土文獻與古文字研究中心網站 http://www.gwz.fudan.edu.cn/Web/Show/618,2008-01-05。

② 趙平安《〈武王踐阼〉"曼"字補說》,復旦大學出土文獻與古文字研究中心網 http://www.gwz.fudan.edu.cn/Web/Show/658,2009-01-15。

③ 何有祖《上博簡〈武王踐阼〉初讀》,武漢大學簡帛網 http://www.bsm.org.cn/show_article.php?id=756,2007-12-04。

④ 見前文所引楊宋鋒《楚簡〈上博七·武王踐阼〉字詞研究》,頁 9-10。

⑤ 劉凌《釋"俞"》,《蘭州學刊》,2013 年 9 月,頁 175-179。

⑥ 李守奎《"俞"字的闡釋與考釋——〈說文〉以來的漢字闡釋》,《首屆新語文學與早期中國研究國際研討會論文集》,澳門,2016 年 6 月 19-22 日。

⑦ 見前文所引廖名春《上海博物館藏〈武王踐阼〉楚簡管窺》。

⑧ 何有祖《釋"當楣"》,武漢大學簡帛網 http://www.bsm.org.cn/show_article.php?id=915,2008-12-31。

⑨ 見前文所引季旭昇《上博七芻議》。

龍通過列舉對比"散"與"幾"的字形釋為"散",散、豈、幾聲字有相通之例,可讀為"階"①。林清源在《上博簡〈武王踐阼〉"幾"、"微"二字考辨》一文中對以往觀點論證最為詳細,他認為此字釋為"散",讀為"階",不同意"低微"或"庶幾"這兩種說法。"堂散"讀為"堂階"最為允當②。按:本文同意林清源觀點,"ㅋ"與"幺"可能存在"單向類化",今本"王下堂"與簡文中"㘴(逾)堂散(階)"關係密切。何說"堂廡"一詞恐先秦未有,所舉書證較晚,《新序》創作於西漢後期,《列子》乃東晉中後期張湛偽託之作,"堂廡"在先秦典籍中罕見,故不可信。

"南面",整理者提出古人君聽治之位居北,其面向南,故稱人君曰南面也。《禮記·大學》:"大學之禮,雖召於天子,無北面,所以尊師矣。"

【釋文】

太師尚父說:"('道'記載)在丹書上。大王如果想看到它,何不先去齋戒呢?(齋戒後),我將把書呈獻給大王看。"武王於是齋戒了三天,(三天後),武王穿上端正的祭服,戴上王冕,走下殿宇的臺階,面向南而站立。

【英譯】

Shangfu replied: "The **doctrines** 〔dào 道〕 were recorded in the **Dan Bible** 〔dānshū 丹書〕③. If your majesty wants to read it, why not observe a fast④ first? After that, I will respectfully present it to you." King Wu thereupon fasted for three days. Then, in the dignified ceremonial dress and the crown, he stepped down the palace and stood to-

---

①小龍《也說"幾"、"散"》,復旦大學出土文獻與古文字研究中心網 http://www.gwz.fudan.edu.cn/Web/Show/593,2009-01-02。

②林清源《上博簡〈武王踐阼〉"幾"、"微"二字考辨》,武漢大學簡帛網 http://www.bsm.org.cn/show_article.php?id=1155,2009-10-11。

③It is said King Wen, King Wu's father, was given the doctrines by auspicious birds in legends. People in the Zhou Dynasty called the doctrines as "Danshu".

④Ancient kings abstain from meat, wine, etc. and perform ablutions before the rituals.

wards south.

【簡文 3】

帀（師）上（尚）父【簡 2】【曰】："夫先王之箸（書），不畀（與）北面。"[1] 武王西面而行，柚（曲）折而南，東面而立。[2] 帀（師）上（尚）父弄（奉）箸（書），道箸（書）之言曰：[3] "息【簡 3】勑（勝）敬則喪，敬勑（勝）息則長；[4] 義勝谷（欲）則從，谷（欲）勑（勝）義則兇。"[5]

【註釋】

[1] "先王之箸（書）"即上一簡所提的"丹書"。

"不畀（與）北面"，整理者認為傳授先王的丹書，不可以位於北面，北面是賓位。

[2] "柩"，右邊部件爭議較大，整理者釋為"柚"意為彎曲迴轉。劉雲認為右上部件是"磬"的象形初文，下半部分是"屯"，釋作"橪"，"橪折"表示拐了個像磬的形體一樣的彎，"磬折而南"是"折而南"的象形化①。張崇禮根據上博五里的"㨉"字認為其右部件為"巨"，"木"為繁構，釋為"矩"。"矩折"與"周還中規，折還中矩"意同，體現了武王的動作合乎君子的行動規範②。侯乃峰釋為"柩"，讀為"頤"，"柩折"為頭前傾故而頤曲，表示武王行走疾速③。許文獻釋為"柩"，讀為"久"，意為以示為時稍久之意，即武王對先王之書不北面之回應④。蘇建洲比對璽印相關字形，認為原整理者釋為"柚"無誤，但應讀為"矩"⑤。楊宋鋒釋為"枑"，讀為"悟"，意為"逆"。按：比較各家說法，"曲"、"㦰"、"巨"、"臣"、"叵"等形

---

① 見前文所引劉雲《說上博簡中的從"屯"之字》。
② 張崇禮《釋〈武王踐阼〉的"矩折"》，復旦大學出土文獻與古文字研究中心網 http://www.gwz.fudan.edu.cn/Web/Show/620，2009-01-05。
③ 侯乃峰《上博（七）字詞雜記六則》，復旦大學出土文獻與古文字研究中心網 http://www.gwz.fudan.edu.cn/Web/Show/665，2009-01-16。
④ 許文獻《上博七釋字札記——〈武王踐阼〉"柩"字試釋》，武漢大學簡帛網 http://www.bsm.org.cn/show_article.php?id=1008，2009-03-24。
⑤ 蘇建洲《說〈武王踐阼〉簡 3"曲（從木）"字》，武漢大學簡帛網 http://www.bsm.org.cn/show_article.php?id=1001，2009-03-11。

與"㭣"右邊部件的差別皆較大。此字右邊"匚"中間的豎筆沒有斷開,因此劉說分析為兩部分"磬"和"屯"的"𠃑"字可疑;許說"区"字中間部件"久"在此字中缺筆,並且文意上理解為"久折"不順。另外,楊說"五"字的中間交叉筆畫確似此字右邊部分如:"𠄡",但釋為"逆"意思牽強。

本文同意整理者將"㭣"隸定為"柚"。從右邊部件筆順來看,應是先寫"匚"後寫中間的"𠃌"。楚簡中"曲"字多作"𠃊",此字中間部分可理解為書手書寫求快的結果,信陽楚簡中有"柚"字作"朼"可證"柚"右邊部件確應先寫"匚"後寫"凵",而此字中"凵"已訛為"𠃌",蘇建洲所舉璽印字形亦可證明。在意義上,"曲折"應讀為"矩折",張崇禮、蘇建洲所引文獻可證。"矩"和"折"同時出現在《禮記》中其他篇目有相關記載。如《禮記·玉藻》:"古之君子必佩玉,右徵、角,左宮、羽。趨以〈采齊〉,行以〈肆夏〉,周還中規,折還中矩,進則揖之,退則揚之,然後玉鏘鳴也。"鄭玄註"折還中矩"曰:"曲行也,宜方。"又如,《大戴禮記·保傅》:"行以〈采茨〉,趨以〈肆夏〉,步環中規,折還中矩,進則揖之,退則揚之,然後玉鏘鳴也。"孔廣森曰:"步環尚圓,若般避時也。折還尚方,若揖曲時也。"而且蘇建洲提到"曲"與"矩"聲韻相近,"曲",溪紐屋部;"矩",見紐魚部,聲部同屬牙音,韻部相鄰可旁轉。

〔3〕"道",整理者釋為"道",意為"論說丹書之言"。郝士宏隸作"連",釋為"傳",意思為"傳述"①。按:釋為"道"字無誤。《楚文字編》中"傳"作"𤛿"、"𢔅"②,右邊部件與"𩒰"差距較大,仔細觀察我們可以發現:楚文字中"專"上方從"叀","𩒰"上方是"首"而不是"叀",只不過此字字跡有些模糊,此字與簡1的"道"字相合,今本作"道"可證。

〔4〕"𩫖",整理者釋為"義"。復旦讀書會懷疑此字應為"敬",或因下文"義勝欲"、"欲勝義"之"義"而誤抄。草野友子通過文字比較,認為

---

① 郝士宏《讀〈武王踐阼〉小記一則》,復旦大學出土文獻與古文字研究中心網http://www.gwz.fudan.edu.cn/Web/Show/596,2009-01-02。

② 李守奎《楚文字編》,華東師範大學出版社,2003年,頁493。

"敬"誤寫為"義"的可能性較高①。按："義"字("🀆")與上博簡中"敬"字("🀆"、"🀆")上半部分相同，下半部分接近，復旦讀書會與草野友子的意見可信。今本《六韜》有："故義勝欲則昌，欲勝義則亡；敬勝怠則吉，怠勝敬則滅。"此句與簡本內容相似可證。

"喪"，從"叩"亡聲。楚簡中"喪"字字形變化較大，包山簡中作"🀆"，從"桑"，上博簡中從二口、四口不等，從"桑"聲或從"亡"聲②。

"長"，整理者理解為深且遠。孫飛燕讀為"昌"，"長"與"昌"同屬舌音可通，意思為興盛、昌盛，與前一句"喪"形成對比③。按：本文從"長"。"長"定紐陽部，"喪"心紐陽部，二字押韻，意思相對，意思為長久、久遠。"長"與"昌"字不同可能分屬不同版本，但這段話為東陽通押。

〔5〕"谷"，整理者釋為"欲"，意思為貪慾。上博簡中"谷"大部分通"欲"④。本簡"欲"釋為嗜好與慾望，多指身體感官方面享受的慾望。《孔子家語·五刑解》："刑罰之源，生於嗜慾不節，失禮度者，所以禦民之嗜慾，而明好惡順天之道，禮度既陳，五教畢修，而民猶或未化，尚必明其法典以申固之⑤。"

"從"，整理者理解為順從、隨從。孫飛燕認為字形應為"近"，或為"從"的誤寫。按："從"在戰國文字中作"🀆"、"🀆"，"近"在郭店簡中作"🀆"、"🀆"⑥，二字接近，簡中字形仍為"從"字。"從"與"兇"同屬東部韻。按照上文所提草野友子的整理，我們可以發現此篇中因形近而誤寫的現象較多，如：簡4中的"敬"誤寫為"義"，簡6中的"志"誤寫為"忘"等。

---

① 草野友子《關於上博楚簡〈武王踐阼〉中誤寫的可能性》，復旦大學出土文獻與古文字研究中心網 http://www.gwz.fudan.edu.cn/Web/Show/915，2009-09-22。
② 徐在國《上博楚簡文字聲系》，安徽大學出版社，2013年，頁1723-1728。
③ 孫飛燕《讀〈上博七〉劄記二則》，清華大學簡帛研究網，2009-1-8，轉引自楊宋鋒碩士論文《楚簡〈上博七·武王踐祚〉字詞研究》，2011年。
④ 徐在國《上博楚簡文字聲系》，安徽大學出版社，2013年，頁1001-1004。
⑤ 王肅註《孔子家語》卷七，四部叢刊景明翻宋本。
⑥ 湯餘惠主編《戰國文字編》，福建人民出版社，2001年，頁100、510。

"兇",本簡中可理解為"因惡暴而產生恐慌"。《廣韻》:"兇,惡也"。

【譯文】

師尚父說:"先王(記載'道')的丹書不能面向北面授予大王您。"(於是)武王向西而行,隨後直轉向南,最終面向東面站定。師尚父雙手捧着丹書,並論說丹書上的話。他說:"如果懈怠勝過恭敬就將會導致滅亡,如果恭敬勝過懈怠就會使國家統治長久。若正義戰勝慾望,則會使百姓順從;若慾望戰勝正義,則會使國家動蕩不安。"

【英譯】

Taishi Shangfu said: "The late king's **Dan Bible** 〔dānshū 丹書〕can't be granted north①." Hence King Wu went towards the west, then straight turned south and stood still to the east ultimately.

Taishi Shangfu held **the Dan Bible** 〔dānshū 丹書〕with both hands and narrated the contents. He said: "If **duty dereliction** 〔dài 怠〕overrides **deferential behaviors** 〔jìng 敬〕, it will cause the extinction of our dynasty; if not so, it will realize lasting political stability of society. If you weigh **righteousness** 〔yì 義〕over **greed** 〔yù 欲〕, you will acquire people's obedience; otherwise, the country will be in ferment.

【簡文 4】

愳(仁)昌(以)得之,愳(仁)昌(以)獸(守)之,元(其)箽(運)百【殜】;⁽¹⁾【簡 4】不愳(仁)昌(以)㝵(得)之,愳(仁)昌(以)獸(守)之,元(其)箽(運)十殜(世);不愳(仁)昌(以)㝵(得)之,不愳(仁)昌(以)獸(守)之,及於身。"

【註釋】

〔1〕"獸",通"守",理解為"守住國土"。

---

①People in ancient China attached importance to the north azimuth and regarded it as the auspicious azimuth. This is mainly because kings usually sit in the north and face the subjects in the south.

"![字]",整理者釋為"運",意思為世運、國運。今本作"量",應為誤字。

"殜",簡 5 上面殘缺,根據下文並列句式可知,當缺一"殜"字,今補。《說文·巿部》:"世,三十年為一世。"整理者理解此句為"運轉世局",本文認為"運"應為名詞而非動詞,應理解為"其國運可達百世"。

【譯文】

以仁心得到天下,並佈施仁心來守衛天下,這樣國運可達百世;以不仁之心奪取天下,但是以仁心來持守天下,如此國運可達十世;以無仁厚之德來搶奪天下,又以不仁之心來守衛天下,則禍亂將累及自身。

【英譯】

If the ruler wins the country by **benevolence**〔rén 仁〕 and governs it by dispersing the **benevolence**〔rén 仁〕, the nation he builds can prosper for a hundred generations. If the ruler wins the country with unjust ways but governs the country by **benevolence**〔rén 仁〕, the nation he builds can last for ten generations. If the ruler wins the country by violence and governs the populace with neither virtuousness nor righteousness, he will put himself in the danger of disaster."

【簡文 5】

武王䎽(聞)之忎(恐)偈(懼),[1] 為【簡 5】【戒】名(銘)於筈(席)之四耑(端),【席前左端】曰:"安樂必戒。"[2]【席前】右耑(端)曰:"毋行可悬(悔)。"[3]

【註釋】

〔1〕"![字]",整理者隸作"覷",讀為"懼"。復旦讀書會隸作"偈"。程燕隸作"㥜"。按:今本此句作"王聞書之言,惕若恐懼",隸定字形雖異,但表示的是"懼"字當無異議,今從復旦讀書會隸定字形,為恐懼之意。

〔2〕"名"前應缺一字,由於 15 枚簡首端皆殘可知。福田哲之認為簡長不足 43 釐米的皆有可能首字殘缺,又比對傳世文獻認為第 6 簡首

字應為"書",這和今本"退而為戒書"的語句有關①。楊華認為此缺字是否為"書"還需討論②。楊宋鋒認為當缺"戒"字。按:依文意看,"戒"似乎更為合適,今本的"退而為戒書"也與簡本"為戒銘於席"意思相近,本文為譯註完整,今補該字為"戒"。

"席前左端",原簡本無,簡文有脫漏。復旦讀書會認為"四端"與"左端"兩"端"字接近而導致中間文字漏抄。按:今本作"為銘於席之四端,席前左端之銘曰:'安樂必敬。'"復旦讀書會觀點可從,今補"席前左端"。

"戒",今本作"敬",簡本較今本意思更為直接。

〔3〕"悤",整理者讀為"誨",意思為教導。此句中"行可"意為"其道之可行"。按:"悤"應讀為"悔",後悔的意思。今本作"無行可悔"可證。整理者謂"行可"為"道之可行",《孟子‧萬章下》:"孔子有見行可之仕,有際可之仕,有公養之仕。"趙岐註:"行可,冀可行道也。"但是"行可"放在此處解釋不通。此句應和上文"安樂必戒"句式對應,"可"應是表能可的助動詞,"可"作為助動詞西周已經出現③。此句意思為"不要做可以後悔的事情。"

此句前補"席前",與後文兩次出現的"席後"相對。

【譯文】

武王聽到(丹書之言)之後感到恐懼,為警戒自己而在席的四角寫下銘文④。席前左角寫到:"安逸快樂之時一定要警戒自己"。席前右角寫到:"不要做可以讓自己後悔的事情"。

---

①福田哲之作,馬婷譯《〈上博七‧武王踐阼〉簡 6、簡 8 簡首缺字說》,武漢大學簡帛網 http://www.bsm.org.cn/show_article.php?id=1007,2009-3-24。
②楊華《上博簡〈武王踐阼〉集釋(上)》,《井岡山大學學報》(社會科學版),2010 年 1 月,頁 127。
③姚振武《上古漢語語法史》,上海古籍出版社,2015 年,頁 11。
④銘文,刻在金石等物上的文辭,具有稱頌、警戒等性質,多用韻語。此處為席,不應為銘刻,故選用"寫"來譯文。

【英譯】

After hearing these **doctrines**〔dào 道〕, King Wu was besieged by fear and wrote down mottos on the four corners of his bamboo mat as an admonishment.

The top left corner of the bamboo mat was engraved with "You must warn yourself in the moment of comfort and enjoyment." while the top right "Do not do anything that you may regret."

【簡文 6】

席逡(後)左耑(端)曰:"民(眠)之反𠈪(側),亦(尒)不可【不】志。"〔1〕逡(後)右耑(端)曰:【簡6】"【前】諫(鑒)不遠,視而所弋(代)。"〔2〕戶(樞)機曰:"皇皇惟堇(謹),口生敬,口生言(怠),𢕲(慎)之口=(口口)。"〔3〕檻(鑑)銘曰:"見亓(其)前,必慮亓(其)逡(後)。"【簡7】〔4〕

【註釋】

〔1〕"𠈪",整理者隸作"宿",認為同"㞚"讀作"側"。復旦讀書會字根據今本讀為"側"(職部)。"反側"指翻來覆去轉動身體,往往是愁苦時的行為,"民之反側"或即指"百姓的疾苦"。蘇建洲隸作"㐭"①;程燕隸作"𠥾"②;劉信芳隸作"㞚"③;侯乃峰認為是"仄",右下部分構件是"變體會意"④;胡長春認為是"作",皆讀為"側"⑤。其中胡長春認為前一字"民"讀為"眠",此句為"民(眠)之反作(側)",意思為"睡在席上一翻身

---

① 蘇建洲《〈上博七·武王踐阼〉簡6"㐭"字說》,復旦大學出土文獻與古文字研究中心網 http://www.gwz.fudan.edu.cn/Web/Show/579,2008-12-31。

② 程燕《上博七讀後記》,復旦大學出土文獻與古文字研究中心網 http://www.gwz.fudan.edu.cn/Web/Show/586,2008-12-31。

③ 劉信芳《竹書〈武王踐阼〉"反㞚"試說》,復旦大學出土文獻與古文字研究中心網 http://www.gwz.fudan.edu.cn/Web/Show/589,2009-01-01。

④ 侯乃峰《〈上博七·武王踐阼〉小劄三則》,復旦大學出土文獻與古文字研究中心網 http://www.gwz.fudan.edu.cn/Web/Show/600,2009-01-03。

⑤ 胡長春《釋〈上博七·武王踐阼〉簡6之"作"字》,《中國書法與古文字研究》,人民出版社,2015年,頁305-306。

一側身時，也不可忘了這些'丹書'之戒。"林文華認為此字從"免"從"人"，即"俛"。意思和"俯"相近，讀作"覆"，意思為百姓反復無常①。按："宨"字部件"北"與"側"聲部相差較遠。且"宀"下部件與"北"與楚簡中"北"字差異較大。其餘學者隸定的"㚔"、"昃"、"俛"等字形在楚簡中演變的例子略為牽強。胡長春觀點較為準確，本文在胡長春觀點基礎上認為此字字形可隸定為"㝉"，"乍"會意兼形聲，讀為"側"。裘錫圭在《甲骨文中所見的商代農業》一文中提到的"乍"字作"ㄅ"、"ㄑ"等形②。部件"ㄑ"與"乍"接近，可作聲符。"乍"在楚簡帛中作"屮"、"ㄎ"等，部件"ㄑ"應為"ㄌ"借用筆畫的簡化③。同時部件"ㄑ"也與"人"接近，如甲骨文賓組的"ㄑ"（《合集》19263）。故本文推斷此字應為兩人同側眠於"宀"下會意，與"宿"的會意結構類似，"ㄑ"又在此字中作聲符。"側"莊紐職部，"乍"崇紐鐸部，聲部相同，韻部同為入聲韻可通④。胡長春讀為"民（眠）之反作（側）"可信。簡中銘文皆屬器銘相關，與今本"一反一側"可對讀。"側"與"志"之職部通押。

"亦不可【不】志"，復旦讀書會認為簡文脫一"不"字，今從之。按：此句可理解為"尒不可不志"。"志"通"識"，記住。《廣雅·釋詁二》："志，識也。"王念孫疏證："鄭玄云：志，古文識。識，記也。"

今本作"亦不可以忘"，王念孫曰："孔說是矣而未盡也。此文本作'一反一側尒（俗作爾）不可不志'。尒，武王自謂也。下文'見爾前慮爾後'，即其證。……今本'尒'作'亦'，以字形相似而誤。"王說準確，戰國文字中"尒"作"尒"、"亦"、"亦"⑤。與簡中"亦"字相近，"亦"字很可能是"尒"的訛誤，而且本篇中每種器物的銘文是獨立的，前文沒有先提到

---

①林文華《〈上博七·武王踐阼〉"民之反俛（覆）"解》，武漢大學簡帛網 http://www.bsm.org.cn/show_article.php?id=933,2009-01-02。
②裘錫圭《裘錫圭學術文集》（甲骨文卷），復旦大學出版社，2012年，頁233-269。
③何琳儀《戰國文字通論》（訂補），江蘇教育出版社，2003年，頁209。
④"乍"字上古韻部屬長入，或認為歸入魚部。從"乍"得聲的字如"作"、"詐"歸入鐸部亦可證明與"側"讀音關係相近。
⑤湯餘惠主編《戰國文字編》，福建人民出版社，2001年，頁54。

"××不可志",所以此處用"亦"不太妥當。草野友子認為"志"應理解為"忘",與今本同。本文認為"志"前可能脫"不"字,"志"與"戒"、"悔"、"代"、"側"等之職部通押。

〔2〕簡6首字空缺,整理者據今本補為"所",劉信芳認為"所"字為妥①。復旦讀書會據《詩·大雅·蕩》:"殷鑒不遠,在夏后之世"補為"殷"。楊宋鋒通過字形比對認為所缺字可能是"前","前諫"理解為"商滅亡之鑒戒",可從。"前諫"即"前鑒"("前車之鑒"的省稱),《大戴禮記·保傅》:"鄙語曰:……前車覆,後車誡。"漢·荀悅《申鑒·政體》:"前鑒既明,後復申之。"

"諫",整理者讀為"鑑"。復旦讀書會認為"諫"為見紐元部字,"監(鑒)"為見紐談部字,元談相通,侯乃峰、楊華從之。蘇建洲認為"諫"與今本"監"對照,是反映楚方言的可貴材料②。陳偉隸作"標"③。按:比較郭店簡"東"、上博簡"東"字形,此字與"標"字相差很遠,仍應為"諫",與前一字連讀作"前鑒"。

"視",整理者釋為"見"。復旦讀書會改隸作"視",可信。楚簡中"視"字部件"人"多為站立形,而"見"字部件"人"多為人跪狀,二字有別。

"而",整理者隸作"邇",引書證解釋為近的意思。復旦讀書會認為"而"為第二人稱代詞,今本作"邇"或誤。按:此句為武王自戒之語,解釋為人稱代詞"而"更貼近文意。

〔3〕"為",整理者隸作"為"。劉洪濤認為此字與後面一字合為"弩

---

①劉信芳《〈上博藏(七)〉試說(之三)》,復旦大學出土文獻與古文字研究中心網 http://www.gwz.fudan.edu.cn/Web/Show/669,2009-01-18。

②蘇建洲《〈上博三·中弓〉簡20"攻析"試論》,復旦大學出土文獻與古文字研究中心網 http://www.gwz.fudan.edu.cn/Web/Show/987,2009-11-16。

③見前文所引陳偉《讀〈武王踐阼〉小札》。

機"①。何有祖釋作"扉機",意為"宮室屋腳隱蔽之處"②。程燕對比璽印文字隸作"戶",讀為"樞機",意為"門的轉軸",可從③。按:楚簡"為"與"⿱"字字形差距較大。何有祖釋作"扉",下面的"土"似不應理解為義符,從文意上看,武王銘刻之物皆是觸手可及的物品,在隱蔽之處刻銘不能起到時刻提醒自己的作用。程燕通過對照《璽彙》中3995 ▯中右下角一字"戶",釋"⿱"為"戶",讀作"樞",意思為門的轉軸,較為準確。"樞機",比喻事物的關鍵部分。後常以"樞機"喻言語,這與後面的銘文內容是比較吻合的。《易‧繫辭上》:"言行,君子之樞機。"王弼注:"樞機,制動之主。"孔穎達疏:"樞謂戶樞,機謂弩牙。"劉洪濤對所引《說苑‧談叢》中"樞機"的理解不夠準確,應該是比喻事物的關鍵部分,而非弩機。

"皇皇",整理者解釋為"有光儀、輝煌"。復旦讀書會讀為"惶惶",義為"惶恐不安",可從。

"䒷",整理者釋為"䒷",通"謹"。今本此句作"皇皇惟敬",《玉篇‧言部》:"謹,敬也。"簡本與今本意思相近。

"口",整理者釋為"𧥻",讀為"怠"。復旦讀書會疑"口"下當有重文符號,斷句為"皇皇惟謹口=(口,口)生敬"。許文獻通過字形比較後認為是"詞",讀作"皇皇惟謹,詞生詬"④。按:此處漫漶不清,通過和本簡下文"口"字對比,可以看出此字為"口"。今本"口"下沒有重文,復旦讀書會認為下面有的重文符號應是竹簡污漬,且"口生敬,口生詬"句式較為對稱。

---

①劉洪濤《談上博竹書〈武王踐阼〉的機銘》,復旦大學出土文獻與古文字研究中心網 http://www.gwz.fudan.edu.cn/Web/Show/601,2009-01-03。
②何有祖《〈武王踐阼〉小札》,武漢大學簡帛網 http://www.bsm.org.cn/show_article.php?id=945,2009-01-04。
③程燕《〈武王踐阼〉"戶機"考》,復旦大學出土文獻與古文字研究中心網 http://www.gwz.fudan.edu.cn/Web/Show/632,2009-01-06。
④許文獻《上博七〈武王踐阼〉校讀札記二則》,復旦大學出土文獻與古文字研究中心網 http://www.gwz.fudan.edu.cn/Web/Show/737,2009-09-31。

"旨",整理者、復旦讀書會釋作"訡",讀為"詬",意思為恥辱。郝士宏認為應是"怠",今本可能由於旨、訡二字形近而誤寫①。劉洪濤認為"旨"讀爲危殆之"殆"和作"訡"讀爲詬辱之"詬"都講得通,在沒有確切證據表明何者爲誤的情況下,可隨本②。按:郝說可信,"敬"與"怠"對舉在傳世文獻與簡本中常見。關於"旨"字字形的討論詳見施謝捷《說"旨(訡旨弓)"與相關諸字(上)》③。對比"旨"與簡4"怠"字,二字相近,不同在於"旨"下面沒有從"心",故很可能是由於字形相近而誤寫。"怠",意為輕慢。《說文·心部》:"怠,慢也。"

"慎之口口",整理者解釋為"慎於言辭",可從。

〔4〕檻,整理者讀為"鑑",可從。按:"檻",《說文·木部》:"檻,櫳也。一曰圈。"段玉裁注:"圈者,養嘼之閑。"此義與銘文不符。"鑑",《說文·金部》:"鑑,大盆也。一曰監諸,可以取明水於月。""檻"匣紐,"鑑"見紐,兩字同屬談部,聲音可通。"鑑",在簡中之意為鏡。《左傳·莊公二十一年》:"鄭伯之享王也,王以后之鞶鑑予之。"今本作"鑑之銘曰:'見爾前,慮爾後'。"簡本與今本此句意思大致相同。

【譯文】

席後左角寫到:"睡覺輾轉反側之時,也不可以不記住"。席後右角寫到:"前人的失敗離現在不遠,看看你所替代的商朝。"在門的轉軸上刻銘為:"要有所顧慮,說話要謹慎。嘴裏說出的話能產生敬,也能產生輕慢。要慎於言辭。"在鏡上銘刻着:"看見事物表面的現象,一定要考慮它背後的聯繫。"

【英譯】

The bottom left corner of the mat was engraved with "Do not

---

① 郝士宏《再讀〈武王踐阼〉小記二則》,復旦大學出土文獻與古文字研究中心網 http://www.gwz.fudan.edu.cn/Web/Show/630,2009-01-06。

② 劉洪濤《試說〈武王踐阼〉的機銘》(修訂),武漢大學簡帛網 http://www.bsm.org.cn/show_article.php?id=1068,2009-06-07。

③ 施謝捷《說"旨(訡旨弓)"與相關諸字(上)》,《出土文獻與傳世文獻的詮釋——紀念譚樸森先生逝世兩週年國際學術研討會論文集》,上海古籍出版社,2010年,頁47-66。

ever forget the **doctrines**〔dào 道〕even when you toss and turn in bed."

The bottom right corner of the mat was engraved with "Look back on the Shang Dynasty you defeat. Their failure is not too long from now."

The door hinge was engraved with "Look before you leap, keep chains on your tongue. The words out of your mouth may not only give birth《to the sense of respect but also be the source of arrogance. Be prudent of what you say ."

The bronze mirror① was engraved with "You must look beneath the surface of things."

【簡文 7】

【盥】鑑銘曰:"與其溺於人,寍(寧)溺=於=宋(淵)=(溺於淵,溺於淵)猶可遊,溺於人不可求(救)。"〔1〕桯(楹)銘雁(言)【曰】:"毋曰可(何)惕(傷),亓祡(其禍)將長。【簡 8】〔2〕【毋】曰亞(惡)害,亓祡(其禍)將大。毋曰何戔(殘),亓祡(其禍)將言(延)。"〔3〕

【註釋】

〔1〕【盥】,福田哲之認為簡前可能殘缺的字為"盥"②。今本作"盥槃之銘曰",該篇十五枚竹簡首端皆殘,依今本補之。

"鑾",整理者釋為"鑑",讀作"盤"。復旦讀書會釋作"鑑",讀為"盥"。劉洪濤、何有祖認為"鑾"從"金"從"安"從"皿",讀為"盥"③。張振謙釋作"鎠",讀為"盤"④。按:從字形看,整理者釋作"鑑"較為合理。之前學者讀為"盥",可能沒有考慮此簡首字殘缺應補一字的背景。"鑾"字右上角

---

①A large water tank of which ancient people use the water surface as a mirror.
②見前文所引福田哲之《〈上博七·武王踐阼〉簡 6、簡 8 簡首缺字說》。
③何有祖《上博七〈武王踐阼〉"盥"字補釋》,武漢大學簡帛網 http://www.gwz.fudan.edu.cn/bsm.org.cn/show_article.php? id=935,2009-1-2。
④見前文所引張振謙《〈上博七·武王踐阼〉劄記四則》。

部件與"安"差距較大。據劉洪濤考證,《民之父母》與本篇應是一人書寫①。我們將《民之父母》中的"安"字("[字]"、"[字]"等)與"[字]"比較,"安"字下面作"[字]"、"[字]"等,與"[字]"下半部分"[字]"方向不符。另外,"[字]"字上半部分是否從"宀"有待考證,該字上半部分左撇的方向比楚簡"宀"左撇要垂直一些,所以張振謙認為該字右邊從"凡"是有道理的。依今本內容,該字也應該是"盤",與上文殘缺"盥"字組合,恰好與今本吻合。

"[字]",整理者釋作"㝱",讀為"淵"。陳立從之②。程燕釋作"深","深"在傳世文獻裏有"深淵"之意③。許文獻釋作"沱",表水流狀④。"海天"疑為"泉"字,並舉《三體石經》"泉"字證之⑤。周宏偉認為是"池"的異寫⑥。李詠健釋作"𠩺",即"井"字⑦。賴怡璇認為此字與傳抄古文的"雨"字相近,但"溺於雨"文意不通,該字或為"水","宀"為贅符⑧。按:該字應釋作"淵"。該字雖與郭店簡"深"字接近,但"深"為書紐侵部,與銘文押的真韻相差較遠⑨。從押韻角度看,"淵"為影紐真部,與"人"同屬真部。從字形上分析,"淵"在戰國文字或傳抄古文中一般為"水"加"口",如郭店簡"[字]",《汗簡》"[字]",《古文四聲韻》"[字]";或是"水"在深谷之形,周圍筆畫未連在一起,如:長沙子彈庫帛書作"[字]",子淵戈

---

① 見前文所引劉洪濤《〈民之父母〉、〈武王踐阼〉合編一卷說》。
② 陳立《試以上博簡(七)之文字與〈說文〉古文字形合證》,復旦大學出土文獻與古文字研究中心網 http://www.gwz.fudan.edu.cn/Web/Show/1361,2011-1-7。
③ 見前文所引程燕《上博七〈武王踐阼〉考釋二則》。
④ 許文獻《上博七"沱"字與〈詩經〉"江有汜"篇詁訓試說》,武漢大學簡帛網 http://www.bsm.org.cn/show_article.php?id=1011,2009-3-31。
⑤ 海天《上博七〈武王踐阼〉考釋二則》回帖三樓,復旦大學出土文獻與古文字研究中心網 http://www.gwz.fudan.edu.cn/Web/Show/607,2009-2-19。
⑥ 周宏偉《也說上博七"沱"字之義》,武漢大學簡帛網 http://www.bsm.org.cn/show_article.php?id=1023,2009-4-14。
⑦ 李詠健《〈上博七·武王踐阼〉"寧溺於井"說》,武漢大學簡帛網 http://www.bsm.org.cn/show_article.php?id=1458,2011-4-14。
⑧ 賴怡璇《戰國楚簡文字考釋五則》,《出土文獻(第十輯)》,中西書局,2017年4月,頁97-104。
⑨ 郭店簡"深"字有兩種寫法,一種為"[字]"、"[字]",另一種為"[字]"。

作"▨","▨"與本簡"▨"字很接近,為此字釋作"淵"提供一條旁證,但是先秦文字中只此一例,尚待新材料證明。今本作"與其溺於人也,寧溺於淵"與此相合。

〔2〕"㹪",整理者讀為"楹",復旦讀書會從之。按:可讀為"楹"。今本作"楹之銘曰:'毋曰胡殘,其禍將然。'","㹪"定紐耕部①,"楹"喻紐耕部,二字韻部相同。

"▨",整理者釋為"母",讀為"誨"。復旦讀書會釋為"隹"(唯),認為下脫"曰"字。陳偉釋作"雁",讀為"應",後又改讀為"諺"②。許文獻從陳偉說,但是結合傳世文獻進一步提出應讀為"言"③。楊宋鋒隸作"䧹",讀為"焉"④。按:許說可信。從字形上看,簡8上的字形與"隹"接近,但是類似的字形同樣出現在簡9和簡10上,分別作"▨"和"▨",這兩個字更接近於"雁"。從句式上觀察,這三個字所在位置都在"器物名+'銘'字"之後,"曰"字之前(簡8似缺"曰"字)。所以這三個字應是一個字的不同寫法,陳偉釋作"雁"十分恰當,但是銘文內容為警戒武王自身,與"諺"這一內容似乎關係不大,故讀為"言"。

"▨",整理者釋作"㥁",讀為"懲"。簡9中該字還有兩個字形分別作"▨"和"▨"。復旦讀書會釋作"祡",讀作"禍"。張振謙隸定為"禜"⑤,劉雲隸作"祂"⑥,皆讀為"禍"。小龍認為是"亓祡"合文⑦。按:小龍觀點較為準確。"亓"與"祡"共用中間一豎筆,如此亦與今本"其禍將×"的句式

---

① "㹪"還可屬透紐。參看唐作藩《上古音手冊》(增訂本),中華書局,2013年,頁155。
② 陳偉《〈武王踐阼〉"應曰"試說》,武漢大學簡帛網 http://www.bsm.org.cn/show_article.php?id=947,2009-1-4。後作者改讀為"諺",見《〈武王踐阼〉"應曰"應是"諺曰"》,武漢大學簡帛論壇 http://www.bsm.org.cn/bbs/read.php?tid=1561&fpage=26,2009-1-4。
③ 見前文所引許文獻《上博七〈武王踐阼〉校讀札記二則》。
④ 見前文所引楊宋鋒《楚簡〈上博七·武王踐阼〉字詞研究》。
⑤ 見前文所引張振謙《〈上博七·武王踐阼〉劄記四則》。
⑥ 劉雲《上博七詞義五札》,武漢大學簡帛網 http://www.bsm.org.cn/show_article.php?id=1004,2009-3-14。
⑦ 小龍《論〈武王踐阼〉之"祡"應為"亓祡"》,復旦大學出土文獻與古文字研究中心網 http://www.gwz.fudan.edu.cn/Web/Show/727,2009-3-19。

相合,"禍"字在郭店簡中作"󰀀"、楚帛書中作"󰀁",以往學者將簡中該字的上面兩橫分析為羨符恐為不妥。

〔3〕簡9首字殘缺,依上下並列句式可知,所缺字應為"毋",今補。

"亞",整理者讀為"胡",可從。按:"胡"影紐魚部,"胡"匣紐魚部。二字聲韻相同,可通。今本作"毋曰何害,其禍將大",可證。

"言",整理者讀為"延",劉雲從之①。復旦讀書會讀為"然"。按:本文讚同整理者說,讀作"延"。"言"疑紐元部,"延"喻紐元部,"然"日紐元部,"延"與"言"聲韻關係更為密切。古書中也有互為通假的情況,劉雲已舉例證之。今本雖作"毋曰胡殘,其禍將然",但從簡文上下兩句可知,"延"表示"長、遠"的意思與前句"長"、"大"的關係更為緊密,三個詞均可表程度。《尚書·召誥》:"我不敢告曰:有夏服天命,惟有歷年;我不敢告曰:不其延。"孫星衍疏引《釋詁》云:"延,長也。"

【釋文】

在盥盤②上刻着:"與其陷入百姓的口舌中,不如陷於深水裏。陷於深水裏還可以游泳,陷入百姓的口舌就不能援救了。"在柱子上刻着:"不要說:'有什麼妨害呢?'那禍患就將會深遠了;不要說:'有什麼禍害呢?'那災禍就將會擴大;不要說:'有什麼傷害呢?'那災禍就將會形成。"③

【英譯】

The bronze dish was engraved with "Instead of stumbling into people's complaints, it's better to drown into the deep pools. Because you can swim away the pools but cannot do that in people's complaints."

The pillar was engraved with "Do not say: 'is it detrimental to

---

① 見前文所引劉雲《上博七詞義五札》"(一)"中內容。
② 盥盤,亦作"盥槃",古代承接盥洗棄水的器皿。
③ 高明認為"然"通"燃",解釋為"燃燒",恐不合文意。詳見《大戴禮記今註今譯》,臺灣商務印書館,1977年第二版,頁218。

anything?' Otherwise, the disaster will be profound; do not say: 'is there any calamity?' Otherwise, the disaster will be amplified; do not say: 'does it make any damage?' Otherwise, the disaster will be developed."

【簡文 8】

桯(杖)銘雁(言)曰:"亞(惡)㞢=(危)?(危)於忿連(戾)。⁽¹⁾亞(惡)迷=道=(失道)?(失道)於脂(嗜)欲。亞(惡)【忘=】(忘)?(忘)【簡9】於貴富。"⁽²⁾卣(牖)銘雁(言)曰:"立(位)難㝵(得)而惕(易)迷(失),士難㝵(得)而惕(易)挲(外):無堇(勤)弗志,曰余知之。毋【簡10】堇(勤)弗及,曰余枳之。"⁽³⁾

【註釋】

〔1〕"桯",整理者釋為"枳"。復旦讀書會認為是"杖","枳"與"杖"可能是一字分化。劉洪濤讀為"卮",認為卮器"虛則欹,中則正,滿則覆"的特點與銘文相合①。後又隸作"枳","枳"與"枝"音近,今本"杖"應爲"枝"字混訛②。劉信芳認為"枳"讀爲"枝",包山簡中的"樻枳"為杖名的可能性較大③。劉雲認為"枳(策)"先被同音字"枝(策)"替換,再訛變為意思上更常見的"杖"④。賴怡璇認為"枳"讀為"枝",訓為"木柱"⑤。按:"▨"字左側為"木"已無爭議,而右側部件已漫漶不清。以往學者大多釋為"枳"是正確的,"枳"在包山簡中作"▨"、"▨"、"▨"⑥,信陽簡中作"▨",與此字右邊構造相似。本文同意劉洪濤、劉雲對此字演變的推斷。今本作"杖"可證,黃懷信認為"杖"意為"杖以扶危助道,故銘之以自戒

---

①劉洪濤《談上博竹書〈武王踐阼〉的器名"枳"》,武漢大學簡帛網 http://www.bsm.org.cn/show_article.php? id=926,2009-1-1。

②見前文所引劉洪濤《試說〈武王踐阼〉的機銘》(修訂)。

③見前文所引劉信芳《〈上博藏(七)〉試說(之三)》。

④見前文所引劉雲《上博七詞義五札》"(二)"中內容。

⑤見前文所引賴怡璇《戰國楚簡文字考釋五則》。

⑥見前文所引《包山楚墓文字全編》,頁213。下文"危"字見此書頁374、472。

也"①。

"卫",整理者認為是古"跪"字,讀為"危",可參見程燕《"坐"、"跪"同源考》②。

"忿連",整理者讀作"忿縺",意思為"結怨不解"。復旦讀書會讀為"忿戾",郭店簡《尊德義》有:"濫忿繺（䜌）",周鳳五、陳偉、李零等讀為"忿戾"。今本作"惡乎危？於忿疐"。"忿疐"與"忿戾"意義相近,今依據郭店簡《尊德義》整理釋文讀為"忿戾"。

〔2〕"逳",即"失"字。趙平安認為"逳"是甲骨文"𡴂"演變而來,是"逸"的本字③。"逸"喻紐質部,"失"書紐質部,二字音義相近。

"脂",整理者讀為"嗜",可從。今本作"杖之銘曰:'惡乎危？於忿疐。惡乎失道？於嗜慾。惡乎相忘？於富貴。'"

"忘",首字殘缺,整理者依今本補為"忘",可從。復旦讀書會補為"相忘"不確,15 枚簡長度都在 42 釐米左右,據其他簡可知本簡首字應只殘缺一字。

〔3〕"卣",整理者讀為"牖"。復旦讀書會從之。劉洪濤認為是"戶"④。按:整理者讀為"牖"可從。此字與上博簡《周易》中"利又（有）卣（攸）往"的"卣"字寫法相同,今本內容中與簡中銘文相似的器物作"戶","戶"匣紐魚部,"牖"喻紐幽部,聲紐都屬喉音,韻部不遠可通。"牖",木窗。《說文·片部》:"穿壁以木為交窗也。"段玉裁注:"交窗者,以木橫直為之,即今之窗也。在墻曰牖,在屋曰窗。"《玉篇·片部》:"牖,牕牖也。"

"立",整理者讀為"位",可從。復旦讀書會認為今本作"名"或出自不同來源。

---

① 黃懷信撰《大戴禮記彙校集註》,三秦出版社,2005 年,頁 659。
② 程燕《"坐"、"跪"同源考》,《古文字研究（第二十九輯）》,中華書局,2012 年,頁 641-643。
③ 趙平安《戰國文字的"逳"與甲骨文"𡴂"為一字說》,《新出簡帛與古文字古文獻研究》,商務印書館,2009 年,頁 42-46。
④ 劉洪濤《上博竹書〈武王踐阼〉所謂"卣"字應釋為"戶"》,武漢大學簡帛網 http://www.bsm.org.cn/show_article.php? id＝1003,2009-3-14。

"𨒌",整理者讀為"外"。復旦讀書會認為"外"有"疏遠"之意。陳偉①、何有祖②分别讀為"間",意思為離間。陳志向以韻部考察,"失"質部,"外"月部兩者韻部相近③。按:本文讀作"外"。"外"屬月部,"失"屬質部,上下文押韻,而"間"屬元部,和上一句"失"字韻部相差較遠。"外"理解為"疏遠"也可講通。

"堇",整理者讀為"勤",意為"勞"。今本作"夫名難得而易失,無懃弗志,而曰我知之乎?"可證。

"【堇(勤)弗及,曰余枳之。】",整理者補為:"堇(勤)弗及,曰余柜之。"按:簡10後有殘簡,今本作"無懃弗志,而曰我知之乎?無懃弗及,而曰我杖之乎?"孔廣森認為:"杖,朱子謂別本作'枝',今以韻讀之,當從枝字。"④孔說可從。今據今本和簡本内容補之。

【譯文】

在手杖上刻寫着:"在哪裏會危險呢?危險在於憤怒;在哪裏會失去'道'呢?在嗜好與欲望中失去;在哪裏會忘記呢?在富貴中忘懷。"在木窗上刻寫着:"君主之位難以獲得卻容易失去;天下士子難以得到卻容易疏遠。不竭盡心力就不能記住(經驗教訓)⑤,卻還能說我知道了嗎?【不竭盡心力就不能力及成事,卻還能說我擔當得起嗎?⑥】"

【英譯】

The walking stick was engraved with "Where is the danger? It lurks in anger. Where will you abandon the doctrines? In your greed and propensities. Where will you forget the doctrines? In the wealth

---

① 見前文所引陳偉《讀〈武王踐阼〉小札》。
② 見前文所引何有祖《〈武王踐阼〉小札》。
③ 陳志向《〈上博(七)·武王踐阼〉韻讀》,復旦大學出土文獻與古文字研究中心網http://www.gwz.fudan.edu.cn/Web/Show/638,2009-1-8。
④ 孔廣森《大戴禮記補註》,中華書局,2013年。
⑤ "志",本文認為通"誌",記住的意思。《荀子·子道》:"孔子曰:'由志之,吾語女。'"高明認為是"記"的意思。
⑥ "枳",高明認為"枝"是支持的意思。

and honor."

The wood window was engraved with "The throne of sovereign is more easily obtained than maintained. Literates in the country are hard to find but can be estranged easily. You cannot remember these lessons without complete dedication. If not, can you say you have already understood? You cannot achieve great success if you do not try your best. If not, can you say you can bear the responsibility?"

【簡文 9】

乙本

武王甹(問)於大(太)公姪(望)曰:"亦又(有)不淔(盈)於十言而百殜(世)不遊(失)之道,又(有)之虐(乎)?"[1]大(太)公姪(望)倉(答)曰:"又(有)。"武王曰:"丌(其)道可旻(得)【簡 11】【以】甹(聞)虐(乎)?"大(太)公姪(望)倉(答)曰:"身則君之臣,道則聖人之道。君齋,酒(將)道之;君不祈,則弗道。"武王齋七日,大(太)【簡 12】【公】姪(望)弄(奉)丹箸(書)以朝。[2]

【註釋】

〔1〕"甹",整理者讀為"聞"不確,當讀為"問"。

"亦",連詞,相當於"假如"。清·吳昌瑩《經詞衍釋》卷三:"亦,義同且,且訓為若,故亦又有若義。"《詩·小雅·雨無正》:"云不可使,得罪於天子。亦云可使,怨及朋友。"

"淔",整理者讀為"盈",並引《集韻》:"淔與逞同"。《說文通訓定聲》:"逞,與盈通。"可從。"淔"有"滿"的意思,這裏理解為"超過",《篇海類編·器用類·皿部》:"盈,過曰盈。"

"言",這裏指口語或文章中的句子。《論語·為政》:"《詩》三百,一言以蔽之,曰'思無邪'。"

〔2〕簡 12 首字殘缺,整理者補為"以",從殘存字形看可信。

簡 13 首字殘缺,整理者補為"公",與上簡可連讀為"太公望"。

【譯文】

乙本

武王向太公望問道:"假如有不超過十句話卻能使國運百世不喪失的'道',有嗎?"太公望回答說:"有。"武王說:"這樣的'道'可以得到並知道嗎?"太公望回答說:"我身為君王您的臣子,'道'則是聖人的言教。君王進行齋戒,則將'道'傳授給您,如果不齋戒的話,就不傳授給您。"武王齋戒七天,(七天後),太公望雙手捧着丹書來朝見。

【英譯】

The Second Version

King Wu asked Taigong① Wang: "Suppose that there exist the **doctrines**〔dào 道〕, which can be concluded with no more than ten sentences to proper our country for a hundred generations?"

Taigong Wang answered: "Yes."

King Wu then asked: "Could I learn such **doctrines**〔dào 道〕and understand them?"

Taigong Wang answered: "I'm your majesty's subordinates, but the doctrines are precepts from sages. Your majesty should observe a fast first. After that, I will impart the doctrines to you. If not, I won't impart that."

King Wu observed a fast for seven days. (Seven days later,) Taigong Wang held the Dan Bible with both hands to present.

【簡文 10】

大(太)公南面,武王北面而逡(復),龠(聞)大(太)公倉(答)曰:"丹

---

① One of honorific titles, it usually refers to Jiang Shang. (He is the founder of the state of Qi).

箸(書)之言又(有)之曰:志勮(勝)欲則【簡13】【昌】,欲勮(勝)志則喪;志勮(勝)欲則從,欲勮(勝)志則兇。⁽¹⁾敬勮(勝)怠則吉,怠勮(勝)敬則威(滅)。不敬則不定,弗【簡14】【勥】則桂=(枉)。⁽²⁾(枉)者敗而敬者萬礋(世)。吏(使)民不逆而訓(順)城(成),百姓之為經(聽)。丹箸(書)之言又(有)之。"⁽³⁾【簡15】

【註釋】

〔1〕"志",意念。《說文‧心部》:"志,意也。"楊宋鋒解釋為"志向"。根據下文與"欲"的對比,本文認為"意念"與"私慾"對舉比"志向"與"慾望"的關係更為緊密。

簡14首字殘缺,整理者補為"利"。沈培補為"昌"①。按:沈說可從。郭店簡中"昌"字作"🙂"、"🙂"與本簡殘存筆畫很相似。另外,"昌"屬昌紐陽部,與下文"喪"(陽部)、"從"(東部)、"兇"(東部)可押韻。沈培還引古書中《六韜》:"故義勝欲則昌,欲勝義則亡;敬勝怠則吉,怠勝敬則滅。"《淮南子‧謬稱》:"故情勝欲者昌,欲勝情者亡。"證之。"昌"應為興盛之意。《廣雅‧釋詁二》:"昌,盛也。"與簡文意思相近。

〔2〕"怠",參見上文"怠"字註解。

"定",今本作"正",高明解釋"正"為"依循正道"②。

簡15首字殘,整理者補為"力"。復旦讀書會補為"強",本文作"強"。按:該字僅存下面"力"部,由於該篇首字殘缺,故不能徑直釋為"力",讀書會釋為"勥",十分準確。郭店簡中"勥"作"🙂"、"🙂"、"🙂"等,與本簡殘字下部構件相合。今本作"弗強則枉,弗敬則不正。"亦可證明。"勥"即"強"字,高明在《大戴禮記今註今譯》中解釋為"勉強",本文與其觀點不同。此處應理解為"強大、強盛",《銀雀山漢墓竹簡‧孫臏兵法‧客主人分》:"甲堅兵利不得以為強"。

"桂",整理者讀為"枉",衺曲、凌弱之意。《說文‧木部》:"枉,衺

---

① 沈培《〈上博(柒)〉殘字辨識兩則》,復旦大學出土文獻與古文字研究中心網 http://www.gwz.fudan.edu.cn/Web/Show/598,2009-1-2。

② 高明《大戴禮記今注今譯》,臺灣商務印書館,1977年第二版,頁216。

曲也。"

〔3〕"![字]",整理者釋為"逆"。楊澤生釋為"迕",讀為"眊",意思為"昏瞶、惑亂"①。按：今從整理者說。在郭店簡中與此字形相類的有："![字]"、"![字]"、"![字]"、"![字]"等，故釋為"逆"可從。"逆"為不順從的意思，與順相對，即下文"訓城"（順成）。

"![字]"，整理者釋為"浧"，讀為"聽"。復旦讀書會存疑，懷疑為"經"。禤健聰釋為"緒"，讀為"序"②。按：此字右邊部件漫漶不清，今從原整理者，讀為"聽"。

【譯文】

太公南面而立，武王（向南行走而後折返）北面與太公望相對，聽太公望說道："丹書上有言記載說：'意志戰勝私慾就會昌盛，私慾戰勝意志就會滅亡。意志勝過私慾就會使百姓順從，私慾勝過意志就會產生災禍。恭敬勝過輕慢就會吉祥，輕慢勝過恭敬就會導致滅亡。不恭敬就不能遵循正道，不強大就會不合正道。行為不合正道的人就會失敗，恭敬謹慎的人可使國運達到萬世，使官吏百姓不抵觸而順從，百姓將這些話記於耳中，丹書上這類訓言是有的。'"

【英譯】

Taigong Wang stood facing the south. King Wu walked towards south, then turned north with Taigong Wang face-to-face and listened to him.

Taigong said: "**The Dan Bible** 〔dānshū 丹書〕 is recorded that if the **volition** 〔zhì 志〕 outweighs **greed** 〔yù 欲〕, you will acquire people's obedience and the nation you build will be prosperous; otherwise,

---

① 楊澤生《〈上博七〉補說》，復旦大學出土文獻與古文字研究中心網 http://www.gwz.fudan.edu.cn/Web/Show/656，2009-1-14。
② 禤健聰《上博（七）零劄三則》，武漢大學簡帛網 http://www.bsm.org.cn/show_article.php? id=970，2009-1-4。

you will be implicated in the disaster and cause the extinction of our nation. If **deferential behaviors**〔jìng 敬〕override **duty dereliction**〔dài 怠〕, the nation you build will be propitious; otherwise, it will be doomed to perish. Once you don't have **deferential behaviors**〔jìng 敬〕or aren't capable, you won't follow the correct path. If so, you will end up with failure. On the contrary, the king who is respectable and prudent can lead the nation that he builds be prosperous till hundreds of generations. The subjects will be obedient to them. Common people keep these words in their mind. These doctrines are indeed recorded in **the Dan Bible**〔dānshū 丹書〕."

三、簡帛文獻英譯的相關問題

1.簡帛文獻的整理與今註今譯

以往簡帛文獻的整理報告主要針對專業學者研究，在釋字的基礎上一般徵引較多，目的在於追根溯源或提供盡可能全面的材料，供研究學者判斷。隨着新材料的不斷討論，很多被理解為疑難字、漫漶字、新見字的字形字義逐漸明晰，簡帛文獻的文意漸趨明朗，因此當前做好簡帛文獻的今註今譯是非常必要的，以便其他領域的學者根據今註今譯的內容做相關研究。今注今譯的工作需要我們疏通文字和說明基本含義，並註意簡明扼要的原則。以往學者在此方面做了一些工作，如：劉釗《郭店楚簡校釋》（2005年）、季旭昇《〈上海博物館藏戰國楚竹書（一至四、九）〉讀本》（2004年-2016年）等。

簡帛文獻今譯屬於語內翻譯，關註點應側重於詞語的對應與句子的對應，前者應註意古今詞義的變化，後者需要我們註意文言虛詞的變化及句式的調整，包括詞語順序的調整。在篇章層面的對應上，不僅僅意味着行文謀篇和銜接連貫，它還應包括修辭方式的處理和全文風格的模仿。近年來整理出版的上博簡、清華簡等以語類文獻為主，如：《季庚子問於孔子》、《史蒥問於夫子》、《子犯子餘》、《趙簡子》等，如何做到對話語言的古今對應,並且與文中敘事語言相區別。再如:上博簡《蘭賦》、馬王堆帛書《相馬經》等帶有押韻的語句,如何做到譯文文體與風格與原文相符,如何做到古今韻律、格調相一致,這些問題值得我們進一步思考。此外,古文今譯要關註簡帛文獻中的典故問題。如本篇文獻中所提到的"丹書",做今譯工作時應準確指出原文所指,這樣方便讀者理解。

今註今譯是簡帛文獻英譯的基礎。與傳統的典籍翻譯不同,簡帛文獻英譯的前提是對古文字形音義和先秦兩漢傳世文獻的理解。其次,簡帛文獻涉及多個領域,所載文獻今多已不存,且簡帛殘損較為嚴重,因此今註今譯要盡量保證文獻的完整全面,殘損較為嚴重的也應適當補充,讓其他領域學者讀起來清楚明白。

2. 簡帛文獻英譯的相關問題

2.1 關鍵術語的"綜合性註釋"作為譯文正文的必要補充

簡帛文獻中的基本術語與關鍵詞語通常含義極為豐富,難以在文中給出完整而確切的印象。如:簡帛中《老子》的基本術語"道",在以往翻譯中就有:Tao,Dao,Way,Road,Principle,Universal law,Natural law,Nature 等等。簡帛中的專有名詞、專門術語、典故等若只針對於詞的英漢對應,則會造成誤解。王宏印提出"綜合性註釋"的觀點,即在查閱眾多資料的基礎上,對一個條目術語進行綜合性的條目註釋,這樣可以為整部作品的翻譯提供一個認識基礎或者確定一個翻譯基調[①]。簡帛英譯所編寫的條目應說明它的來源、所指、補充的含義以及可能的引申義等等,提供一個基本的語義場,以方便讀者對整篇文獻的理解。顧史考在 *The Bamboo Texts of Guodian*: *A Study & Complete Translation* 一書中對於郭店楚簡的英譯也大致用了這種辦法,值得我們借鑒。

2.2 英文基本術語的對應與闡釋應明確有序

[①] 王宏印《中國文化典籍翻譯論綱》,《典籍翻譯研究》(第六輯),外語教學與研究出版社,2013 年,頁 10-17。

要確定一個簡帛中的術語如何翻譯，王宏印在《中國文化典籍英譯》一書中針對典籍基本術語的翻譯提出五方面內容①：

(1)語源知識：既考慮到原文語源，也考慮到譯文語源，盡量謀求對應關係。

(2)基本定義：基本定義應符合科學原理和範疇要求，並可衍生若干新意義。

(3)搭配關係：主要指適應句法變化的要求，但也可指較為固定的搭配關係。

(4)語境變異：語境變異的要點是簡潔與指代。應適合語篇構成和交際語境。

(5)系統構建：主要指一個詞語在作者整體理論構建中的不同語義層次，應完整而和諧。

比如：本篇中提到的"聖人"一詞，《柯林斯高階英漢雙解學習詞典》中對於"聖人"一詞的英文有兩個詞：Saint，Sage。而"Saint"主要指基督教會正式追封的聖人或者指活着的人中極為善良無私者（表讚許）②。顯然與文中所表達的意思不一致，所以不可採用。"Sage"與漢語"聖人"中一個義項"指品德最高尚、智慧最高超的人"意思相近，故可選用作為基本定義。在英譯選用"Sage"時應根據漢語"聖人"一詞在不同篇章中的不同義項加限定詞、加註釋或尋求固定搭配。

2.3 句子翻譯應註重表意明確，英漢差異

出土文獻的很多概念翻譯為英文後恐意義不明確，可以在對應單詞後面加入拼音與漢字，可增強典籍標誌的符號性和翻譯的嚴肅性。針對英漢互譯的不同特點，前輩學者連淑能曾在《英漢對比研究》一書中總結出十項，較為全面，值得我們在簡帛翻譯時借鑒與注意。它們包

---

① 王宏印《中國文化典籍英譯》，外語教學與研究出版社，2009年，頁18-20。
② 英文解釋如下：(1) A saint is someone who has died and been officially recognized and honored by the Christian church because his or her life was a perfect example of the way Christians should live. (2) If you refer to a living person as a saint, you mean that they are extremely kind, patient, and unselfish.

括：綜合語與分析語（Synthetic vs. Analytic）、聚集與流散（Compact vs. Diffusive）、形合與義合（Hypotactic vs. Paratactic）、繁複與簡短（Complex vs. Simplex）、物稱與人稱（Impersonal vs. Personal）、被動與主動（Passive vs. Active）、靜態與動態（Stative vs. Dynamic）、抽象與具體（Abstract vs. Concrete）、間接與直接（Indirect vs. Direct）、替換與繁複（Substitutive vs. Reiterative）①。

2.4 譯文文體與篇章需作適當調整

簡帛文獻中常見將類似的語句重複出現，翻譯時應避免重複，或將幾句短句譯成一句，或採取加指示代詞等方法。翻譯時可將對話語句和敘事語句分割清楚，作適當調整。簡帛英譯的篇章應基本符合中國文化內涵，也要顧及到西方讀者的感受。如果一成不變地將中國文化因素介紹出去，一是西方讀者不容易理解，二是可能損傷作品的藝術性。相反，完全西化就會違背簡帛文獻的歷史語境，不合邏輯，影響到原作品的翻譯質量。

五、結語

近年來典籍翻譯領域曾有人質疑英譯中國典籍的可靠性，我們認為如果一味強調中華文化博大精深而不去翻譯，這樣就步入不可知論的迷途，會使中西方學術成果無法得到及時的交流。過去的幾十年間，我們不能及時瞭解到西方學者對出土文獻研究成果的重要原因之一，即我們出土文獻的互譯工作沒有做好。我們至今還沒有與出土文獻領域相關的英漢漢英詞典或數據庫，也沒有對與出土文獻以及傳世文獻相關的英文術語進行過統　，這樣在無形之中為我們閱讀一些國外的學術文章或著作時造成了障礙，由此看來，簡帛文獻英譯工作勢在必行。但這並不意味着目前簡帛文獻都可翻譯，我們認為目前的簡帛文獻應分為可譯與不可譯兩部分，不可譯的文獻主要包括字書一類（如北大漢簡《倉頡篇》）等，這類文獻如果英譯就失去字書本來的價值

---

① 參見連淑能《英漢翻譯研究》，高等教育出版社，1993年。

所在。除此之外，大部分簡帛文獻是可以英譯的。這些簡帛文獻的英譯可以與相關傳世文獻的英譯版本相對照，方便中外學者進一步研究。

　　本文選取《武王踐阼》這篇具有代表性的儒家文獻作註釋及英譯，目的在於試以此篇說明簡帛英譯的一些規律及潛在價值。上博簡以儒家文獻為主，而且其中強調的很多概念多有重疊，我們可以進一步在英譯的過程中探索。翻譯猶如藝術創作，重在"化"的領悟，古籍文獻的譯介研究之路還很漫長，其中出土文獻的譯介研究才剛剛起步，因此我們需要夯實閱讀中國古典文獻的基本功，這樣才能在譯介領域真正做到信、達、雅。

Six area chapters of Suànshùshū 筭數書 The Book of Mathematics from Zhangjiashan Han Dynasty tomb 247: Analysis, English translation with notes

周序林　張顯成[1]

Abstract: Six area chapters of Suànshùshū 筭數書 The Book of Mathematics from Zhangjiashan Han Dynasty tomb 247 are translated into English. The translated chapters are Yǐyuáncáifāng 以睘(圜)材方(From circular timber cutting square), Yǐfāng cáiyuán 以方材睘(圜)(From square timber cutting circle), Qǐguǎng 啓廣(Finding width), Qǐzòng 啓從(縱)(Finding length), Fāngtián 方田(Square farmland), and Lǐtián 里田(Farmland measured in lǐ 里). Before translation, some preparatory work is done on six aspects: (1)There are four versions of transcripts, and this study is based on the infrared photographs of the original slips in Zhangjiashan Hanmu zhujian [Ersiqi hao mu]張家山漢墓竹簡[二四七號墓](Bamboo Slips from the Han Dynasty Tomb at Zhangjiashan [Tomb 247]); (2)Some typically Chinese measures occur in the target texts and they are listed as well as their metric equiva-

---

[1] 周序林,西南民族大學文學與新聞傳播學院 副教授 四川成都 610041;西南大學漢語言文獻研究所 博士生 重慶北碚 400715。
張顯成,西南大學漢語言文獻研究所 教授 重慶北碚 400715。

lents; (3) The scribe added original marks on the slips, and researchers added transcription marks and modern Chinese punctuations on the transcript. The appearances and meanings of the marks are elaborated; (4) The slips have two types of serial numbers: archeological grouping number and transcription number, and what the texts carry is the latter; (5) The textual structure of five chapters consists of four parts: the chapter title, problem, answer and algorithmic rule, with Lǐtián 里田 (Farmland measured in lǐ 里) as a special case; And (6) Intercalary September, 186 BCE is the *terminus ante quem*, and the *terminus post quem* could be as early as 356 BCE. Besides, notes are provided to each chapter to facilitate understanding of the texts and translation.

Key words: the book of Mathematics from zhangjiashan Han Dynasty tomb 247; Suàn shù shu; English traslation; notes

Introduction

The site of Zhangjiashan Han Dynasty tomb 247 is situated on the grounds of Jiangling Brick and Tile Factory in Jiangling County (now so-called Jingzhou District of Jingzhou Municipality), Hubei Province, China. It was discovered in December, 1983 and the excavation lasted into January 1984.① Besides other grave goods, a trove of 1,236 bamboo slips (excluding fragments) saw light again after being cleaned, catalogued and preserved. The texts on the slips, which had originally been rolled into scrolls and then become disarranged since the interconnecting cords had gone decayed, were found to be long-lost and previously unknown writings on medical, legal, military and mathematical matters. They are priceless historical documents in re-

---

① JZBWG 1985: Jingzhoudiqū bowuguan (Museum of Jingzhou Region), Jiangling Zhangjiashan sanzuo Hanmu chutu dapi zhujian (The Bamboo Slips Unearthed from Three Han Dynasty Tombs at Zhangjiashan, Jiangling County), Wenwu, (1)1985, p.1. 荊州地區博物館《江陵張家山三座漢墓出土大批竹簡》,《文物》1985 年第 1 期,頁 1。

search of the social and scientific development of early Western Han (Xīhàn 西漢, 206 BCE-9 CE).① The mathematical texts are titled 筭數書 Suànshùshū, or The Book of Mathematics, consist of 190 slips numbered 1-190, ranging 29.6-30.2cm in length, and have 69 chapters.② The chapters fall into 5 categories dealing respectively with fraction, arithmetic, ratio and proportion, surplus and deficit, volume, and area. There are 9 area chapters and they are written on 38 slips numbered 153-190. Six of them are translated into English: Yǐyuáncáifāng 以睘(圜)材方(From circular timber cutting square), Yǐfāngcáiyuán 以方材睘(圜)(From square timber cutting circle), Qǐguǎng 啓廣(Finding width), Qǐzòng 啓從(縱)(Finding length), Fāngtián 方田(Square farmland), and Lǐtián 里田(Farmland measured in lǐ 里).③

1 Preparatory Work

1.1 Four Versions of Transcripts

There are four versions of transcripts for this group of slips.

---

① Zhangjiashan 2006: Zhangjiashan ersiqi hao Hanmu zhujian zhengli xiaozu (Editorial Group for Collation and Arrangement of the Bamboo Slips from Zhangjiashan Han Dynasty Tomb no. 247), ed., Zhangjiashan Hanmu zhujian[Ersiqi hao mu](Shiwen xiudingben) (Bamboo Slips from the Han Dynasty Tomb at Zhangjiashan [Tomb 247](Revised Transcription Edition)), Wenwu chubanshe, 2006, Qianyan 前言(Preface), p.1. 張家山二四七號漢墓竹簡整理小組《張家山漢墓竹簡(二四七號墓)·前言》(釋文修訂本),文物出版社,2006年,頁1。

② See Zhangjiashan 2006, p.131.

③ Zhangjiashan 2001: Zhangjiashan ersiqi hao Hanmu zhujian zhengli xiaozu(Editorial Group for Collation and Arrangement of the Bamboo Slips from Zhangjiashan Han Dynasty Tomb 247), ed, Zhangjiashan Hanmu zhujian[Ersiqi hao mu] (Bamboo Slips from the Han Dynasty Tomb at Zhangjiashan [Tomb 247]),Wenwu chubanshe, 2001, pp.95-98. 張家山二四七號漢墓竹簡整理小組《張家山漢墓竹簡(二四七號墓)》,文物出版社,2001年,頁95-98。

In 2000, Jiangling Zhangjiashan Hanjian zhengli xiaozu 江陵張家山漢簡整理小組 (Editorial Group for Collation and Arrangement of the Bamboo Slips from Jiangling Zhangjiashan Han Dynasty Tombs) published Jiangling Zhangjiashan Hanjian Suànshùshū shiwen 江陵張家山漢簡《算數書》釋文 (Transcription of Bamboo Suànshùshū or A Book of Arithmetic from Jiangling) on Wenwu 文物。①

In 2001, the Editorial Group for Collation and Arrangement of the Bamboo Slips from Zhangjiashan Han Dynasty Tomb 247 published Zhangjiashan Hanmu zhujian [Ersiqi hao mu]張家山漢墓竹簡[二四七號墓] (Bamboo Slips from the Han Dynasty Tomb at Zhangjiashan [Tomb 247]), hereafter referred to as Zhangjiashan 2001. This version contains the infrared photographs of the original slips.

In 2006, the above Editorial Group published the revised and corrected edition of the Zhangjiashan corpus, Zhangjiashan Hanmu zhujian [Ersiqi hao mu] (shiwen xiuding ben)張家山漢墓竹簡[二四七號墓](釋文修訂本)(Bamboo Slips from the Han Dynasty Tomb at Zhangjiashan [Tomb 247] (Revised Transcription Edition)), hereafter, Zhangjiashan 2006.

The fourth was, by 彭浩 Peng Hao, Zhangjiashan Hanjian Suànshùshū zhushi 張家山漢簡《算數書》註釋 (Annotation of Suànshùshū from Zhangjiashan Han Dynasty Bamboo Slips), hereafter, Peng 2001。②

This study is based on the infrared photographs of the original slips contained in Zhangjiashan 2001, with reference to the above four

---

① See Wenwu 2000 (9), pp.78-84.
② Peng 2001: Peng Hao, Zhangjiashan Hanjian *Suanshushu* zhushi (Annotation of *Suanshushu* from Zhangjiashan Han Dynasty Bamboo Slips), Kexue chubanshe, 2001. 彭浩《張家山漢簡〈算數書〉注釋》,科學出版社,2001年。

versions of transcript.

1.2 Measures

Ancient China has its own measure system, which is completely different from western ones and thus novel to westerners. Measures mentioned in the texts under discussion are listed below as well as their approximate metric equivalents。①

Western Han Measures	Approximate Metric Units
Length	
chǐ 尺	23.1 centimeters
cùn 寸	2.31 centimeters
lǐ 里	415.8 meters
bù 步	1.386 meters
Area	
mǔ 畝	461 square meters
qǐng 頃	4.61 hectares

1.3 Marks on the Slips and Transcripts

The scribe made some original marks on the slips when they were copying the texts such as the black square ■ on the top of the verso of slip no. 6,② which indicates the beginning of the overall title of the whole book. As far as the area chapters are concerned, we found the following:

• A black dot

---

①Luo 1994: Luo Zhufeng, ed., Hanyu da cidian(Fulu • suoyin) (Comprehensive Dictionary of the Chinese Language, app. vol.), Hanyu da cidian chubanshe, 1994, p.3.羅竹風主編《漢語大詞典附錄・索引》,漢語大詞典出版社,1994年,頁3。

②See Zhangjianshan 2001, p.83.

It appears twice, on slip nos. 153, 154 respectively. They function as indicating the beginning of the question, and the beginning of the algorithmic rule respectively.

= A reduplication mark

It is meant to repeat the preceding graph. This mark can be seen on slip no. 163 to repeat the preceding graph 實, and on slip nos. 187, 189 to repeat 里.

∠ A mark for reader's attention

It is used for enumeration and to reduce ambiguity.

Researchers add modern Chinese punctuations when they are transcribing the manuscript texts into modern Chinese graphs. The following are typical of Chinese in the area chapters:

。A Chinese full stop

It indicates the end of a statement.

、A comma

It is used for enumeration.

Besides original marks and modern punctuation marks, there are transcription punctuations ① as follows: ②

（）Substitute the preceding character with the one in parentheses because the former is a phonetic loan, variant or ancient form of the latter.

【】According to the context or other texts, a character is provided by researchers which was omitted by the scribe, or marred at the

---

①It is regretful to admit that researchers are divided on the usage of these symbols. We urge the marking system to be unified.

②For the following marks, see Zhang 2014: Zhang Xiancheng, ed., Qinjian zhuzi suoyin (Zengdingben) (Verbatim Indexing of Qin Bamboo Slips (Revised and Enlarged Edition)), Sichuandaxue chubanshe, 2014, Fanli 凡例(How to use the book), p.3.張顯成主編《秦簡逐字索引·凡例》(增訂本),四川大學出版社,2014 年,頁 3。

break-off point.

⟨ ⟩Correction to the preceding character

[ ] A redundancy by the scribe

Amazingly, although the above three types of marks differ in nature, they sometimes coexist in a transcribed text as in

一。求從（縱）術（術）：廣分子乘積分母為法，積分子乘廣分母為實=，（實）如法一步∠。【復之】，節（即）以廣、從（縱）相乘，凡［凡］令分母相乘為法，分子相乘為實=，（實）如法一。₁₆₃

1.4 Slip Number

When the bamboo slips were unearthed from the tomb, archeologists grouped the slips and numbered them according to their placement. Then researchers such aspaleographers collated these slips and numbered them again within the text. ①In the transcribed texts of Suànshùshū 筭數書 The Book of Mathematics, these numbers granted by researchers present themselves as Arabic numerals in smaller font in the right lower hand shown as in

圜材之徑也，因而四之以為實，【七之】，令五而成一。₁₅₅

In the English translation, the symbol (Slip no.155) stands for the slip number.

1.5 Textual Structure

All the six area chapters except Lǐtián 里田（Farmland measured in lǐ 里）are made up of the four parts of a chapter title, problem, answer, and algorithmic rule. Take the chapter of Yǐyuáncáifāng 以圜

---

①Zhang 2004：Zhang Xiancheng, Jianbo wenxianxue tonglun (A General Introduction to Bamboo-silk Bibliography), Zhonghua shuju, 2004, pp.447-452.張顯成《簡帛文獻學通論》，中華書局，2004 年，頁 447-452。

(圜)材方(From circular timber cutting square)(Slip no. 153) for example:

 Chapter title:以睘(圜)材方

 Problem:以圜材為方材,曰大四韋(圍)二寸廿五分寸十四,・為方材幾何?

 Answer:曰:方七寸五分寸三。

 Algorithmic rule:術曰:因而五之為實,令七而一,四【而一】。

We will have to say that the chapter of Qǐzòng 啓從(縱)(Finding length) has something more: After the above four parts are laid out, a way of checking the computation is provided, and then two examples follow with an algorithmic rule and verifying method.

The chapter of Lǐtián 里田(Farmland measured in lǐ 里) is a special case: chapter title plus general algorithmic rule plus example question and answer plus two specific algorithmic rules plus one general regulation.

1.6 Dating

It is always brain-racking to date the chapters since they do not carry a date on them, but some clues would help us trace their origin. Firstly, excavated with Suànshùshū 筭數書 The Book of Mathematics was Lìpǔ 歷譜 The Calendar, which is of diary nature[①]on a monthly basis and is an important source to determine the dynasty of the texts excavated from tomb 247. The calendar lasted from Hangaozu Wunian Siyue 漢高祖五年四月 (lunar April, Fifth Year of Emperor Gaozu,

---

①Zhu and Chen 2010: Zhu Hanmin, and Chen Songchang, eds., Yuelu shuyuan cang Qinjian (yi) (Qin Bamboo Slips Collected by Yuelu Academy, vol. 1), Shanghai cishu chubanshe, 2010, Qianyan 前言(Preface), p.47. 朱漢民,陳松長主編《嶽麓書院藏秦簡・壹》(前言),上海辭書出版社,2010年,頁47。

namely lunar April, 202 BCE) to Lühou Ernian Houjiuyue 呂后二年後九月 (intercalary September, Second Year of Empress Lü, namely intercalary September, 186 BCE). The tomb occupant must have died and been buried in intercalary September, 186 BCE, or very soon later. We thus can determine with certainty that intercalary September, 186 BCE is the *terminus ante quem* of the area chapters, and of Suànshùshū 筭數書 The Book of Mathematics as well. Secondly, the measure unit mǔ 畝 reveals some chronological reference. Mǔ 畝 is applied to measure the area of farmland. Historically speaking, it differed in the amount of bù 步. In Zhou Dynasty (Zhou 周, ca. 1045-256 BCE), one mǔ 畝 had 100 square bù 步. In his Reform, which began in 356 BCE, Shang Yang 商鞅 (ca. 390-338 BCE) changed it into 240 square bù 步 in his kingdom. Since then, the two systems of 100 square bù 步 and 240 square bù 步 in one mǔ 畝 coexisted until Emperor Wu （Wudi 武帝, 140-87 BCE in reign ）of Western Han Dynasty (Xihan 西漢, 206 BCE-9 CE) ordered only 240 square bù 步 in one mǔ 畝 to be accepted. Mǔ 畝 appears in four of the six area chapters translated in this paper: Qǐguǎng 啓廣 (Finding width), Qǐzòng 啓從(縱)(Finding length), Fāngtián 方田 (Square farmland), and Lǐtián 里田 (Farmland measured in lǐ 里). Each mǔ 畝 in these chapters has 240 bù 步. So we say that the four chapters could not have been invented before 356 BCE.

2 English Translation, with Notes

2.1 以睘(圓)材方　以圜材為方材,曰大四韋(圍)二寸廿五分寸十四,‧為方材幾何？曰：方七寸五分寸三。術曰：因而五之為實,令七而一,四【而一】。[153]

Yǐyuáncáifāng 以睘（圜）材方（From circular timber cutting square）

Cut a circular piece of timber into a square piece of timber，say，which is four wéi 圍[1] two cùn 寸[2] and fourteen twenty-fifths of one cùn 寸[2] in circumference. Then what is the side of the square timber? The answer says：The side of the square is seven cùn 寸 and three fifths of one cùn 寸. The algorithmic rule says：Multiply the circumference with five[4] as shí 實(the dividend)[5]，and divide by seven[6] and then by four.[7] (Slip no. 153)

Notes：
(1)Similar to the rule of thumb in the West，early Chinese people used their body parts or the actions of the body parts as standards to measure，such as the feet，hands and arms. Wéi 圍 is the circumference of the enclosure either by one's thumbs and forefingers，or by one's arms. And here in this chapter，one wéi 圍 is equal to one chǐ 尺，or ten cùn 寸。①

(2)Cùn 寸 is a measure in Chinese mathematics，which is equal to 2.31cm in Western Han dynasty. One of the graph's ancient forms is ᘜ：ᘜ looks like the hand and forearm，and the horizontal stroke 一 signifies that the length，which begins at the posterior palm，ends at the anterior radius as illustrated below. Such a length is one cùn 寸。② Measures based on cùn 寸 are fēn 分，chǐ 尺 and zhàng 丈：

1cùn 寸＝10 fēn 分＝ 0.1 chǐ 尺＝ 0.01 zhàng 丈.

---

① See Peng 2001，p.111.
② Duan 2006：Duan Yucai(1735-1815 CE），Shuowenjiezi zhu (Commentaries on *Shuowenjiezi*），Zhejiang guji chubanshe，2006，p.121.段玉裁《說文解字注・寸部》，浙江古籍出版社，2006 年，頁 121。

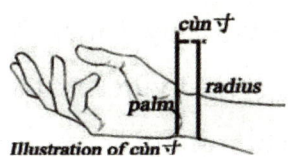
Illustration of cùn 寸

(3) In this translation, numbers are not put in Arabic numerals but in letters because the former is likely to mislead some readers: they would have the impression that the Arabic numerals had been introduced into China at the time of Suànshùshū 筭數書 The Book of Mathematics, which is not the case.

The literal meaning of 二寸廿五分寸十四 (èrcùn niànwǔ fēn cùn shísì) is two cùn 寸 and fourteen parts of one cùn 寸 divided into twenty-fifths. It is not translated into two and fourteen twenty-fifths cùn 寸 because we intend to maintain the features of early Chinese mathematics: It is closely related to practice and of utilitarian purpose, and thus it is abundant in concreteness rather than abstractness.

(4) 五之 (wǔzhī) means five times something, and here five times the circumference. This is a technical term to do multiplication in traditional Chinese mathematics. More examples are: 四之 (sìzhī) (Slip no. 155) four times the side, 三之 (sānzhī) three times one lǐ 里 (Slip no. 187).

(5) Shí 實 is a technical term of traditional Chinese mathematics, which refers to the dividend. The original meaning of shí 實 is wealthy,[1] and is extended to wealth, and further to any substances. Because of the features of early Chinese mathematics (see above), all things to be divided are real substances (shí 實), such as timber, farmland. So the dividend is referred to as shí 實 substance.

(6) 七而一 (qīéryī) means to divide by seven. This is a technical term to do division in traditional Chinese mathematics. Another ex-

---

[1] See Duan 2006, p.340.

ample: 四而一 (sìéryī) divide by four. A variant occurs on Slip no. 155: 五而成一 (wǔérchéngyī) divide by five.

(7) The creator of this chapter intended to find the side of the square inscribed in a circle shown in Fig. 1. He knew that the ratio between the leg (a) and the base (d) of the right angled isosceles triangle ABC is 5:7, but took it for granted that the ratio between the perimeter of the square ABCD and the circumference of the circle should be the same. That is why he multiplied the circumference (c = $42\frac{14}{25}$ cùn) of the circle by 5 and divided by 7 in order to get the perimeter of the square. By dividing the perimeter with 4 he thought he had found the side of the square. Namely,

$$\frac{4a}{c} = \frac{5}{7}$$

$$a = c \times \frac{5}{7} \div 4 = 42\frac{14}{25} \times 5 \div 7 \div 4 = 7\frac{3}{5} \text{ (cùn)}$$

However, the correct solution should be:

$$\frac{a}{d} = \frac{5}{7}$$

$$a = \frac{5}{7} \times \frac{c}{\pi} = \frac{5}{7} \times \frac{42\frac{14}{25}}{3} = 10\frac{14}{105} \text{ (cùn)} \ (\pi \approx 3)$$

Fig. 1 From circular wood cutting square

2.2 以方材罬(圜) 以方為圜,曰材方七寸五分寸三,為圜材幾何？曰:四韋(圍)二寸廿五分十四。•術曰:方材之一面即 [154]

圜材之徑也，因而四之以為實，【七之】，令五而成一。155

Yǐfāngcáiyuán 以方材瞏（圜）(From square timber cutting circle)

From a square piece of timber cut a circular piece of timber, say, whose side is seven cùn 寸 and three fifths of one cùn 寸. Then what is the circumference of the circular timber? The answer says: Four wéi 圍 two cùn 寸 and fourteen twenty-fifths[1]. The algorithmic rule says: One side of the square timber is (Slip no. 154) the diameter of the circular timber, so multiply the side with four to make shí 實 (the dividend), multiply with seven, and divide by five.[2] (Slip no. 155)

Notes：

(1) 廿五分十四 (niànwǔ fēn shísì) is a second way to express fraction, in which the measure cùn 寸 is omitted. This expression of fraction steps forward to abstractness. That the expressions of fraction are varied, not standardized reveals that Chinese mathematics at the time of Suànshùshū 筭數書 The Book of Mathematics, is still at its early stage.

(2) The creator of this chapter intended this chapter and the previous one to be converse sentences, but he is wrong at two points: firstly, what he wanted is a circumscribed circle of a square ABCD (see Fig. 1) while what the text indicates is an inscribed circle of a square ABCD (see Fig. 2); secondly, he knew that the ratio between the leg (a) and the base (d) of the right angled isosceles triangle ABC is 5:7, but wrongly believed that the ratio between the perimeter of the square ABCD and the circumference of the circle should be the same (see Fig. 1). That is why he multiplied the side ($a = 7\frac{3}{5}$ cùn) by

4 in order to obtain the perimeter of the square ABCD, and multiplied the perimeter by 7 and divided by 5 in order to get the circumference of the circle. Namely,

$$\frac{c}{4a} = \frac{7}{5}$$

$$c = a \times 4 \times 7 \div 5 = 7\frac{3}{5} \times 4 \times 7 \div 5 = 42\frac{14}{25}(cùn).$$

But the correct solution should be:

Let the circumference and diameter of the circle be c and d respectively, then $d = AD = 7\frac{3}{5}$ (cùn).

$$c = \pi d = 3 \times 7\frac{3}{5} = 22\frac{4}{5} (cùn) \ (\pi \approx 3)$$

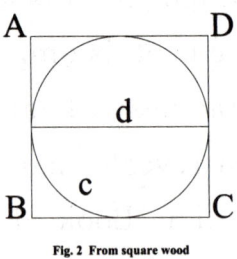

Fig. 2　From square wood cutting circle

2.3 啓廣　田從(縱)卅步,為啓廣幾何而為田一畞? 曰:啓【廣】八步✓。术(術)曰:以卅步為法,以二百卌步為實。啓從(縱)亦如此。159

Qǐguǎng 啓廣(Finding width)

A farmland is thirty bù 步[1] in length. What should the width be in order to make the farmland one mǔ 畞? The answer says: The width should be eight bù 步. The algorithmic rule says: Take thirty bù 步 as fá 法(the divisor)[2], and take two hundred and forty square bù 步 as shí 實 (the dividend). Finding the length uses this rule too.⁽³⁾ (Slip no. 159)

Notes:

(1) Bù 步 is a measure in traditional Chinese mathematics, which is equal to 1.386 meters in Western Han dynasty. One of the graph's ancient forms is 步. The upper part of the graph 止 and the lower part 少 both look like a foot. When they are combined this way, they look like one walking forward with one foot after the other.① As the illustration below shows, if he moves his right foot forward and steps on the ground, the distance AB he has covered is called kuǐ 跬, or half bù 步, and if he goes on to move his left foot forward and steps on the ground, he has completed one bù 步. Measures based on bù 步 are lǐ 里, mǔ 畝 and qǐng 頃:

300 bù 步 = 1 lǐ 里; 240 square bù 步 = 1 mǔ 畝 = $\frac{1}{100}$ qǐng 頃.

(2) Fǎ 法 is a technical term of traditional Chinese mathematics, which refers to the divisor. The original meaning of fǎ 法 is criminal law,② and is extended to rules of any type. The function of laws and rules is to measure somebody or something against some standard, so fǎ 法 signifies standards such as chǐ 尺, cùn 寸, lǐ 里, bù 步, mǔ 畝, qǐng 頃. To do division means to measure a certain amount against a given standard, so fǎ 法 standard serves as the divisor. When it is said

---

① See Duan 2006, p.68.
② See Duan 2006, p.470.

to take a certain amount as shí 實(the dividend) and a certain amount as fá 法(the divisor), it is meant to do division.

(3) This chapter is to find the width from the length and area of a rectangle. Let the length be 30 bù 步, and the area be one mǔ 畝(240 square bù 步), then the width is 240÷30＝8（bù）

2.4 啓從(縱)　廣廿三步,為啓從(縱)【幾何】求田四畝∠?【曰:卌一步廿三分步之十七】。术(術)曰:直(置)四畝步數【為實】令如廣步數【為法】,而得從(縱)一步,不盈步者以廣命分∠。復之,令相乘也,160

有分步者,以廣乘分子,如廣步數得一步。161

廣八分步之六,求田一〈七〉分之四。其從(縱)廿一分之十六。廣七分步之三,求田四分步之二。其從(縱)一步六分步之162

一。求從(縱)术(術):廣分子乘積分母為法,積分子乘廣分母為實₌,(實)如法一步∠。【復之】,節(即)以廣、從(縱)相乘,凡[凡]令分母相乘為法,分子相乘為實₌,(實)如法一。163

Qǐzòng 啓從(縱)(Finding length)[1]

If the width of a farmland is twenty-three bù 步, what should the length be in order to make the farmland four mǔ 畝? The answer says: Forty-one bù 步 and seventeen twenty-thirds of one bù 步.[2] The algorithmic rule says: Set on the counting board[3] the amount of four mǔ 畝 in square bù 步 as shí 實(the dividend), and the amount of width in bù 步 as fá 法(the divisor), and each time shí 實(the dividend) accommodates fá 法(the divisor), obtain one bù 步 in length;[4] When shí 實(the dividend) does not accommodate fá 法(the divisor), name the fraction with the width[5]. To check this computation, mutually multiply the width and the proper part of the length[6]; (Slip no. 160) as for the fraction in bù 步, multiply the numerator with the width and divide by the width in bù 步.⁽⁷⁾ (Slip no. 161)

If the width of a farmland is six eighths of one bù, in order to make the farmland four sevenths square bù 步, the length should be sixteen twenty-firsts bù 步; If the width of a farmland is three sevenths of one bù 步, in order to make the farmland two fourths of one square bù 步, the length should be one bù 步 and one sixth of one bù 步. (Slip no. 162) The algorithmic rule for finding length says: Take the numerator of the width times the denominator of the area as fá 法 (the divisor), and the numerator of the area times the denominator of the width as shí 實 (the dividend); And each time shí 實 (the dividend) accommodates fá 法 (the divisor), obtain one bù 步 in length.⁽⁸⁾ To verify this computation, just mutually multiply the width and length: Let the denominators mutually multiply as fá 法 (the divisor), let the numerators mutually multiply as shí 實 (the dividend), and each time shí 實 (the dividend) accommodates fá 法 (the divisor), obtain one square bù 步.

Notes:

(1) Finding length means to find the length of a rectangle from its known area and width.

(2) The bamboo slip does not have the answer, which is here provided according to the computation of the known area and width.

(3) Counting boards (and counting rods) are computation devices used by ancient Chinese people before the invention of abacus.

As for how they are used, refer to Guo and Dauben 2013。[1]

(4) This means to divide the dividend by the divisor, which results in the length in bù 步.

(5) This tells how a fraction comes into being: If the dividend does not divide the divisor evenly, use the remainder as the numerator, and the divisor as the denominator to make a fraction. Note that in Chinese, to name a person, the family name comes first before the given name while the opposite is true in English. Similarly, to name a fraction, the denominator (the divisor) comes before the numerator (the remainder) as in 廿一分之十六 niànyī fēnzhī shíliù (Slip no. 162): 廿一 (twenty-firsts) 分之 (fraction symbol) 十六 (sixteen), which reads in English sixteen twenty-firsts. It seems as if the denominator (the divisor) functions as the family name with the numerator (the remainder) as the given name.

(6) Chéng 乘 is a technical term of Chinese mathematics, meaning to multiply. The naming of this term is based on the resemblance between the way multiplication is conducted on the counting board and the way the graph 乘 is formed. To perform multiplication, say, 9 times 7, set up three positions on the counting board: the upper position for 9 the multiplicand, and the lower position for 7 the multiplier while leaving the middle position vacant for the product:

---

[1] Guo and Dauben 2013: Guo Shuchun, col. and Joseph W. Daunben, trans., Nine Chapters on the Art of Mathematics (I), Liaoning Education Press, 2013, pp.81-86 郭書春註,〔美〕Joseph W. Dauben 英譯《九章筭術》(I), 遼寧教育出版社, 2013 年, 頁 86.

9

7

Then multiply 9 by 7, the product is 63 and enter the product in the middle position:

9

63

7

The graph 乘, one of whose ancient forms is 桼, reflects the image of a passenger ascending a carriage.[①] So when the upper and lower positions are set up on the counting board ready for the product to be entered in the middle position, it looks like a carriage ready for its passenger to get on; when the product is entered in its place, it looks like a passenger on board the carriage.

(7) The computation is done as follows:

$$4 \times 240 \div 23 = 41\frac{17}{23} \text{ (bù)}$$

To check the above computation:

$$23 \times 41 + 17 \times 23 \div 23 = 960 \text{(square bù)} = 4 \text{(mǔ)}$$

(8) This rule actually explains a way of dividing fractions: Multiply the dividend with the reciprocal of the divisor. Take the first question as an example:

$$\frac{4}{7} \div \frac{6}{8} = \frac{4}{7} \times \frac{8}{6} = \frac{16}{21} \text{ (bù)}$$

To verify the above computation:

$$\frac{6}{8} \times \frac{16}{21} = \frac{6 \times 16}{8 \times 21} = \frac{4}{7} \text{ (square bù)}$$

---

① See Duan 2006, p.237.

2.5 方田　田一畝方幾何步∠？曰：方十五步卅一分步十五∠。术（術）曰：方十五步不足十五步∠，方十六步有徐（餘）十六步。曰：並贏、不足以為法∠，不足₁₈₅
子乘贏母，贏子乘不足母，並以為實，復之，如啓廣之术（術）。₁₈₆

Fāngtián 方田（Square farmland）⁽¹⁾

A square farmland is one mǔ 畝. How many bù 步 is the side? The answer says：The side is fifteen bù 步 and fifteen thirty-firsts of one bù 步⁽²⁾. The algorithmic rule says：If the side is fifteen bù 步，the deficit is fifteen bù 步；If the side is sixteen bù 步，the surplus is sixteen bù 步；That is，combine the surplus and deficit to make fá 法 (the divisor)；multiply zǐ 子（numerator）of the deficit (Slip no. 185) with mǔ 母（denominator）of the surplus，multiply zǐ 子（numerator）of the surplus with mǔ 母（denominator）of the deficit；Combine⁽³⁾ the products to make shí 實（the dividend）.⁽⁴⁾ To verify the computation，do as the algorithmic rule for finding width.(Slip no. 186)

Notes：
(1) This chapter is to find the side of a square from the known area.
(2) So far, we have seen varied ways of expressing fractions in the translated chapters. These fractions are listed and their structures are analyzed as follows：

Six area chapters of Suànshùshū 筭數書 The Book of Mathematics from Zhangjiashan Han Dynasty tomb 247: Analysis, English translation with notes

Integer		Proper fraction					Slip no.
Numerals	Measure	Denominator	Fraction symbol	Measure	Fraction symbol	Numerator	
n/a	n/a	八 eighths	分 Fēn	步 bù	之 zhī	六 six	162
n/a	n/a	七 sevenths	分 Fēn	步 bù	之 zhī	三 three	162
n/a	n/a	四 fourths	分 Fēn	步 bù	之 zhī	二 two	162
一 one	步 bù	六 sixth	分 Fēn	步 bù	之 zhī	一 one	162
二 two	寸 cùn	廿五 twenty-fifths	分 Fēn	寸 cùn	n/a	十四 fourteen	153
七 seven	寸 cùn	五 fifths	分 Fēn	寸 cùn	n/a	三 three	153
七 seven	寸 cùn	五 fifths	分 Fēn	寸 cùn	n/a	三 three	154
二 two	寸 cùn	廿五 twenty-fifths	分 Fēn	寸 cùn	n/a	十四 fourteen	154
十五 fifteen	步 bù	卅一 thirty-firsts	分 Fēn	步 bù	n/a	十五 fifteen	185
n/a	n/a	七 sevenths	分 Fēn	n/a	之 zhī	四 four	162
n/a	n/a	廿一 twenty-firsts	分 Fēn	n/a	之 zhī	十六 sixteen	162

From the above 11 examples, we can see, in most cases, the fraction symbol fēn 分 is followed by a measure. And secondly there are three varied methods to express fractions:

Methods	Denominator	Fraction symbol 分 fēn	Measure	Fraction symbol 之 zhī	Numerator
1	+	+	+	+	+
2	+	+	+	−	+
3	+	+	−	+	+

These two points reflect some features of the early stage of Chinese mathematics.

(3) Bìng 並 is a technical term in traditional Chinese mathematics, which refers to "perform addition". One of the ancient forms of Bìng 並 is 𠀤. The graph looks like two persons coming together standing side by side,① and thus the meaning of "combine" is originated and then extended to "perform addition". Please note that in Suànshùshū 筭數書 The Book of Mathematics, the alternatives for Bìng 並 are cóng 從 and hé 合 (for both, see Slip no. 21), but not the standard term of modern Chinese mathematics jiā 加.

(4) Yíngbùzú 贏不足 (surplus-deficit method) which is so-called False Position Method in the West. This method consists of trial and error. Here, the first trial is 15 bù 步 with an error (surplus) of 15 bù 步, and the second trial is 16 bù 步 with an error (deficit) of 16 bù 步. The creator of this chapter named the errors zǐ 子 (numerators), and the trials mǔ 母 (denominators) as shown below:

---

① See Duan 2006, p.501.

Surplus		Diagonal multiplication	Deficit	
mǔ 母 (denominator)	Error(E_1) 15		Error(E_2) 16	mǔ 母 (denominator)
zǐ 子 (numerator)	Trial(T_1) 15		Trial(T_2) 16	zǐ 子 (numerator)

What the creator means is to combine the amount of surplus and that of deficit as the divisor, diagonally multiply the numerators and the denominators and combine their products as the dividend. Namely,

$$\frac{E_1 \times T_2 + E_2 \times T_1}{E_1 + E_2} = \frac{15 \times 16 + 16 \times 15}{15 + 16} = 15\frac{15}{31} \text{ (bù)}$$

To check the computation:

$$15\frac{15}{31} \times 15\frac{15}{31} = \frac{230400}{961} = 239\frac{721}{961} \text{ (square bù)}$$

Compared with the original area of 1 mǔ 畝 (240 square bù 步), there is a slight error of $\frac{240}{961}$ square bù 步.

2.6 里田　里田术（術）曰：里乘里=，（里）也，廣、從（縱）各一里，即直（置）一因而三之，有（又）三五之，即為田三頃七十五畝∠。其廣從（縱）不等者，先以里相乘，已 [187]
乃因而三之，有（又）三五之，乃成。今有廣二百廿里，從（縱）三百五十里，為田廿八萬八千七百五十頃。直（置）提封以此為之。[188]
一曰：里而乘里=，（里）也，壹三而三五之，即頃畝數也∠。有（又）曰：里乘里=，（里）也，【因而三之】，以里之下即予廿五因而三之，亦其頃 [189]
畝數也。曰：廣一里、從（縱）一里為田三頃七十五畝。[190]

Lǐtián 里田 (Farmland measured in lǐ 里)

The algorithmic rule for Lǐtián 里田 (Farmland measured in lǐ 里) says: One lǐ 里 times one lǐ 里 is one square lǐ 里; If the width and length of a farmland are both one lǐ 里, then set on the counting board one square lǐ 里 and multiply with three, and multiply with five three times[1], which results in a farmland of three qǐng 頃 and seventy-five mǔ 畝; If the width and length are not equal, firstly multiply the width and length in lǐ 里, then (Slip no. 187) multiply with three, multiply with five three times, and it is completed.[2]

There is a farmland two hundred and twenty lǐ 里 in width and three hundred and fifty lǐ 里 in length. Then it makes a farmland of two hundred and eighty-eight thousand seven hundred and fifty qǐng 頃. To calculate the area of fiefs, use this rule. (Slip no. 188)

Another rule says: one lǐ 里 times one lǐ 里 is one square lǐ 里, multiply with three and multiply with five three times, which results in the amount of qǐng 頃 and mǔ 畝.[3]

Another rule says: one lǐ 里 times one lǐ 里 is one square lǐ 里, and multiply with three; below the area in lǐ 里 set twenty-five and multiply with three; doing this also results in the amount of qǐng 頃 and mǔ 畝.[4] The rule regulates: one lǐ 里 in width and length makes a farmland of three qǐng 頃 and seventy-five mǔ 畝.

Notes:

(1) 三五 (sānwǔ) is technically meant to do exponentiation with five as the base and three as the exponent. Namely, 5^3.

(2) The purpose of this chapter is to find the area of square/rectangle from the width and length both measured in lǐ 里, and to con-

vert the area measured in square lǐ 里 into that in qǐng 頃 and mǔ 畝. This is done as follows:

$$1 \text{ lǐ} \times 1 \text{ lǐ} = 1 (\text{square lǐ})$$

$$1 \times 3 \times 5 \times 5 \times 5 = 1 \times 375 = 375 (\text{mǔ}) = 3 \text{ qǐng} 75 \text{ mǔ}$$

(3) By means of this rule, the computation is done as follows:

$$220 \times 350 \times 3 \times 5 \times 5 \times 5 = 28,875,000 (\text{mǔ}) = 288,750 (\text{qǐng})$$

(4) By means of this rule, the computation is done as follows:

$$220 \times 350 = 77000 (\text{square lǐ})$$

$$77000 \times 3 = 231,000 (\text{qǐng})$$

$$77000 \times 25 \times 3 = 5,775,000 (\text{mǔ}) = 57,750 (\text{qǐng})$$

$$231000 + 57,750 = 288,750 (\text{qǐng})$$

《出土文獻綜合研究集刊》徵稿啓事及文稿體例要求

　　本刊是專門刊發出土文獻研究論文的學術刊物,尊重學術自由,鼓勵學術爭鳴,歡迎賜稿。來稿請按如下體例要求:

　　1.繁體行文,請一定注意規範使用繁體。正文繁宋(繁體宋體)小四號字,1.5倍行距。

　　2.來稿請提交紙本和電子本各一份;電子本可為郵件形式或磁片形式,請 WORD 形式和 PDF 形式一並提交。

　　3.當頁注腳,每頁重新編號,注碼形式為:①②③……

　　4.標題下一行是作者名,作者簡介位於文章第一頁注腳,如:
張顯成,西南大學漢語言文獻研究所 教授　重慶　400715。

　　5.正文前列"摘要"。字數以二三百字爲宜。

　　6.如本文的寫作得到他人或某項科研基金的資助,請於注釋之前注明。如:
本文的寫作得到國家社科項目資助,項目編號:……

　　7.期刊類引文出處標注順序:作者、文章名、期刊名、期數。如:
劉曉南《先秦語氣詞的歷史多義現象》,《古漢語研究》1991 年第 3 期。

　　8.集刊類引文出處標注順序:作者、文章名、集刊名、輯數、出版社、出版時間。如:

李鋭《讀簡散劄》,《簡帛語言文字研究》第三輯,巴蜀書社,2008年。

9.專著類引文出處標注順序:作者、專著名、出版社、出版時間、頁碼。如:

張顯成《簡帛文獻學通論》,中華書局,2004年,頁6。

陳松長《香港中文大學文物館藏簡牘》,香港中文大學文物館,2001年,頁2—6。

馬承源主編《上海博物館藏戰國楚竹書(一)》,上海古籍出版社,2001年。

太田辰夫著,蔣紹愚、徐昌華譯《中國語歷史文法》(修訂譯本),北京大學出版社,2003年,頁375。

10.引用古籍,有篇名者注明篇名,無篇名者注明卷名,引用字書注明部名,引用韻書注明韻名,書名和篇名(或部名、韻名)之間用中圓點"·"隔開,如:

《左傳·昭公十八年》

《周禮·秋官·冥氏》

《爾雅·釋詁》

《說文·木部》

《廣韻·東韻》

[宋]張齊賢:《洛陽縉紳舊聞記》卷五,上海人民出版社影印文淵閣《四庫全書》本,1986年。

《資治通鑒》卷一八五《唐紀一》"貞觀元年"條,北京:中華書局標點本,1956年。

11.引用出土文獻出處的標注:

引用甲骨文標文獻名及片號,如:《甲骨文合集》10408正(或《合集》10408正)。

引用簡帛標文獻名及簡號或行弟號,如:《居延新簡》EPT1·1·1、《武威漢代醫簡》8—9。

敦煌卷子標卷號,如:P3847(或:伯3847)、S2659(或斯2659)。

12.外文專著和期刊的標注:

T'ung－tsu Ch'ü,*Han Social Structure*,Seattle and London：Univesity of Washington Press.1972，P.121.

Lawrence Stone,"*The Revival of Narrative：Reflections on a New old History*",Past and Present,85 November 1979.

13.電子文獻的標注：

張俊民《居延漢簡冊書復原研究緣起》,簡帛研究網 http：//www.jianbo.org/showarticle.asp？articleid＝1243，2006－09－21.

14.文中若有圖片文字,請一定要清晰,符合出版標準,不能簡單地將圖版上的照片文字複製插入文中,應將所用圖片文字進行處理（或摹寫,或用電腦脫去底色）,除拓片文字外,不能有底色。若有文字以外的圖片,也同樣一定要清晰。

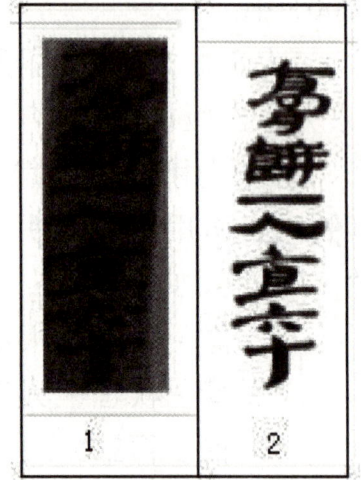

如右圖左右兩欄的圖片文字,1 欄不清晰,不符合出版要求;2 欄清晰,符合出版要求。

15.文中出現的古文字形及造字請做成圖片格式（不要使用編碼方式造字）。

16.文中的圖片、表格如果超過一個,請分別用"圖 1"、"圖 2"……及"表 1"、"表 2"……的形式標明圖片、表格的序號,在圖片、表格後注明資料來源。

17.來稿請另紙或於稿末注明作者真實姓名、通訊地址、郵政編碼、電子信箱、手機電話,以便聯繫。

18.來稿請寄：重慶北碚西南大學文獻所《出土文獻綜合研究》編輯部,郵政編碼 400715。E－mail：ctwxzhyj@163.com。

圖書在版編目（CIP）數據

出土文獻綜合研究集刊．第七輯/西南大學出土文獻綜合研究中心，西南大學漢語言文獻研究所主辦．——成都：巴蜀書社，2018.9
 ISBN 978-7-5531-1053-0

Ⅰ．①出… Ⅱ．①西… ②西… Ⅲ．①出土文物—文獻—研究—中國—叢刊 Ⅳ．①K877.04-55

中國版本圖書館CIP數據核字（2018）第205040號

出土文獻綜合研究集刊（第七輯）
CHUTU WENXIAN ZONGHE YANJIU JIKAN

西南大學出土文獻綜合研究中心
西南大學漢語言文獻研究所　主辦

責任編輯	謝藝波
封面設計	張　科
出　　版	巴蜀書社
	成都市槐樹街2號　郵編610031
	總編室電話：（028）86259397
網　　址	www.bsbook.com
發　　行	巴蜀書社
	發行科電話：（028）86259422　86259423
經　　銷	新華書店
印　　刷	成都蜀通印務有限責任公司
版　　次	2018年9月第1版
印　　次	2018年9月第1次印刷
成品尺寸	185mm×260mm
印　　張	27.75
字　　數	500千字
書　　號	ISBN 978-7-5531-1053-0
定　　價	85.00圓

本書若有印裝質量問題，請與工廠調換。